湖南省少数民族

古籍整理研究中心规划

湖南瑶族传统文化小百科

任涛　主编

CNS PUBLISHING & MEDIA 中南出版传媒

岳麓書社·长沙

目　录

概　述 …… 001

第一章　居住环境 …… 019

一、地理环境 …… 020

二、自然景观 …… 024

三、人文景观 …… 032

第二章　族源族称、分布姓氏 …… 036

一、族源 …… 036

二、族称 …… 039

三、分布 …… 050

四、姓氏 …… 052

第三章　语言文字 …… 055

一、语言 …… 057

二、文字 …… 061

第四章　文献典籍 …… 063

一、民间典籍 …… 063

二、地方典籍 …… 067

三、史籍文献 …… 069

第五章　信仰崇拜 …… 072
一、自然崇拜 …… 074
二、图腾崇拜 …… 079
三、神灵鬼魂崇拜 …… 081
四、祖先崇拜 …… 085

第六章　思想道德 …… 089
一、哲学思想 …… 091
二、一般思想 …… 094
三、伦理道德 …… 098

第七章　乡规民约 …… 104
一、经济活动约定 …… 105
二、婚姻约定 …… 107
三、社会约定 …… 110

第八章　经济活动 …… 112
一、农业 …… 115
二、林业 …… 119
三、捕捞和养殖 …… 126
四、手工业 …… 129
五、矿业 …… 133
六、商业 …… 137
七、交通运输业 …… 140

八、传统土特产 …… 144

第九章 服饰饮食 …… 151

一、服饰 …… 152

二、饮食 …… 159

第十章 建筑 …… 168

一、村庄房屋建筑 …… 169

二、桥梁建筑 …… 183

三、古建筑 …… 185

第十一章 教育 …… 187

一、传统教育 …… 188

二、学校教育 …… 194

三、知名教育者 …… 201

第十二章 传统医药 …… 203

一、瑶医基本理论 …… 204

二、瑶医治病方法 …… 208

三、著名瑶医 …… 215

第十三章 体育运动 …… 220

一、传统竞技项目 …… 220

二、民间体育活动 …… 224

三、著名运动员 …… 227

第十四章 战事活动 …… 228
一、湖南瑶族清代起义斗争 …… 230
二、湖南瑶族新民主主义革命活动 …… 239

第十五章 民间文学 …… 262
一、神话 …… 263
二、传说 …… 265
三、故事 …… 270
四、歌谣 …… 278

第十六章 音乐舞蹈 …… 298
一、音乐 …… 299
二、舞蹈 …… 301
三、知名传承、研究人物 …… 308

第十七章 工艺美术 …… 312
一、织染工艺 …… 312
二、编织工艺 …… 317
三、打制工艺 …… 319
四、美术工艺 …… 321
五、雕刻工艺 …… 323
六、知名传承人 …… 324

第十八章 文物碑刻 …… 326
一、古遗址 …… 326
二、古村落 …… 337

三、古器物 …… 339
四、古碑刻 …… 343

第十九章 禁忌巫术 …… 346
一、禁忌 …… 347
二、巫术 …… 354

第二十章 风俗习惯 …… 359
一、婚恋习俗 …… 359
二、生育习俗 …… 382
三、丧葬习俗 …… 388
四、祭祀习俗 …… 396
五、岁时节庆习俗 …… 398

主要参考书目 …… 415
后 记 …… 417

概 述

（一）

瑶族是一个世界性民族。在中国，瑶族是中华民族大家庭的成员，55个少数民族之一。据2000年人口普查统计，中国瑶族有2637421人，在少数民族中排名第十三位，分布于桂、湘、粤、云、贵、赣六个省（区）的130余个县（市）内，其中以广西瑶族人口为最多，达147万余人，湖南其次，有71万余人。迁徙到国外的瑶族居住在东南亚的越南、老挝、泰国、缅甸，欧美的美国、加拿大、法国，及澳大利亚等国，人口约75万人，其中以越南瑶族人口为最多，有63万余人。

瑶族是中国南方的山地民族，大部分瑶族散居在海拔1000多米的高山密林中，部分居住在生存环境比较恶劣的大石山区和半石山区，少部分居住在丘陵、河谷、盆地等较为平坦的地方。中国瑶族分布在东起广东南雄，西至云南勐腊，南自广西东兴，北迄湖南辰溪这一略呈弧形的广大山区。其中越城岭、萌渚岭、骑田岭、都庞岭和大庾岭（也称南岭），十万大山，罗霄山，雪峰山，都阳山，六韶山和哀牢山等山脉横亘其中，山峦起伏，万涧千溪，纵横交错，大大小小的山梁陡坡，山地与山地相连，丘陵与河谷相接，自然景观秀丽。这一带都是瑶族人民建立家园的地方，是世代瑶族赖以生存的自然环境。特别是南岭山区，是中国瑶族最重要的居住地，每一座山梁，每一条溪边，每一处丘陵，每一个河谷，每一块盆地都居住着瑶族，形成“南岭无山不有瑶”的局面。部分瑶族居住地虽是“九分石山一分土”，生产生活条件差，人畜饮水很困难，是当代人类居住条件最为恶劣的地方之一；但这些裸露的喀斯特地貌山区，在长期的雨水侵袭、融蚀下，形成了异样的石林，孤峭的山峰，奇特的洞穴，忽隐忽现的地下河，景观引人入胜。瑶族居住特点是大分散、小聚居，依山立寨，一般都是十几户至几十户聚居成村，与周围的汉族、壮族、苗族、侗族、哈尼族、傣族等民族村寨毗邻相依，有的则是插花而居。湖南瑶族居住在南岭北麓，与汉族、苗族、侗族、壮族等兄弟民族相邻而居，有部分也是插花居住，主要居住在江华、江永、道县、宁远、蓝山、新田、双牌、祁阳、东安、零陵、桂阳、临武、汝城、宜章、资兴、永兴、北湖、桂东、炎陵、常宁、城步、洞口、隆回、新宁、绥宁、通道、中方、溆浦、辰溪等县（区）。

瑶族地区地形复杂，地貌特征明显，中山、中低山占多数，丘陵、河谷、平原、盆地占少数，且多属喀斯特地貌。瑶族地区气候多为亚热带气候、亚热带季风气候，阳光充足，气候温和，雨水充沛。瑶族山区林地面积大，森林资源丰富，种类繁多，原始次生林多处可见，国家重点保护和省重点保护的珍稀植物达上百种。如江华就有林木植物181科668属1382种，瑶民所培植的杉木，通梢壮尾，材质优良，素有“南国杉乡”的盛誉。瑶山盛产杉、松、竹、茶、桐、油茶、八角、玉桂等经济林木，以及香菇、木耳、棕皮、香草、蜜糖、药材、桐油等土特产。动物种类达百余种，珍稀的穿山甲、娃娃鱼达20余种，被誉为“国宝”的莽山烙铁头蛇，全世界仅莽山独有300～500条。水能资源丰富，可供开发电能量大，如江华水能理论蕴藏量为46.52万千瓦，技术可开发量43.01万千瓦，可开发电力点200余个。瑶山的矿产资源也相当丰富，湖南号称“有色金属之乡”，不仅许多有色金属分布在瑶族地区，而且许多非金属矿种也分布在瑶山。国家的稀有矿种稀土在江华有大型矿床分布，储量居全国第二位。

瑶族居住区，地域辽阔，地处中国南疆，位置优越，具有独特的区位优势。湘、粤、桂、云、贵、赣六省（区）与香港、澳门地区和东南亚的越南、泰国、缅甸相邻，属于“泛珠三角”范围。这一带经过改革开放以来的大建设，交通便捷，信息发达，成为人们北上南下、水陆交通的大通道，也是港澳、沿海地区向内地辐射和内地接纳其产业转移的重要走廊。这得天独厚的地理位置，为瑶族地区实现快速发展提供了优越的条件。而湖南瑶族地区经过交通大建设，已完全改变了过去那种交通、信息闭塞的落后局面，正在利用区域优势，加强内引外联，在发展的道路上奋勇前进。

（二）

瑶族语言属汉藏语系苗瑶语族瑶语支。但瑶族支系多，语言复杂，各支系间基本上不能通话，主要有瑶语支、苗语支、侗水语支和汉语方言支系。湖南瑶族中操瑶语支语的占60%～70%，操苗语支语的占20%左右，其余的操侗水语支语和汉语方言的古汉语土语。瑶族的称谓很多，自称有“尤”“勉”“尤勉”“尤绵”“土尤”“炳多尤”“谷岗尤”“荆门”“甘迪门”“布努”“布诺”“炯奈”等100余种。这些自称来源久远，据瑶学专家考证，一是来源于图腾崇拜，二是来源于蚩尤。他称有过山瑶、平地瑶、七姓瑶、八洞瑶、盘瑶、盘古瑶、四大民瑶、民瑶、顶板瑶、花瑶、花蓝瑶、蓝靛瑶、白裤瑶、茶山瑶、坳瑶、红瑶等，达500余种。他称与居住环境、生产方式、信仰崇拜、姓氏、服饰、政治关系等有关，且随着历史的发展而演变。

瑶族历史源远流长。关于族源，归纳起来主要有这样几种观点：一是认为瑶族源于山越，原始居地在江、浙一带；二是认为瑶族源于长沙、武陵蛮，原始居地在洞庭湖沿岸，以及湘、资、沅三大江河流域；三是认为瑶族多源；四是认为瑶族是九黎、蚩尤之后，原始居地在黄河中下游与淮河流域之间，即山东、河北、河南交界地；五是来源于摇民，认为瑶族与春秋时代东南沿海一带的越摇人有关；六是来源于蒲姑，认为商代的蒲姑部落是瑶族的祖先，原始居地在山东。以上六种说法，均有一定道理。瑶学界和史学界曾一度认为长沙、武陵蛮就是瑶族之源。2007年6月出版的《瑶族通史》采用了第四种观点。我们认为，第一种观点所说之山越，仅是瑶族之流动，非其源。第二种说法则仅阐明了瑶族阶段性历史，并未论及瑶族之源，且将瑶族历史缩短了上千年甚至几千年，不符合瑶族的历史事实。第三种说法太笼统，每个民族都有自己的源，如中华民族的主体汉族，其源是炎、黄族。唯有第四种说法，是瑶学研究者在总结前人研究成果的基础上，经过探讨、综合论证而后提出的最新科研成果。它不仅将瑶族历史向前推进了数千年，而且真正找到了瑶族之源，还原了瑶族历史的本来面目。当然，瑶族源于古代九黎和三苗，并不是说瑶族在形成发展过程中没有别的民族融入进来。但这不是源，在瑶族形成发展过程中融入进来应该叫来源，或者叫流。我们说的瑶族主要来源，是指构成主体成分的盘瑶系统的各支系瑶族和布努瑶系统的各支系瑶族。除此之外，在瑶族的历史发展中，一是部分汉人与瑶族接触后同化成了瑶人，二是部分壮侗语族的族群同化成瑶族。这就构成了瑶族来源的复杂性，但其主源，即源于九黎、三苗是肯定的。从总体上看，瑶族由盘瑶、布努瑶和茶山瑶三大支系组成（有人说平地瑶是主要支系之一，因而构成四大支系。但我们认为平地瑶从盘王发展而来，他应是盘瑶集团的成员）。其中盘瑶和布努瑶构成瑶族的主体，两者有着共同的起源关系，但其先民在南迁和西迁的过程中，因迁徙路线不同，产生了语言上的差异。

九黎首领蚩尤带领部落人民同炎黄联盟进行了艰苦的战争。蚩尤被打败后，其族民一部分臣服炎黄，后融入华夏民族，包括瑶族先民在内的大部分族民则逐步向南迁徙，到了距今四五千年的尧、舜、禹时代时，居住在江汉、江淮流域和长江中下游南北一带，并形成一个新的部落集团——三苗和三苗国，同时与尧、舜、禹发生了较长时间的战争。三苗战败后，又被迫再次向南迁徙。到周朝时，瑶族先民已迁到江汉流域，成为楚国基本居民的一部分。秦汉时，瑶族先民迁到了湖南的湘江、资江、沅江流域的中下游和洞庭湖沿岸地区。南北朝时，由于战乱导致中原人口大减，封建统治者对周边的少数民族实行招抚政策，沅江流域包括瑶族先民在内的部分居民又向北迁移至长江、淮河之间的广大地区，后来迫于阶级压迫，又向南返迁。隋唐时期，瑶族向南迁徙到了广东北部和广西东部地区，此时的湖南大部、广东北部、广西东北部都有瑶族先民居住，以湖南为主要居住地。唐末，在三湘大地上出现了“徭”的称谓，瑶民从“蛮”群中分离出来，以一个独立的民族实体走上了历史舞台。宋代，瑶族继续向两广腹地深入，湖南的大部分地区，包括西北部、西南部和东南部以及广东北部的韶州、连州和广西北部的贺州、平乐府都是瑶族的主要居住区，而广西桂林所属各县、融州、宜州及南丹等地都有瑶族活动。元、明时期，战争的影响迫使瑶族大量南迁，不断向两广腹地深入，有的到了贵州，广西、广东成为瑶族的主要居住区。清代，部分瑶族又迁入云南、海南等地及东南亚地区。20世纪70年代末至80年代初，东南亚地区的部分瑶族又再次漂洋过海迁到了美国、加拿大、法国、澳大利亚等国家。

在宋以前，瑶族主要由北向南迁徙。宋以后，尤其是明、清，主要向南向西迁徙，在大迁徙中也有部分倒流回迁。其大迁徙的路线大体有四条：一条是从湖北通城进入江西，从江西进入湖南，从湖南南部进入广西北部；另一条是由湖南入广西北部，至广西中部后再迁入云南、越南；再一条是从湖南进广西到贵州、云南、越南；还有一条是从江西至福建入广东上广西，经广西中部、南部进入越南、云南。一些小迁徙或者是回迁的路线太多，无法详述。瑶族迁徙的原因主要是封建统治阶级残酷的民族压迫政策迫使他们在举行反抗斗争失败后走上了不断迁徙的道路。其次是天灾，迫使瑶族迁徙寻找新的生存地。

长时期的频繁迁徙、动荡流离的生活使得瑶族从五六千年前的瑶族先民九黎部落起到宋代这样一个漫长的历史时期，均处于原始社会阶段。但在远古时期，九黎部落已处于原始社会的繁盛期，其首领蚩尤有一定的经济和军事实力与炎黄部落联盟相抗衡。同样，南迁后包括瑶族先民在内的蚩尤族裔在距今四五千年与其他民族的先民组成三苗集团时，也处于原始社会的繁盛期，才足以长时期与尧、舜、禹抗衡。考古材料证明，在九黎部落和三苗活动的范围内，新石器时代早、中期文化都有，相互衔接，时间跨度上万年。此时的人们已定居，先用铲形器、锛、镰等石器，后则铜石并用，从事农业，生产陶器，养殖大量的牛羊猪狗，贫富分化加剧，作为部落首领的蚩尤是男性，说明其社会已进入父系社会时期。对三苗时期的考古发现，个体家庭已出现，人们种植水稻，兼营渔猎、畜牧，生产纹饰陶器，已有剩余粮食酿酒。然而，三苗集团被打败后，其族民又被迫迁徙，后来融入"南蛮"集团。但旧的基础被打破，新的基础重新建立，需要一个较长的时期。此时，中原华夏民族已建立了王朝，进入奴隶制社会，南蛮却仍然是原始社会，这又是一个漫长的时期。春秋战国时，华夏民族已进入封建社会，楚国强大，包括瑶族先民在内的南蛮亦被征剿，他们中的大部分又被迫南迁，原有的、正在发展的基础再一次被打破。因此到秦、汉，乃至经南北朝到隋、唐，以湖南为主要居住区的瑶族仍然处于原始社会时期。当然，到隋、唐时，瑶族的原始社会已高度发达。尤其唐代是我国封建社会鼎盛时期，社会经济相当发达，朝廷对少数民族实行羁縻政策，民族矛盾得到一定的缓和，因此瑶族及其他少数民族社会经济得到正常发展。瑶族人民已使用铁器，而且"婚嫁用铁钴锛为聘财"，因此，农业生产和手工业生产都得到快速发展。首领们逐渐占有了公共土地，奴役本民族人民，并接受了封建王朝的封赐，成为封建统治阶级在当地的基层官吏。到了宋代，在前朝发展的基础上，瑶族社会经济又得到进一步发展，已越过奴隶制发展阶段进入封建社会。《宋史·蛮夷列传》说："唐季之乱，蛮酋分据其地，自署为刺史。"说明从唐末以后瑶族的首领们不仅在经济上占有广大原属公社的土地和财物，并且要求在政治上集中权力，以此来巩固自己的地位了。这些领主将土地等生产资料按"计口给田”的办法分给瑶民，瑶民领取土地后，只给领主服一定的劳役，他们自己本身则不是领主财产的一部分。因此，瑶族的封建领主趁唐末五代十国之乱自封为刺史也就不足为奇了。而瑶民有了稻田，有了比较固定的生活来源，使农业、手工业、林业、交换和交易都发展起来，甚至进行了矿产开采和冶炼。官府封瑶族首领为刺史，如辰州瑶人秦再雄是统治者根据“思得通蛮情，习险扼，通智者以镇抚之”的政策封为“辰州刺史”的。宋太祖又通过他“分使诸蛮，以传朝廷怀柔之意，莫不从风而靡，各得降表以闻”。瑶族地区许多封建领主，都先后向宋王朝“献土”和“听命”，接受所封官职。宋中叶以后，湖南瑶族比较接近汉族居住的部分，因受汉族先进经济和文化的影响较早、较深，生产力的发展水平也较高。因此，这一地区的封建领主经济开始瓦解，地主经济有了发展，出现了土地买卖的现象。正如《宋史》说的“山徭、峒丁得私售田”，而《文献通考》也说“隆兴初，省民往往交通徭人，擅自易田”。辰、沅、靖州一带的山徭峒丁，到嘉定七年（1214）也“得售私田”。土地向少数人手中集中，瑶族内部的分化加快。宋王朝以瑶治瑶的政策，起到了稳定瑶首和瑶族地区的作用，也促进了瑶族内部的分化，加快了瑶族社会的封建化进程。当然，瑶族社会的发展不平衡，而且这种不平衡持续了一个相当长的时期。元、明、清时期，瑶族的活动中心已移到广西和广东，留在湖南的瑶族向南移，居住在山区。流离颠沛，恶劣的山区环境，残酷的封建统治，极大地影响了瑶族社会经济的发展，发展速度明显放慢，且不平衡加剧。这一时期，瑶族支系形成。明初形成的平地瑶，因居住在平地和丘陵地区，受汉族先进技术和文化的影响较深，社会经济和文化发展较快。总体上，湖南瑶族定居部分农业上使用了铁犁和牛耕技术，到了清代，经济发展水平与当地汉族无多大差异。游耕部分虽然仍然是“食尽一山又一山”，但他们是在相对固定的区域内游耕，比起外迁到他省的瑶族生产生活相对稳定一些，使得社会生产力也相对提高了一些。到了近代，随着我国资本主义的萌芽，在瑶族矿业和林业采伐行业中也产生了资本主义的萌芽。商业集市形成，贸易活跃。随着资本主义势力不断深入瑶区，瑶族的家庭手工业的门类逐渐增多，不少家庭开始抛弃传统的手工纺纱、织染，转而从集市上买回洋纱代人加工布匹。不少地方用竹子、稻草做原料制造土纸和湘纸。总而言之，到民国时期，从事农耕的瑶族，其发展水平与当地汉族无多大差异。从事林业和游耕的瑶族有一部分已接近从事农耕的瑶族，有一部分仍处于封建领主经济阶段，还有一部分处于原始社会末期，社会发展相当不平衡。新中国成立后，政治上，瑶族人民翻身做了主人，不管原来处于什么发展水平的瑶族，全部进入社会主义革命和经济建设时期。湖南先后建立了 1 个瑶族自治县和 51 个民族乡。经过几十年的建设和发展，瑶区经济社会面貌发生巨大变化，处处呈现出社会主义建设的繁荣景象。

（三）

在漫长的历史发展中，富有智慧而又勤劳勇敢的瑶族人民不仅创建了悠久的历史，而且创造了光辉灿烂的物质文化和精神文化。瑶族的传统文化与兄弟民族一样，源远流长，丰富多彩而博大精深，是瑶族人民智慧的结晶，是瑶族人民在长期社会实践中创造积累的一切物质文化和精神文化的遗存，全面地反映了瑶族的历史来源、社会制度、经济活动、生产技术、生活情景、风俗习惯、宗教信仰、社会思想、伦理道德，以及审美观和人生观、价值观的状况，反映了瑶族人民在长期历史发展中的精神状态和文明程度，是人们了解瑶族历史面貌、民族心理素质、文化渊源及其历史地位和作用的知识宝库，是中华民族灿烂文化不可分割的一部分。

瑶族传统文化内容丰富、形式多样、风格独特，在中华民族传统文化中占有一定的地位。诸如《盘王大歌》、长鼓舞、铜鼓舞、服饰、织锦、建筑等都有其独特的风格和艺术魅力，成为瑶族传统文化艺术的珍品，而且在国内外都享有较高的声誉。《盘王大歌》是瑶族一首古老的史诗，原歌有10000余行，产生于晋代，形成于唐代，完善于宋、元、明、清。它以奇丽的想象和巧妙的艺术手法，叙述了人类、民族、天地万物的形成和发展，以及人类始祖创世的艰辛；讴歌了为民造福、敢于斗争的英雄人物和劳动人民，描述了瑶族人民对自由的无限向往和对纯真爱情的追求，对人类社会的善美进行了赞颂，对丑恶进行了鞭鞑；同时也留下了瑶族童年时代对宇宙万物的种种解释。《盘王大歌》用民歌的语言和朴素的情感，唱出了瑶族人民的神奇故事、浪漫幻想、生产生活体验和艺术才能。它既是瑶族文学的主题歌，也是瑶族文化的母歌，可以说瑶族的风俗歌、情歌、乐神歌等都是由其衍生而来。《盘王大歌》影响了瑶族人民的过去和现在，已列入国家非物质文化遗产名录，从这个意义上说，它将继续影响瑶族人民的未来生活。瑶族长鼓舞是瑶族人民具有代表性的舞蹈艺术，同样列入了国家非物质文化遗产名录。长鼓舞极其古老，源于盘王被山羊撬下山崖去世，子孙射死山羊用皮蒙住挖空的树筒两端敲打，后在历史长河中发展成经典的舞蹈艺术。晋人干宝在《搜神记》中写道：“用糁杂鱼肉，扣槽而号，以祭盘瓠，其俗至今。”“扣槽”即敲打木头，也就是敲打蒙了羊皮的木头，“号”即歌，“扣槽而号”即边敲打边唱，边唱边跳。到了唐代，对长鼓舞的记载十分清楚详细，樊绰在《蛮书》中说，“俗传正月初夜鸣鼓连腰以歌……俗三月八日为大节，以陈祠享振铎击鼓师舞为敬也”。在岁月的流逝中，瑶族人民不断地将生产生活的实践加以艺术提炼，糅进长鼓舞中，使其内容不断丰富，艺术不断创新，成为瑶族人民最喜爱的一种艺术形式。长鼓由最初的挖空树干发展成绷绳式、横背式、手持式，舞蹈动作内容发展到 72 套，可分为砍树制鼓、建造房屋、生产生活、自然景观模拟、祭拜信仰习俗等，每套动作都有若干个动作。如砍树制鼓有寻树、砍树、背树、架马、锯树、刨树、挖鼓心、扎鼓、试鼓、听鼓、放鼓等 11 个动作；造房动作则达 24 个之多，涵盖了建造房屋的全过程。每当春节或庆贺丰收、盖新房、祭祀盘王等都要跳长鼓舞，有单人跳、双人跳、4 人跳、8 人跳、12 人跳、大群舞，男女老少同乐，一派喜气洋洋。长鼓舞也可以说是母舞，由它衍生出羊角短鼓舞、芦笙长鼓舞、锣笙长鼓舞、盘古长鼓舞等。当然，除此之外，瑶族口耳相传的神话传说、风物传说、人物传说、山水地名传说、故事、古歌、情歌、生产生活歌、风俗歌、哭嫁歌、信歌、丧歌，以及谚语、寓言等构成了瑶族丰富多彩的文化艺术，使瑶族人民单调的生活变成了充满浪漫色彩的丰富生活。

瑶族传统文化，不仅是在单纯的文化艺术领域中表现出多姿多彩的艺术魅力，而且还在生产生活、科学技术、医药卫生、建筑业、碑刻雕塑、名胜古迹、文物、教育、典籍文献，以及政治、军事等诸多领域表现出独特的气韵和丰厚的内涵，从不同角度、不同侧面反映了瑶族的历史发展进程。它们之间不是孤立的，而是有着深刻的内在联系，即都体现了“瑶”这一特色。例如，瑶族的古建筑，不论是民居，还是桥梁，抑或是庙宇，都体现了瑶族的建筑特色，并且不同支系特色有异，构成了瑶族形式多样多彩的建筑艺术，瑶族人民的思维和思想从中得到反映和彰显。同时，建筑文化又与种植和木作文化紧密相联。全木结构的吊脚楼是否漂亮，很大程度上反映出木作手艺高低。木作手艺高明，其体现的文化艺术就有很高的欣赏性，否则作品艺术低劣。在起义斗争中，起义的准备工作和起义发动，甚至战事活动都与瑶族习俗联系在一起，如以“还盘王愿”、打“万人醮”的名义进行宣传发动。赵金龙起义即将发动之时，人们燃起篝火，跳起长鼓舞，在长鼓舞达到高潮之时，赵金龙一挥手，鼓声戛然而止，赵金龙即宣布反清起义斗争开始。民国时期桂北瑶民大起义也是以打“万人醮”的形式举行的。

从瑶族传统文化的发展进程来看，我们可以发现瑶族传统文化具有以下基本特征。

第一，瑶族传统文化与瑶族的信仰崇拜关系十分密切。瑶族人民信仰多元，有自然崇拜，也有祖先崇拜，还有图腾崇拜，甚至信仰道教，人们把它称作瑶传道教，或者是瑶族道教。这些信仰崇拜在瑶族文化中有很多反映。如有的地方瑶族盖房时，在梁的正中画上太阳图纹，寓意像太阳一样兴旺发达，这是自然崇拜在建筑文化中的反映。又如，还盘王愿，人们要挂盘王像、祭盘王，跳长鼓舞，唱盘王歌，这又是歌舞与祖先崇拜相结合，歌舞为其祭祀服务。还盘王愿又衍化成盘王节，内容越来越丰富，而且以歌舞文化艺术为主了。祭祀也变得更加文明，从砍牛而祭变成读祭文而祭。这说明瑶族的宗教与文化在古代是不可分割的，宗教利用文化为其服务，文化也利用宗教而生存发展，二者相互依存，相互利用。也说明文化发展至现当代，当宗教信仰在瑶族人民生活中不再显得那么重要的时候，瑶族文化本身的发展越来越突显。

第二，瑶族传统文化伴随着民俗活动发展而发展，并相互影响，相互促进。瑶族同兄弟民族一样有着自己独特的民俗活动和节日活动。当民俗、节日活动产生和发展，传统文化也随之产生和发展。如祭盘王，“扣槽而号”，“号”乃歌，“歌”乃文化，所以文化也随之产生。当这种祭祀发展变化后，文化也随之发展变化。所以到南北朝时，随着祭盘王活动内容的增多、形式的变化，为适应其发展也就适时地产生了《盘王大歌》，并且其内容随着社会经济的发展而不断补充和完善，并更广泛地应用于祭祀盘王的活动中。又如赶鸟节，人们从开始时用歌声迷鸟、赶鸟逐渐发展成用竹签串几个糯米粑粑插在田头地角粘住鸟嘴，而将唱赶鸟歌改成唱情歌了，唱歌迷鸟、赶鸟的场所也就变成对歌恋爱的场所，人们尽情地对歌相恋，所有的人都沉浸在浪漫的恋爱歌声中，赶鸟节也就成了一种特有的节日文化，有人把它取名为“瑶族情人节”。又如，长鼓舞本是盘王子孙敲打羊皮鼓以示报仇的一种习俗，却逐渐从简单的“扣槽”发展成高雅的长鼓舞蹈艺术，其意义也不仅仅用于祭祀，而有了更广泛的娱乐、健身功能。每一种民俗活动都有其相应的文化表现形式，从这个意义上说，瑶族的民俗活动为瑶族传统文化的表现和传承提供了先决条件，起到了巨大的作用。

第三，瑶族传统文化中，民间文化相当发达，且水平高，文人文化长时期相对弱小。瑶族人民因为没有发明整个民族统一使用的文字，故而对一些事象的记载受到限制。但聪明的瑶族人民创作了大量的口头文学，有传说、故事、歌谣和童话式的寓言等。尤其难能可贵的是将事物、经历和地方事象，以及要表达的感情通过“信歌”的方式表达出来，有故事，有情节，有思想，使瑶族多了一种歌谣形式。同时，还将汉字用瑶族的表达方式一个字一个字地拆开来，组成四句一首的带有浓郁瑶味的字谜歌，极大地丰富了瑶族的文学宝库。瑶族人民唱歌，除了唱流传下来的歌谣外，还自己编歌自己唱，许多歌儿都是即兴编出来的，正如瑶族歌仙刘三妹说的“唱歌哪用船来装，眼睛一望唱开怀”。即兴而编的歌谣内容丰富，意境贴切，平仄押韵，朗朗上口。清人陆祚蕃在其《粤西偶记》中给予了高度评价。他说瑶族人民即兴编歌，“虽文人提笔，未能过也”。同样，瑶族人民的歌谣创作使许多具有瑶族特色魅力的舞蹈被发展出来。因此，瑶族民间歌舞齐全，民间文化相当发达。没有一个瑶寨的人不会唱歌，也没有一个瑶寨的老者不会讲故事，更没有一个瑶族的青年男女不会跳舞。可以说，瑶族民间文化浩如烟海。但由于没有本民族统一使用的文字，瑶族学校教育又长期落后，直到明、清时期朝廷才特别给瑶族人民应试的名额，导致瑶族知识分子数量很小，文人创作的文艺作品相当少见。产生于南北朝、形成于唐代的瑶族史诗《盘王大歌》也是先口头创作，后由瑶族中能识字的人用汉字抄写下来的，并且历经了几个朝代。从目前掌握的资料看，直到鸦片战争后，随着瑶族与汉族文化交流的日趋频繁，才有部分经济条件好的瑶族同胞在朝廷准许的情况下接受了汉文化教育，成为近、现代瑶族中的知识分子。他们创作了一些散文、诗歌及其他文学作品。如生于清咸丰十年（1860）的江永瑶族人石鼎元，早年参加过科举应试，在散文创作方面有一定的建树；还有道光年间新宁瑶族起义领袖雷再浩，以及江华诗人赵荣卿创作了一些文学作品。他们打破了瑶族民间文学独树一帜的局面，展现了瑶族文学发展史上的新突破、新气象，但无论是文学创作人员，还是创作的作品都很少，远远没有形成文人文学的局面。直到当代，瑶族中的知识分子多了，从事文学创作的人也多了，瑶族的文人文学才有了可喜的发展局面。

第四，瑶族传统文化受汉族文化的影响较深。瑶族因无统一使用的文字，过去要想记载一些信息、事象，不得不依靠"结绳记事"和"刻木记事"。瑶族"刻木记事"，在宋朝就已出现。辰州瑶人"刻木为契"。宋人周去非把"刻木记事"记述在《岭外代答》中："傜人无文字，其要约，以木契合二版而刻之，人执其一，守之甚信。若其投牒于州县，亦用木契。余尝摄静江府灵川县，有傜人私争，赴县投木契，乃一片之版，长尺余，左边刻一大痕及数小痕于其下，又刻一大痕于其上，而于右边刻一大痕，牵一线道合于右大痕；又于正面刻为箭形，及以火烧为痕，而钻版为十余小窍，各穿以短稻穰，而对结绉焉，殊不晓所谓。译者曰：左下一大痕及数小痕，指所论仇人，将带徒党数十人以攻我也；左上一大痕，词主也；右一大痕，县官也；牵一线道者，词主遂投县官也；刻为箭形，言仇人以箭射我也；火烧为痕，乞官司火急施行也；版十余窍而穿草结绉，欲仇人以牛十余头备偿我也。结绉，以喻牛角云。"朱辅也在《溪蛮丛笑》中说："刻木为符契，长短大小不等，穴其旁，多至十数，各志其事，持以出验，名木契。"同是宋人的田渭也在《靖州图经》中说，盘瓠余种"要约以木铁为契"。清人闵叙在《粤述》中说："瑶人刻木为齿，与人交易，谓之打木格。"这种"记事"方法说明两个问题，一是瑶族在宋时基本上不会汉文，也就是说汉族文化教育对瑶族的影响还不大，甚至直到清时也还有许多人没有受到汉文的影响。二是这种"刻木记事"要想把一件事记叙清楚非常困难，用于交流就更加困难。这种记事方法严重阻碍了瑶族社会经济的发展。因此，瑶族人民为改变这种状况，在无法创造本民族文字的时候，想方设法要学习汉文。从隋朝开始由朝廷给瑶族人民颁发《过山榜》，瑶族人民要认得出、读得出、抄得出，也促使他们学习汉文。因此，只要条件允许，瑶族人民就刻苦地学习汉文。学得越多，受汉文化的影响就越深。最明显的例子是《盘王大歌》。从其字里行间和格律看，明显地带有唐、宋时期格律诗的风格。七言四句、平仄押韵、比兴手法等都是七言格律诗的风格。其他传统文化领域也受到汉族文化的影响。如一些地方的建筑带有汉族徽派建筑的特色。铁器也是按照传入的汉族产品样式进行打制，林业生产使用的钩刀、伐皮刀也有汉文化的痕迹。瑶族地区一些受封的酋长，与汉族统治者保持隶属关系，其统治瑶民也带有汉文化痕迹。汉族先进的生产技术传入瑶区后，对瑶族的经济和社会都产生了积极影响和促进作用。到近现代汉文化对瑶族文化的影响就更加深刻了，这可谓众所周知，不再赘述。

新中国成立后，党和政府对瑶族传统文化进行积极的抢救、发掘、整理，对优秀的文化艺术加以提升后演出或出版，使之为社会服务，取得了巨大的成就。但进入21世纪后，在现代文明和经济全球化的冲击下，瑶族的传统文化遭遇前所未有的困境，有的正在消失，有的已到灭亡的边缘。面对这种状况，瑶区各级政府和有识之士都应有极清醒的认识，在建设中国特色社会主义文化事业中，对瑶族传统文化的继承和弘扬、发展要有足够的重视，要抓住瑶族传统文化的特色，去其糟粕，将传统文化的精华弘扬光大，使之更好地为现代化建设服务。只有这样，才能在中华民族灿烂的历史文化中保留瑶族历史文化应有的历史和现实地位，使之焕发新的生机与活力。

第一章 居住环境

湖南瑶族主要居住在湘水和沅水的中上游及其流域的山地、河谷、丘陵地带，即大庾岭、越城岭、萌渚岭、骑田岭、都庞岭五岭（南岭）北麓。境内有罗霄山、万泽山、莽山、九嶷山、阳明山、姑婆山、三峰山、雪峰山、虎形山等。其特点是：1.以山地为主，中山面积大，山高岭陡，层峦叠翠，千溪万涧，纵横交错，山地与坡地相连，横亘蜿蜒数百里。如江华瑶族居住区的3248平方千米内，山地面积达2018平方千米，占县境面积的三分之二，仅海拔1000米以上的山峰就达662座。2.河谷、丘陵、平原间处其中，且多为喀斯特地貌，溶岩奇洞甚多，塔状、馒头状一峰独秀的峰峦随处可见。3.水系发达，河网冲沟密布，平原地区的许多江河皆发源于瑶山。4.地表切割强烈，最高点雪峰山主峰1983米，最低点则海拔只有100多米。5.许多瑶区开门就见山，出门就爬坡，生产和出行困难；有的瑶区则开门见稻浪，出门能快行，生产生活较为方便。

湖南瑶族居住区自然风光旖旎。如九嶷山、阳明山、千家峒、秦岩、崀山、莽山、虎形山等等，幽雅的环境，千姿百态的优美自然景观，含量丰富的富氧离子，成为令人神往的旅游休闲胜地。

湖南瑶族居住区多属亚热带湿润气候，无霜期长，给植物生长提供了优越的立地条件，瑶山生长着无数的草本、木本植物，种类繁多，原始次生林、国家级和省级保护植物随处可见。仅江华已查明的林木植物就有181科668属1382种，国家一级保护植物有南方红豆杉、伯乐树等5种，二级保护的有桫椤、篦子三尖杉等26种，省级保护的有金毛石栎、紫竹、斑竹、方竹等60余种。宜章莽山瑶区的巨型毒蛇——莽山烙铁头蛇，全世界仅莽山独有300~500条，是为“国宝”。瑶山素有“天然药库”之美誉，遍地都是药材。比较名贵的有灵芝、猴头菇、天麻、杜仲、当归、党参、茯苓、香草、钻骨风等。水果品种多样，江永的香柚、夏橙，江华瑶山的雪梨、玫瑰香柑，辰溪后塘瑶族乡的柑橘、柰李，道县审章塘瑶族乡的脐橙等均远近闻名。林副产品香菇、木耳、猕猴桃、罗汉果、松香等应有尽有。动物种类多达百余种，其中黄腹角雉、猕猴、穿山甲、水獭、娃娃鱼等珍贵动物有20余种。矿产品种类多，储量大，品位高，便于开采。江华瑶区的稀土储量居全国第二位。

湖南瑶族多数居住在海拔1000米左右的高山区，少部分居住在河谷溪旁和丘陵地带。过去由于交通不便，信息闭塞，生产生活困难。新中国成立后，经过几十年的大力建设，交通条件大为改善，边远山区的山角落都通了公路，多数地方修建了柏油路和水泥路，信息畅通，生产方便，瑶族人民的生活水平有了较大幅度提高。

一、地理环境

南岭 也称为五岭，即大庾岭、越城岭、萌渚岭、骑田岭、都庞岭。南岭是中国瑶族的主要居住区，居住着全国约42%的瑶族，有“南岭无山不有瑶”之称。南岭北麓则是湖南瑶族的主要居住区，从株洲的炎陵县，郴州的桂东县、汝城县到邵阳的绥宁县，怀化的通道县，以及附近贵州的一些县里都有瑶族居住，而又以萌渚岭、都庞岭、越城岭北麓为湖南瑶族的居住中心。南岭一带五大山脉横贯江西、广东、湖南、广西、贵州交界地区，山峦起伏，千溪万涧，纵横交错，有中低山地貌，也有喀斯特地貌。山与山相接，山地与山坡相连，群山之间有盆地、小平原以及丘陵地带。南岭基本属于亚热带湿润气候或亚热带季风气候，气候温和，雨水充沛，自然资源十分丰富，具有独特的资源优势。这些地方地势平坦，土地肥沃，水利条件好，适宜种植水稻、玉米、红薯、甘蔗等作物。中低山地貌地区，则适宜于种植杉树、松树、竹子、油桐、山苍子、厚朴、杜仲等经济林。丘陵平原地区人口密集，村庄密布，鸡犬相闻，稻浪翻滚。

湘江 古称湘水，长江中游南岸的重要支流之一，全长856千米，流域面积9.64万平方千米，占湖南省总面积的40.3%。湘江发源于广西壮族自治区桂林市的灵川县海洋山西麓的海洋坪，经兴安县、全州县进入湖南永州市的零陵城区，与其主要支流潇水在此汇合，然后一路向北，在湘阴县芦林潭注入洞庭湖，沿途汇纳了2157条大小河流。湘江流域大都为起伏不平的丘陵与河谷平原及盆地。零陵以上为上游，主要支流为潇水，多为山区，河流狭窄，多峡谷跃水，水流湍急，雨期多暴雨。零陵以下为中游，衡山以下为下游，中下游河宽250~1000米。长沙市以下为河口段，多汊道、湖泊，河口冲积平原与资水、沅水、澧水的河口形成的冲积平原连成宽广的滨湖平原。湘江上游从两晋以来多为瑶族先民零陵蛮居住，唐宋以来为瑶族等少数民族居住区，如今湖南瑶族的大部分仍居住在这一地区。下游为秦、汉时期瑶族先民长沙蛮居住区，南北朝以来为瑶族先民湘州蛮、莫徭蛮居住区，唐、宋时为瑶族居住区。

沅水　发源于贵州省贵定县斗篷山，全长1033千米，流经贵州省和湖南省的21个县、市，流域面积8.92万平方千米。从源头到黔阳的清水江为上游，群山连绵，峡谷纵深，河流曲折。黔阳至沅陵中游段，为丘陵地区，河水和缓。沅陵至常德段为下游，多丘陵河谷平原，可通驳船。常德以下为河口段，为冲积平原。流域内的上游和中游为苗族和瑶族等少数民族的居住区域。秦、汉时，其中下游为武陵蛮、长沙蛮居住区，后五溪蛮居于其中游等地。

潇水　古称深水、营水，湘江的主要支流。全长354千米，流域面积12099平方千米，是湖南瑶族居住区的主要河流。潇水发源于蓝山县紫良瑶族乡的野狗山南麓，从江华码市流入冯河到县城与西河汇合后正式称为潇水，经道县、双牌，到零陵城区边缘注入湘江。沿途汇集麻江、崇江、沱水、消江、伏水、永明河、宁远河等支流。潇水流域地势西南高、东北低，群山连绵，丘陵起伏，支流多，落差大，水能丰富，森林密布，植被覆盖率50%以上，上游则高达70%以上，物产资源多，开发利用多。潇水流域从唐、宋以来为湖南瑶族主要居住区，此前为零陵蛮等瑶族先民居住区。

峒　峒指山中盆地或丘陵区域，是瑶族居住区域的特有名词。峒周围一般有高低不等的大山或丘陵，中间有一个或数个盆地。峒有大有小，大峒有几十个瑶寨数万人，小的只几个寨子数百人，有的峒只是一条较长的冲漕，中间部分向两边扩展为平地。大的峒内又分几个小峒，小峒中有多个瑶寨。瑶族人民珍藏的《评皇券牒》记载有“南京十宝峒”，这是瑶族先民最早的峒。“宝”是汉字记瑶音，瑶语读“补”，意为一片或一块，“十宝峒”就是若干片山组成的“峒”，峒内有首领，称渠帅、蛮王、蛮帅、山帅、君长。首领自然产生，不属官，自己管理自己。首领无特权，只起组织者作用，完全与峒民平等。实际上，瑶族早期的峒是一种社会组织，这种组织到唐代更加完善，峒中有峒，形成了一种地域性的宗族性的血缘体，但峒长仍无特权，只是峒内祭祀、生产、安全保卫的组织者而已。宋、元时，这种峒的组织被纳入封建王朝的羁縻统治之内，峒的首领由封建王朝任命，成为其代言人，手中有了特权，每年均要向朝廷进贡，这种社会组织发生了质的变化，但峒的名称一直沿用。清朝时，溆浦县有 10 个瑶峒，新宁县有 8 个瑶峒，城步县有 5 个瑶峒，邵阳县有 16 个瑶峒，江华有 11 个瑶峒等。

宿 宿是平地瑶居住区的特有名词。明万历《江华县志》载：“旦久宿、竹子尾宿、平岗宿，三宿俱在上伍堡，乃平地瑶也。”三宿又叫伍堡峒，是平地瑶内的一种“行政区划”，位于萌渚岭北麓山脚下，由旦久峒、上游峒、木园峒、湖山峒、牛母峒和八田峒组成，东面和南面是萌渚岭山脉，西面是喀斯特地貌，中间为一小丘陵，地势平坦，良田万顷，环境优美。南通广西贺州，北连江华涛圩镇，并可达县城沱江。旦久宿、竹子尾宿和平岗宿内各辖多个瑶族村寨。各宿皆有宿长，最初为自然产生，无特权。宋、元后封建官府在宿内立千户长，属最低层武官。明中叶曾在三宿立有 17 个千户长。

冲 湖南山区瑶族居住地。冲，即山冲、冲漕。一条溪河往往有几个冲漕，两山相夹，中间稍开阔，可建一两个乃至数个村寨，然后两山闭拢，只有溪河水流过，沿溪河翻过几座山又是一个冲漕。瑶族人民的村寨就建立在冲漕稍平处或缓坡上，并可开垦出少许水田。建房时有的将山脚处挖平而建房，有的干脆不挖，在下方支起数根立柱，到上方与地平处将地面略为修平，再在立柱上榫接楼枕，铺上木板建房，形成一座座吊脚楼。所以一条溪河中低处冲漕能建房，高处冲漕也能建房，甚至山腰处的冲漕也能建房。但交通不便，生活条件艰苦。

九江十八冲　江华瑶族在岭东山区居住环境的总称。据《过山榜》记载：明嘉靖十三年（1534），锦田山主李目郎父子到上伍堡招盘、赵、凤、周、郑、沈、李七姓瑶人进入岭东九江十八冲开垦落业，即从务江一直到码市，再到湘江、蔚竹口、凌江开垦落业，每年向李家交租还税。九江为：务江、花江、洪江、崇江、贝江、麻江、濠江、凌江、上务江。十八冲为：平冲、麻冲、小朋冲、龙虎冲、黄石冲、湾冲、蕨背冲、狗木冲、媳妇娘冲、屋背冲、上梅冲、下梅冲、黄沙冲、黄鹿冲、洋涓冲、老鼠冲、泥古冲、西流冲。当然，冲内冲外也有从其他地方迁来的瑶族进行开垦，久而久之，瑶族人民习惯于将岭东瑶族居住的环境称为九江十八冲。

二、自然景观

瑶族故地千家峒　湖南瑶族地区名胜。瑶族故地千家峒位于江永县千家峒瑶族乡境内。传说中的千家峒是一个与世隔绝的人间仙境，四周被群山环抱，仅有一个岩洞维系着与外界的交通。这个岩洞相传就是如今千家峒入口处的穿岩，今已被弃置。临近穿岩的古战场据说就是千家峒瑶民与官兵生死抗衡之地，往昔战马的嘶啸与兵器的碰撞如今只能借着巨石垒就的战墙去想象了。千家峒人文古迹多，旅游资源丰富。古文献记载的峒口、四块大田、九股水源、枫木凹、白石岭以及造型奇特美观的鸟山、马山、石狗山等地形地貌特征在江永千家峒内都可找到。元大德九年（1305）瑶民为抗击官兵围剿，在峒口的石山上筑起的古石墙仍依稀可见。境内出土的古剑、古砖、火管、石碾、酒具以及最近发掘的湘南第一大古民窑遗址，更增添了千家峒的神秘。红军长征经过此地，曾在三峰山石壁上留下“中国工农红军万岁”的大字。千家峒境内有原始次生林80000亩，有国家保护的一、二级林木27种，珍稀动物28种，被称为“南方动植物资源基因库”。

灵山福地阳明山 湖南瑶族地区名胜。阳明山位于潇水中游的双牌县境内的潇水河东北面，南与九嶷山对峙，北和衡岳相望，主峰海拔1624.8米，素有“竹乡林海”之美名。境内竹木茂密，花草蓊翳，溪流纵横，森林覆盖率98%，有“岭北生态画卷”“天然氧吧”之称。又自古名山僧侣多，山上的万寿寺成为“名山千古仰，活佛万家朝”之圣地，有古、奇、灵、秀之美，被誉为“灵山福地”。阳明山历史文化积蕴深厚。自东汉时白云寺即为周边地区的朝佛圣地，鼎盛期有大小寺庵108个，聚集起三省十八县58个香会的朝拜者。明朝郑秀峰禅师在万寿寺殁后其身不坏，被明世宗朱厚熜封为佛教“七祖”。阳明山不仅有上万亩原始次生林、华东黄杉、南方红豆杉群落，还有上十万亩自然杜鹃花海，被“上海大世界基尼斯”收录为面积最大的野生杜鹃花基地，也是国家AAA级旅游景区、国家级水利风景名胜区、国家首个“绿色中国环境文化示范基地”和百姓喜爱的“湖南百景”、湖南“新潇湘八景”。如今在这片大山里，生活着13000多瑶人。

白云飘飞九嶷山 湖南瑶族地区名胜。九嶷山，又名苍梧山。坐落在宁远县城南30千米处的瑶族居住区内，为江华、宁远、蓝山三县交界之山。《史记·五帝本纪》载：“（舜）南巡狩，崩于苍梧之野，葬于江南九疑。”传说，舜帝死后，娥皇、女英二妃千里寻夫，终未得见，终日以泪洗面，泪洒竹林，化成斑斑泪竹，生长至今。夏朝时为纪念舜帝而建的舜帝陵，成为“中华第一古陵”，历代君王致祭不断，吸引了大批政治家、史学家和文学家登临九嶷，寻踪访古，留下了大量的瑰丽篇章。九嶷山最著名的景色有舜源峰、舜帝庙、三分石以及紫霞岩、玉琯岩等。舜源峰海拔1959米，为九嶷山主峰，登临峰顶，极目远眺，莽莽群山，绵延起伏。三分石又名三峰石，为九嶷第二高峰，也是江华、宁远、蓝山三县的分界石，故名。舜源峰脚下，与娥皇峰对峙的舜帝庙，坐北朝南，红墙绿瓦，规模宏大，建筑雄伟，占地约80000平方米。门前照壁上的“九嶷山”三个大字，为玉琯岩石刻的拓片，出于宋代道州刺史方信孺手笔，白底黑字，于三里外的凉伞坳即清晰可见。庙内有明代万历年间所立“抚瑶颂碑”和刻有“帝舜有虞氏之陵”的舜陵石碑。九嶷山脉是江华、宁远、蓝山三县瑶族的主要居住区。

天造秦岩绝景美 湖南瑶族地区名胜。秦岩位于江华县城沱江镇东南35千米处的白芒营镇秦岩村秦山（吴望山）。相传因秦始皇发50万大军戍南越，“秦人于此避乱，故名”。洞口摩崖石刻“秦岩”二字，为东汉文学家蔡邕所书。秦岩，为潇湘古八景之一，占地面积1888.8亩，被誉为南岭瑶区“第一洞”。独特的地质构造，使秦岩的群峰兀立，特色各异，形态不一，展现出“峻、秀、奇、幽”的独特风姿。境内林木茂盛，青翠叠嶂，山花烂漫，四季飘香……奇妍风景随着季节的变换而变幻无穷。坐落在景区中央的瓜箪湖面积50余亩，湖面宽广，湖水清澈，被当地瑶民称为“圣水湖”或者“神水湖”。秦岩属亚热带季风湿润气候，自然植被保护良好，空气清新，冬暖夏凉，有“天然氧吧”之称。秦岩一直以来都是瑶族的聚居地，长期生息繁衍于此的瑶族至今仍保留着“抠男仔”、拿篮子和“倒插门”等瑶族传统习俗。

南岭北麓莽山秀　湖南瑶族地区名胜。莽山位于南岭山脉北麓的宜章县境内，总面积240平方千米，东、西、南分别与广东省乳源瑶族自治县、连州市、阳山县相邻。莽山地形复杂，山峰尖削，沟壑纵横，1000米以上的山峰就有150多座，最高峰猛坑石海拔1902米，号称“天南第一峰”。莽山有山奇、水秀、林幽、石怪之美，境内奇峰叠翠、溪涧密布，水色天光造就了莽山众多壮丽秀美的景观。

莽山动植物种类繁多。因其受第四纪冰川的影响甚少，很多第三纪或更古老的植物得以保留下来，莽山是古老植物的“避难所”，原始森林面积达6000公顷，有南方红豆杉等国家重点保护物种50余种，南岭紫茎等莽山特有植物20种。丰富的森林生态系统为各类动物繁衍生息提供了适宜的环境，莽山成为各类动物的聚集之地，有脊椎动物70科164属300余种（不包括鱼类），其中包括国家重点保护野生动物33种和堪称一代“国宝”的巨型毒蛇——莽山烙铁头蛇。莽山向来为瑶人族居地，瑶族风情浓郁古朴，独具特色。历史上曾有回龙庙、金船大庙、圣地庙、观音堂等十余座庙宇，香火鼎盛，远近闻名。

丹霞风光崀山奇 湖南瑶族地区名胜。崀山位于新宁县城南十余千米处，总面积约100平方千米，属典型丹霞峰林地貌。突起的石林群落，复杂的石灰岩溶洞，神秘的峡谷群和美丽的扶夷江，构成了崀山碧水丹崖的各类自然景观500多处，是世界上罕见的景色最优美、发育最完整、类型最齐全、特征最典型的大面积丹霞地貌片区之一。这里不仅自然风光秀丽，而且人文历史厚重。出土过10万年前的猕猴头骨化石，有4500年前的新石器文化遗址；有清代农民起义的寨堡和晚清重臣刘坤一、刘长佑、江忠源的墓葬、宗祠；还有"夫夷胜景天成就，摄杖归来入梦频"这样脍炙人口的华采诗章。崀山的植被，品种繁多，起源古老，有维管束植物184科889属2307种。每当春风吹过，崀山的兰花、茶花、樱桃花、红杜鹃、紫杜鹃等竞相开放。崀山还生长繁衍着银杉、珙桐、华南虎、云豹、灵猫、大鲵等珍稀动植物，它们为崀山的天然景色增添了无限灵动与生气。

洞庭湖边龙窖山 湖南瑶族地区名胜。龙窖山位于湖南省东北边陲的临湘市，属幕阜山余脉，跨湖南临湘，湖北通城、崇阳、蒲圻（赤壁）四县市，绵亘200平方千米，风光绮丽，山极峻秀，雄伟壮观，最高峰海拔1261.1米。龙窖山在临湘境内约180平方千米。千山万壑，烟霏雾结，流泉飞瀑，溅珠喷玉，形成以山地为主的自然地貌。有老龙潭、三仙洗药潭、仙女散花潭、鸳鸯瀑、三江口、白果庵、三仙坦、剪刀岔、箭杆山等自然景观，是湘北旅游的胜地。龙窖山属于亚热带季风性湿润气候区，自然环境优美，动植物资源丰富。有木本植物76科549种，中药材450余种，其中包括名贵药材止血藤、盘龙参、白牛胆、石吊兰等12种；有鸟类120余种；野生动物100余种，其中属于国家重点保护的有云豹、穿山甲、娃娃鱼、文鱼等20多种，是天然动植物的基因库。龙窖山风光绮丽，生态环境良好，目前还处于半封闭状态，维持在千家峒初始阶段的态势，深藏着极其少见、极为珍贵的瑶族先民的文化遗存。21世纪初，经瑶学专家几年考察和论证，确认“龙窖山为瑶族早期千家峒”，被湖南省人民政府列为省级文物保护单位。

花瑶名胜虎形山 湖南瑶族地区名胜。虎形山位于隆回县虎形山瑶族乡境内，由大峡谷、万贯冲梯田、大托石瀑、崇木凼花瑶古寨、旺溪瀑布群组成。大峡谷全长13千米，瀑布成群，山清水秀，景色醉人。万贯冲梯田坐落在万贯冲村，面积5000余亩，高差1000余米，梯级高差为1~1.5米，坡度为25~40度，最大坡度达60度。梯田地势高、规模大、景观奇特，特别是天然的自流灌溉堪称天、地、人巧妙结合的奇迹。虎形山瀑布众多，三龙洞瀑布高80米，宽30米，气势恢弘，抬头仰望，如水龙从天而降，奔腾咆哮而来。大托石瀑高逾300米，宽约1000米，巨大的岩石山体犹如鬼斧神刀劈削而成，阳光下闪闪发亮，十分壮观。花瑶古寨原始、简朴，黑褐色的瑶族民居点缀在山坳中，人在其中穿行犹如画中长廊漫步。虎形山集中保存了众多古老孑遗和国家重点保护的野生植物，共有木本植物95科633种，其中珍稀植物有银杏、南方红豆杉、水杉、伯乐树、花榈木等。陆地野生脊椎动物246种，其中有国家保护动物16种，如黄腹角雉、大鲵、穿山甲、獐、青鼬、草鸮、长耳鸮、苍鹰、虎纹蛙等。

姑婆山 湖南瑶族地区名胜。位于江华与广西贺州之间，即湘桂交界的萌渚岭之中，自古就是通楚达粤的交通要隘。主峰海拔1846米，面积20000公顷，山体庞大，群峰高耸，地势险峻。瑶族古老的盘王庙就曾建在山顶。姑婆山气候温和，修竹遍野，林木繁茂，年平均气温17℃～18℃，是理想的避暑、疗养之地。苍翠茂密的原始次生林里，鹿、獐、华南虎、猕猴、豪猪、锦鸡、白寒鸡、竹鼠、山鸡、野兔、娃娃鱼、眼镜蛇、羚羊等珍禽异兽时常出入其间。“相公岭”“五龙抢珠”“望夫石女像”“仙人棋盘石”“八仙寺”“绣球顶”“龙潭湖光月色”“仙姑岩”“莲花心”“牛郎寨”“马鞍山”“龙谷山”“猫儿岭”等众多的自然和人文景点遍布山间，美不胜收。姑婆山山峻、石秀、水清、林幽，既有南岳之境，又有黄山之景，是瑶族地区重要旅游资源。

大龙山 湖南瑶族地区名胜。在江华境内，与广东连州市接壤，以其如诗如画的自然风光而闻名。在3330公顷原始次生林中，有国家一级保护动物娃娃鱼，还有极具研究价值和观赏价值的篦子三尖杉、黄杉、五针松、光皮桦、银杏、古柏、古松、鹅掌楸等珍贵植物。大龙山森林密布，溪谷纵横，水流清澈，瀑布众多，山光水色，交相辉映。著名景点有大龙瀑布、羊岩瀑布、小龙瀑布、双龙抢珠、一线天等。落差80米，水流量较大的“羊岩瀑布”，远看像是镶嵌在青山中的一块明镜，近观又是具有动感的飞练。而长3000米，谷深50～60米，两边绝壁极为狭窄，水流量大，浪花飞溅的“狭壁小溪”，既是漂流的好地方，又是养殖娃娃鱼的理想场所。

紫霞岩 湖南瑶族地区名胜。位于宁远县九嶷山瑶族乡境内舜源峰左侧，分为内、外二岩。外岩能容千人，岩口倾斜朝天，呈椭圆形，坐北朝南，敞口宽大，气势磅礴。沿岩内石阶而下，只见石坡逶迤仄立，朝辉映照如紫霞，故名紫霞岩。内岩又称黑岩，入口处仅能容身，岩内钟乳石如花、如树、如人、如猴、如梁、如柱、如台、如楼，或垂或立，形态各异。到达九曲岩内，则要九涉其水，被誉为“九渡”“九曲银河”。洞底“八音石”，可叩出美妙乐章。内刻元结用篆体书写的“无为洞”三个大字。明代地理学家徐霞客曾宿洞中三夜，将紫霞岩列为楚南十六洞第二。紫霞岩的主要景点有三仙位、金盆滴水、仙人野炊、九曲银河、青龙出洞、观音坐莲台、炉煤山、苞谷山、蘑菇山、花果山、猴子把门洞、仙人田、试剑石、老人拜陵、金山、银山、学生堂、海底世界、犀牛滚澡、原始大森林、隐龙潭等。

回溪寿域 湖南瑶族地区名胜。位于江华大路铺镇东南7千米处虾塘村。此处山肥水美，植被茂盛，气候宜人。其泉水清澈，因回溪“乳窦松膏所渍，泉甘宜稻，饮之者寿”，故称“不老泉”。唐时，居于此地的张子厚，自号回溪翁。元结造访他时，见80余岁的人仍“容若少壮”，问“何以能此”，说是饮不老泉水，没有他求。从虾塘村的惠风亭远眺时，山体如一位老人仰卧的侧身头像，其发髻、额头、眉骨、睫毛、鼻子、唇线、下颚、胡子、喉结都清晰可辨，其南部连绵数里的山脉就是其身体，比例适中，老人神态安详，精神矍铄，仿佛让人领会了回溪寿域的精神内质。

梧岭南屏 湖南瑶族地区名胜。位于江华河路口镇秀鱼塘、源头岗、大岗头一带，即雄奇俊伟的萌渚岭山脉。山势绵亘，高峻险阻，一若屏障，它与苍梧岭相接，故称“梧岭南屏”。岭上有高耸入云的姑婆山，雄伟壮观。登高远眺，县内山峦激流尽收眼底。最有韵味的是山顶之下无边无际的云海。每当晨曦来临，金色阳光以极强的穿透力射在云海上，使云海呈现出半透明的美。而黄昏的晚霞，则朦胧、缥缈，无限神秘，令人遐想。

三、人文景观

豸山凌云　湖南瑶族地区名胜。位于江华县城东潇水河边。豸山“峭壁摹空，悬崖俯流”，从对岸白象山望去，恰似独角古兽“豸”，故名豸山；从城中望去，又似一蹲坐之青蛙，故又名“蛤蟆山”，山腰面岩洞称为“麻拐岩”。明万历四年（1576）建寺于岩隙中，名豸山寺，前后三进，拾级而上，上层为观音阁，供有观音及十八罗汉像。沿寺左临江石壁，建有吕祖阁、文昌阁。寺前六角亭，为古义渡休憩之所。山巅建有由清代邑人、抗法英雄王德榜捐资的宝塔，“塔高七级，直插云霄”，集佛教、道教、伊斯兰教建筑风格于一身，号称“凌云塔”，为江华山城的吉祥象征。

阳华胜览　湖南瑶族地区名胜。江华县城东南5千米的回山之下有溶岩，称为阳华岩，岩石南面宽敞，洞中怪石嶙峋，泉水晶莹透澈。唐元结任道州刺史时曾多次游阳华岩，作《阳华岩铭》并《序》。名书法家、县令瞿令问将《铭》以隶、篆、籀三种书体命人刻于崖壁上，世称名迹。从此，阳华岩名声远播，称为“阳华胜览”。阳华岩40余处石刻皆为阴刻，字迹清晰的36处，籀、篆、隶、楷、行、草诸体皆备，集唐、宋、元、明、清历代书法珍品于一崖。其中以元结《阳华岩铭》并《序》最为珍贵。铭从右至左直书，凡400字，其中题、款、序为隶书，正文含籀、篆、隶三体，称赞阳华岩岩奇、洞异、泉洌、景幽。此铭与祁阳县浯溪摩崖石刻《大唐中兴颂》，永州城中《朝阳岩题铭》，并称为元结永州“三铭”。1983 年 10 月被列为省级文物保护单位。

寒亭暖谷 湖南瑶族地区名胜。位于江华县城东部、距城区 1.5 千米的老县村蒋家山山腰。寒亭与暖谷同在一山，两景相伴。寒亭为唐时道州刺史元结、县令瞿令问所建，因元结“大暑登之，疑天时将寒，炎蒸之地而清凉可安”而得名，亭背镌有《寒亭记》石刻。今亭虽已毁，但摩崖石刻尚存。并存的还有自唐至清一千多年间游人留下的题咏碑刻 71 方，是江华境内石刻最多、最集中的地方。从蒋家山之北麓涉水登山，穿过一露天石洞，一天然山洞暖谷遂呈现在眼前。宋治平四年（1067），邑尉李成凡、知县蒋祺游寒亭时探得此洞，因觉“虽户外峭寒，其中莫能测，燠如也”，遂命名为“暖谷”。此岩虽与寒亭相距不远，气候却差异甚大，隆冬时节，依然温暖如春，是冬日避寒的胜地。现尚存部分碑刻，属江华古八景之一，省级文物保护单位。

千年古村上甘棠 湖南瑶族地区名胜。上甘棠村位于江永县城西南 25 千米的夏层铺镇，距 325 省道仅 2 千米。汉武帝元鼎六年（前 111）设谢沐县治于此。上甘棠村依山傍水，坐东朝西，是典型的聚族而居形成的村落。昂山矗于村头，栖凤山伏于村尾，翠屏山脉似一线屏风立于村后，谢沐河日夜欢歌环绕村前，犹如一幅彩墨山水画。明朝《甘棠八景诗》将“独石时耕”“甘棠晓读”“山亭隐士”“清润渔翁”“西岭晴云”“昂山毓秀”“龟山夕照”“芳寺钟声”八景概括于一首诗中，可见上甘棠之钟灵毓秀。上甘棠村现有古代门楼 4 座（原有 10 座），明清民居 200 余座，其中 400 年以上的达 80 余栋，户户联门，一呼百应。民居基本上保持着较完整的徽派建筑风格，有高大的风火墙、严整的纵深布局、高耸的马头墙和精美的门庐装饰。仅马头墙就有一担子、人字形、三担子和组合形四种，马头墙上有精美的浮雕和装饰。门楼和窗户均采用木雕，有蝙蝠、牡丹、喜鹊、龙、麒麟、鹿、凤凰、铜钱、苍松、雄鹰、明月、白云等多种纹饰，寓意美好祝福。村之西侧有一月陂亭，相传为唐代征南大元帅周如锡读书处，亭旁石壁上刻有“忠孝廉节”四个大字，附近有保存完好的石刻27方。

宝镜古建筑群 湖南瑶族地区名胜。坐落在大圩镇宝镜村，建于明末清初。整个建筑群依山临水，由九井十八厅组成，共108间房，有“三堂九井十八厅，走马吊楼日晒西”之说。宝镜建筑群为砖木土石结构，结构严谨，布局合理，规模宏大，气势磅礴，背依青山，面临绿水，蝉鸣鸟语，景观优美。院内屋舍整齐，重楼叠室，错落有致，曲径通幽；院外古树参天，幽静深远，环境优美。连通院内院外的是一道“八”字形的大门，气势恢宏。宝镜民居在建筑工程设计、艺术技巧、历史文化等方面都有很高的价值。

回山寺 湖南瑶族地区名胜。位于江永县允山镇周邦村。回山寺原址布局严谨，钟鼓楼居前，大佛寺坐中，观音阁殿后，禅院靠左，回龙书院傍右。寺周古木参天，林荫蔽日，器宇非凡。寺内观音像及壁画工艺精美，形态生动。清代县令周鹤有诗赞曰：“寥廓招提上界尊，翠微岩畔扣禅阍。秋高绝磴闻仙籁，日落平芜见远村。金碧诸天青嶂合，腾罗一壑白云昏。披襟懒作穷探想，坐啸烟霞到石门。”今寺宇已废，唯寺周山光水色依旧。

盘王庙 湖南瑶族地区名胜。湖南瑶族秉承“盘王始祖随身带，木本水源不可忘”祖训，每到一地都要立庙以祭祀盘王。

如江华姑婆山上立有盘王庙，明万历年间在相公岭脚下的秀鱼塘村又建盘王大庙，资兴茶坪也建有盘王庙。1994 年，江华将盘王庙迁建至县城，其规模宏大，被誉为中国瑶族第一殿。

第二章 族源族称、分布姓氏

湖南瑶族源于我国远古时期的蚩尤。蚩尤被炎黄联盟击败后，其族裔向南不断地进行迁徙，并于迁徙过程中吸收了一些别的部落和一些蛮族的成员，于唐末形成独立的主体民族。其后又向南迁徙，形成瑶族大分散、小聚居的格局。故瑶族的称谓多，姓氏多，居住分散。

一、族源

关于瑶族族源，概括起来主要有六说。一说是来源于长沙武陵蛮。一说是来源于山越。一说是多元，即既有长沙武陵蛮的成分，也有山越的成分，还有南蛮的成分。一说是来源于"尤人"。一说是来源于摇民。一说是来源于蒲姑。在六说中，专家学者曾一度认为"长沙武陵蛮说"根据较为充分，说法较为客观。20 世纪末、21 世纪初，瑶学界通过对瑶族族源的问题进行更为深入的研究，认为"尤人说"更符合瑶族的发展史。"尤人说"认为瑶族主要来源于古代的九黎部落，其首领是蚩尤。当然，瑶族在发展、成熟的过程中也吸收了骧兜、三苗、夸父、濮人、僚人、俚人、巴人、诞人、越人、楚人等部落民，

以及不少的汉人。

之所以认为瑶族来源于蚩尤，一是瑶族的自称与蚩尤的称谓相同。据史载，蚩尤名尤，是九黎部落的第三代首领。蚩尤又被称为帝攸、帝修、帝儵、帝尤，攸、修、儵、尤古音都读“由”，同音同义，故“尤”是称谓。瑶族中占人口60%左右的盘瑶和20%的布努瑶自称为尤、尤绵、土尤、谷岗尤、尤民、尤加、尤念、董本尤、炳多尤、尤诺、黑尤蒙、黑尤雷等，不管其修饰词在前还是在后，其称谓的核心是“尤”。故瑶族与蚩尤的称谓是相同的。瑶族中还有许多关于蚩尤的传说，瑶族人民认为自己是蚩尤的后裔。二是瑶族的原始居地跟九黎蚩尤的一致。九黎的原始居地在黄河中下游与淮河流域之间，即今山东、河北、河南、安徽交界地。瑶学界通过对《过山榜》《密洛陀》《述异记》《淮南子》《后汉书》《山海经》等有关古籍文献和瑶族语言历史方面的田野调查资料研究考证，得出二者的居住地一致的结论。三是瑶族的迁徙路线与九黎之裔的迁徙路线相同。载史载，蚩尤战败后，其族人一部分臣服炎黄融入华夏民族，大部分南迁到江汉平原的汉水流域与其他民族的先民建立了三苗国，后又南迁。瑶族也是由黄河中下游与淮河流域南下的。费孝通先生说“盘瑶是一股由淮河流域南下的移民”。瑶族人民珍藏的《评皇券牒》所记的瑶族先民的迁徙路线与蚩尤族裔南迁的路线是相符的。四是瑶族与九黎蚩尤的图腾均为龙犬。史载蚩尤以龙犬为图腾，瑶人龙犬崇拜史书记载也颇多，瑶族典籍《评皇券牒》中也有记载。五是瑶族人民纪念蚩尤。瑶族人民认为枫树是蚩尤变的，是瑶族保护神，故在“还盘王愿”时刻意设置了“买枫飞树仪式”。大年三十瑶族各家各户都要请蚩尤神保护火种，延续香火。布努瑶每年都要举行盛大的仪式祭祀蚩尤，设置蚩尤坛，摆上各种贡品，跳蚩尤交战舞，唱祭祀歌。六是在瑶族原始宗教中，瑶族师公尊蚩尤为大法师。瑶族师公说，他们所挂的盘王像，其头上为三尖冠符号，传说来源于蚩尤的“蚩”字。蚩的上部为“山”，就是三尖冠。蚩尤又是兵主，尊其为大法师，法事才能做得成功。故瑶学界认为九黎蚩尤是瑶族之源。近年出版的《瑶族通史》已确定了这一观点。

勉语支系的来源　勉语支系也称瑶语支系、盘瑶支系，其语言属汉藏语系苗瑶语族瑶语支。这一支系人口最多，分布在中国的广西、湖南、广东、云南、贵州、江西和东南亚、欧美等地，湖南瑶族大部分属勉语支系。他们源自九黎蚩尤部落分化后的尤人，共同崇拜始祖盘瓠，自称盘瓠子孙。据《评皇券牒》记述，盘瓠后代有盘、沈、包、黄、李、邓、周、赵、胡、冯、雷、唐十二姓儿女，为评皇赐姓，是盘瑶的基本姓氏。当然，在历史发展的长河中，别的民族融合进该支系，姓氏起了很大变化，远远超出了十二姓的范围，这是历史发展的必然。

苗语支系的来源　也称布努语支系，其语言属汉藏语系苗瑶语族苗语支，亦来自蚩尤。人口仅次于勉语支系，主要居住在广西、湖南、贵州，在湖南居住于隆回、洞口、城步、溆浦、通道、黔阳、辰溪等地。他们中多数姓氏据说是从江西吉安而来，这可能是从洞庭湖边龙窖山千家峒出来，走陆路从湖北通城迁徙的一支，沿湘赣边南迁到达江西吉安“鹅颈大丘”一带居住，后又分几支向南、向西、向西南迁徙到达云南、贵州和广东，其中的一些人又回迁至广西桂林，又至湖南洪江，再进入雪峰山，一路辗转，最后进入了深山密林。

侗水支系的来源　侗水支系，也称茶山瑶和那溪瑶支系，

其语言属汉藏语系壮侗语族侗水语支。茶山瑶自称“拉珈”，讲侗水语支的拉珈语，主要居住在广西的金秀、平南和蒙山三个县内。那溪瑶主要居住在湖南的洞口县内，讲侗语，人口20000余人。他们与侗人、壮人有亲缘关系，可能起源于百越系统，原始居地应在今湘桂边界一带，后来融入瑶族，成为瑶族的一个支系。

平地瑶支系的来源　平地瑶支系从盘瑶支系分化而来，其始祖也是远古时期九黎部落的蚩尤。平地瑶说的十二姓是盘、沈、包、黄、李、邓、周、奉、任、廖、唐、高，与过山瑶说的十二姓有数姓不同。学术界对平地瑶的龙犬图腾崇拜、祖先崇拜、风俗习惯等心理文化因素和大量的民间传说，以及《千家峒古本书》《千家峒源流记》《评皇券牒》等历史文献进行综合研究，认为“平地瑶”是盘瑶的一个分支，因封建王朝采取招抚和军事镇压的手段使其“归化”，定居在平地和丘陵地带，纳粮贡赋，并镇守边关隘口。这些瑶族大部分源于或保留盘瑶姓氏，属九黎、三苗的后裔。他们多数称从江西泰和而来，可能也是从洞庭湖边龙窖山千家峒迁出从陆地走的一支，即从湖北通城离开千家峒，再从湘赣边迁到江西泰和居住，后因动乱向东、向南迁徙，辗转迁入现居住地周边大山，后被招抚下山定居。

二、族称

瑶族的族称繁多，在汉文典籍中，不同时期称谓不尽相同。远古的炎黄时期，瑶族先民属于九黎蚩尤部落，称为“尤”，尧、舜、禹时称为三苗、有苗，商、周至战国时期称为荆蛮、蛮荆，秦汉时称长沙蛮、武陵蛮、零陵蛮、桂阳蛮，三国称为由人，南北朝称荆雍州蛮、湘州蛮、蛮左、莫徭蛮、莫徭，至唐末称为徭，这是瑶族最早出现的独立称谓，标志着瑶民族的完全形成。元代，徭被写成侮辱性的称谓“猺”，明、清至民国时期被沿用。新中国成立后改“猺”为“瑶”，彰显了各民族不论大小一律平等。在民间，因经济生活和生产方式有所差异，瑶族分为过山瑶、粮瑶、蓝靛瑶等；因居住环境有所差异，分为平地瑶、高山瑶、宝庆瑶、三宿瑶、五堡瑶、八峒瑶、锦田瑶、莽山瑶、桂阳瑶、东山瑶等；因服饰有所差异，分为花瑶、顶板瑶、青瑶、黑瑶等；因姓氏差异，分为七姓瑶、李姓瑶、高姓瑶等。

自称 瑶族的自称有100余种。湖南瑶族的自称历史上有尤、犹、蚘、由、油、邮、攸、滷、鄮等。今之自称有尤、绵、尤勉、尤绵、育绵、育勉、尤门、土尤、谷岗尤、广西尤、炳多尤、董本尤、炯奈、木德蒙、青尤、爷尼、爷贺尼、杯冬诺等。

他称 瑶族他称除了历史演变形成的称谓外，近现代他称达500余种，就湖南而言他称也有上百种。被称为过山瑶、高山瑶、宝庆瑶、锦田瑶、国赛爷、雾江瑶、广西瑶、湖南瑶、湖北瑶、民瑶、平地瑶、四大民瑶、伍堡瑶、三宿瑶、五堡瑶、七都瑶、八都瑶、梧州瑶、寨山瑶、鳌阻尼、鳌阻该、顶板瑶、花瑶、花裤瑶、盘古瑶、盘瑶、那溪瑶、八峒瑶、七姓瑶、辰瑶、溆瑶、青瑶、梳瑶、狗铃瑶、燕尾瑶、上茅岗瑶、下茅岗瑶、押坪瑶、黑瑶、东山瑶、西山瑶、大源瑶、小源瑶、盘家瑶、下山瑶、龙渣瑶、平顶瑶、九嶷瑶、新田瑶、临武瑶、莽山瑶、青溪瑶、扶灵瑶、古调瑶、勾蓝瑶、本地瑶、武陵瑶、

通道瑶、城步瑶、横岭瑶、井塘瑶、石源瑶、道州瑶、宁远瑶、零陵瑶、永明瑶、土瑶、本土瑶、双牌瑶、东安瑶、金洞瑶、祁阳瑶、桂阳瑶、桂东瑶等。

九黎 中国古代部落之一，与炎帝部落和黄帝部落同时活动于五六千年前，其活动范围在今山东西南部、河南东部，即今黄河下游与济水、淮水流域一带。当九黎部落联盟在黄河、淮河、济水流域兴起时，与从陕西、甘肃一带向东发展的炎帝、黄帝两大集团在今河北、河南、山西交界之地先后发生接触并爆发战争。以蚩尤为首的九黎部落集团先是与炎帝部落集团接触，初期相安无事，后则相争，炎帝被打败，九黎占据了黄河中下游全部疆域。随后，九黎集团又与向东发展的黄帝部落集团相接触，后也发生了激烈的战争。黄帝联合了包括炎帝余部在内的各部落力量，在今河北涿鹿一带与蚩尤部落集团大战，结果蚩尤被打败，其部落民一部分臣服于黄帝部落，后融入华夏族，大部分则向南迁徙。

三苗 中国古代部落之一，又称有苗、苗民，活跃于距今四五千年前，即传说中的尧、舜、禹时代。其活动范围在今长江中下游之湖北、湖南、江西、安徽相连接地区。三苗国为被黄帝打败后南迁又逐渐强大起来的九黎蚩尤族裔所建立，其居民包括了苗、瑶等少数民族先民。从尧开始对三苗进行征战，历经舜、禹，前后延续了200年左右。在禹的征伐下，三苗彻底被瓦解。三苗作为苗、瑶民族的先民，不但与苗族关系密切，与瑶族关系同样密切。一是三苗与瑶族先民一样均属于九黎蚩尤之裔。二是先秦以来史籍所载之三苗，往往又被称为南蛮，瑶族先民本属于南蛮集团，这是学界的共识。三是从考古发现的广泛分布于长江中游地区的屈家岭新石器时代文化遗址，为三苗集团亦即苗、瑶先民的文化遗址，这也是学界的共识。四是三苗被彻底瓦解后，在其活动的地域内代之而起的是夏、商、周时期被史籍称为盘瓠后裔的荆蛮、南蛮。五是被打败后的三苗往南、西南迁徙的路线与瑶族先民相同。六是苗、瑶共一个语族，且苗、瑶、汉都共同保留了先秦古汉语的一些音素及词素，足以证明苗、瑶均系起源于中原的民族。七是图腾标志相同。八是三苗称谓中有瑶的称谓成分。故瑶族与三苗的承接关系是可以肯定的。

盘瓠蛮 从史书记载看，盘瓠蛮应是三苗集团的成员，是一个以犬为图腾的氏族部落，加入过以高辛氏为首的部落联盟。盘瓠蛮在狩猎过程中发现犹（实际上是犬）本领高强，久而久之对其敬畏，从而以之为自己部落的图腾和徽识。盘瓠蛮早期活动于今山东境内，或偏北一点的地区。到汉代，盘瓠蛮分布已相当广泛，主要在梁、汉、巴、蜀、武陵、长沙、庐江等地，即今安徽省西南部、河南省南部、陕西省的汉中、四川省东部、重庆市嘉陵江流域、湖北省南部和整个湖南省，以及粤北、桂东、赣西的广袤地区，是一个非常强大的民族。瑶族多数支系与盘瓠蛮有密切关系。他们将盘瓠视为本民族共同始祖，而自己则是盘瓠的子孙。直到今天，这些瑶族村寨不但流传有盘瓠传说，拥有盘瓠祖先神位，有些还建有盘王庙，保留着古老的盘瓠祭祀仪式。

南蛮（荆蛮） 先秦时期对居于我国南部的少数民族的统称，因活动区域主要在荆州地区，故又称荆蛮或蛮荆。《周书·异域上·蛮传》载：“蛮者，盘瓠之后。”《舆地纪胜》云：“蛮者，盘瓠之种。”瑶民自称为盘瓠之后，与南蛮亦关系密切。《瑶族通史》云：“从史书中我们看到：南蛮称谓乃是‘诸侯有

苗氏处南蛮而不服’和‘放驩兜于崇山，以变南蛮’。南蛮，实际上是‘有苗’与‘驩兜’两个部落组成的新的部落联盟。”据学界考证，驩兜也是瑶族先民之一，是瑶族先民南下过程中融入其中的。故南蛮不仅与三苗有传承关系，而且与瑶族亦有渊源关系。《夷俗》云：“南蛮，盘瓠之后，曰瑶。”《册府元龟》：“荆蛮，盘瓠之后也。”春秋战国时期，南蛮为楚国的住民。

长沙蛮 汉代中后期对聚居在长沙国或长沙郡领域内的少数民族的称谓，主要是瑶族先民。长沙蛮主要分布在今江西省莲花县以西、湖南省邵阳市以东的广袤地区，北起今湖北通城，南到今湖南衡阳。长沙蛮在汉王朝统治逐渐残酷的情况下，举行过数次反抗斗争，打击了汉王朝的统治。

武陵蛮 盘瓠之后，以武陵郡而得名，又因境内有五溪而得名五溪蛮，包含瑶族先民在内。武陵郡原为秦时的黔中郡，汉兴，改黔中郡为武陵郡，其地域主要包括了今湖南湘西州、怀化市、常德市和湖北西南的公安、来凤、鹤峰，以及贵州思南、铜仁地区，即湖南湘江以西的澧水和沅水流域，居住在其内包括瑶族先民在内的住民被称为武陵蛮。

由人 三国时期瑶族先民的称谓。《三国志·吴书·黄盖传》载：“武陵蛮夷反乱，攻守城邑，乃以盖领太守。时郡兵才五百人，自以不敌，因开城门，贼半入，乃击之，斩首数百，余皆奔走，尽归邑落。……诸幽邃巴、醴、由、诞邑侯君长，皆改操易节……”据考证，这里所说的巴即巴人，醴即俚人，诞即诞民，由则是瑶人。今瑶人自称为尤人、尤勉，由、尤相通，故由指的是尤人，即瑶人。

荆雍州蛮 南北朝时对居住在荆州、雍州内的群蛮的称谓。

其分布东至安徽省西部，南至广西东北部，西至陕西汉中平原，北至河南南郡。荆雍州蛮是一个比较复杂的蛮族群体。据史籍记载，荆、雍州内聚居的群蛮有天门蛮、大阳蛮、巴建蛮、郢阳蛮、宜都蛮、义阳蛮、襄阳蛮、南襄蛮、信州蛮、山蛮、蛮左、沮漳蛮、五溪蛮、缘沔诸蛮、溠水诸蛮、北上黄蛮、长沙蛮、荆州蛮、西阳蛮、司州蛮、临贺蛮、鲁阳蛮、江州蛮等数十种。其中的山蛮、蛮左、沮漳蛮、缘沔诸蛮、溠水诸蛮、五溪蛮、长沙蛮、天门蛮、临贺蛮中的大部分是瑶族先民。

湘州蛮　南北朝时期对居住在湘州境内蛮族的称谓，包括马营蛮、阳山蛮、桂阳蛮、黄洞蛮、湘衡洞蛮、三洞蛮、始兴蛮、天漆蛮、临贺蛮等。湘州是汉时的长沙蛮、武陵蛮、零陵蛮、桂阳蛮的居住地，三国时由人、长沙山民、零陵山民、桂阳山民的活动区域，两晋时盘瓠蛮的主要居住区。但是，自从三国以后，秦、汉时广阔的长沙郡几经变革，范围越来越小，蛮族的活动地域被分割，原以长沙郡命名的“长沙蛮”等也就不适宜了，而代之以“湘州蛮”或“湘川蛮”等名。其实，二者是一脉相承的，均是盘瓠之后，今瑶族的先民。

莫徭蛮　南北朝时期对瑶族先民的称谓。《隋书·地理志》载:“长沙郡又杂有夷蜑，名曰‘莫徭’。自云其先祖有功，常免徭役，故名。”《元和郡县图志》也记载，潭州境内“有夷人，名徭。自言先祖有功，免徭役也”。“莫徭”“徭”的得名都是“自言先祖有功，常免徭役”，可见二者是一脉相承的，与“瑶”的得名完全一样。史载莫徭主要居住在武陵以东的长沙郡及以南地区，经隋唐发展到唐末，成为一个完全独立的民族——瑶族。

徭　唐末对瑶族的称谓。瑶族经过唐代的发展，社会经济

已经开始向封建经济过渡，故而其民族形体已经完全脱去蛮族部落痕迹而发展成独立的民族实体。此时，瑶族主要分布在湖南，以及赣西、粤北和桂东北地区。

过山瑶 盘瑶支系的主要成员，又称高山瑶。居住在中国的广西、湖南、广东、云南、贵州、江西六省（区）和国外的东南亚、欧美一些国家。在中国，以南岭山区为居住中心。在湖南则以湘南为主要居住区，居住在江华、江永、道县、宁远、蓝山、新田、临武、宜章、资兴、汝城、常宁、炎陵、祁阳、双牌、零陵、东安、桂东、城步、通道、辰溪等县内。过山瑶是他称，以其“食尽一山又一山”的生产方式而得名。其自称为尤、勉、尤勉、育绵、土尤、董本尤、谷岗尤等。过山瑶主要居住在山区，这是历史上封建统治阶级实行残酷的民族压迫政策造成的。新中国成立后，党和政府十分关心山区过山瑶的发展，与平地瑶相比，他们得到了更多政策的倾斜和扶持，使过山瑶的社会经济得到迅速发展，跟上了时代的步伐。历史上，过山瑶在几近封闭的环境中创造了五彩斑斓的文化，有舞姿优美的舞蹈，有悦耳动听的音乐，有婉转缠绵的歌谣，以及众多的传说、故事、谚语。最为著名的是形成于唐代，丰富于明、清的《盘王大歌》，不仅是过山瑶史诗，也是整个瑶族的文化瑰宝。

平地瑶 盘瑶支系的主要成员，因居住在山中盆地的丘陵地带而得名。平地瑶主要居住在湖南的江华、江永、道县、蓝山、汝城和广西的富川、恭城、钟山、全州等地，人口近40万人。平地瑶原本多数也居住在山上，后因统治者招抚而下山定居。如江华平地瑶下山以前已在萌渚岭大山中“左腰长刀，右负大弩，种黍菽以为粮，猎山兽以续食”达六代之久，于明洪武初年被招抚下山定居在上伍堡，把守三条九隘，县衙每年犒以牛酒花红。江永平地瑶之一的四大民瑶于明洪武九年（1376）、二十九年（1396）相继被招抚定居，把守关隘，维护湖南与广西边界的社会治安，官府每年犒以牛酒，并“每立瑶长以总之，目以佐之，小争则长与目所讠丁，大事诉讼于官”。富川平地瑶于明初被招抚下山，有37个瑶寨之多。平地瑶之所以被招抚下山，实是朱元璋沿用唐、宋羁縻政策，巩固政权之所需。平地瑶定居平地后，入乡随俗，其语言逐渐起了变化，形成了江华、江永、富川、恭城这样一个大范围的平地瑶语区。同时，因与汉民族相接触，生产生活条件都起了变化，汉民族先进技术的输入，促进了经济的发展。在此基础上，教育、文化也迅速发展起来，因此社会经济一直保持着高于山区瑶族的势头。新中国建立后，平地瑶地区的发展得到了党和政府的帮助支持，其发展水平远远高于新中国建立以前的发展水平。但其原本的根基并不厚，加上外援不如本民族的其他支系，其发展水平又落后于兄弟民族，甚至某些方面的发展落后于本民族的其他支系。

四大民瑶 平地瑶中的一支，由清溪瑶、古调瑶、扶灵瑶、勾蓝瑶构成，主要居住在永州市江永县西南部。四大民瑶在明初以前为生瑶，称为流民，不入籍，不服王化。明洪武九年（1376）、二十九年（1396）地方官府两次奉旨招安，四瑶始入籍归化，居住在地势较平坦的丘岗山谷，与民接近，加之有部分原系民籍，故称四大民瑶。据瑶学研究者从《扶灵瑶统纪》《千家峒源流记》《千家峒古本书》、族谱及民间口碑传承资料等综合分析，四大民瑶先祖的族源是多元的：一是始祖为散居在异地的瑶族，后逐渐迁居此地的；二是元大德年间因官府征剿

千家峒被迫逃出来的瑶族；三是其祖为古代瓯越民族的；四是始祖是汉人的；五是始祖是流民，其族源不详的。这五个方面构成了四大民瑶的主体，有蒋、田、何、周、莫、陈、杨、邓、刘、和、週、洲、韦、毛、黄、李、欧阳、曹、雷、石、张、首、宋、翟等26姓。后来，洲、和、宋、韦、毛、陈六姓远迁，週改姓周，现只有19姓。四大民瑶于清朝时，人口达到鼎盛，有30000余人，后来因一些姓氏他迁，以及灾难、疾患和战争，人口锐减。新中国成立后，民主平等，瑶民安居乐业，人口又有所发展，现有万余人。四大民瑶被招安之时，官府授以他们把守关隘维护湘粤边界治安之职责和使命，每年给予他们固定的钱粮报酬，以花红牛酒犒赏，同时给予免丈、免税、免差、免役的优待。至今，他们收藏的明、清以来各朝统治者给予的“恩准”“示谕”“执照”等官府文件达30余件。新中国成立后，党和人民政府认真实施民族政策，在四大民瑶地区相继建立了清溪瑶族乡、源口瑶族乡和兰溪瑶族乡，其社会经济得到快速发展。

七姓瑶　瑶族支系之一，居住在湖南省辰溪县、溆浦县和黔阳县三县交界地的罗子山一带，因其以蒲、丁、刘、沈、石、陈、梁七个姓氏冠姓，故称七姓瑶，人口有30000余人。七姓瑶进入罗子山有三种说法：一说是被朝廷“赶苗”逃入此地；二说是由蒲氏七兄弟改为七姓而成；三说是异姓来楚贸易时结拜为兄弟而得名。据瑶学界考查，七姓瑶人的先民于宋朝前居住在洞庭湖和沅江流域一带，宋时因天荒战乱，被迫举族迁徙到江西吉安府，居住较长一段时间后又被迫迁往云南、贵州一带。迁往贵州的部分后迁入广西桂林，又辗转来到湖南西南山区，顺沅水到达辰溪、沅陵、永顺、麻阳、泸溪一带。后来又沿河直上大江口，进入溆水流域。七姓瑶人分别居住在江口、思蒙、仲夏、水田垅、马田坪等地。他们崇敬高坡大王，认为在逃难中是高坡大王显灵救了他们。因此，每年农历十月初一日都要敬奉高坡大王。祈求风调雨顺，保佑瑶人安居乐业。七姓瑶人还在劳动中形成了一种独特的高腔号子，用于指挥劳动、交流抒发感情。

八峒瑶　瑶族支系之一，因居住在湖南省邵阳市新宁县麻林峒、大绢峒、黄崖峒、圳源峒、桃盆峒、深冲峒、黄卜峒、逻绕峒八个峒中而得名。八峒瑶自称为布努、峒里人、峒里俏，其语言属汉藏语系苗瑶语族苗语支。据田野调查和《雷氏族谱》考证：八峒瑶族十二姓于北宋靖康年间和宋末元初，因遭兵祸，先后分两批从江西吉安一带山地迁出，头一批迁至贵州黎坪和广西古宜、龙胜，后一批迁至湖南宝庆和广西白竹等地，再辗转迁入八峒瑶区，形成以麻林、大绢、黄金为主要聚居点的大分散、小聚居的局面。在这之前，他们也应该是居住在洞庭湖边的龙窖山千家峒，是从陆地离开千家峒那一支中的一部分，即从湖北通城沿湘赣边到江西吉安居住的，一段时间后因故再从江西往外迁。八峒瑶以龙犬为图腾崇拜，有“庆鼓堂，敬盘王”的风俗。男女老少都喜穿花边衣裤，女装衣领、袖口、衣襟用丝线绣制各种图案，或用不同颜色的绸缎缘边，衣长过膝，袖口宽大，腰系绣花围裙，裤以青蓝色为主，裤筒很大，裤脚缘花边，劳动或御寒均扎绑腿，脚穿前端刺绣、尖而翘的“斑鸠鞋”。妇女盘发，少女织辫，头上喜缠丝绸或青布巾。男子衣着简单朴素，上衣对襟无领，裤大而短，腿扎绑腿，头缠青布长巾，腰围短裙。八峒瑶青年男女恋爱自由，以歌为媒。结婚时，男方备酒、肉、米乃至香料、茶叶到女方做茶花酒。节日

有春节、半年节（六月六）、盘王节等。

花瑶 瑶族支系之一，居住在湖南省隆回县虎形山、小沙江和溆浦县水东、江口一带，以其妇女着艳丽服装而得名。花瑶也是离开龙窖山千家峒走陆路从湖北通城沿湘赣边进入江西吉安府鹅颈坪居住的那一支中的一部分，在此居住一段时间后，因遭封建统治者赵、鲁二督统的围攻镇压，被迫分散迁往赣南、云南、贵州。迁贵州的一部分又辗转迁广西桂林、入湖南洪江，再迁入雪峰山腹地的隆回、溆浦等地居住。花瑶衣服颜色因年龄不同而有别，老年人穿蓝灰色，中年人穿深蓝色，青少年穿浅蓝色或浅绿色。衣服对襟开，布扣，袖口刺绣，红布卷边。妇女特别喜欢穿色彩对比强烈的绣花衣服，戴鲜红的头巾，五彩缤纷的腰带将深色的上衣上下分割，灰色的统花裙子托出一片艳丽的前裙，脚裹黑色或白色的绑腿，冷暖分明。

顶板瑶 勉语瑶族支系之一，以妇女头饰戴架为顶板而得名。主要居住在湖南省宁远县的荒塘、桐木漯，新田县的门楼下和祁阳县的金洞、晒北滩，以及常宁县塔山。顶板瑶女孩子从10岁开始剃头留发，将头部四周的头发剃掉，只留头顶正中三寸方圆的头发，待长大以后扎成小髻，并戴上一块四周有花边的青布。十五六岁时戴架，以示成年。戴架也称顶，由五根小竹片组成，三横两竖，横长70厘米，竖长82厘米，头发用黄蜡浇固后固定在架子上，再覆盖四层黑底花边头巾，有的花边上还系上小银铃或小银链，故又称铃帕。戴架一辈子只戴一次，即从十五六岁到结婚生子后的这段时间戴架，生子后即将顶板取下，将头发上的黄蜡洗掉，以后不再戴架。

三、分布

唐代瑶族分布 瑶族原来居住在北方，从北往南迁徙而来。瑶族先祖九黎始发于黄河与淮河流域之间，后南迁至汉水流域，再渡长江过洞庭湖进入三湘大地。其先后被称为九黎（九夷）、三苗（有苗）、南蛮、荆蛮、湘州蛮、长沙蛮、武陵蛮、盘瓠蛮、零陵蛮、桂阳蛮等。到唐末，在湘州（原潭州）瑶族始发展成为一个独立的民族实体。湘州的地界为："南以五岭为界，北以洞庭为界。"当时，瑶族主要居住在荆州（治所在今湖北江陵市）、潭州（治所在今湖南长沙市）、朗州（治所在今湖南常德市）、澧州（治所在今湖南澧县）、郴州（治所在今湖南郴州市）、连州（治所在今广东连州市）、永州（治所在今湖南永州零陵区）、道州（治所在今湖南道县）、贺州（治所在今广西贺州市）、富州（治所在今广西昭平县）、龚州（治所在今广西平南县）、昭州（治所在今广西富川县）、桂州（治所在今广西桂林市）、邵州（治所在今湖南邵阳市）、辰州（治所在今湖南沅陵市）、靖州（治所在今湖南麻阳县）等地区，以湖南为居住中心。

宋代湖南瑶族分布 宋代湖南瑶族分布与唐末大致相同，北起洞庭湖沿岸，南至五岭，东起桂东，西至绥宁、辰溪。但北部岳阳地区只有临湘有少部分瑶民居住，中部的长沙、常德、益阳、湘潭等地区已无聚居瑶族，绝大部分瑶族已迁往今湘南、湘西南的常宁、资兴、郴县、桂阳、宜章、炎陵、桂东、东安、祁阳、零陵、道县、江华、永明、宁远、蓝山、新田、临武、溆浦、沅陵、辰溪、绥宁、靖州、通道、城步、新宁、武冈、

邵阳、隆回、洞口等县市。

元、明时期湖南瑶族分布 元代以后，特别是明代，湖南瑶族分布的格局已大体形成，其分布情况是：溆浦雷打峒、白水峒等10个峒有瑶民居住；黔阳有罗翁山瑶；靖州有外罗岩里、平淡等18个瑶寨；绥宁有上峒、茶江等12个瑶寨；辰溪有罗子山、五岔等31个瑶寨；城步有大水、鄙卧岭等10个瑶寨，另破路水等也有少数瑶民；邵阳有鱼鳞峒、贯冲峒等15个瑶寨；新宁有麻林、大圳等8个瑶峒；东安有里七峒、白石峒等11个瑶寨；祁阳有九牛坝、四木峒等4个瑶寨；零陵有黄柏岭、上下辛乐峒等5个瑶寨；道州有栗木村、坝头、老村等20个瑶寨；宁远有西湾、九嶷、鲁观等60个瑶寨；蓝山有高良、紫良、荆竹等6个瑶峒；新田有百岭峒、石家峒、梅源峒等12个瑶峒；永明有清溪源、埠陵源、古调源等13个瑶峒；江华有花江峒、贝江峒、麻江峒、竹子尾宿、旦久宿等19个瑶峒；永兴有靛山里、天香垅等瑶寨；兴宁有上连峒、上峒、长古峒等12个瑶峒；桂阳有猿坑、九龙江、姜阳16个瑶峒；宜章有莽山峒、牛头峒、容家峒、西山等瑶峒；桂东有麻山都寮、竹坑、上坪、洋河等瑶寨；临武有西山、华阴峒等瑶峒；酃县有龙渣、南岸、毛坪等瑶峒；常宁有溪明峒等瑶峒。“峒”和“宿”是某一特定区域的称谓，并非指某一瑶寨，实际上，峒和宿中有许多瑶寨，但峒大峒小、宿大宿小又不一样，大的有几十个瑶寨，小的只有几个或十来个瑶寨。

清代湖南瑶族分布 清代湖南瑶族的分布与明代大体相同。但因灾害、战乱、起义斗争被镇压而引发迁徙或被招抚他迁，一些瑶寨消失了，一些瑶寨改名了，或者又出现了新的瑶寨，或者隐匿瑶族成分，这些情况都可能存在。一些地方过去有很多瑶寨，清代时只有少数几个瑶寨，抑或过去只有一二个瑶寨，清代则逐渐达到数十个。

新中国湖南瑶族分布 新中国成立后，党和人民政府实行民族平等政策。通过民族识别以及医疗卫生水平的逐步提高，瑶族人口有一定程度的增加，其分布亦有所扩大。主要分布在株洲市的炎陵县；怀化市的辰溪、溆浦、通道、黔阳、中方等县；邵阳市的新宁、绥宁、城步、隆回、洞口等县；永州市的江华、江永、回龙圩、道县、宁远、蓝山、新田、双牌、零陵、东安、金洞林场等县区；郴州市的桂阳、临武、宜章、资兴、汝城、桂东、北湖等县区；衡阳市的常宁市等 30 多个县市区，为大分散、小聚居格局。其中，江华瑶族自治县瑶族人口最多，有 30 余万人，占全省瑶族人口的近五分之二，有的县只有一两个村有瑶族，人口不过数百、数千人。除了江华瑶族自治县外，湖南省还有一个瑶族人口过半县，51 个瑶族乡。

四、姓氏

姓氏来源 瑶族姓氏来源多样。（1）评皇赐姓。《过山榜》中记载，评皇得知盘瓠与三公主生了 12 个子女后大喜，遂赐六男六女为王瑶子孙，赐封十二姓：长男为盘姓，其余为沈、郑、李、邓、周、黄、冯、赵、包、胡、蒲（有的支系的十二姓略有差异）。（2）“蛮”族部落融合。在瑶族形成过程中，不同姓氏的部落相融合，使姓氏增加。（3）婚姻。随着族外婚的施行，瑶族女子招郎入赘。入赘须写“赘书”。如果第一代招的汪姓入赘男子不改从妻姓，那么赘书中有一条是所生子女的姓氏归属问题，即第一个随母姓，第二个随父姓，以此类推。他们的子

女中又有招郎的，且招了郭姓，第三代招了马姓，第四代招了黄姓，第五代招了廖姓，第六代招了吴姓……以随母随父而论，其族姓除了原本的郑姓外，后代中增加了汪、郭、马、黄、廖、吴等姓，这一脉下来姓氏越来越复杂了，且如果招的都是汉族或壮族男子，那么瑶族中就增加了汪、郭、马、黄、廖、吴姓。(4) 改姓。因多种原因，瑶族改姓较为普遍。如为躲避封建统治者的压迫，有将盘改成庞或樊、赵改成邵、黄改成房。还有的一姓多变，如辰溪县的七姓瑶族祖先本姓蒲，在遭到外族侵略时，四处逃散，最后剩七兄弟来到了辰溪罗子山，为了生存繁衍，只由长子保留蒲姓，其余改姓刘、丁、沈、陈、梁、石，一姓变七姓。(5) 过继。瑶族无子女的，往往要过继一子或一女继承宗嗣。多数过继后改姓继父姓，也有一部分保留原姓。(6) 其他民族姓氏融入瑶姓。在民族发展的过程中，各民族往往是互相影响融合。居住在瑶族村寨或附近的少量汉族，久而久之，其语言、习俗都受到瑶族影响，从而融合到瑶族中成为瑶族的成员，增加了姓氏。(7) 亚姓。亚姓是瑶族中一个姓氏分成大小。如赵姓可分大赵、小赵，李姓分成酸李、灰李等。有规定大、小赵本身内部不得婚配，大、小赵之间出五服后可婚配。瑶族复杂的姓氏是由其历史和文化决定的。瑶族支系多、称谓多，大分散、小聚居，甚至是杂居，语言复杂，风俗习惯存在许多差异，发展又极不平衡，所以其姓氏也就复杂多样。

姓氏特点 因瑶族姓氏来源多样，有朝廷赐姓，有婚姻衍变的姓氏，有相互融合增加的姓氏，有被迫改姓的，还有亚姓等，造成瑶族的姓氏繁多，这是特点之一。特点之二是瑶族的姓氏以盘王所生六男六女所得到的赐姓为基本姓氏，从古代到今发展下来，有的发展成瑶族中的大姓。如盘、赵、李、黄、奉等。而瑶族又是迁徙不定的民族，在迁徙过程中往往以一二个姓氏为主迁徙，当迁到一定的时候在适合的地方定居下来的发展过程中，尤其族外婚被打破后，瑶族招郎入赘的婚姻制度，使其姓氏以原迁来时的姓氏为中心慢慢增加。所以，往往某地瑶族以一二个姓为大姓，人口众多，这是特点之三。

瑶族十二姓　瑶族先民和其他少数民族先民一样本来无姓，后受汉族文化的影响方始有姓。但瑶族的姓不同于汉族某姓可追溯到某人、某氏，而是由评皇赐姓。传说评皇给十二个外孙每人赐一个姓，长男为盘姓，其余为沈、郑、李、邓、周、黄、冯、赵、包、胡、蒲。十二姓是瑶族历史上流传下来的主要姓氏。但是，不同的支系对十二姓有一些不同的说法，即有些姓氏不同。同样是《过山榜》记载的十二姓，不同时期的《过山榜》，其记载也有些差异，这可能是历史发展过程中形成的差异。比如江华瑶过山瑶说的十二姓为盘、沈、包、黄、李、邓、周、赵、胡、郑、雷、冯，少了《过山榜》中说的蒲姓，变成了雷姓。平地瑶说的十二姓为盘、沈、包、黄、李、邓、周、奉、任、廖、唐、高，没有《过山榜》中说的赵、冯、郑、蒲、胡姓。

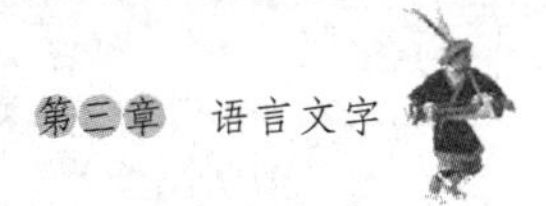

第三章 语言文字

湖南瑶族的语言比较复杂。从语言学分，湖南瑶族的语言属汉族语系苗瑶语族瑶语支，部分属苗语支。就瑶族本身来说可分为四大支系，即瑶语支系，也称盘瑶支系；苗语支系，也称布努瑶支系；侗水语支系，也称茶山瑶和那溪瑶支系；汉语方言支系。在湖南，瑶语支系主要分布在江华、江永、蓝山、宁远、道县、新田、祁阳、双牌、东安、北湖区、资兴、宜章、汝城、临武、城步、炎陵等县。苗语支系主要分布在隆回、洞口、新宁、溆浦、新化、城步、通道、中方、黔阳、辰溪等县。侗水语族支系主要分布在洞口县内。汉语方言支系主要分布在江华、江永、道县、蓝山、桂阳、汝城、炎陵等县。各支系间语言不通，必须借助第三方语言——汉语方能交流。

瑶语支系在元、明、清时期，因居住地的不同，其语言从内部发生变化，逐渐形成了勉、金门、标敏、邀敏四大方言，除个别地方外基本能交流，只是一些词汇发生了变化。勉语支系除日常生活用勉语交流外，在唱歌交流时还加入了一种与日常勉语不同的语言，这种语言称为“歌语”“瑶歌语”。如歌词“凤仙比能天星样”中的“比能”，“能”近似瑶语的“像”字。又如“接得贵客必同天”，“必”即瑶语的“进”字，“同”即瑶语的“大”字，歌词的意思是“接得贵客进大厅”。还有一种是在做道场时讲的话，称为师公话，勉语称为“勉筛瓦”。道教传入瑶族社会后，瑶族把道教与自己的原始宗教相结合，但并没有把汉语全盘接受过来，因此，瑶族做道场时，就出现了说勉语的用勉语做道场，说平地瑶语的用平地瑶语做道场，说寨山语的用寨山语做道场的情况。而勉语又因地域、传师和授法的祖师各不相同，各师公所操持的“勉筛瓦”也有所不同，基本上是糅合了当地勉语、汉语方言及部分土语等。平地瑶语言是自称为炳多优的瑶族所使用的语言。大约在元、明时期，他们从山上迁到平地，因迫于统治阶级民族政策的欺压，被迫逐渐放弃了自己的母语，改操当地的汉语方言——“都话”“五堡话”或“土话”。它们都有一个显著的特点，那就是清音浊化，彼此之间基本能通话交流，但一些音调、对物品的称谓和部分字词义有一定区别。同为苗语支系的新宁八峒瑶和隆回花瑶的语言也有很大的区别。八峒话声母 31 个，花瑶话声母 50 个；八峒话韵母 26 个，花瑶话 36 个；声调，八峒话 5 个，花瑶话有 7 个。二者在构词方式和特点方面均有一定的区别，彼此之间在很大程度上不能通话。一般认为，瑶族无文字。瑶族虽然没有形成整个民族使用的文字，但江华、江永一些地方的瑶族写在扇子上、织在织锦上的文字符号也应该视为瑶族局部的、平地瑶支系创造和使用过的文字。被学术界高度重视的江永“女书”，也是在江永瑶族居住区发现的，当地的一些平地瑶老年妇女和汉族老年妇女都能认识、使用。

一、语　言

勉语 湖南瑶族勉语有声母77个，个别地方多达90个，韵母47个，声调8个。其声母的浊鼻音n可以自成音节，接双唇音为m，接舌根音为ŋ；一些地方出现较为轻度的唇齿浊擦音v，有的读音近似于清化边音l；舌尖塞擦音和擦音的颚化声母在无对立字时，常变读为舌面塞擦音和擦音；舌尖鼻音声母与韵母i结合时，常就读为舌面鼻音。韵母元音开头的音节（包括单元音音节）都带前喉塞音声母，促声调单元音的韵母后面也带喉塞音，有的则带有先喉塞音，高元音比低元音明显；韵母的韵尾k全部消失，取代它的是不太清晰的喉塞音，m韵尾也在部分地方消失，有的有p、t韵尾。声调，由于居住地域不同也在发生变化，有些地方有232调，有些地方有低平调22调，“树”一字，有些地方为33调，有的地方却是44的高平调；有些第4调字和第8调字在无对立字时，分别读成近似于第1调和第6调的调值；合成名词一般要变调，两个音节的合成词，前一个音节变调，三个音节的合成名词第一音节、第二音节变调，变调时，通常是第1至6调变成与第2调相近的调值，第7调变为第8调相近的调值；形容词重叠以后表示程度的加深，前一音节也要变调，变调时，往往是第1至6调变成与第3调相近的调值，第8调变成与第7调相近的调值；有些数词在数词与数词结合时也要变调，变调时与合成词情况相同。勉语词语可分为12类：名词、代词、数词、量词、形容词、动词、状词、副词、介词、连词、助词、叹词。构词方式分为单纯词和合成词两大类，单纯词又可分为单音节单纯词和多音节单纯词。如

“天”“人”“田”“草木灰”“瑶族”等在勉语中是单音节单纯词，而“蜘蛛”“蝉”“小孩”“脏”等在勉语中则是多音节单纯词。合成词可分为并列式、修饰式、表述式、支配式、重叠式五种，由两个或两个以上基本成分结合构成，以修饰式最为常见。词组分为联合词组、修饰词组、支配词组、补充词组和表达词组五种类型。句子成分与汉语大体相似。句子类型按结构分可分为单句和复句，单句又可分为独词句、单部句、双部句三种，复句则分为联合复句（可分为并列句、选择句、递进句）、偏正复句（又分为因果句、条件句、转折句、承接句、假设句）；按语气分可分为陈述句、疑问句、祈使句、感叹句五种。

平地瑶语　湖南瑶族平地瑶语声母有23个，韵母31个，声调7个。声母最显著的特点就是有两个带喉塞的浊音声母，而且出现得很频繁，即［b］、［d］。具体来说，［b］来源于古帮、并、非、敷、奉五母，［d］来源于古羰、定、知三母，显然其中既有对古浊音的保留，又有清音声音的浊化。如拜 ba^{33}、辈 be^{33}、包 biu^{53}、耙 bu^{13}、婆 bu^{22}、排 ba^{22}、牌 ba^{21}、头 dou^{21}、台子 $da^{21}di^{55}$、题目 $dei^{21}mu^{21}$、啼 dei^{21}、得 du^{55}等。但在八都话和九都话里却没有这两个浊音，这些浊音词均念清音或次浊。平地瑶的音韵系统比较简单，词的结构和句子规则与汉语的粤语方言多半相同，与勉语的差别很大。其词头、词尾很少，只有个别词尾“li”“lo”相当于汉语的“子”，多用于用具、食物以及一些名词的后面。如桃子、李子、梨子、盘子（菜盘）、绳子、棍子、帽子、裤子、篮子、瓶子、辣子（椒）、茄子等，其后面均是“li”，这也是其语法构词的显著特点，即名词有构词后缀。第三人称也有 ka^{22}、ku^{44}等词尾，相当于汉语的家、佳。

在系数之前有一个词头 tai^{44} 第，如 $tai^{44}\ ji^{44}$ 第一、$tai^{44}\ nai^{35}$ 第二等。亲属称谓引称、对称都一样，而且多用双音重叠和双音节，如父亲 $ta^{35}ta^{35}$、妹妹 $mai^{22}\ mai^{35}$。量词较丰富。修饰词一般放在被修饰语之前，但说明动物、雌雄、阴阳性的词都放在被修饰语之后。其词类有名词、代词、数词、量词、形容词、动词、状词、副词、介词、连词、助词、叹词。其词汇的特点为单音词占绝大多数以及有古词语和特殊词语。从其特殊词语来看，有盘瑶语（勉语）的底层，如饭焦了的焦，平地瑶说成"lou^{213}"，勉语说成"lau^{23}"等。

寨山瑶语 寨山瑶语又称梧州话，其声母有 20 个，韵母 31 个，声调 6 个。调值低的为 13 调，高的为 325 调，高低音十分明显。构词方式的特点是：亲属称谓加词头"η"，如父亲、母亲等词前面均加 η。部分名词带有词尾"ti"，如桃子、柚子、李子等。表示动物的雌雄的修饰语在中心词之后，如公牛、母猪说成牛公、猪母。有比较惯用的语言助词"lui"，即汉语的"了"，如他去做工了，太阳出来了，小树长高了，我到村边了等。

花瑶语 花瑶语有声母 50 个，韵母 36 个，声调 7 个。声母中舌面前音的发音在舌面与舌尖的交界处。p 音位包括 p 和 b 二个音值。q、x 后接自成音节和鼻音时，声无气流通过。v 音值为 V。韵母中 εi 音值为 εl。eη 和 εη，在小舌音声母后音值为 wη 和 rη。e 在舌面前音声母后音值为 ieη。前鼻音韵母只有 en 一个，自成音节的鼻音有三个，即 m、n、η。声调中高调值 325，低调值 22，高低音比较明显，212 调的调值介于 212 和 213 之间，主要变调规则是：212 调连接 212 调时，前者变读为 22 调并略升，但还不到 23 调，同一词中，212 调音节后接 325

调音节时，212 调变读为 52 调，同一词中，两个 325 调相连时，前者变读为 45 调。在花瑶语中，其固有词语，单纯词较多。单纯词绝大部分是单音词，它包括绝大部分的动词、形容词、量词和副词。多音节的单纯词只有状词和个别其他词语。如 liaŋ liei“影子”等等。在合成词中，有前加成分的很多，几乎所有的实物名词前都加成分，如条状物名称都以 tei^{44}（条、蔸）开头，块状物名称前有 qai^{33}（块、张），植物名称一般以 xou^{325}（种类、个）开头，动物名称一般以 ŋ^{22}（只）开头，但虎、狼等凶猛动物则以 pao^{45}开头，亲属称谓的他称多是 nai^{44}（人）开头。等等。两个或两个以上基本成分构成的修饰式合成词的名词，其中心成分一般在前。一般联合式合成词的构成方法与汉语不同，如“兄弟”wo（妻）kwei^{212}（妹），“夫妻”pu^{22}（二）wo^{212}（妻）等等。另外，在花瑶词汇中，有很多原有词和汉语借词并用的现象。如“是”是借词，但在“不是”中，“是”是原有词。“不”在“不是”中读 a^{22}，而在“是不是”中则读汉语借词音 p′u^{45}。语法特点是语序和虚词为表达语法意义的主要手段，基本语序为主语在前，谓语居中，宾语在后，状语在谓语之前，补语在谓语之后。数量词和表领属关系的词作定语，一般在中心词之前；名词、形容词作定语，一般在中心词之后。虚词语法同样有很重要的意义。如句末语气助词 io^{22}表示正在进行尚未完成的现象，kwa^{44}表示已经完成的动作行为，句中语气助词 lo^{22}可以加强语气。花瑶语中没有表示领属关系的结构助词。

八峒瑶语　八峒瑶语有声母 31 个，韵母 26 个，声调 5 个。声母元音音素 6 个，辅音音素加上零声母为 26 个。与普通话相比，其特点为：没有舌尖后音；浊辅音增至 8 个；鼻音 n、边音

l可视为一对音位变体，注音时不作严格区分；鼻音 η 不单可作音节后鼻韵尾，还可带韵母构成音节，如 ηai^{11}（硬）ηau^{13}（牛），可不带韵母自成音节 η^{33}（你）等。韵母，有单韵母6个，复韵母20个。声调高音为55调，低音为11调，高低音幅区别不是很大。音节由声、韵、调构成，每个音节都可对应一个或多个“字”。词汇有单纯词和合成词。词类有数词、数量词、名词、动词、形容词、副词，代词，以及融入词（借词、外来词）介词、连词、助词、叹词等。八峒瑶语与新宁邻县的城步，广西资源瑶、苗、壮族使用的语言有相通之处。久居八峒地区的汉族也以八峒瑶语为传统语言。过去八峒瑶族称汉话为“客话”，称瑶语为“峒话”，现如今瑶、汉统称八峒瑶话为“峒话”。使用“古代峒话”的人有减少的趋势，“80后”“90后”的瑶族青年已逐渐不会讲“峒话”。

二、文字

女书　流传在部分瑶族地区的一种文字，也是世界上唯一的仅由女性使用的一种文字。过去流传在江华、富川平地瑶和部分过山瑶地区，现在主要流传于江永瑶汉居住地区。女书一般书写在自制的手写本、扇面、布帕和纸片上，有些则织在织锦和挑在锦带上。女书这一文字有着自己独立的语音、词汇和语法结构，有2000多个字符，只有当地的女性认识和使用，故称为女书。女书具有独特性，即文字结构独特。从字体构件看，女书由点、竖、斜、弧四种笔画先组成构件，进而组成文字。以斜、弧为主，上下粗细一致，弧度或大或小，变化多端。简单的女书字符只有一个构件，复杂的有2~3个构件，只有上下结构和上中下结构，没有左右结构，更没有左中右结构，形体呈长斜体菱形，一般右上角为全字的最高点，左下角为全字的最低点。女书具有古老性。研究表明，女书形体结构上均与汉字中的商代甲骨文相近，字义相同，而与金文、篆书、楷书阶段的对应字符在形体结构上相去甚远。表明女书在流传过程中曾经与甲骨文在同一时代使用过，因此女书最迟在商代即已产生。女书具有原生性。女书与汉字在象形字、会意字结构上，在笔画形式和风格上存在根本性的差别，彼此之间不存在发生学的关系，是一种自源文字。女书的字符大多一音多义，同一个字可以有几种不同的写法和读音，能独立运用于日常生活。妇女们用女书交流思想感情，表达内心感受，记录悲苦生活，创作了很多女书作品，如《三朝书》《唐宝珍藏》《八女之歌》《孤女怨》《寡妇歌》《没爷没娘跟嫂边》等。

女书在平地瑶地区发现，并且现在的一些老年妇女仍然能认识，甚至使用。江华、富川、恭城平地瑶语言与女书流传区的语言基本相同，词汇、语法结构大同小异，只是语音上有些变化，他们的生活习惯、社会风俗、图腾崇拜、心理素质等各方面也基本相同。女书中使用的数词和江华、富川平地瑶常用的数词，语音大体相近。因此，许多专家认为，女书与平地瑶有着密切的关系。2006 年，女书被列入第一批国家级非物质文化遗产名录。

第四章　文献典籍

瑶族的文献典籍，除了民间少量流传的用汉文刊印、抄写的《评皇券牒》《千家峒古本书》《千家峒源流记》《盘王大歌》等文献外，大多数是口耳相传的传说故事、歌谣等。这主要是因为瑶族无本民族统一使用的文字，又长期迁徙，流离颠簸，居无定所，学校教育落后，习汉字的人少，无法将脍炙人口的传说书写成典籍文献而流传。归纳起来，瑶族文献典籍主要包括三类：一是用不同支系的瑶语口耳世代相传的民间经典；二是汉族文人用汉文记载于文献典籍或碑记中的有关瑶族历史文化的史籍文献；三是瑶族学习汉文后用汉文编辑的地方典籍。

一、民间典籍

《评皇券牒》 瑶族民间典籍。《评皇券牒》又称《过山榜》《过山根》《过山牒》《龙凤批》《瑶人文书》《瑶人来路祖途》等，是瑶族人民珍藏的典籍之一，其故事广泛流传于民间。瑶学界认为，《评皇券牒》最早出现于南宋，脱胎于南宋时期的“租佃契约”，元、明、清时期又增加了许多内容。《评皇券牒》记述了瑶族古代社会、历史、政治、经济、文化、习俗信仰和瑶民的生产生活，以及迁徙等。尤其对瑶族的来源、图腾崇拜、十二姓瑶人的由来进行了详细的记述。明、清时期的《评皇券牒》，则将瑶族的迁徙，尤其是某一支的迁徙进行了详细补充。《评皇券牒》反映了瑶族悠久的历史，反映了同宗共祖、热爱和平、民族生存、崇古观念和重农轻商的意识等，是研究瑶族历史文化不可多得的重要史料。

《千家峒古本书》 瑶族民间典籍。《千家峒古本书》是瑶族人民珍藏的典籍之一，有《千家峒古本书》《千家峒源流记》《千家峒永远流水部》《千家峒流水记》《千家峒》《千家峒移传记》《千家峒传记》《千家峒流离歌》《千家峒歌》等多个版本，基本内容相差不大，有的加上一些流传地区的情况。千家峒的故事广泛流传于瑶族民间。《古本书》记述了千家峒的大体地理方位，千家峒内外环境、地貌特征，峒里的地名、田土、山川、村落，族源、民族迁徙等；最主要的是记述了瑶族人民在千家峒各峒中安居乐业，无压迫、无剥削的生产生活情景；记述了十二姓瑶人离开千家峒的原因、时间、以后相认的标志、分别迁徙的路线等。《古本书》反映了瑶族人民追求安居乐业，向往美好生活的愿望。同时，它又是一部瑶族血泪史，是瑶族众多被迫迁徙事件的一个缩影，也反映了瑶族人民敢于追求，敢于拼搏，敢于斗争的自强不息的精神。

《盘王大歌》 瑶族民间典籍。《盘王大歌》又称《盘王歌》《盘王书》《盘古歌》《大路歌》《还愿歌》，产生于晋代，形成于唐代，补充完善于元、明、清。《盘王大歌》是一部瑶族史诗，是瑶族讲“根底”的重要内容，它以诗歌的形式记述瑶族的历史和文化，其歌词多为七言体，少数为三七七七句式或五七七七句式和六七七七句式，一般是四句一首，也有七言数十行为一首的。《盘王大歌》内容涉及瑶族起源、迁徙、盘王功德、宗教信仰、经济、文化、生产生活、自然风光、社会风尚、英雄赞颂，以及伏羲、唐王、竹王、鲁班、刘三等人物的事迹。《盘王大歌》想象奇丽，用比兴手法记叙了盘王出世的神话，留下了早期瑶族对宇宙万物的种种解释，颂扬了真善美和英雄人物，鞭挞了丑恶的社会现象，用朴素的语言唱出了瑶族神奇的故事、浪漫的幻想和劳作体验，是瑶族人民文学智慧和艺术才能的结晶。《盘王大歌》流传甚广，影响深远，深受瑶族人民的喜爱。歌唱时用传统的民族腔调，男女对唱，悦人耳目，起伏跌宕，引人入胜，使人们感到亲切而引起共鸣。《盘王大歌》在流传的过程中，巫师或师公对某些内容进行了修改，封建伦理观念比较浓厚，个别地方可能有失原来朴实和神驰幻想的韵味。1985 年起瑶学工作者将《盘王大歌》加以注释整理，于 1987 年和 1988 年分上下集由岳麓书社公开出版发行，使瑶族这一重要而古老的史诗得以更好地保存和流传。现《盘王大歌》已列入国家级非物质文化遗产保护目录。

《瑶人经书》 瑶族民间典籍。《瑶人经书》是瑶族宗教信仰中师公喃神、赶鬼、还愿、度戒时念唱的经文，由瑶族中一代一代的师公用汉文在绵纸上传抄下来。每当旧的书用起来困难了，就用新的绵纸把它抄下来，再装订成书，而在传抄的过程中又加入了地域要素，因此，瑶族中流传的经文版本很多，同一种经书，其内容也不完全一致，尤其是用汉字记瑶音的版本，出现许多用汉字念不通、解释不了的地方。经书若分类则有“还盘王愿经”“传度（度戒）经”“安龙奠土经”“道场经”“赶鬼经”等，又以“还盘王愿经”和“道场经”为多，这二者各有几十本，乃至上百本。这主要是因为瑶族的宗教信仰多以崇拜盘王和超度亡灵为主要的活动，因此需要各种经文，方能使功德做得圆满些。

《平地瑶歌》 瑶族民间典籍。用平地瑶语演唱的平地瑶歌，内容十分丰富。有源流歌、时政歌、生产生活歌、习俗歌、训教歌、情歌和其他歌曲、曲谱，反映了平地瑶的社会、历史、风情风俗、经济、文化，为人们认识、了解和研究平地瑶提供了一些珍贵的史料。民间除了口传外，大约到清朝时期，平地瑶中的一些识些汉字的人用汉文记录平地瑶歌，因此民间流传许多歌谣抄本。但因抄录者文化不高，错别字多，也有许多是瑶音汉字，用汉字难释义，只有用瑶义解释才通，而且平仄押韵，朗朗上口。

《过山瑶歌》 瑶族民间典籍。过山瑶歌种类多，内容特别丰富。有源流歌、还盘王愿歌、时政歌、生产生活歌、情歌、习俗歌等。过山瑶歌多用勉语演唱。过山瑶中有人学会汉文后，对流传在过山瑶地区的勉语歌进行记录和传抄。有的直译成汉语，有的则意译为汉语，有的是用汉字记瑶音。所以有的句式中语法较特殊，歌谣直观或直读都比较费解，如用勉语演唱则通俗易懂。

《扶灵瑶统纪》 瑶族民间典籍。是一部记述湖南省江永县扶灵瑶社会状况的历史长卷。《扶灵瑶统纪》的编纂历经清朝、民国。清乾隆十六年（1751），瑶长首德胜开始搜集资料进行编纂；道光十九年（1839），瑶长何可训又进一步搜集资料，在首德胜的基础上继续编纂；民国三十三年（1944），瑶族石芬寿继续搜集资料补充延续这一工作，他的儿子、孙子继续这一工作，直到2000年，前后历时250年。《扶灵瑶统纪》内容庞杂，资料翔实。设置的目录有：扶灵瑶山水图、地界、河水、冲漯、道路、把隘、村落、户籍、田土名图、充役、辛劳、霸场、田粮册、县志粮、征粮册、绘凭、批示、奉册、绘照、开试、庵观、阁庙、祠寺、社坛、津渡、桥亭、文生、贡监、职员、承充、事故、灾祥等。全面记叙了扶灵瑶的居住环境、政治、经济、文化、教育、社会等各个方面的历史情况。仅批示一栏就翔实地记叙了从明永乐二年（1404）到清光绪五年（1879）官府给该地瑶族的30件批示，内容涉及瑶族地区的山场、田土、免税免役、处理盐运停泊纠纷、办义学等，基本上是瑶族人民经过抗争得来的保护瑶族经济利益的批示。职员一栏中记叙了起自清顺治十二年（1655）至民国三十年（1941）286年间历届瑶长、瑶目的任职名单、任期，三年一换，民主选举，一目了然。《扶灵瑶统纪》分为正本、副本，正本上盖有历任县衙的大印，是一部记叙扶灵瑶编户入籍后几百年历史的“百科全书”。

二、地方典籍

万历《江华县志》 湖南瑶族地区地方典籍。现只存第三卷和第四卷，明万历年间刘时徵纂修，清人王克逊和林调鹤补修。从仅存的二卷看，其对境内瑶族的记述不仅开了先河，而且还较为详细，并且首次将“上伍堡三宿平地瑶”加以记述，尤其可贵的是除了记述平地瑶支系瑶族共性外，还记述了其“归化”为良瑶的过程以及社会组织、纳粮当差、把守关隘等情况。

道光《永州府志》 湖南瑶族地区地方典籍。道光二十五年（1845）刻印，十八卷，清人吕恩湛修，宗绩辰纂，史料截止为道光八年（1828）。到同治五年（1866），由郡守廷桂主持，何茂才对其进行厘正，并补充了道光八年后的史料，于同治六年（1867）刻印成书，十八卷。在卷四《学校志》中记载了瑶族地区的义学，如江华上伍堡义学、锦田义学、锦岗义学等。在卷五《风俗志》中专辟了《瑶俗附》，记述了境内瑶族的来源、分布、经济、贡赋、社会、诉讼、习俗、音乐、服饰、反抗斗争、“瑶防”，并较为详细地记载了零陵县、祁阳县、东安县、道县、宁远县、永明县、江华县、新田县各有多少瑶峒，是些什么瑶峒，以及属于高山瑶（过山瑶）还是平地瑶，生瑶还是熟瑶等具体情况。

同治《江华县志》 湖南瑶族地区地方典籍。清同治九年（1870）版本，县令刘华邦纂修。全志除卷首外，设有方域、建置、赋役、职官、学校、典祀、兵防、选举、人物、风土、艺文、杂撰共十二卷，记述了这十二个方面的历史沿革和发展状况。在“杂撰”中记述了江华瑶族的族源、分布、类别、性习、“叛服”、岁科考试特例录取名额等，在“学校”中记述了瑶族地区的“义学”情况，是研究湖南瑶族主要居住区瑶族历史文化不可多得的史料，具有较为重要的价值。

道光《永明县志》 湖南瑶族地区地方典籍。清道光丙午年（1846）由进士王春藻主修，共十三卷。志书纠正了旧志记述山川的错杂，查漏补缺，将众山形势详注，水道分流合脉一一载明，增补了典籍、轶事等内容，详细记述了江永境内的民风民俗，尤其瑶族习俗得到了详细记述。

光绪《永明县志》 湖南瑶族地区地方典籍。清光绪三十三年（1907），由官至二品顶戴花翎、内阁委侍读的江永人周铣诒所纂，共五十二卷，分设地理、建置、赋役、食货、学校、祠典、礼仪、职官、武备、选举、人物、五行、艺文、杂记十四门，考证辨疑，资料翔实，内容丰富。

光绪《道州志》 湖南瑶族地区地方典籍。清光绪三年（1877）成书，许清源、洪廷揆编纂。共分十二卷，五十五类，设天文、地舆、山川、形胜、建置、赋役、职官、学校、兵防、选举、人物、风俗等。

三、史籍文献

九黎蚩尤传说 学术界认为，中华民族三大始祖之一的蚩尤是苗、瑶、畲等民族的始祖，也就是说苗族、瑶族、畲族等民族的族源皆源于蚩尤。这一说法得到瑶学界普遍认同。关于蚩尤的传说，尤其是关于炎、黄、蚩三帝的战争史籍多有记载。《史记》《逸周书》《国语》《战国策》《山海经》《龙河鱼图》《管子·五行篇》《尚书·吕刑》《路史》《黄氏逸书考》《太平御览》等许多文献典籍中都有记载，其中以司马迁《史记·五帝本纪》中的记述最为详细。从司马迁的记载看，黄帝对九黎蚩尤之战是黄帝联合其他部落，尤其是联合了炎帝部落集团，与蚩尤部落集团多次对战，而“涿鹿之战”，蚩尤兵败被杀，其部落集团一部分人融入黄帝部落集团，大部分被迫南迁，到唐、虞、夏时代形成“三苗”。这些史籍是研究瑶族族源的主要史料。

三苗传说 研究瑶族族源问题的主要史料之一。记载三苗的史籍有《尚书》《国语》《吕氏春秋》《淮南子》《汉书》《山海经》《战国策》《通典》等，主要记载了三苗与九黎蚩尤的关系，三苗兴起的时代，三苗的分布与活动范围，三苗的经济发展，三苗与尧、舜、禹的关系、战争、结局等。学术界认为：

三苗作为苗、瑶民族的先民，不但与苗族关系密切，与瑶族关系同样密切。三苗中的蚩尤之裔即是瑶族的先民。

盘瓠传说 盘瓠的传说在瑶族中广泛流传，它起源较早，在东汉和魏、晋时期就已具雏形。史籍如《风俗通义》《搜神记》《山海经》《晋记》《路史》《后汉书》以及《太平御览》《广东新语》等都有记载，后来经过不断加工演变而日趋丰富。瑶族民间典籍《评皇券牒》中亦有详细记载。大致是说远古评皇（高辛氏）时期，国家遭外敌侵略。眼看亡国之际，盘瓠挺身而出揭下皇榜，只身潜入敌国进入皇宫，趁其国王不备之时将其杀死并凯旋。盘瓠因功受赏，评皇许其与三公主结为秦晋之好，繁衍了后代，成为瑶族始祖。这一故事将瑶族的龙犬图腾与瑶族的始祖盘王混为一体，也反映出瑶族的祖先图腾崇拜，说明盘瓠时期瑶族的图腾是龙犬。盘瓠的传说各瑶族地区都有流传，内容基本相同，只是故事的曲折和丰富程度，以及表述上有一定的差异。如有的说，盘瓠用蒸笼没有蒸够七天，腿上的毛没有褪尽；有的说盘瓠夫妇住在南山而不是会稽山等。但这只是流传过程中形成的差异，并不影响盘瓠传说的主旨。盘瓠传说对瑶族社会的发展影响深远，至今许多地方每年都要举行隆重的“盘王节”活动，以纪念和祭祀盘瓠。

瑶与盘瓠 关于瑶族与盘瓠的关系见诸史籍的很多。如《史记》《风俗通义》《魏略》《搜神记》《晋记》《山海经》《武陵记》《述异记》《后汉书》《宋书》《魏书》《南史》《蛮书》《隋书》《元和郡县图志》《史通·书事篇》《周书》《北史》《通典》《太平寰宇记》《路史》《文献通考》《桂海虞衡志》《溪蛮丛笑》《岭外代答》《桂阳志》《靖州图经》《汉唐地理书钞》《异域志》《炎徼纪闻》《和汉三才图会》《天下郡国利病书》

《广东通志初稿》《蛮司合志》《广东新语》《粤西偶记》《瑶壮传》《古今图书集成》《瓯江杂志》《粤西丛载》《粤述》《黔记》《黔中纪闻》《皇清职贡图》《云南通志》《贵州通志》等。这些史籍志书记述了瑶族是盘瓠之后以及瑶族的“种类”、分布、习俗、经济、社会、政治关系、衣、食、住、行、宗教信仰等，是研究瑶族族源、政治、经济、文化、社会、教育、习俗以及衣食住行等方面的重要史料。

第五章 信仰崇拜

与其他民族一样，瑶族最初的宗教信仰是“万物有灵”。在原始社会早期，因生产力低下，知识极为有限，瑶族先民对自然界的一切不理解而感到神秘，产生了“万物有灵”的观念，后来发展成自然崇拜。动物崇拜犬、龙（龙犬），植物崇拜谷神，天体崇拜日月星辰、雷神。到原始社会的母系社会后期，随着思维能力的增强，灵魂观念产生后，又对鬼魂加以崇拜，在此基础上发展成为祖先崇拜。这些崇拜随着瑶族地区巫师的出现而增强，广泛地保留在各地瑶族的一些生产生活禁忌里和一些祭祀活动中。瑶族中的巫师约在鬼魂崇拜产生以后就出现了，产生时间可能在周、秦。早期的巫师与氏族公社成员一样无特权，经济上不取报酬。由于瑶族宗教信仰观念极深，所有生产、生活、征战都与之有密切的关系。因此，巫师不仅在宗教信仰方面，而且在诸如生产方面的犁田、播种、割青、插秧、狩猎、造林等，生活方面的婚丧嫁娶、修路架桥、起屋盖房、驱鬼治病等都起着重要作用。事实上，在早期氏族部落制度下，瑶族部落的许多酋长身兼巫师、祭祀之职。随着社会的发展，经济、政治、军事活动的日益频繁，宗教仪式的日趋复杂，酋长们才专司政治、经济和军事之职，还有的则成为祭司，演变为后世的宗教职业者。

当瑶族于宋代进入封建社会后，其原始宗教也向人为宗教转化。元代和明代，随着瑶族地区封建化的加深，阶级压迫和民族压迫的加剧，以及各民族民间文化交流的加强，一方面瑶族原始宗教继续向人为宗教转化，另一方面，道教、佛教，尤其是道教大量传入瑶族地区，使得道教中关于“三清境界”“天堂”“阴府”的说教，以及通过某种宗教仪式，取得“神”的保护，以免今生来世受苦的科仪活动，成为相当部分地区瑶族群众宗教生活的一个重要内容。清代以后，随着道教、佛教在瑶族地区更加广泛地传播，瑶族将其与本民族原始宗教相结合，汲取它们中实用的部分，糅合到自己的宗教信仰中，形成了多元信仰崇拜的宗教特色。在瑶族地区道教的影响甚于佛教，这种道教是被改造过的道教，瑶族特色十分突出。如信仰的神祇不只有道教的三清、三元、老君、玉帝诸神，而且还包含了瑶族原始宗教的盘王、密洛陀、仁王、日月星辰、山水石木诸神，以及祖先和鬼魂等。在同一宗教活动中不仅有道教的符箓禁咒及斋醮科仪，还有瑶族原始宗教的跳盘王、祭密洛陀、做法门等喃神跳鬼活动。尤其是度戒活动，道教将其作为一种收信徒的仪式，瑶族则主要是成丁礼，数十上百人一起度戒，只有少数几个人被吸收为师公的信徒。

瑶族地区庙宇众多，道观很少。如江华上伍堡平地瑶五十四庙七寺三庵，没有一座是道观。又如江永四大民瑶之一的勾蓝瑶从元至正元年（1341）建总管庙开始，到明清时期共建有庙、寺、庵、阁、观、宫 64 座，其中盘王庙、秦王庙、崩山庙、相公庙、兴隆庙、天帝庙、关帝庙等 47 座，寺、庵、阁 16 座，观、宫只有 3 座。庙宇内供奉的是盘王、仁王、祖先、关公及三将军保护神、福寿神、五谷神、财神、山水自然神、天地文曲神、阴曹地府神等，寺、庵内供奉的是观音、十八罗汉等。

一、自然崇拜

日月星辰崇拜 湖南瑶族宗教信仰状况。过去，湖南瑶族人民认为万物有灵，不论是日月星辰、风雨雷电、山崩树倒等自然现象，还是天上飞的、地上走的和爬的、水中游的等有生命或无生命的物体都是有灵魂存在的。在缺乏科学知识的情况下，对其加以崇拜。瑶族认为太阳是吉祥物，是平安、兴旺的象征，因此对太阳加以崇拜，并表现在诸多事象中。如跳盘王的长鼓两头大而圆，涂成红色或黄色，吊有红色或黄色丝线，红色象征着太阳升起的颜色和光芒，黄色则象征太阳落山时的颜色和光芒，长鼓中间小，象征引日出日归的神树。因此，长鼓既是乐神的乐器，也是迎太阳的祭器。在瑶族妇女的头巾和孩童的帽顶，一般都绣有象征太阳的八角星图案，其周围绣有群星，群星外围用四道线围成一个方形，象征大地。再绣上花卉、草木之类，象征阳光普照，万物欣欣向荣。一些瑶族的宗祠承梁上画有饕餮图像，正中有一个象征太阳的大型图案。江永瑶族住房梁上一般都雕有象征太阳的圆形图案，并在其中间雕刻龙犬。《评皇券牒》上的盘王夫妇像的左上边绘有光芒四射的太阳图案，右上方则是月亮图案。“还盘王愿”的“装堂迎圣”科仪中，在盘王神位供桌后竖起的木板上贴有五彩剪纸的盘王像，像中画有太阳纹，突出太阳崇拜的表象。“度戒”仪式设置的神堂中，在名叫“花楼”的神坛上扎有 7 个纸剪的太阳，神堂内吊挂的神像中也有红、黄二色太阳纹图案。“游乡”科仪中的神兵均吊有纸剪的太阳纹“神伞”。度戒师所执师刀刀背上的大圆环串着7至14个不等的圆环，大圆环代表太阳，小圆环代表星星。瑶族对太阳、月亮、星辰是顶礼膜拜的。

云雾崇拜 湖南瑶族宗教信仰状况。过去，湖南瑶族人民认为宇宙始于“五彩浮云”和“雾”，这在瑶族口耳相传的歌谣中有许多体现。《盘王大歌》这样唱道：“前世世间无日月，阴阳乌暗雾渐深。”“浮云结气自生烟，未有乾坤及原始，又无日月又无烟。”“当初未能有天地，未有日月及乾坤，先有玉皇共（同）盘古，我共玉皇共出身，我俩不是爹娘养，五色浮云生我身。”从中可以看出：瑶族人民不仅认为宇宙是由“云”和“雾”所构成，而且世界万物都是由“云”和“雾”所创造。“云”和“雾”生了玉皇和盘古，盘古又创造了世界万物。因此，《评皇券牒》说：“我盘古圣王首先出世置业，凿开天地，置水土，造日月阳阴，制星辰，造立湖海，置立江河，置万物九州。”瑶族人民对“云”和“雾”均给予崇拜。

雷神崇拜 湖南瑶族宗教信仰状况。湖南瑶族人民中广泛流传“洪水淹天”的传说，认为雷公神是人类生殖繁衍的功臣，而加以崇拜。传说古时候法力高强的雷公和张果老两人斗法，多次落败又不服输的张果老设计捉住雷公后要把他的肉腌起来吃掉，在外出挑盐时嘱咐伏羲兄妹俩切记不要给雷公喝水。张果老走后，雷公装着一副可怜相多次要水喝，兄妹俩认为潲水不是水无关紧要，就拿了一瓢潲水给雷公喝。谁知，雷公立时力大无穷，挣脱了囚笼。临走时将一颗牙齿拔下送给兄妹俩，嘱咐说到时按鸟的叫声办。雷公上天立即电闪雷鸣，倾盆大雨从天而降，几天几夜不停，地上洪水暴涨，一直淹到了南天门。

伏羲兄妹俩按鸟儿的叫声行动躲过了一劫。但等洪水退后天下只剩下兄妹俩，在神龟的帮助下不得已进行婚配，并生下一肉坨。伏羲将肉坨剁碎撒在高山平地，撒在高山上的成为瑶家，撒在平地的为客家（汉民），从此，人类繁衍。所以，雷神是有功之神，瑶民崇拜它。同时，瑶民还崇拜雷公保护人民专劈忤逆不孝恶人的英雄精神。每当开春雷声响起时，家家户户用菜刀猛剁砧板，响声越大越好，以此企望雷神保佑风调雨顺，五谷丰收，六畜兴旺。农历三月初三烧香化纸祭雷神。

山崇拜　湖南瑶族宗教信仰状况。湖南瑶族大多住在山区。山不仅养育了他们，而且还铸就了他们山一样的性格和胸怀。因此，瑶族人民对山有一种特殊的感情。他们不仅热爱山，美化山，而且还认为每座山都有神灵，对其加以崇拜。他们进山采集，要求保护环境清洁，不随地大小便。如是带了午饭的，吃饭时要将一坨饭抛于森林中，以敬山神。上山砍树伐木，要把一张纸钱用石头压在山脚下，表示付给山神的报酬，祈求采伐平安。进山打猎前要烧香焚纸祭山神，祈求能猎获野物和保佑人身安全，当猎得猎物后，再一次祭山神，以示谢意。

水崇拜　湖南瑶族宗教信仰状况。湖南瑶族人民认为“树有根，水有源”，宇宙万物都离不开水，水是生命的象征和源泉。他们非常注意水源的保护和洁净，在水源地种植竹木和芭蕉，并禁止放牧，禁止随便砍伐。老人去世后，要由师公带着孝子到河边“买水”为逝者沐浴。出殡时将一碗水放在土地当中为逝者开路。有些地方的婚仪中新娘路遇溪河要投几枚钱币到水中，祈求水神保佑新婚幸福。有的地方新娘婚后第二天的一大早要到溪河或水井中投几枚钱后挑一担新鲜的水回来煮茶，祈求水神保佑夫妻感情像茶一样浓醇，家庭美满幸福。有些地方在大年初一，如要取水使用，会在水步头（码头）烧些钱纸，以谢水神。有些地方的妇女背小孩过河时，也习惯性地投几枚钱币到水中，以感谢水神对小孩的养育之恩，祈求平安。瑶族认为分龙时不能挑粪尿浇菜、下田，否则水神动怒，带来干旱。如遇干旱，就要由师公举行求雨仪式，祈求水神下甘露，以救万民。蓝山瑶族求雨时，除按消灭虫害的规矩要龙外，还将泥塑盘王像置于烈日下曝晒。江华贝江瑶民求雨时，各家各户凑石灰、茶枯浸泡成浆倒入水中，水神眼见其子孙（鱼虾）受苦，就会下雨施救。有些地方则将平时悬挂在火炉之上的"枞光蓝"浸泡在水中求雨。

树崇拜 湖南瑶族宗教信仰状况。湖南瑶族人民认为树是有灵魂的，树有树神。他们尤其对枫树和梅木崇拜备至。传说，瑶族始祖蚩尤战败被黄帝杀害后化身为枫树，瑶族人民为了纪念他，就崇拜枫树。在"还盘王愿"的仪式中有一"买枫树"的情景，即一青年背一株枫树"千里迢迢"来到愿堂，祝贺"还盘王愿"成功。这是因为枫树是始祖蚩尤的化身，是保护神，他到了，还愿就能成功。瑶民狩猎时，也要在一株大枫树下用三块石头垒成品字形的"梅山坛"，祈求始祖蚩尤保佑狩猎成功。大年三十晚上，瑶家各户都要砍一株碗口粗的枫树放进火塘焙火，直到出元宵。这是请来蚩尤保佑香火不断，财源滚滚来。对梅木（又名白果树、银杏树）的崇拜，是认为梅木是人类和民族的催生婆。相传洪水淹天后，伏羲兄妹是在梅木树下结亲的，从此繁衍了人类，因此，瑶族人民将其视为守护神，几乎村村寨寨都有梅木，并以梅木命名居住地，如梅山、上梅口、梅子沟等。宋时，居住在今安化、新化一带的瑶族，将其居住地的大山命名为梅山，他们也被称为梅山蛮。瑶族人民对树的崇拜还表现为孩子多病难养时要祭拜大树。家长带着小孩拿着鱼、肉、鸡、糍粑和香烛纸钱到预先选好的大树下，摆上供品，烧化香烛纸钱，口中呢喃，向大树三鞠躬，祈求保佑小孩健康成长，并给小孩取一别名，如“树生”“木生”“木养”“木保”之类，据说，这样一来就解决了父子生辰命运之间的相克问题，使小孩在树神的庇护下闯过童煞关，健康成长。辰溪的七姓瑶人将山坡上长得最高大的树奉为“高坡大王”，每年农历十月初一集体奉祭，祈求保护村寨安宁。江华凤尾村瑶民把村南的一棵古老参天大树视为保护神，逢年过节和小孩不舒服均有人到树底下烧香化纸，向大树祈拜。

谷崇拜　湖南瑶族宗教信仰状况。在以种植谷物为主的瑶族地区，人们认为谷物也是有神主管的。因此，对谷物神加以崇拜，主要表现在一些祭祀和禁忌中。如在浸种、播种、育秧、除病害、收割、入仓、开仓等一系列生产活动中，都讲究择吉日，并举行一定的仪式。春播时，由师公给谷种举行洗礼。扯秧时，由师公烧化纸钱喃神开秧门，其后还要进行“保苗”“求禾花”的祭祀活动。收获时，挑选一些颗粒饱满的谷穗扎成把悬挂在仓库里，象征谷魂归仓，给人们带来丰收与幸福。花瑶在大年三十早晨和正月初一早晨天亮之前吃完早餐，天亮时将一把锄头、一把柴刀、一把割草刀和一些谷穗捆成一挑到外面散步，表示请谷神保佑当年耕种能获得丰收。

火崇拜　湖南瑶族宗教信仰状况。在很早的时候，湖南瑶族就把火看成是神圣的东西，认为家里的火塘是火神、灶神居住的地方。因此，立下火塘四条规矩。第一，不准脚踩三角铁撑架和灶头，也不能从上跨过；第二，不准脚踩烧柴；第三，不准扔纸屑进火塘；第四，不准在火塘边吹口哨唱山歌。有的还不许朝火塘里乱吐痰，在火塘边放屁。隆回花瑶所绘的盘王像头上有三尖冠符号，三尖状是火的符号，是火神，三尖冠是集天地于一身的至上神权的象征，盘王戴火形三尖冠帽更显示出其神性。瑶族妇女把三尖冠演化为头饰，即用木块或竹片将头发支撑成三角形，覆以绣帕，戴上这种头饰可以避邪，逢凶化吉。过去瑶族多用火为病人驱鬼治病。家中有病人久不愈，便请来师公驱鬼。师公念经后，将烧红的犁头夹住喷火，以驱鬼逐妖。新宁八峒瑶师公治病时，头上戴上反扣的烧红铁三脚架，牙咬烧红的铁耙齿，脚穿烧红的“犁头鞋”，在病人床前、堂屋走一圈，再走向门口，边走边高声喊叫：“头上三把火，身穿麻线索，脚下生獠牙，不知我是哪一个?”“头上三把火，是鬼是妖都怕我。”

葫芦崇拜 湖南瑶族宗教信仰状况。湖南瑶族对葫芦的崇拜主要源于瑶族关于“洪水淹天”的传说。伏羲兄妹在洪水淹天后繁衍了人类，他们乘坐的葫芦就成为功臣，成为人类的保护神。因此，瑶族人民崇拜葫芦。他们将谷物或蔬菜种子放进葫芦内，挂在火塘上。葫芦多籽，代表多子多福。种子放置葫芦内，寓意着发展无穷无尽，农业获得丰收。瑶族人民还认为葫芦神随时保佑平安。因此，他们打猎用葫芦装火药，上山劳作用葫芦装水，生活用水用葫芦舀，饮酒也用葫芦来盛，瑶家“瓜箪酒”因此扬名。

二、图腾崇拜

龙犬图腾崇拜 湖南瑶族宗教信仰状况。瑶族早期图腾崇拜物是一种原生物“犹”。史籍记载“犹”是一种野生动物，善于奔跑、登高。瑶族先民在狩猎时常遇到“犹”，认为其神奇、强大，从而产生敬畏之心，久而久之发展成图腾意识，进而把“犹”作为自己民族的标志和名称，所以瑶族自称为“尤人”“尤勉”。后来，一些史籍和瑶族《过山榜》等文献把图腾崇拜的原生物写成“犬”，而不是“犹”，这可能是因为，当史籍记载瑶族先民图腾崇拜物时，“犹”已经消失，或是被人们驯养成了“犬”。中国字的通用、通假、同音，且有同一物体不同时期有不同称谓的现象，犹、尤、犬相通、合一，也可能是在后来的传抄中把“犹”简化为“尤”，又把“尤”字的最后一笔变直而成“犬”了。盘瓠是瑶族先民中一支以“犬”为图腾物的部落，其首领以盘瓠命名。远古时期人们往往把图腾当成是首领的名字，后来逐渐演变成瑶族先祖的代名词，将图腾与盘瓠合二为一。瑶族《过山榜》说瑶族的图腾不是一般的犬，而是“龙犬”，这说明瑶族社会在从图腾制时代进入氏族制的过渡时期，受农业经济和汉文化的影响，开始崇拜“龙”，并将二者有机结合起来。

龙崇拜　湖南瑶族宗教信仰状况。瑶族除了将龙与犬相结合，创造“龙犬图腾”外，对龙本身的崇拜也是十分明显的。在日常生活中有龙的传说，其中祥龙与孽龙相斗的传说最多。在盘王庙里要画许多龙形彩绘，有的将盖屋梁树也称为“龙树”。喜庆之日，人们要舞龙庆贺，有布龙、火龙、人龙、板凳龙。江华码市在元宵节晚上要“火烧龙狮”，滚珠龙经过各家各户门口时，各家要放鞭炮，并将炮仗砸向龙身，半夜后在城外烧掉，使其升天护佑一方。在平地瑶地区，则元宵节舞火龙，火龙用稻草扎成，一般为19至24人舞动，其上插满了燃烧的香火，在鼓乐队的引导下，先沿村周舞动一番，再走巷串户，全村每一家门前都要走过，最后在村北将整条火龙烧掉，使龙升天。龙是吉祥物，当火龙经过门前时，每一家都要燃放鞭炮，表示迎龙进屋。火龙则意味着除邪祛秽，新年里家家户户平安，六畜兴旺。热闹的场面也寓意新年新气象。江华有的地方舞龙时还可用龙身摆出“五谷丰登”“天下太平”等字样。瑶族人民还创作了“板凳龙”舞蹈艺术。

三、神灵鬼魂崇拜

神灵崇拜 湖南瑶族宗教信仰状况。瑶族认为神统辖宇宙，万物都由神管理，因此，在日常生产生活中对神顶礼膜拜。他们认为神无所不在，天上三界有神，地下三冥有神，地上有神，水中有神，山上有神，人间有神，大神管小神，小神管各方物。瑶族对神的膜拜主要表现为对神的祭祀。最初为除草打扫卫生，扫地规划天地形象，即“除草扫地而祭”，后来则在地上垒土砌石当作天地形象。当受了汉文化影响后便建庙宇以祭，起初是在大树底下用树枝搭建一简单的棚屋，盖上木皮或草皮，内放一象征性的石头作为神像，后来建有砖砌平屋的庙宇。据说，瑶民有十二座正庙，每座祭祀一个神。如玄空庙祭祀玉皇大帝、青草庙祭祀盘王、扬州庙祭祀本家家先等。瑶族祭神仪式多样。祭神一般经过请神、乐神、酬神和送神四个阶段。所请之神包括天府、地府、水府、阳间的几乎一切神祇，如天神有大梵天王、三十三天大帝、大释夫人、圣主天尊、紫微大帝、三清大道、三官大帝、天官大帝、运钱送钱童子等；地府神有酆都大帝、狱主判官、冥王判官、地官大帝等；水府神有波浪龙王、扶桑大帝、洪圣大神、水古三殿大王等；阳间之神有盘古大王、五谷大王、五岳圣帝、五十二诸庙猴王、本方本土大王、梅山法主九部、三元将军、梅山张五郎、四庙大王等；始祖神有伏羲兄妹、盘王等。所请之神根据祭神内容而定，如祭水神以请水神为主，其他神则视需要而请。请神由人鬼神相通的师公喃唱请神歌，边唱边摇铃、叩首。请来的神按序归位，接着酬神。酬神唱《献花献果歌》，师公边唱边让人在神位前献上花灯（蜡烛）、果、茶、酒、三牲（猪、鸡、鱼，有的加上老鼠肉）。酬神后是乐神。乐神主要是歌、舞、筶、花、伞等。歌是唱《盘王大歌》《乐神歌》，由师公、歌娘、歌女唱；舞为长鼓舞、铜鼓舞、狗伴舞、祭祀舞等，由师公和舞者数人共舞；筶，本是择吉凶用，此则用来解神愁，胜筶解神重闷，阳筶解神重恩；花，即给神献花；伞，瑶族宗教礼仪中的吉祥物，请众神同庆同乐。有的地方还媚神，以一些“色相情调”的动作来乐神。最后是送神。神请来了还得送回去，唱《送王歌》《送神歌》《答谢喃词》，由师公边唱边舞动法铃，把请来的神一一送走。瑶族祭神的心理诉求就是要通过祭神的活动使神愉快，满足神的“心理要求”，这样神就会护佑瑶人的生产生活，瑶族社会就会安宁发展，各家各户都会六畜兴旺、人丁兴旺。也就是说在满足神的“心理要求”的同时，瑶人的心理要求和精神都得到极大的满足。

土地神崇拜 湖南瑶族宗教信仰状况。湖南瑶族在《赞土地词》中有这样的唱句：“土地公公管牛马，土地婆婆管鸡鸭；管得牛来牛成双，管得马来马成对。”瑶族人民对土地神的崇拜主要表现为瑶族村寨普遍建有土地庙，尽管是一个小小的庙，却供奉着土地公、土地婆神像。江华一带的土地庙多数建在一株大枫树或大樟树下，在树下立三块石头，上盖一石板，有的则盖石头小屋或砖头小屋，里面设置象征性的土地公婆像。对土地神的祭祀，一般是一年两次，即在春秋两季进行，村寨集体购买供品，各户派一名代表参加，由社老主持祭祀。平时行人过往也要祭拜土地神，祭祀的方法很简单，即在离土地庙不远处折一枝树枝放在土地庙前，行一注目礼便离去，折树枝是给土地神的见面礼，土地神年老了，给他一点烧柴吧。也有逢年过节烧点纸钱，供点果品的。如是背新生儿首次路过土地庙，除了折一树枝外，还要燃烛烧纸钱，祈求土地神保佑孩子路途平安。

梅山神崇拜 湖南瑶族宗教信仰状况。湖南瑶族传说，梅山神是主宰人们狩猎成败的神祇，故而在狩猎经济活动中表现甚浓。对梅山神的称呼各地不一，有“梅山大将军”“梅山游猎将军”“梅山帝王”“梅山太子”“梅山统领游猎将军”“盘王梅山帝子”等。关于梅山神的传说也有一定的差异。资兴市黄草镇的瑶族说梅山神是七兄妹，五个哥哥发明追山围猎技术，两个妹妹发明放吊索技术，均是技法了得，本领高强。郴州苏仙区良田镇的瑶族说梅山神七个都是男性，从梅山一郎排到梅山七郎，前六郎打铳，七郎放绳索。资兴市茶坪瑶族则说梅山神是五个，即翻天张五郎、打铳梅山、背装梅山、走报仙师梅山、吹笛梅山。江华、桂阳、常宁、隆回等地的瑶族则说梅山神就是翻天张五郎。但不管说法有多少种，狩猎前必祭梅山神是一致的。举行祭祀时必立法坛，以装绳索为主捕猎的称“肉坛”，以射猎为主的称“红坛”。立坛奉请梅山神灵、兵将，护佑狩猎成功。祭祀时除了燃烛化纸外，还要宰杀一只大公鸡，将血淋在刀具上，把刀放在法坛中，然后才喃神，恭请梅山神护佑能猎到猎物，猎手和猎犬平安。在出猎过程中使用咒语口诀和神秘符箓施行法术，如驾驭术、变身术、驱邪术、收魂术、镇压术、诅咒术等，体现出浓厚的原始宗教元素。施行这些法术时，举手是符，动步成罡，出口成咒，与猎事相依相伴，张扬和虚构着强烈的征服自然的超自然力量。

为保证狩猎能有更多的收获，许多瑶族地区建有梅山会组织，设有计划、组织整个过程的头领，凡参加狩猎的都是会员。梅山会筹建了一些公共财产，如茶山、弩铳、绳索、碗筷等。头领和打猎的高手去世后均可安葬在梅山会的茶山里。

鬼魂崇拜 湖南瑶族宗教信仰状况。湖南瑶族认为，人死后灵魂会变成鬼。至于变成善鬼还是变成恶鬼，是由其生前的行为所决定的，生前行为好则成善鬼，生前行为恶则成恶鬼，但一些人生前行为好却冤死也会成为作祟人间的恶鬼。善鬼与恶鬼作斗，护佑家人、村寨平安、兴旺，五谷丰登，故而受到人们祭祀，以示酬谢。恶鬼则常常作祟人间，人们非常厌恶它，故而请巫师驱逐之。瑶族凡遇天灾人祸、病痛、六畜不安、歉收等，都认为是恶鬼在作祟。要进行“探鬼”“问鬼”“驱鬼”“招魂”“禳鬼祈福”的活动。“探鬼”是巫师根据事主的请求，坐在灶旁闭目喃神，双脚不停抖动，似做梦一般，一段时间后“醒”来将探到的“鬼情”告诉事主，并给予解除之法或治病处方。“问鬼”即打卦（占卜）。巫师打卦时，每念一鬼名打三卦。若三卦相同或阴、阳、胜三卦都出现，此鬼则为灾祸病痛的罪魁祸首，于是进行“驱鬼”“招魂”。巫师“驱鬼”时，在神龛前念经念咒请神，然后画符水，将烧红的犁头夹起，到主家各房间边念经边以符水渍犁头喷出火焰，意即以净水洗净各房间，火已赶走恶鬼，最后将碗中水倒在门外，将碗扣于地上，意即鬼已赶到门外，再也不敢来作祟了。“招魂”，由家中长者在河边、井边危险地带烧香化纸后，口中念念有词，叫着小孩子的名字，边走边喊“回来了”“回来了”，直到家中人答“回来了”为止。有的则是巫师在作祟恶鬼之所居方向念经“招魂”，事毕带一点米或酒回来给病人吃，以示魂已附体。“禳鬼祈福”则是师公念经驱鬼，请神将恶鬼镇住，降福人间。

四、祖先崇拜

祖先崇拜 湖南瑶族宗教信仰状况。湖南瑶族认为世界分成“阳间”和“阴间”两部分。“阳间”是活人生活繁衍之地，“阴间”则是鬼魂活动之场所。人有三个灵魂，一个在家里，一个在坟地，一个在极乐世界。父母之辈生时最疼爱儿孙之辈，他们过世后，儿孙要照顾好其灵魂，以保佑家庭平安。因此，瑶寨上凡有老人去世均被视为本村的一件大事，家家户户来帮忙料理，报丧、给逝者沐浴、更衣、做道场超度灵魂，并将其名号请上神龛敬供。出葬时要择吉日，出殡沿途鼓乐、鞭炮齐鸣；墓地及坟墓朝向要由地理先生选定；下葬时，孝子先铲第一铲土。祭祀祖灵是祖先崇拜的重要内容。除超度亡灵祭祀外，平时早晚在神龛前烧香化纸，每逢重大活动均要在神龛前摆上酒菜等供品并燃香烛纸钱祭祀。有的地方长辈过世后要戴孝三年，三年内孝子不能坐上席，每餐饭桌上都要摆上碗筷、酒杯，好比其生前一样一起吃饭。葬后三天内要送洗脸水、送火把。年节要祭祀，一般是在神龛前摆上酒菜等供品，燃烛烧香化纸，请祖先回家过节过年。清明节要扫墓。有家庭扫墓的，也有房族、宗族扫墓的，有的还要请师公到坟地上念经扫墓。祭盘王是祖先崇拜的主要表现。从古代以来，每年农历十月十六日，瑶族人民都要举行祭祀盘王活动。祭祀盘王也叫“还盘王愿”，要请师公念经，请歌师歌娘唱《盘王大歌》，请鼓手跳长鼓舞等，既乐神又娱人。

还盘王愿　湖南瑶族宗教信仰状况。湖南瑶族祭祀盘王是祖先崇拜的主要形式，其仪式也叫“跳瑶”“踏瑶”“朝踏”，勉语叫“奏堂”“奏偏洪”，俗称“调盘王”，历史悠久，史籍多有记载。祭祀盘王也叫“还盘王愿”。相传，瑶族在漂洋过海时遇大风大浪，瑶民向盘王许愿才获救。上岸后，瑶民立即举行还愿仪式，叩谢始祖盘王的救命之恩，“还盘王愿”即由此而来。要“还盘王愿”，必须先“许愿”。每当村寨连年歉收，家畜饲养不顺，或家中有久病之人等，都要祈求盘王保佑五谷丰登，六畜兴旺，子孙平安。一般在春天许愿，择秋末冬初的吉日还愿。“还盘王愿”有一定的祀神程序，不同地区程序有些差异，一般是起事、请神、接圣开坛、上大众光、诏禾开仓、还元盆愿、请翁敬祖、游乐、盘王宴席、结愿散筵等。资兴市茶坪的“还愿”仪式为马头意者愿、大排良愿、宝书良愿、解神意、送神归。蓝山县桐村还愿的仪程则是差厨杀牲、收秽净堂、装堂迎圣、瑶师盘鼓、接女抢郎、礼曲（大歌开篇）、大歌同唱、盘王同庆、酬愿拆愿、勾愿盘厨、撤坛送圣。但不管仪程如何，“还盘王愿”都要请师公、歌师歌娘、长鼓手、鼓锣队等，届时要唱《盘王大歌》，师公要喃词念经、鼓手要跳长鼓舞等，既乐神又娱人，同时使围观者受到民族传统教育。这是大型众愿，又名“酬谢盘王行伞宝书歌堂良愿”的仪程。还有“酬谢盘王行贺宝书歌堂良愿”的中型愿以及“酬谢盘王行喜宝书歌堂良愿”的家愿，其仪式比较简单。如中型愿仅有请王、上光、祭家先、送王进祖庙、勾愿等仪程。还家愿则多了“挂灯”仪程，瑶族认为如果子孙三代人不挂灯、安法名，盘王就不承认他是盘王的子孙。中型愿事每三年举行一次，时间一天一晚，一个村或几个村联合举行，“愿事”的目的是丰收不忘祖德，祈祷先祖保佑子孙安康。小型愿事是家愿，时间一晚。大型愿事由许多村寨联合举办，在庙里或野外举行，每十二年一次，时间三天四晚。后来“还盘王愿”又演变成将祭祖、文化娱乐和物资交流融为一体的盘王节，2006 年“还盘王愿”已被列入湖南省第一批省级非物质文化遗产，予以保护。

仁王崇拜 湖南瑶族宗教信仰状况。湖南江华、蓝山的部分瑶族对仁王顶礼膜拜，视仁王为始祖，所以在祖先崇拜中要隆重祭祀仁王。《蓝山县民族志》云：“农历十月十六日还‘仁王愿’，吃素三天。开斋时杀牛祭祀，家家户户庆贺丰收。”《江华瑶族自治县志·民族》则说：“农历十月十六日还‘仁王愿’，各村寨先吃素三天，到时开斋，砍牛祭神，家家户户庆贺丰收。”每年的六月初六日，江华的平地瑶要抬仁王出游，祈求仁王保佑风调雨顺，五谷丰登，人畜平安。届时，师公念经作法后，从上庙抬仁王等神出游，笙鼓队、凉伞旗号队护送。所经村寨都要摆香案，烧香化纸，放鞭炮，并在一些庙宇留宿一夜，一般是有庙的村寨都要留宿一夜，在下庙则要多留宿几夜。留宿和第二天起程，师公均要作法事才能安放和出游。到八月中旬出游完毕回到上庙。仁王出游场面十分壮观，旗帜招展，鼓乐喧天，鞭炮齐鸣，人山人海，人们尽情欢笑、歌唱，是每个村寨的重大节日。

度戒 湖南瑶族宗教信仰状况。湖南瑶族在祖先崇拜中有一种承宗接祖，血脉相延的“度戒”仪式，也称“过法”“过牌”“功德修成”。其目的是通过这种仪式进一步强调盘王在瑶民心目中的轴心地位。“度戒”仪式，不同地方仪程亦不同，一般要经过三夜道场。第一夜主要是封斋、串坛请兵、请圣、安圣。第二夜是抛牌（翻刀山）、过水船、睡刺床、起法名，主要是考验度戒者。第三夜主要是挂灯、上刀山、含犁刀等。通过“度戒”，男子取得法名，其妻便取得“氏”的神灵称号。于是承认夫妻都是盘王子孙，死后可以入祖先册的祖灵簿。同时，度戒者接受了戒律，被世人承认为成年人，并编入瑶族的族籍，列入族谱的名册。如果不通过度戒，哪怕你六七十岁了，也不被承认是盘王子孙，不能尽瑶族社会的责任和义务，被世人嘲笑和看不起，更不能拜师学师公。

第六章 思想道德

社会存在决定社会意识，而社会意识的进步，是在社会实践中实现的。瑶族人民的思想道德观念是瑶族人民认识世界的实践、思想活动的结果，并在社会发展中不断得到验证和完善，具有原始性、纯朴性、哲理性、广泛性和永恒性的特点。

瑶族思想道德的原始性在于这些思想和认识都是基于原始人的认识观而产生的，并在以后的社会发展中验证、完善的，同时因社会经济的发展缓慢而不同程度地保留了原始社会的某些残余。劳动中的原始平等互助，男女自由交往，天、地、人合一说，阴阳说，万物有灵观和灵魂不灭观等都是早期原始社会的思想观念。这些思想观念并不全都是正确的或进步的，但能保留并流传后世，说明其部分符合人们认识观和社会经济发展要求，对社会和经济的发展具有促进和稳定的作用。

瑶族思想道德的纯朴性在于其反映了瑶族人民纯朴的心理感情。这种心理感情是在长期与大自然艰苦搏斗中获得的一种人与人之间感情交融的真实感受，“行好德必有好报”贯穿在整个社会的方方面面，人们真实地去感受，也真诚地去体验，更严肃地去承诺，无一点私心杂念，用自己的一言一行全心全意地进行维护、完善和发展。这正是瑶族传统思想道德的难能可贵之处，也是中华民族传统美德的宝贵财富。

瑶族思想道德的哲理性在于它体现了哲学观点和逻辑观点，根据对自然现象的认识和生活本身的规律来思考问题、解决问题。瑶族天、地、人合一的观点实际上指的是自然界的和谐统一，认为物质是基础的，是第一位的。天、地生万物，是自然，是物质，是基础，统一和谐；人是第二位的，人在这种自然和谐的环境中生存发展，所以天、地、人是和谐合一的。这是一种朴素的唯物主义思想。阴阳说，其哲理在于世界物质都有正反两面，并且相互依存，相互制约。对应到人本身也是阴阳关系，外为阳，内为阴，也就是内因和外因的关系，是一种朴素的辩证唯物主义。万物有灵说和灵魂不灭说是唯心主义的观点，是瑶族原始社会时期的认识论，但同样是一种哲学思想。

瑶族思想道德的广泛性在于这些思想是全民族的，而不仅仅是哪一个支系的。瑶族支系众多，居住分散，各支系的历史发展过程和速度略有差异，也形成了一些支系所独有的特点。但思想道德却是共同的。如敬老爱老、讲信用、重承诺、互助协作、克己奉公、原始平等的思想观念在每一个支系都根深蒂固，时时处处都散发出传统美德。这是瑶族长时期的历史发展形成的思想道德观念，只是到了元、明、清才形成各支系，发展中才带有支系的特色。瑶族的思想道德是瑶族各支系的共同财富。

瑶族思想道德的永恒性在于它对瑶族社会发展的过去、今天和将来都具有较大的意义。思想道德一经形成就相对稳定，但并不意味着一成不变。人们在发展的过程中不断地发现新事物，产生新思想，经过总结经验，也就不断地赋予传统思想道德新的思想、新的内容，使之不断完善和发展，旧的已不适应新的发展的思想道德固然被淘汰，而精华的优良传统美德则与新的思想相结合被弘扬光大，如此循序渐进，永恒地为社会服务。正因如此，瑶族婚姻恋爱自由、敬老爱老、夫妻地位平等、助人为乐的思想道德观念，在今天的社会中仍具有强大的影响力。我们要珍惜传统思想道德对社会的作用，积极引导运用其正面的、积极的一面，并赋予其社会主义和共产主义的新思想、新内容，使其广泛地为社会服务。

一、哲学思想

天、地、人合一说 瑶族认识论，产生于原始社会。瑶族认为天、地万物与人构成一个有序的整体，即天、地、人合一。这种思想在瑶族的神话传说和祭祀仪式，以及瑶族医药的理论中都得到体现。瑶族“洪水淹天”“伏羲兄妹”的神话中，天、地、人始终是贯通的，天上的雷公、地上的神龟都被赋予了人的七情六欲，作为人的张果老七情六欲的膨胀更是表现得淋漓尽致，说明了天、地万物与人合一的学说观点。在“还盘王愿”的仪式中，通过沟通人、鬼、神的师公架通上天的天桥，开辟下地的道路，将上界（天）、中界（人）、下界（地下）串通在一起，实现凡俗与神圣客体的贯通，并以此使客体具有某种权力和能力，让主体的各种心理需求得到满足。而在瑶族医药的基础理论中，认为天、地、人即自我、社会、自然应和谐统一，应用在人身上，将人体对应分成的上、中、下三元也要自然和谐统一。天、地、人之间发生不和谐，人就要生病，即人之所以生病是与气候变化、环境、饮食、神灵等有关，因此，治病时不能忽视机体的调节和周围环境的平衡和谐，平常用冬补、夏消、春燥、秋润的饮食手段来促进机体的调节和适应自然环境的盈亏平衡。天、地赋予瑶人吉凶祸福，也赋予瑶人仁义礼智，一切人事均应顺乎自然规律，才能阴阳平衡，三元和谐，生命有序，生生不息。

文明再生说 产生于原始社会时期，表述于“伏羲兄妹”“洪水淹天”等瑶族神话中。说是伏羲兄妹的父亲张果老与雷公斗法，雷公被捉住又在伏羲兄妹的帮助下逃回天庭，发大水淹到了天上，天下所有的人都被淹死，只有帮助过雷公的伏羲兄妹借助雷公牙齿种植结出的葫芦逃过一劫。兄妹俩在神龟的帮助下结成夫妻生下肉坨，剁碎后变成了瑶人和汉人等，并且井井有条地分布在高山、平地上，世界上又有了人类文明。文明再生的基本思想是宇宙被淹天的洪水毁灭过，这一个文明是在上一次文明被毁灭后再创造的。上一代文明里，天上地上的人是相通的，如地上的张果老和天上的雷公斗法说明二者是相通的。当洪水毁灭世界文明后，是伏羲兄妹通过三年的孕育再生了人类，使二次文明形成。

阴阳说 瑶族阴阳说的认识论，产生于原始社会时期。当时人们认为世界由阴阳两部分组成，地上人界、天上的天国属阳界，地下的地府属阴界。万物也由阴阳组成。太阳为阳，月亮为阴。应用到人类，即男为阳，女属阴。世界阴阳交合，产生万物；人类的阴阳交合，产生了生命，发展成人类社会。瑶族人民的阴阳说思想非常深刻，在瑶族的许多文化活动中都有反映。如在瑶族的占卜打卦中，也分为阴卦、阳卦，阴卦为凶，阳卦属吉，一般以三卦为宜，三卦中有两卦为阳属吉象，如是两卦或三卦都是阴，则属凶象，那就要念经驱鬼禳灾。又如瑶族漂洋过海的故事说“阴阳反乱”是漂洋过海的原因之一，《盘王大歌》唱道："阴阳反乱得天旱，三年无雨润阳春，王徭子孙无计奈，漂洋过海到外行。"天气反常变化引起自然不和谐，阴阳错了位，导致了瑶族离开故土而漂洋过海。瑶族的阴阳说有这样三点基本思想：一是宇宙物质分为阴、阳两大类；二是阴阳相合产生新的生命；三是虚构世界也分属阴阳。

万物有灵观　瑶族万物有灵的认识论，产生于原始社会早期。瑶族人民认为宇宙当中万物有灵，无论是有形的生物，还是无形的无生物，都是有灵的。在有形的世界外，还存在一个无形的超自然力的世界，而且这个无形的世界支配和主宰着人类社会这个有形世界。这个世界就是"百神千灵"世界，即天地、日月、雷电、风雨、云雾、高山、石崖、河流、山川、草木、竹藤、鸟兽、虫鱼等万物都有神灵存在。人类也是神灵造出来的。瑶族"始创人类"的神话大致可分为两种类型，一种是"神造类"，以密洛陀造人神话为代表，另一种是"自然现象变化形成论"，以"盘古的故事"为代表。按照唯物主义的认识论，物质是第一性，意识是第二性的，各种自然现象是经过几千年，乃至几万年逐渐形成的。然而，原始社会时期的瑶族人则把自然现象归结为神力所为，人和万物都是神灵造出来的。这正是原始人万物有灵观的体现，反映出瑶族古代先民的宇宙观和认识观，表明了原始人是如何认识人类自身和自然界的起源的。所以人们要降福驱灾，要实现自己的欲望，就要求得神灵的庇护和帮助，于是瑶族人民就有了对自然神灵的虔诚赞颂和祈祷敬奉。在瑶族的民俗活动中，根据需要，常广请神灵庇佑。所请之神包括了天府、地府、水府、阳间的几乎一切神祇。这也许就是万物有灵观的最直接又最具体的反映吧。

灵魂不灭观　瑶族灵魂不灭的认识论，产生于原始社会。瑶族人民认为灵魂是不灭的，当人和物体活着的时候，灵魂就附在人和物体内，并主宰着人和物体的活动。当人和物体死去的时候，灵魂就脱离人和物体而游离，灵魂照样存在。正如列维·布留尔在《原始思维》中说的："原始人感知的实在既是自然的又是超自然的，灵魂无处不在。"瑶族还认为人有三个灵魂，人死后，一个灵魂升入极乐世界，一个灵魂在墓地，一个灵魂在家中的神龛上，供子孙祭拜，保护家人。瑶族的神灵崇拜和祖先崇拜所衍生出来的祭祀活动，实际上是灵魂不灭观最直接、最具体的反映，通过祭祀以灵魂形式存在的神灵和祖先求得心灵上的最大慰藉，祈求其保佑平安健康、五谷丰登、六畜兴旺。当然，灵魂不灭说造成了一些迷信的思想观念，与科学世界观不相符，对社会的发展也造成了一些不良的影响。

二、一般思想

原始平等思想　瑶族人民认为人与人之间是平等的，不存在高低贵贱，头人也与普通人一样，没有特权，只有义务。山寨中的修路、架桥、筑水坝、砍山、烧石灰等大小事务，大家都有义务参与，一般都是每家每户出一个劳力，不允许空缺。因此，瑶族中常见老少同乐、气氛和谐的亲热场面，人们互相关心，互相爱护。对集体劳动所获，人人都可平等地分得一份。公共山场的出租收入，也是按人头平均分配。这种不管有没有参加劳动或参加劳动的劳动力强与弱，都平等地参加分配的做法，就是立足于人人平等的思想观念。20 世纪从互助组起到公社化时期，瑶族地区集体劳动分配成果时，先按人口分配口粮，再按出工所记工分进行分配。口粮的分配是所有人都一样，不管是婴幼儿、少年、成年人、老年人，还是因病丧失劳动能力的人都能得到平均的那一份口粮。如果生产队的牛需宰杀，那么除了人人得到一份重量相等的牛肉外，还要将牛皮、牛骨头放进大铁锅中熬好，剔下骨头上的肉，连同汤平均分配给各家各户。这种分配办法也是源于人人平等的思想，确保了无劳动能力的人不致饿死。

互助协作思想　在瑶族人民的思想观念中，帮助别人是自己应尽的义务，得到别人的帮助也是自己正当的权利，从而将个人和集体融合在一起，以解决生产生活中单家独户无力或无法解决的困难和问题。如过去起泥打砖，只要村上在家的男劳力看见，就会主动背着锄头，带着铁锹来帮忙。盖房子，全村每家每户都会派一个壮劳力参与，从打基脚到盖瓦竣工全程帮忙，不要工钱，只吃主人家的中、晚两餐饭，有的地方甚至不吃饭，完全是义务工。村中老人过世，各家各户会自发地带上一点米、一点柴、一点肉，或者几个粑粑、几炷香、一刀纸，前来帮忙料理。谁家有困难，只要开口，无论是借粮还是借钱，被借的人都会毫不犹豫地借出，无须签订契约，亦不计利息，倘若以后借户遇不可抗拒的外力导致无力偿还时，借主也毫无憾意。林区中的瑶族在烧山、挖土、采伐木材、拖厢、下洪等生产劳动中，创造了“换工”“共种”“打会”三种互助协作生产形式。“换工”是别人都忙生产劳动，一时脱不开身来帮你，你家的事又不能误农时，这时要“换工”的人家就与邻居、亲友商量“换工”。双方同意后，在约定的日期内，各自带着生产工具前来帮你做事，日后，换工的人等到对方约定的日子就去“还工”。“换工”主要用于大面积垦荒播种。“共种”，是一家一户劳力单薄，不便开垦大面积山场来种植，那么一户牵头与另几家人商量，共同投劳开垦耕种，秋收按劳日分红。瑶山大片大片的荒山野岭就是靠这种办法开垦出来造上大片杉林的。“打会”是“换工”还不起工，“共种”又不够条件而采取的生产协作办法。主家选定日子后，走村串户发出信息，届时远亲近邻男女青壮年会集一起，为主家帮工劳动。“打会”不计工日、不计报酬，主家摆上一桌子酒菜酬谢，当天酬谢的称“热会”，过后酬谢的称“冷会”，帮工的青年男女齐聚主家，尽情地叙旧、唱歌，其乐融融。瑶族人民的互助协作思想，极大地增强了其内部的向心力和凝聚力，使瑶家的互相帮助、团结友爱的美德流传至今。

克己为公思想　瑶族人民善良淳朴，素有克己奉公的思想。过去，每当瑶山遭到土匪或外族侵犯时，只要首领或者头人一声号召，人们就会自告奋勇携带粮食和武器参加战斗，不怕牺牲，奋勇杀敌。村寨中有哪家遭遇盗窃，人们也会奋勇捉盗。瑶族人民对公益事业非常热心，大到修路、架桥、河道清理、公山修山抚育、建校、起庙、祭祀，小到修建水步头、垫平村头村尾坑洼，乃至唱戏跳舞等，凡公益事业都积极参与，需要谁去就谁去，从不推辞或讲价钱。有的地方还设有规定的修路日，每当春耕前或秋收前修路日来临时，村村寨寨的青壮年，不分男女老少，都主动地自带工具、自备伙食到传统划定的路段补路修桥，清理泥障、蔓草，保持路面平整畅通，方便行人来往。有的地方筑水坝、修水渠、挖山塘，只要大家议好，每家每户都会主动出劳力，尽力去完成，从不拖延。

诚实守信思想　瑶族人民讲信用、重承诺，史籍屡记不鲜。如史籍记载的瑶人“刻木记事”，凡是记上“木契”上的事，必定恪守凛遵，具有如法律般的效力。瑶族与人相交，凡做过承诺，从不反悔，哪怕赴汤蹈火，甚至危及自己生命财产也在所不辞。如答应了别人之约某一日去帮工，到时哪怕自己再忙，抑或遇有紧急事情，都统统放下，履行帮工之约请。一些路人途经瑶家，需借食借宿，相约来日相还，虽素不相识，亦同样满足要求，并从不催还。进入瑶山的外族人，只要能尊重瑶族人民的生活习惯，做到以诚相见，就会受到欢迎，得到热情接待。如果和瑶族结上“老庚”“同年”，那受到的待遇比至亲还亲，并且这种关系超越血缘关系，世代保持下去。有时瑶山里出现“搞是非”“吃人命”等血族复仇之事，凡经老人调停，双方同意了协调条件，喝过和好酒后，就会信守承诺，绝不再挑起事端。这种讲信用、重承诺的思想在一代又一代瑶人心中传承延续，极大地维护了瑶族社会的安定，促进了瑶族社会经济的发展。

善恶皆有报思想 瑶族人民素来都认为善有善报，恶有恶报，也因此形成了多做善事的传统美德。这种善恶皆有报的思想浸润到瑶族人的血液里，并被编成寓言童话来教育后代，形成一种良好的社会教育。寓言童话多以动物知恩图报的故事折射人类社会生活，通过讲述动物与人的关系，来体现现实生活中的因果报应，反映出瑶族人民的道德思想标准。如蓝山瑶族寓言童话故事《泥燕子》，说的是一个叫赵富贵的瑶族少年救了一只受伤的小燕子。小燕子恢复健康后，带着两颗金色的南瓜子飞回赵富贵家。南瓜子结了两个大南瓜，一个破开后变出一群人，帮赵富贵盖了一栋大房子；另外一个破开后走出一个漂亮的姑娘，和赵富贵结成夫妻。财主知道后，就把泥燕强捉回去。不久，泥燕在财主家生了三只小宝宝，两只长大飞走了，财主生怕另一只也飞走，将其脚折断，后被赵富贵救回家中医治。第二年，小泥燕给财主带来了一颗金色的南瓜种子。财主种下后结了三个大南瓜。第一个南瓜破开后窜出十几条毒蛇，第二个破开飞出成千上万的鬼头蜂，第三个南瓜的南瓜子则变成彪形大汉，把财主的大火砖房拆掉了，把所有的财产搬得精光。这类善恶皆有报的寓言童话故事很多，如《青蛙蛋》《一百二十乘花轿》等等。瑶族中因果报应的故事流传至今，它教育人们怎样做人，怎样处事。常怀好心，常有善举，定能获得好报；贪婪残暴，忘恩负义，则没有好下场。

三、伦理道德

尊重老人 在瑶族社会里，老人特别受到人们尊重，人们以爱老、敬老为荣。在瑶族家庭里，人们认为老人社会阅历丰富，知识经验老到，遇事冷静，处理公道，合情合理。因此，晚辈特别尊重长辈，吃饭必让长者坐上位，给长者斟酒添饭，嘘寒问暖。出门走亲赶集抑或办事，少者均要照顾老者，不让老者受累。家中、寨中遇到需要评理或者做决定的事情，都要请老人评个理，拿个主意。老人决定的事，年轻人都自觉执行，即使稍有不妥，只要不是原则问题，都不会有异议。平地瑶特别强调对老人要孝顺，流传有《二十四孝》《行孝训》等民间歌谣，前者历数瑶族和汉族历史上孝顺老人的故事来教育后代，后者则从娘怀儿起追述母亲如何辛苦生育孩子，将其东拉西扯养大成人，为其盖房娶妻等，教育儿孙行孝。如果谁家儿孙不孝，将会受到全社会的唾弃。瑶族社会组织“瑶老制”也是瑶族敬重老人的一个典型例子。瑶老们带领村民生产、祭祀、修路、架桥、抵御外侮、处理矛盾纠纷等，无任何报酬，也无任何特权，人们都自觉服从瑶老的决定，跟随瑶老办事。

热情好客 瑶族热情好客是出了名的。《皇清职贡图》载，大良瑶“与僮同类，而性稍异。有户口版籍……人至家中，不问识否，辄具牲醴饮啖，久敬不衰”。而永宁梳瑶“人至其家，即非素识，必献牲醴相款洽”。在瑶山，不论到了哪个瑶寨，路上遇上谁，认不认识，都会有人主动打招呼，并热情地邀请你到家中做客。进入瑶家将随身行李挂在堂屋墙上或柱子上，主人就知道你要在家里吃饭，先奉上一碗热茶或凉茶，招呼你坐下，男主人在家的话会陪在一旁聊天，女主人则进到灶屋给你弄吃的去了。有鸡杀鸡，有鸭宰鸭，无鸡鸭的话也会将灶堂上吊着的平时舍不得吃的腊肉取下来招待你。瑶族与人交往，皆出自真心，绝无虚伪矫饰之情。尤其对远道而来的客人，不论贫富，不分民族，只要来者是善意的，必视为上宾，尽家中所有，盛情款待。

邻里和睦 瑶族人重情重义，邻里之间互谦互让，和睦友爱。如因某种原因产生了矛盾，绝不会大吵大闹，而是和声细语地相互解释，一旦解释清楚，则冰消疑释。谁家有困难，邻居都主动帮助，借钱借物，只要说一声，绝不吝惜。哪家老人过世，谁家讨亲嫁女，不用开口，村上的人都会主动来帮忙。如发生匪盗，邻里共同对付，如遇不可抵抗力之事，邻里相扶相帮。这种传统美德一直流传至今。

非己物不取 走进瑶山，经常可以看到山腰间、村寨旁、菜园边或田边地头随意堆放着玉米、红薯、高粱等粮食作物，或者赶集回来尚未拿进屋的东西，有的放着茅标，有的什么标记也没有放。这些搁在外面的东西，只要主人没有拿回去，就一直在那里，发霉烂掉也不会有人拿。建在离村较远处的粮仓，一般没有谁将仓门锁上，但粮食永远也不少一粒。瑶族人民上山砍山、植树造林、修山抚育、伐木、种植农作物或是赶集、走亲戚，家里没有一个人在，也不锁门，不用担心家里的东西会丢。这是瑶族人民以诚信建立起来的一种社会约定，是瑶族人民淳朴之风的体现。瑶族人民认为不是自己的东西，据为己有是极不道德的，是一种偷盗行为。瑶族人民对于偷盗行为极为憎恨，看见偷盗行为除了极力制止外，还会一致进行批评和谴责，并报告村老进行严厉处罚，使盗贼在村里抬不起头来。

婚姻恋爱自由 瑶族的封建社会形成晚，封建思想不像汉族那样根深蒂固，反映在婚姻恋爱上，虽然也有媒妁之言的影响，但总体上是以婚姻恋爱自由为主，无父母包办之现象。瑶族男女青年以歌为媒，通过不同形式的坐歌堂，用歌声与异性交往，自由选择对象。当对歌进行到一定的程度之后，双方相互了解，感到情投意合时就交换信物，确定恋爱关系，并告诉各自父母。父母得知后非常高兴，不干涉，不责备，积极地为子女筹备婚事。在对歌恋爱中，男女双方以歌来认识对方、考察对方，对象专一，爱情专注。这种以歌来相恋而建立起来的感情基础十分牢固，不会半途中止恋爱而另爱别人，也不会有谁充当第三者，在别人的爱情里面横插一脚。一旦相爱就忠贞不渝，荣辱与共，白头偕老，绝不会穷相恶、富相弃。如因穷富而使婚姻发生变化，将受到社会的唾弃。

夫妻平等 在瑶族社会婚姻制度中，男可以迎亲讨娶，女也可以招郎入赘。青年男女结婚后，秉承瑶族社会夫妻平等的伦理道德互敬互爱。家务、农活男女互相分担，社会活动男女都可以参加，都可以代表家庭表态，家中琐事由夫妻协商办理。招郎入赘婚的男女换姓和子女分别随父母姓氏也是一种夫妻平等的体现。夫妻因某种原因造成不和非离婚不可时，男女都可提出自由离婚。多数地方女孩有继承财产的权力，如男方早亡，女方未再嫁，父母遗产同样有其一份。

家庭结构 明、清时期，瑶族家庭多数是由父母和多子女及其配偶组成的联合家庭。核心家庭、直系家庭、单亲家庭、单身家庭占的比重不大，四世、五世甚至六世、七世同堂的家庭为数不少。到民国时期，这种家庭结构变化不大，联合家庭略有下降，核心家庭略有上升。新中国成立后，家庭结构的变化逐渐加快，联合家庭、直系家庭逐年下降，核心家庭迅速上升，家庭结构变成以核心家庭为主。

在家庭中，男性和女性之间的关系基本是平等的。但在地位上，过山瑶妻子的地位要比丈夫高，而平地瑶、寨山瑶、八峒瑶、七姓瑶等支系中，妻子的地位却比丈夫略低一些。父亲是家庭中的家长，负责管理整个家庭的内外事务，组织和分配各成员参加生产劳动和完成生活中所承担的任务，掌握家庭经济收支。父亲去世，则由母亲管理家庭，如长子已成人，家外事则由长子秉承母意出外协调处理。

分家 兄弟成婚与父母生活一段时间后，一般分家另立炉灶，分得一些房产、家具和“口粮田”、山场、山林。寡妇再嫁一般不带走财产，其原有财产由至亲、近亲或房内处理，但业余劳动收入允许做“私房钱”自由支配。分配家产时，要请族老主持，瑶族认为族老有崇高的威信，怎样分配由老人裁定，一般是公平、公正的。父母尚在但已年迈时，儿子分家另立户头由父母商量作主，但族老必须到场，实行均分制，如有争执就请族老、舅父或村寨内有威望的几位老人一起来裁决。一般不立字据，但如遇不动产界线不明时，则要立字据来确定产权。父母健在时，父母分得一份财产，单独生活，或带财产同最小的儿子生活。当父母亡故时，由最小的儿子负责大部分丧事费用，父母那一份财产也归他所有。如父或母有一方先亡故，则房屋等不动产几兄弟均分，说好父或母住哪一间房。如果是清贫家庭，财产太少，父母不主张分家。

房族 瑶族一般自立村寨，聚族而居，与外族为邻。瑶族村寨多为同一血缘亲族共建，一个村寨往往就是一个家族，称为“房”。大村寨由若干“房”组成，也有的“房”因树大开枝和本地地盘小，或者找到比本地更好的地方，而迁往别地组建村寨再发展的。大儿子一支下来称大房，二儿子一支下来称二房，以此类推为三房、四房等。房内关系密切，互相帮助，互通有无，借贷不收利息。如有缺嗣者，优先在房内选人过继承祀宗祧。房内辈分最大、年纪最长者为房内族老，他们的威信都很高，为房内调解各种纠纷，处理房内的各种事务，深得晚辈敬重。房内兄弟很团结，对外很齐心。如受不具血缘关系的外村人欺侮时，一致对外，即使以前有隔阂有矛盾的，此时也没有矛盾了。如果是同血缘的房与房之间发生一些纠纷和摩擦，长者把双方找来责骂一顿就解决了，不会留下后患。

老同（老庚） 老同，又称老庚，是瑶族人民与异姓同年人结为兄弟的称呼。老同即双方年龄相同，多为同年生，如有差别也不会太大，一般只差一岁左右。结为老同须以感情为基础，不是随便可以结的。彼此性格相近，脾气相仿，很合得来，才会商议结为老同。结为老同要跟父母说一声，父母不反对，不干涉。双方互相到对方家吃餐饭，这个老同就结成了。老同称对方父母为同年爷、同年娘。而老同的后一代称老同也称同年爷、同年娘，后代之间互称同年哥弟、同年姐妹。两家相互来往，相互帮助，比亲戚还亲。哪一家有困难，有病痛，有灾难，都尽力诚心诚意帮助，逢年过节相邀作客。

第七章　乡规民约

乡规民约是瑶族历史上产生的一种习惯法。瑶族社会中，每个人都是社会的一员，同其他社会成员结成一定的社会生产关系，从事生产活动，以解决物质生活问题。瑶族社会里人与人之间的关系是平等的关系，因此，在没有分化形成专门管理、统治社会的上层集团的时候，为了调整社会成员在生产生活过程中相互形成的关系而产生了乡规民约，它不具有阶级属性，不属于阶级统治的工具。

瑶族的乡规民约有自然形成的和村寨成员或代表议定而成的两种形式，有的以不成文的形式来表现，口耳相传，共同遵守；有的则以成文形式来表现，将习惯法的内容刻在木板上或石碑上，如广西金秀瑶族的习惯法是刻在石碑上，称为“石牌律”（因本书说的是湖南瑶族的传统文化，故没有将“石牌律”录入）。瑶族的乡规民约虽然比较简单，也不完备，但它在瑶族社会中的作用却不可低估，它调适了社会成员之间在政治、经济、婚姻家庭和社会活动中的关系，维护了瑶族社会的安定，促进了瑶族社会的发展。有的乡规民约只要加以改造，赋予新时期的新内容，仍然具有较大的现实意义。

一、经济活动约定

见者有份 瑶族狩猎活动中分享劳动成果的一种方式，一种经济活动的约定。瑶民历史上曾长时间以渔猎经济为主，即使农业经济占主要地位时，也曾以渔猎经济作为补充。因此，原始公社的一些思想也体现在狩猎活动中，如均衡思想等，并留传下来。狩猎时几个人带上几只狗一同上山捕猎，当猎到野猪、山羊、麂子、狍子、獐子等大猎物时就要按照过去约定俗成的“见者有份”分猎物，不管是否参加了狩猎活动，只要枪响时在场的人都算，正在附近砍柴、做事的人或路过的人看到了捕获猎物的都要算其一份，猎狗也算一份。因此，枪响打中打死猎物后，会有猎手马上清点人数和猎狗数，并大声问附近有没有砍柴和做事的人，看见打中猎物没有，你回答说看见了就算，回答没有看见就不算。分猎物时按清点好的人数和猎狗数分，有多少人和多少只猎狗就分多少份，打中第一枪的人给双份。

禁山 在瑶族地区，每年初春后，许多村寨都要举行禁山活动。届时，头人召集每家每户凑一点米、菜、酒到头人家，或房屋比较宽敞的人家举行会议，边商议边煮饭菜。商议的内容是初春了，今年的禁山大伙看还搞不搞，如搞的话在原来的基础上看还有什么要增加的。于是大伙议论一通，最后确定要搞禁山活动。内容一般是村里的山场不能让外村人在山上砍柴、挖土耕种，种上的庄稼外村人不能偷拿占有；本村人也不能进入禁山砍柴，只能在没有禁的山里砍柴，开荒种地要经过村里同意才能进行；牛、鸡、鸭不能到田里吃禾苗、吃谷子，人更不能偷田里和地上的庄稼；占用宅基地盖房也要经过村里同意等。如违反将给予处罚，每违反一样处罚多少钱或处罚多少谷子都一一议定。然后大家痛饮一番。第二天大家分头行动在村子周围和地界边，及山场地界边石头上刷石灰水，几十米远刷一个，表示已经开始禁山了。村人和外村人只要一看见有规则的石灰标记，就知道禁山了，也就将自家的鸡、鸭、牛、猪管好，不轻易触犯禁规。当人、畜不小心触犯，立即就有管事的人找来，触规的人乖乖地将罚款或谷交出，没有二话，也没有什么怨言。

分水 在进行农业耕作的瑶族地区，灌溉用水得到保障才能使粮食丰收。但河流是一峒一宿人共有的，谁也不能据为本村所有，否则就会乱套。于是人们便有了这样的约定：筑塞拦河坝时，不能将水全部塞住，必须留足够的水给下一个村子筑坝；在渠道中开口引水只能塞一个多石头高，使少量的水流入田中，让大部分水顺流而下供其他田使用。如是几个村寨共同使用一口水井灌溉，就在水井引流开始入田处用一青石拦住，在上面开几个口子再引流到其村寨灌溉，村寨大、田多的口子稍大些，否则口子开小些，不是绝对的平均主义。天旱时节水小，就要轮流灌溉，大家约定时间，每块田灌一次给多少时间，时间一到，田没有灌好，主人也自动将进水口堵住，让水流给别人。这些约定，大家都自觉遵守。

借贷 过去，瑶族人民因为生活困难，借贷情形经常发生。五荒六月断粮断炊，只有借粮、借米、借钱来渡过难关；遇天灾人祸，也只有去借才能解决问题。临时的借钱、借粮，多为口头借贷，借时说明理由，不管理由大小，多少都能借到。借贷不写借据，不要利息，只要按时归还，下次还可以借到。为了解决借贷的纠纷问题，就形成了借贷约定，如“有借有还，再借不难；有借不还，再借困难”。做人要讲诚信，如借了不还，就会受到盘王的惩罚，家人会得病，家中禽畜会无故死亡，田地上庄稼长不好。从小就受到这种思想教育，每个人都牢牢记在心里。借钱不还者会受到族人的谴责，受到社会的唾弃，名声扫地，村寨中再也没有人同情你，再也没有人肯借东西给你。

种树还山　过去租种山主的山场要将山场种上树再还给山主，虽然这是一种封建剥削方式，但也是一种经济活动约定。19 世纪中叶，瑶山杉林成熟，大片大片的杉林可采伐出售，利润可观。林区便涌进了许多地主豪绅和官僚，他们通过各种巧取豪夺的手段霸占山林、山场，成了山主，而世代耕山种树的贫苦瑶民失去了山场、山林，成了山丁。山丁要种农作物才能生活，没有了山场只好向山主租种。租借时约定：从开垦山地种植农作物的第二年起，必须在地里间种杉树苗，并进行锄耕抚育，等几年后杉树苗长高不能再种地时，将山场和杉树幼林一起交还给山主。杉树的密度必须符合规格，如树苗护理不当必须赔偿，甚至遭受山主的处罚。

二、婚姻约定

两边走　在瑶族地区的婚姻形式中有一种两边走，也称两不辟宗的约定。即小两口结婚后，在双方家里轮流居住，住多久视具体情况而定，如无特殊情况每方住半个月或一个月。这种约定一般都是口头约定。夫妻在两边轮流居住，不是做客式的居住，而是要担任双方家庭的主要劳力，家里家外、大事小事要做，都要管。这种约定，一般来说是男女双方都是家中的长子或长女，父母年迈，弟妹幼小时才会做。当弟妹逐渐长大，在一个家所住的时间也逐渐增加，直到不需要两边走为止。

同姓不婚 在族内婚被打破以前，瑶族基本上实行族内婚，但同姓不能结婚。在族内婚姻制度下，同姓大多意味着同宗、同族，血缘相同。哪怕隔得再远，出了无数服，同姓都是兄弟姐妹，是不能通婚的，通婚便是对祖宗的不敬，会遭到一姓族人的反对和谴责。族中老人会带领整个村寨的同姓人到犯忌者家杀猪吃饭，直到把其家中的粮食和畜禽吃光为止。有的还将另一方赶出村寨，强行拆散。但在过山瑶中却有这样一种情况：赵姓的大赵和小赵之间出了五服后可以通婚。据说历史上赵姓瑶人讨了两个老婆，在迁徙时分了家，大老婆及其子女分得金香炉，是为大赵，小老婆及其子女分得银香炉，是为小赵，并规定以后各奔东西，相遇又相爱的话问明出了五服可以结合组成家庭。

继嗣约定 在瑶族招郎入赘婚姻中有一种继嗣约定。在男女恋爱成熟举行婚礼前，双方家长约定一个吉日，在女方家请来村中族老或有威望的长者商议，男方入赘后改姓女家姓，女方则改姓男方姓，使以男为嗣有了合理的说法和合法的地位，并立下字据，双方签名，族老等也签上大名，继嗣解决。

另一种继嗣约定则为子女继嗣。男方入赘后不改姓氏，男女双方都保留自己的原姓。但生下的子女可随母姓，也可随父姓，随嗣的先后由双方约定。一般是第一个出生的小孩不管男女都随母姓，第二个小孩则随父姓，以此类推，直到不生孩子为止。这种约定很严肃，一经约定必须执行。不能因为大男子主义而选择生男跟父姓，生女跟母姓。如果这样做，那将会受到族人和村民的严厉谴责，在社会上抬不起头来。

离婚约定 一般来说，瑶族男女青年的婚姻都是经过双方自由恋爱而结合的，双方感情真挚、深厚，家庭都很稳固，即使感情有挫折也不轻易离婚。如因特殊情况非离婚不可，双方必须议好善后事项，然后请来长老或族老见证。在劝解一番仍无果后，长老拿来一竹筒一把刀，对双方说，你们的婚姻就像破开的竹筒再也合不拢了，从此无牵无挂，两人互不相干，各走各的路，谁也不能怨恨谁。说完，用力一刀将竹筒破开，然后交给双方一人一块，双方拿着竹片立即出门向相反的两个方向走去。这种约定是过去的事，现在瑶民离婚同样到民政部门办理离婚手续。

财产继承 在瑶族社会里，男女平等，夫妻平等，过山瑶中妇女地位还略高于男子。在家庭财产继承问题上，许多地方女孩与男孩一样可以平等地继承父母的财产。父母年迈之时将家中财产按同样标准每人一份分给所有孩子，自己也留下一份，跟哪个子女生活，去世后这份家产就给那个子女，其他兄弟姐妹不得有任何异议。但在一些瑶族地区，在家招郎入赘的女孩可以与兄弟平分家产，但出嫁的女儿不分财产，只能得到陪嫁的嫁妆等物品。其实，这只是形式上的不同，一般来说，家中不富有的，所分财产也不多，陪嫁物品也少；家中富裕的，所分财产多，陪嫁物品当然也不少，实际上出嫁的女孩也分得了财产。分家后的财产可各自处理，如需变卖、典当等，得先处理给本家兄弟，再给外人。有的地方不仅女子有权继承财产，凡“顶两头”“两边走”和“养老送终”的上门女婿，均可以与家中兄弟姐妹一起继承岳父母的财产。

三、社会约定

款塞 瑶族历史上的一种乡规民约，即对某事某物的约定。宋人周去非在《岭外代答》记载了一些款塞："瑶人计穷，出而归命。""某等既充山职，今当钤束男女，男行把棒，女行把麻，任从出入，不得生事，若生事者，上有太阳，下有地宿。其翻背者，生男成驴，生女成猪，举家灭绝。不得翻（当）面说好，背向说恶，不得偷寒送暖，上山同路，下水同船，男儿带刀，同一边一点一齐，同杀盗贼。不用此款，立依山例，山例者杀之也。""款塞"一经约定，就不得反悔，必须执行，否则"生男成驴，生女成猪，举家灭绝"，后果很严重。

地域群体 瑶族村寨是一个以地域关系为纽带组织起来的共同体，居住着十几户、几十户乃至百十余户人家，各有各的姓氏、宗谱和房族，多数没有血缘关系。但他们却有着共同的利益，有共同的山场、森林、河滩、山塘；有共同的田园土地，有共同的宗教信仰、祭祀场所，开展共同的祭祀活动，于是形成一个对内对外认同和区别很分明的利益群体。村与村之间以山梁、道路、河流或田埂地沟为界。有的除此之外，公山、水源、墓地为几个有亲缘关系的村寨所共有。这种内外分明的地域群体在社会上就形成了一个约定，一个村子的山场、森林、河流、湖泊，乃至公山、水源、墓地，另一个村是不能侵犯占有的。这种约定可以说在男男女女、老老少少的思想深处都是根深蒂固的，谁都不能破坏它。以至于当历史传下来的山场地界不甚清楚时，就会发生村与村之间的械斗，乃至有相关群体利益的数村大规模的械斗，这在历史上屡见不鲜。

村老制 村老制是适应村寨组织的建立和发展需要而产生的。它既是一种社会组织，也是一种社会约定。村老自然产生，也有选举产生的。担任村老的人必须办事公道、能说会道、富有经验，有的地方还加上必须度戒挂过灯，能主持宗教仪式等条件。村老的职责为春社时主持召开村民代表会议，讨论生产，制订社约，令各户遵守，并进行集体祭社；秋收后举行酬神还愿活动，讨论下年的生产安排；管理全村各户生死鬼魂，每逢初一、十五及岁时节庆代表村民祭告社神，求神灵保佑村里人丁安全；组织指挥生产，调处内部纠纷，代表村寨处理对外事务，包括抵御外来侵略，但没有生杀权力，这是一个约定。村老的工作是义务性质的，不收取任何报酬。同时，村老不能胜任时，村民会以“鬼都不信任”为由加以改选，如果村老是自然产生的，则村民不再信任该村老，这更是一个社会约定。这种约定实际上也是瑶族社会组织发展的一个过程，带有原始社会的发展痕迹。当国家在瑶区推行行政工作，在瑶区的村老组织以外安排任命瑶长、瑶目时，村老制仍然存在，发挥其社会约定作用。

第八章　经济活动

湖南瑶族原始社会时期就进行农业生产活动，从事采集，种植粮食等农作物。远古时代，瑶族先祖蚩尤率领九黎集团与炎黄集团联盟相抗衡，没有一定的经济实力是做不到的，说明当时其农业经济已经发展到一定程度。从考古发掘的材料看，到三苗时期，人们已经种植水稻，饲养牲畜，进行渔猎，能制作陶器，已学会用多余的粮食酿酒。南蛮时期，瑶族先民的经济生活进入以农业为主，兼营渔猎和采集阶段。秦、汉时期的瑶族先民“长沙、武陵蛮”“五溪蛮”“盘瓠蛮”进入以农业为主、渔猎为辅的农耕生产阶段，并用天然纤维和染料织染服饰。史籍对瑶族先民“好五色衣”“叩槽而号”“田作贾贩”的记载，说明当时瑶族先民已经拥有了一定的织染生产技术和木材加工能力，并且有了物品交换。随着瑶族人民在不断的迁徙中打破闭关自守的局面，与汉族等兄弟民族的交流不断增多，经济、社会发生了变化和发展。三国、两晋、南北朝时，瑶族先民农业上能开垦良田、筑堰、修渠、引水灌田，并能供应国家军马，手工业上能制弩，并以“金银为饰物”，织染业进一步发展，商业也开始发展。隋、唐时期，瑶族人民主要居住在湖南，农业生产主要种植水稻，农业上使用铁器，刀斧成为人们随身携带的工具和战斗武器；纺织品中的“细纻布”“麻布”“斑布”“竹布”和矿产中的光明砂、乐砂、水银等，作为贡品呈贡给封建朝廷。到了宋代，瑶族已越过奴隶制社会进入封建社会。农业上进入农耕时代，“计口给田”使瑶民有了稻田，人们种植水稻，使用河水和筒车灌田。林业生产种植楠竹、杉树、油茶、油桐、茶叶和松树。手工业虽然仍然没有从农业中分离出来，但发展较大。瑶族人民在种植棉麻自织布衣的基础上，又种桑养蚕，缫丝织丝织品，靖州瑶人的“贡白绢”、道州瑶人的“贡白苎”、郴州瑶人的“贡纻”、永州瑶人的“贡葛”等“细如莹白”，成为“贡品”，印染中发展了“蜡染”。制造业中，瑶刀“一挥能断牛腰”，“蛮人多用铜器”，“婚嫁聘物以铜与盐”，瑶族掌握了冶炼铜铁技术。

元、明到清代鸦片战争以前，湖南不再是瑶族活动中心，瑶族人口也大量减少，社会经济发展缓慢，且不平衡。农业上，居住在丘陵、河谷地区的瑶族，开垦良田，种植水稻，使用铁犁、牛耕技术，到清代，经济发展水平已与当地汉族无多大差别。而居住在山区的瑶族，大都过着“食尽一山又一山”的“游耕”生活，种植旱粮和竹木，到清代中叶，大片大片的杉木林成熟，开始采伐。手工业仍较为落后，主要从事制作药弩、编架弩，制作标枪，蜡染，刺绣，铁器打制，竹木加工，织锦，缝衣，造纸等。交换与贸易方面，虽然封建统治者还时不时地禁止商贩、军、民等进山与瑶民交易，但与唐、宋时相比，仍然有了较大的发展，瑶族人民并没有因为统治者的禁止而中断与汉族人民的交易，明、清时，一些经济发展较快的地区建立了集市，如江永桃川集市、江华涛圩集市、白芒营集市、水口集市、码市集市等，人们购进贩出，满足生产生活所需。

鸦片战争后到民国时期的瑶族地区，随着生产的发展和帝国主义势力的侵入，引起了各地社会经济不同程度的深刻变化。丘陵区和平原地带的瑶族因有交通和地域优势，经济活动频繁，成效显著，生产力发展水平较高。帝国主义在我国掠夺和倾销商品的行为，也首先是丘陵和平原的瑶族地区受到影响，瑶族人民的经济活动中出现买洋纱织布而售的现象。山区交通不便的地方，瑶族人民仍然刀耕火种，耕作粗放，社会经济发展缓慢，"洋货"可能是清末后才进入这些瑶区。

近代瑶族地区普遍使用铁犁、铁耙、刀、斧、锄头等铁制工具。农业上条件许可的地方已普遍使用牛耕，且多次犁耙、精耕细作、注意选种育秧、施用有机肥料、有效灌溉、防治病虫害，科学技术得到一定的应用，山区则还是广种薄收，五荒六月，断粮断炊。林业上发展较快，瑶族人民进入萌渚岭、九嶷山、莽山、雪峰山等山区后，在开垦旱地种粮的同时，种植了大量的杉、松、竹，森林覆盖面积大增，为国家提供了大量的木材，瑶民的收入也得到增加，同时，林区出产的桐、茶、棕、油等使瑶族人民的经济活动日增。养殖业主要养殖畜禽和鱼类水产。商品交易仍以传统农产品和土特产为主，以木材、茶油、桐油、药材、棕皮、木耳、香草、水果为大宗，输出数量不断增加，许多集市日落方散，少部分瑶民已脱离农业，专门从事商业了。

近代，资本主义势力不断渗入瑶区，瑶族家庭手工业受到一定的冲击，但仍然有所发展。手工业门类逐渐增多，有铁工、木工、装饰工、纺织、造纸、印染、挑绣、刺绣、编织、榨油、做扁担、挖木瓢等，但一般都还没有脱离农业。江华、江永等平地瑶、民瑶地区在洋纱、洋布大量输入的冲击下，不少家庭开始抛弃传统的手工纺纱、织染，转而从圩市上买回洋纱进行织染，有的还专门接受商人的委托，代为加工布匹。油桐生产的发展，以及花生的大量种植，使榨油业也获得发展。一般每一个瑶峒有几条、十几条油榨，开榨3到6个月不等。江华、江永、蓝山、郴州等地瑶族以嫩竹为造纸原料制造土纸、湘纸，竹子少的地方还用稻草造纸，清朝末年，宜章莽山瑶区就有纸厂49家，资兴连坪瑶区也有20余家之多。

部分瑶族开采矿藏。江华平地瑶开采锡矿、水晶矿等。清末时瑶族矿区除了官办矿产公司外，还出现了十多个瑶族开办的矿业公司。江永源口瑶区也有玉园公司和开源公司开采锡矿，实行资本主义的生产方式生产，资本主义生产方式和技术促进了这一地区经济和社会的发展。平地瑶开矿，对瑶族经济的发展有较大的促进作用。

一、农业

土地土质 湖南瑶族主要居住在湘水和沅水中上游及其支流流域的山脉、河谷和丘陵地区，主要是湖南南部和西南部。其居住区域土壤属湖南南部山地红壤，共有七大成土母质，形成了水稻土、菜园土、潮土、红壤土、山地黄壤土、黄棕壤土、山地草甸土、黑色石灰土、红色石灰土、紫色石灰土等土类和数十个亚类。土地自然特征为地貌类型多样，山地面积大，以中山为主；母质母岩多样，以砂岩、板岩为主；土壤垂直分布较明显，如红壤主要分布在海拔210~700米地带。在土地资源的利用中地域差异明显，利用程度不均。林区林地面积大，耕地少，地广人稀，土地经营粗放，产出率低，经济发展相对滞后。丘陵区以农耕为主，土地经营相对精细一些，人均耕地比林区稍多一点，产出稍大，经济发展也稍快一些。

农作物 湖南瑶族人民从事农业生产，农作物主要有水稻、小麦、大麦、荞麦、穇子、粟米、黍子、红薯、玉米、高粱、芋头、脚板薯、小米、黄豆、茶叶、茶油、烟叶、凉薯等，种植的蔬菜有瓜果类的南瓜、冬瓜、苦瓜、丝瓜、葫芦瓜，豆类的雪豆、蚕豆、蛾眉豆、四季豆、五月豆、线豆、饭豆、绿豆、薯豆，蔬菜类的黄芽白、芥兰白、青菜、小白菜、牛耳菜、辣椒、茄子、西红柿、大蒜、葱、榨菜、油菜、萝卜、鱼香等。农业以种植水稻为主，清末、民国时期水稻主要品种有百日黏、黑毛禾、黑宗禾、晚地禾、芦荻黏、白米黏、花谷黏、香禾黏、香米糯、朱尾籼等，以种植稠禾为主。稠禾是一种高秆水稻，生长期150天以上，春末栽秧，寒露收割，一年一季。稠禾米质上乘，香味浓，口感好，长期以来深受瑶族人民的喜爱。但产量低，每亩只有300至500斤，且种植费工费时，食用也较复杂。江永瑶族种植的水稻穜禾，属一季晚粳品种，有黏米、糯米之别，红米、白米之分。以泥脚深、冷浸田种植为宜，谷雨前后播种，小满至芒种移栽，生长期为190天左右，株高120～130厘米，秆粗，耐肥，抗病虫，抗寒，每穗100～110粒，米粒若圆，腹白小，煮饭松疏晶莹，营养丰富。清光绪年间，江永全县种植穜禾达70000亩，年产稻谷1.47万吨。民国时期，“因频岁患旱，水源涸竭，晚禾大半歉收，穜禾逐渐减少”。江永源口瑶族种植的香米，米质上乘，香味纯正、浓郁，作为一种贡品进贡朝廷。林区瑶民种植一种不需灌溉的旱禾，每亩产量不到百斤，一般都选用米质好的品种种植。同时，种植薏米（六谷）。

生产工具 湖南瑶族传统的农业生产工具有犁、耙、锄头、刮子、镰刀、齿耙、搭犁、禾剪、粪箕、箩筐、撮箕、谷爪、扮桶、木瓢等。生产工具有的从汉区输入，有的是瑶家铁匠打制，有的则是自己做的。犁田的畜力为耕牛，有水牛、黄牛，水牛个大力足，为瑶民所喜爱。

农事安排 湖南瑶族的农事以农历月份为序，安排得清楚、紧凑、合理，年头、年尾轻松，年中较忙。清末、民国时期农事安排为正月：开荒地、挖熟地、砍柴。二月：挑肥进田、犁田、割青沤肥、种芋头、种玉米、种黄豆、砍柴。三月：犁田、耙田、浸种、播种、种䅟子、种粟米、种黍子、种高粱、种花生、种玉米、种凉薯、砍柴。四月：犁田、耙田、插中造田、上庄稼地除草、少数人开始插稠禾或穜禾、砍柴。五月：犁田、耙田、插稠禾或穜禾、种红薯、地里庄稼除第二次草、施肥、砍柴。六月：耘中造田、撒石灰、施肥、种红薯、种黄豆、收玉米、耘稠禾田、砍柴。七月：收玉米、二次耘稠禾田、施肥、撒石灰、砍柴、割石灰草。八月：收中造田稻谷、犁田种秋红薯、种秋黄豆、种荞麦、收高粱、扯花生、割石灰草、烧石灰、砍柴。九月：种大麦、种小麦、种油菜、摘油茶、砍柴。十月：剪稠禾、收穜禾、挖红薯、打黄豆、砍甘蔗、榨油、砍柴。十一月：整修山塘河坝、砍柴。十二月：整修山塘河坝、积肥、砍柴。有的地方种晒烟的，还在相应的时间段里安排晒烟农活。

犁耙 稻田耕作在明清时期，多为一犁一耙，一年只种一季。到民国末年，少数瑶民已进行两犁两耙，第一次犁耙多在二月进行，主要是将田里的油菜踏青翻犁沤制成肥料，第二次犁耙则在插秧前进行。犁田视田块大小，小田块从中间犁起，回字型转圈；大田块则分开两边开犁，犁完一边再犁另一边，先犁开数行，再回字型转圈。犁翻转过来的泥块成直线，一行紧挨一行。如果行与行之间有距离，或者是行线不直，就说明有的地方没有犁到，犁田技术不高，将给耙田带来困难。

浸种　瑶民们在每年清明节前进行稻种浸泡催芽。将头年选好的颗粒粗壮、饱满的稻种放进箩筐里精心淘洗三遍，反复捞出秕谷，再将稻种在水中浸两天，然后起水放在自然通风的房中自然催芽，并随时注意稻种温度，温度过高会烧稻种，出芽率低，甚至将催芽的所有稻种都烧坏，因此，温度须保持在25℃以下。瑶民也不用温度计，只将手插进稻种中，感觉有点烫手，则表明温度过高，必须立即翻动稻种以降温，尤其破胸时温度极易升高，必须时刻巡查，勤快翻动。当稻种基本上破胸了就倒在地上推开降温，并注意补充水分，三天后谷芽长到1厘米长时即可播种。

播种　播种的秧田要选在比较容易管理且肥沃的地方，犁耙要精，一般二犁三耙，下沤制好的猪牛栏粪、草木灰。秧田耙过后再用木板把高处的泥土刮向低处，刮平后即撒谷种。多用大水秧田，即在一块田里只留一两行空间能行走便于秧田管理，其余的全部撒上谷种，好处是扯秧容易，缺点是占用秧田过多，秧苗不粗壮。

插秧　过去湖南瑶族多采用人工插秧技术，费时费力，达不到合理密植的要求，故而产量不高。一般是早上男子耙田，妇女和不耙田男子扯秧，早饭后插秧。插秧时将草绳松掉，左手拿秧、分秧，右手插秧，每蔸6～8棵，边插边退，一行行秧苗随即在眼前展现出来，有的高手可以1秒钟不到插一蔸秧，并且横竖成行，颇有观赏性。

耘田　耘田，即中耕除草。一般耘田两次，第一次在插秧后1个月左右，第二次距第一次约半个月。两次耘田都要追肥，其数量多少视田土肥瘦而定。耘田使用耘田器，耘田器是一根长五六米的竹竿，顶端套一块八寸见方的木块，木块底端嵌六节铁丝。耘田时用力将泥土表层耘松，除掉杂草，耘断老根，便于禾苗长新根，更多更好地吸收养分。

病虫害防治　过去主要是依靠撒石灰防治病虫害。禾苗满行后就要撒石灰，既防治病虫害，也中和了泥土的酸碱度。但石灰撒得过多，碱性就会过重，泥土团粒结构受到破坏，泥土板结。撒石灰时，田水只留一二寸。撒石灰者左手挎粪箕，右手撒石灰，边走边撒。田里的鱼、青蛙、蚂蟥等生物都会被石灰水杀死。禾叶刺伤手脚等处皮肤，也会被石灰水伤害。

二、林业

森林植物　湖南瑶族居住区有大片的森林资源，是我国南方主要的木材产地。主要有杉、松、竹等用材林，油茶、茶、油桐等经济林。森林植被高，树种多，有樟、梓、楠、银杉、红豆杉等名贵树种和无数的花卉，江华有森林植物181科668属1382种，江永有106科335属997种，瑶族人民居住的宜章莽山则达219科929属2659种。瑶族人民喜爱的杜鹃花到处都是，阳明山杜鹃花更是连片达10万余亩，被誉为“世界上面积最大的野生杜鹃花基地”。同时，一些瑶族地区还是南北植物的汇集地，亚热带和少数热带、寒带的森林植物在这里杂居共荣。瑶山素来有“天然药库”的美誉，遍地都是药材，比较名贵的有灵芝、猴头菇、杜仲、厚朴、香草、茯苓、金银花、甘草等。水果品种多样，江永的香柚、夏橙和辰溪后塘瑶族乡的柑橘、柰李等均远近闻名。林副产品香菇、木耳、猕猴桃、罗汉果、板栗、黄花梨、桃子、柿子、松香等应有尽有。动物种类繁多，达100余种，有黄腹角雉、猕猴、穿山甲、水獭、大灵猫、豺、果子狸、鸳鸯、大鲵（娃娃鱼）、铜鸡、金鸡、文鱼等20多种珍贵动物。

砍土烧山 砍土烧山即把砍伐地砍下的灌木、杂草烧掉，为来年造林和农作物种植准备用地。瑶民说“火不烧山土不肥”，砍土烧山分为砍小米土和砍冬土。砍小米土在春夏之交的四、五月进行，比砍冬土多得一春小米，周围青草遍长，不易着火，第二年易挖省力。砍冬土在九、十月秋冬之交进行，也有往后推一二个月的，这是要补充砍小米土的不足。冬季气候干燥，砍冬土尤须谨慎，以免引起火灾。烧山前要修好防火道，设专人巡逻，焚烧时由上到下再从两边烧起，成“人”字形，烧完后要全面检查，直到余火全部熄灭为止。每次砍土烧山都强调“五不准”。出家门后就不准讲“火”字；不准说“跑”字；到山地时不准随便讲话；不准乱走或走出要烧的土边以外；不准吹口哨。待燃香敬完山神、火神、风神，主人举锄后，大家才能动手修火路。修好火路后主人点火烧土，大家分段看守，等火烧完熄灭了以后才能下山回家。

挖土造林 造林地要在造林前的冬、春季全部垦复一次。垦复有全垦、穴垦和带垦。全垦即是将整块地垦复一次，穴垦是按种植的株数挖穴，带垦是依山势挖成一条条宽五六米的土条子。平土全垦，陡土穴垦或带垦，并且“晴天挖陡土，雨天挖平土”，以防雨水冲刷。每逢清明时节挖土，一个族老手持长鼓或牛皮大鼓，一个中年汉子手拿铜锣，二人站在山坡上又敲又唱：“手拿开山大锄的瑶家男女们，一字排开列于山坡上，使劲地在开挖着生荒。”人们合着歌声、伴随鼓点挖土开荒，欢快劳作，场面极为热闹。

耕作作物 湖南林区瑶族人民以经营林业为主要生活来源，经营的林木品种主要有杉木、灰叶杉、黄枝杉、软叶杉、水杉、柳杉、台湾杉、马尾松、黄山松、火炬松、湿地松、华南五针松、油杉、柔毛油杉、黄枝油杉、铁坚杉、楠竹、毛竹、厘竹、苦竹、箭竹、棕榈、油桐、山苍籽、柑橘、柚子、板栗、茶叶、厚朴、杜仲、山楂、杨梅、山药、麦冬、金银花、茯苓、黄芪、党参、桔梗，以及非人工种植的各种阔叶林等。

生产工具 湖南瑶族人民经营林业生产有其特殊的工具，除了普通的锄头、镰刀外，主要有钩刀、伐刀、斧头、铲、两齿锄、捞钩、刮子、柴刀、篾刀、弓锯，以及检尺用的木制尺、篾制尺等。生产工具绝大部分从汉区输入，自制的只有少部分。

季节安排 林区瑶族的生产林、农相结合，以林为主。其生产各季各月基本不同。正月：挖土、造林、剥桐子、积肥。二月：点桐子、犁头次田、挖旱地、种玉米、种芋头、下红薯秧苗、浸谷种。三月：剥杉树皮、犁二次田、下秧、踩青、积肥、种红薯、种生姜、种旱禾、种玉米、种荞麦、挖土、种黄豆。四月：插秧、剥树皮、摘茶叶、为旱土作物除草施肥、砍小米土。五月：除禾草、追肥、种红薯、种迟玉米、除旱土作物草、种豆子、种小米、剥杉树皮。六月：除禾草、追肥、种黄豆、除旱土作物草、剥杉树皮、收玉米。七月：剥杉树皮、采伐杉木、铲桐山、修茶山、杉树林修山抚育、收稻谷、收玉米。八月：收稻谷、修山抚育、采伐杉木、种萝卜、种大蒜、挖芋头。九月：采伐杉木、收桐子、收茶子（油茶子）、扮禾、种萝卜、收秋玉米、挖红薯、挖芋头、挖生姜。十月：剥桐子、剥茶子、挖红薯、挖芋头、刨晒红薯丝。十一月：修防火道、剥桐子、剥茶子、运杉树、砍冬土。十二月：修防火道、剥桐子、剥茶子、积肥、砍冬土、烧冬土。

采苗 苗木的好坏直接影响到树苗的生长，种苗多采用一年生的萌芽条。采苗这一环节是苗木成活率高低的关键，瑶民在实践中总结出“五要五不要”的生产技术。即要炼山火苗（烧小米土后萌发的苗），不要荒山苗；要一年生的萌芽条，不要多年生的萌芽条；要一耕土的萌芽条，不要二耕土的萌芽条；要丰产林的萌芽条，不要小老头树的萌芽条；要粗壮苗，不要病虫苗。种苗条粗 1 厘米以上，健康、无病虫害、无损伤。采苗时间为正月中、下旬，一般在种植前的三五天内，苗木长0.4～0.5 米，刀口向下削成斜面，一刀砍好，不能砍第二刀。

造林 农历正月尾和二月份为最佳造林时间。瑶民垦好地后，将选好的种苗于阴雨天以扦插方式种到地上，种苗刀口面向山坡（向内），这样容易成活，并用脚将根部泥土稍踩紧，每亩 200 株左右。幼苗成活期要经常检查，发现未成活的及时补种，同时打木桩、排栅防止牛吃和被雨水冲刷。

间种 瑶民种杉树一般都是全垦，因此，头几年在种上杉树的地上还可以种粮食和经济作物。经过生产实践，瑶民发明了杉、桐、粮间种的生产技术。春天造林种上杉苗后不久再在杉苗之间间种一种矮化油桐，油桐三年就可结果，当六七年后杉苗长成幼林时，油桐刚好被荫蔽，有的自然死亡，其余可在修山抚育时一并铲掉。头三四年，杉、桐间还可间种旱禾、玉米、红薯、粟米、小米、穇子等粮食作物和蔬菜。粮食的间种，要经常松土、除草、灭害，这实际上是一次精心的修山抚育，利于杉苗生长。这样一来，这块地里产出了粮食，结出了做上等油料的油桐果，加快了杉苗的生长速度，一举三得。

修山抚育　这是一项长期性的工作，从种上幼苗直到20年后的成熟期都要进行修山抚育。头五六年，套种杂粮或桐子，修山抚育结合除杂粮草、铲桐山进行，称为“以耕代抚”。此后林地上不能再种粮食（瑶民叫“丢土”），每年仍用锄头铲草抚育，以促进杉木幼林生长，便于桐果摘收，称为“锄抚”“细抚”。油桐衰老后要对杉树幼林修山，用柴刀将林内的灌木、杂草、葛藤等砍掉，以利林内通风透光，郁闭成林，称为“刀抚”“粗抚”，一般三五年一次。抚育时间多放在秋冬。

砍伐　这是一项危险性较大，生产技术性又很强的工作。砍伐树木有五个技术活。（1）下裤。杉木采伐前应先下裤以干掉树中水分，一般在八、九月份的秋天季节，从树的根部往上一节一节剥皮，一般剥五六节，一米长为一节，一节一块，如同将树木的“裤子”脱掉，故称下裤。（2）修山撬蔸。伐木前应进行修山，全伐的伐区要修满山，择伐的伐区可修花山（亦称刁山）。修满山应自下而上，修花山则自上而下。修山时所砍的灌木、杂草应修光、砍齐、打平。修到所伐树木前要进行撬蔸，即将其周围半径一米以内的乱石加以清除，削平泥土。长在陡峭处的树木可在左、右、下方挖几个脚步蹬，便于砍树时能站稳。（3）砍伐。劳力可分若干小组，每小组为一班，隔班伐木（一个小班相隔约40米），采伐时必须平行排列操作，严禁上下操作，必须从山顶至山脚依次采伐，按照一片山必留一木的习俗，不要将所有树木全部砍完。采伐杉木，应向山势倒放，即蔸朝下，尾朝上，严禁倒置（一根倒树需花费三个工）；采伐松杂木向下山方向斜倒，以保造材安全。树木伐倒之后，应将伐根和倒木大头断面上的针刺（扯心）砍平，以免刺脚。

(4) 打枝、赶毛筒、踩排栅。在陡坡上打枝、伐皮时，要踩排山，排山的杩桩、枕木要架稳，铺柴要捣实填厚，防止树干冲垮或戳穿排山。打枝时要做到树停稳、人站稳、刀斧把子要抖稳，先从下往上砍一刀，再从上往下将节疤修打平整，不准出现羊角钉、画眉眼。杉条打枝不得将树梢砍断，以便抽浆晾干。尾部的枝卡打去后，形成带皮毛筒，顺便踩好排栅，搞好安全作业。然后按木材砍伐的顺序向排栅集中，3 人一组，1 人发送，1 人赶运，1 人收档，是为“赶毛筒”。每根相距 20～30 厘米，尾部支离地面 50～60 厘米，以便伐皮。赶毛筒时，要大头朝下，成垂直线向下赶动，撬杠要放在人身下方，以防树干溜滑时树节挂走撬杠而伤人，严禁用刀把撬树。(5) 伐皮。将中尾部的树皮全部伐去，从尾径 6 厘米处下伐，由上而下，削平栉子，削净树皮，做到皮净不伤木。如是松木，将皮铲完后还要断筒，2 米 1 筒。枕木则要分等断筒，坑木断好筒后要按类别堆码，要求无腐朽，无空心、无崩裂和弯曲过大。采伐季节，杉木一般在秋天，松类则在 10 月至次年 4 月之间。

连子排　木材运输是林业生产中最艰苦的环节，分为水运和陆运。水运是将一根根木材陆运到小河边后，再扎成单排，据材径大小每张排 15 至 20 根不等，并在河里塞土堰储水放排。到大河后，重新扎成大排，每张排在 150 根至 200 根，排首用一根十多米长的树作舵，舵首绑扎用篾片织成的四方篾块，以利吃水掌舵。民国四年（1915）发明连子排，十多张大排首尾相接地连在一起，防止了木排在河里横行，提高了运输效率。

下洪　下洪是将砍伐的木材向目的地集拢。下洪要选择无石头的陡坡，从坡底至坡顶砍一下洪道，将集拢的木材一根一根从山顶沿下洪道溜下坡底。洪道不可有水，可视主漕地形具体条件实施土地（洪）道、木（滑）道进行木材离山下洪。砍修洪道要先勘察路线，尽量避免陡坡、跌坎、死弯、岩石地段。如洪道位于道路两侧或穿过道路，在滑送木材时，要禁止车辆、人员通行，在距离滑道与道路交叉点 50 米的地方，必须设置警示牌，并派人警戒指挥，严防车辆行人误入，造成伤害。其直线两侧 20 米以内、曲线外侧下方 50 米以内严禁进行其他作业；洪道两侧、沿途和洪道口的灌木、杂草、乱石、腐朽木、树蔸等必须清除干净，以防碰击走野洪。下洪要规定联络信号，工作时，严格执行；工作外，严禁随意使用。滑送原条坡度大的洪道、转弯的洪道、外弯容易走野洪的地方除必须设置防护外，外弯要高于内弯，防止木材离心越出线。当天工作当天完，不能有木材停在洪道内过夜。洪道下材时，守道工要站在洪道内侧上方 5 米以外，利用树木和其他自然屏障或专门设置防护栏掩蔽身体。在下雪、大雾、天黑等不利情况下，严禁下洪。

拖厢　拖厢是指将砍伐后的木材从砍伐地的集中点运到河边或公路边。要先架设厢桥，厢桥的线路要选择较为通直平坦、安全可靠的地段并尽量避免急弯和陡桥，厢桥因距离不同而长短不一，有的长达二三千米。厢桥的技术性很高，桥扎得不顺或坡度起伏不定，木材拉不出；坡度太大，木材拉不住，人和材都会冲下桥去，容易引起伤亡。起桥时要调整好坡度，使整条桥面呈顺水坡，防止起伏不一的波浪式。杩脚必须架稳，架成对立或三角桩，通过泥田沙丘要加打木桩；高桥杩脚须扎绞子棍，两端与杩脚捆紧。横枕的直径须在 12 厘米以上；厢桥头枕两边须扎团杩，桥面各用 2 根树木铺成；中间桥板由 2～3 根龙骨木铺设。高桥、陡桥与坡度大的厢桥转弯处须扎花桥、防护栏、安全楼。弯桥楞子棍须伸出桥板两边各 30 厘米以上，陡桥楞子棍须一步一根。厢桥必须经常巡查检修，厢钉、厢索、厢杆要经常检查，防止因厢钉接口爆裂、厢索磨损断裂等造成人员伤亡。遇下雪、冰冻、浓霜、大雾等恶劣天气，严禁拖厢。拖厢时两人为一组（亦称一担厢），视高矮和体力强弱搭配；拖厢时，在木材头部钉上箱钉，在箱钉处套上绳索。拖厢要依次进行，前后两担厢必须相距 30～50 米，确保安全。

三、捕捞和养殖

塞河捉鱼　塞河捉鱼是瑶民渔猎经济中较为简单的一种捕鱼方式。将小河、小溪中分岔的一段或河水能排开的地方用石头和草皮塞住，下游塞个斜口，装上渔篆或渔梁，鱼随水流下时会被接住。水深一点流不走的地方则将蓼叶水、石灰水或油茶枯水撒进去，不一会鱼受不住浮出水面即可捞住。

渔篆捕鱼　篆子用竹篾编成，像一个长长的竹篓，口向前伸开，然后缩小到只有拳头大小，肚大，尾小，口到肚中还留有 20 余厘米长的薄竹篾，圆形交叉成倒须，只要鱼进去就无法出来。渔篆一般放于农田、沟渠、塘堰的放水口，或将小河筑一道堤，留一个缺口，篆子放于缺口下，让水进入篆子内，鱼随水走，收获很大。与篆子相近的捕鱼工具还有箩筐、背篓等，原理和方法相似。另外，还可用竹片编制的小型笼、篆等渔具捕鱼。将笼、篆放于距水面一尺深处，气温低时可深些。用石头和河沙掩盖，留出笼、篆口，把诱饵放于笼、篆内，30 分钟左右即可取起，这时鱼笼里可能已装了鱼。

米筛捕鱼　在平地瑶地区还有一种米筛捕鱼的方法。将两个米筛正面相对盖在一起，四周用绳子固定，做盖的米筛中间

开一10厘米×10厘米左右的方形口子，便于鱼游进去。饵料是鱼喜欢吃的小贝壳，将小贝壳洗净捶烂，放入米筛中，迅速将米筛放入水中，人即走开。鱼闻到喜欢的味道，便会成群结队地游过来，先碰碰米筛，试探无危险后再进入米筛中吃饵料。估摸着时间到，走过去迅速提起米筛，数十条鱼在米筛中跳跃。当然，这种方法只能捕捞河中小鱼，大鱼是无法捕到的。

渔梁捕鱼　渔梁，平地瑶话叫“贺捞”，用小竹子编织而成，一般长2.5米，宽1至1.5米。装载时选择河中上高下低处，这样的地方河水流速较快，而上部一段水域流速缓慢，蓄有较深的水，鱼较多。在装“贺捞”的地方先深挖数尺，尤其淘空水尾，在两侧堆砌一排石头，置“贺捞”于上方，进水处比装鱼处高出30厘米左右，左右两侧和尾部塞高至50厘米左右，进水前方左右塞筑喇叭形石坝，将大部分水拦过来，从“贺捞”流出。因有石坝拦着，随水游动的鱼无法从其他地方走，只能随水游进“贺捞”。鱼多的时候，一天可捕数十斤，乃至上百斤。

渔叉捕鱼　在河中看到有鱼游动，或移动河中藏有鱼儿的石头，使鱼儿受惊逃出，打鱼人则手持渔叉，以逸待劳进行叉捕。或在晚上用松火、电筒，照到农田、塘堰、水沟处的鱼群，手持渔叉进行叉捕。此法须眼明手快方能奏效。

摸鱼、砸鱼　在河中快速地摸藏有鱼的石头底部缝隙，受惊鱼儿一跑正好抓住，鲶鱼和水标子喜欢藏在石头中，很容易捉到。河堤边的缝隙藏的鱼更多，但要小心摸，因一些蛇也藏在河边的缝隙中，不小心的话，鱼没有摸到，反被蛇伤。另外估摸着河水不深处的十多斤重的石头下面有鱼儿，就可用石头砸石头的办法砸鱼，一石头砸上去，被砸晕的鱼儿便漂浮到水面上，很容易捉到。

生石灰捕鱼　鱼群喜欢在河埠、桥墩处的瓦砾、碎砖缝隙中休息。捕鱼人先用棚荐（用芦苇编成的帘子）将河埠、桥墩围住，再往水中淘撒生石灰，迫使鱼群从缝隙中钻出浮到水面上，捕鱼人就用网兜将鱼捞起。

池塘养鱼　一般成鱼池面积为 5 ~ 10 亩，这样易于管理，亲鱼池、鱼种池以 3 ~ 5 亩为宜。一般成鱼池水深 2 ~ 3 米，鱼苗池、鱼孵化池水深为 1.0 ~ 1.5 米，鱼种池一般要求水深 1.5 ~ 2.0 米。池塘要水源充沛、水质良好。放养前，平整池塘、清塘消毒、放水和培育水质后，将鱼苗放入已准备好的池塘中。在养殖过程中，始终将池塘水质维持在一个不会引起鱼类应激反应的水平。一般放养一年后收获，一条鱼重约半斤至两斤以上不等。过去瑶家养鱼一般自养自食，很少出售。

稻田养鱼　过去瑶民多稻田养鱼。在放鱼前清理加高田埂，每亩稻田用 25 千克生石灰制成溶液消毒，灭除蚂蟥等敌害。6 ~ 8 天后灌水施基肥，耙平插秧。随后挖鱼沟，沟宽 30 厘米，沟的交叉处开鱼溜，或在稻田一角、一端挖一个占稻田面积 5% ~ 10% 的鱼凼，水深 1 米以上。在收割、晒田前疏通鱼沟、鱼溜，缓慢放水，使鱼集中到沟或凼里，用草耙等人工驱赶入鱼溜或凼，捞取鱼。

河沟养鱼　瑶民选择水流平缓，水口较狭，水深在 1.5 米以内，底质平坦，最好是土壤底质的地方建造拦鱼设备。根据水质情况，合理放养鱼种。在流速较快，靠近城镇、村庄，水质较肥的河沟，以鳙、鳊为主，占总放养量的 60% 左右，草鱼占 30%，青、鲤、鲫占 10%，一般亩放 400 ~ 600 尾，规格在 10 厘米以上；在流速快，水质清瘦，水草、贝类等丰富的河沟则以草、青鱼为主，占总放养量的70%左右，亩放400尾，规格宜大不宜小。鱼种放养的第一、二个月，鱼种喜“走边”“咬箔”，最易逃逸，此时要加强管理。根据天然饵料丰歉程度适当投饵，当天然饵料缺乏时，要投饵施肥。

四、手工业

纺织 汉代时，盘瓠蛮“织绩木皮，染以草实，好五色衣”，“盘瓠之后，输布一匹二丈”，瑶族先民已经能够利用天然纤维和染料纺织布匹和印染服饰，其布也是用匹、丈为计量单位。南北朝时，瑶族先民荆蛮“衣青布”，纺织和印染都有一定程度的发展。隋、唐时的莫徭，“其男子但着白布裈衫，更无巾裤；其女子青布衫，斑布裙，无鞋履”。唐代诗人刘禹锡在《插田歌》中说，莫徭“农妇白纻裙”。纻为苎麻织物，白纻裙即是苎麻所织的白粗布裙。这些都是瑶族纺织手工业发展的真实记录。莫徭地区所产的纺织品如“细纻布”“麻布”“竹布”“斑布”均作为贡品贡给封建朝廷。到了宋代，瑶族的纺织业已大有发展，除了棉、麻纺织品外，瑶族人民还自己种桑养蚕，用蚕丝织布，故瑶族地区的纺织品以优良品质再次成为贡给朝廷的贡品。如靖州瑶人生产的“贡白绢”，道州瑶人生产的“贡白纻”，永州及其附近的全州瑶人生产的“贡葛”，郴州瑶人生产的“贡纻”，以及韶州瑶人生产的“贡绢”，连州瑶人生产的“贡苎布”等均是贡品。近代以来，瑶族人民的纺织品质好量多，不仅满足自己一家老少所需，而且还调剂众邻，并运送到集市出售。平地瑶地区还出现专门从集市上买回洋纱，代人加工布匹和工艺品的纺织作坊。

冶铁 隋末唐初，瑶族地区已使用铁器，有了铁制工具。唐刘禹锡在其《蛮子歌》中说，莫徭“腰斧上高山，意行无旧路”。人们认识到铁器的价值和作用，对铁器重视起来，于是“婚嫁用铁钴锛为聘财”。铁器的使用促进了瑶族地区经济的发展，因此，到宋代，瑶族已经掌握了冶炼技术。瑶民的兵器和生产生活用品多用铁铜制品。宋人范成大在《桂海虞衡志》中说，瑶人“儿始生，称之以铁，如其重，渍之毒水。儿长大，煅其钢以制刀，终身受用。试刀必斩牛，仰刃牛项下，以肩负刀，一负即殊也，良刀也”。周去非在《岭外代答》中也说，“瑶人刀及黎刀略相类，皆短刃而长靶。……瑶刀、黎刀带之于腰”。朱辅在《溪蛮丛笑》中则说，瑶人“婚娶聘物以铜与盐”，“蛮人多用铜器”。还盘王愿时唱的《盘王大歌》道：“桃源洞头请铁匠，铁匠担炉随路来，家主声声还良愿，打刀修路接神来。三百斤铁打张斧，又添二百打张刀，出世凡人使不得，托把修山修路神。三百斤铁打张斧，又添四百打张锹，出世凡人使不得，托把修山造路神。”并有一人表演挑担打铁，与师公几次对答，说自己是从桃源洞来的，是给家主还良愿修路架桥打工具来的，能打刀、斧、锄、锹，能斗长鼓。可见，瑶族确实于宋代掌握了冶炼技术，并传承发展下来，刀具和生产工具、生活用具由瑶族自己打制。明、清时可能已有少数瑶族铁匠脱离农业，开办打铁作坊专门打制铁器了。明永乐年间，新宁八峒瑶区深冲峒的锅厂岭瑶民引进汉族的冶炼技术，铸造犁嘴、锅、金鼎和寺院的大钟等，瑶族人民广泛使用铁制生产工具。近现代，瑶族人民打制钩刀、尖刀、菜刀、柴刀、伐皮刀、斧头、剑、锄头、镰刀、耙齿等铁制工具和用具，淬钢技术掌握得比较好，工艺水准较高，刀具坚硬、锋利、耐用。清代，江华平地瑶能自己浇铸犁铧，表面光洁，造型美观。

木工 湖南瑶族有一部分人会做木工。杜甫描写莫徭射雁用“桑弓”。说明弓箭已由竹制品发展到木制品，是为一大进步。在木材加工业中，可以加工木棺。而莫徭的长鼓则别具一格，不仅用于娱乐，也用于丧葬，甚至起义斗争也鸣长鼓召集人马。到宋代，竹木制品中出现了织布用的布刀、高机，渡江河用的独木舟。朱辅《溪蛮丛笑》云，“蛮地多楠，有极大者，刳以为船”，名独木舟。瑶人在定居前和定居后相当长的一段时间内建房多数为杉木结构，平地瑶、寨山瑶所盖的砖木结构住房，开墨、锯、刨、凿、合榫的工序很多，不会木工是不行的，久而久之，出现了精通木作技术的制作人员。他们不用一钉，能盖好漂亮的全杉木结构的楼房，能架好气势恢弘的木结构大桥和小巧玲珑的木拱桥，以及砖木结构、飞檐翘角的房屋。明人王济《君子堂日询手镜》云，瑶族“就山伐巨木，镟为盆、碗、锅盖、鼓鞓之属，入城贸易”。这些木制品既要自己使用，还要入城贸易，其发展程度、工艺水平可见一斑。近代以来，瑶族人民中有许多人会木工，几乎每个村寨都有数人会打制木器，盖房建桥。有的还专门从事木工活，帮人打制家具和生活用具，帮人盖房包下木工活部分。尤其在过山瑶当中，建造全木结构的吊脚楼全是瑶族自己的木工所为，在他们手下建起的一座座吊脚楼，不仅是一座座房子，而且是一个个颇有欣赏价值的艺术品。瑶族木工不仅能制作精美的柜、盆、桶、瓢、桌、椅、凳、床铺、纺车、织布机、风车等，还能镂空雕制有较高工艺的神龛和太师椅、八仙桌、门窗以及高档床架。但尽管如此，瑶民中的木匠并没有从农业中分离出来，木匠是半农性质的。

在木工中，弩曾是长期制作和使用的作品。弩是瑶族人民狩猎生产的工具和起义斗争战斗的武器。南北朝时，瑶族先民的弩为竹木所制。《南齐书》云“蛮俗衣布跣足，……便弩射，……”唐代莫徭使用“桑弓弩”，这是弩从竹木制品到木制品的一大进步。宋代瑶族的弩制品发展成编架弩。宋人范成大在《桂海虞衡志》中说：“徭人弩，又名编架弩。无箭槽，编架而射之。”宋人周去非在《岭外代答》中则说：“凡蛮徭之弩，状如中都之吃笪弩，盖不能弯弓，而皆能踏弩也。以燕脂木为之，长六尺余，厚二寸，博四寸许，其长三尺余，厚止半寸。不划箭槽，编架其箭于栝，故名曰编架弩。”到元代发展成药弩。明代制弩业相当发达，有大弩和小弩，小弩用手即可张开，大弩的威力很大，要用脚踏发射。

造纸 清代，湘南一带的瑶族掌握了用石灰沤嫩毛竹，然后舂烂成浆制作土纸的技术。到清末、民国时期，则建设了专门的造纸厂，生产土纸和湘纸，工序、技术大有进步。其工具有料刀、料钩、料桶、纸镰、割纸刀、榨杠等。其工序分为砍料、破料、浸料、舂料、打料、捞纸、榨纸、起纸、晒纸、割纸、捆纸等。湘纸不晒，用焙炉烘干，捞一张干一张，少了榨纸、晒纸、起纸的工序，但要增设一个焙炉。此外，瑶民还掌握了增加纸张洁白度的技术，即将竹料的青皮削去，不留一丝，这样生产出来的纸张才洁白。土纸用来包装，多数用来敬神祭祖，湘纸用来书写，土纸和湘纸主要用于销售。民国年间，一人一天可造纸四五捆，每捆12刀，每刀12张，造纸的收入比种粮食的收入高。因此，凡有大片竹林的家庭都设纸厂，有的地方一村数家纸厂。新宁八峒瑶区造纸已由清末时造可用于印刷的“老仄纸”“时仄纸”“三尺纸”“二八纸”发展到制造更高级的“官堆纸”“玉版纸”。这些纸张，纸页整齐，颜色洁白，质地厚实，畅销全国。纸厂（每厂只三四人）由清末的200来家发展到400多家，以每个纸厂每年平均可造纸60担计，八峒瑶区每年可造纸24000担以上。八峒造纸业的发展，引来了各大城市的纸商，长沙、汉口等地的大纸商派人常驻八峒收购。

榨油　唐、宋时，瑶族人民就能从油茶籽和桐油籽中提取茶油和桐油。明、清时期，茶油和桐油成为集市交易的主要商品。清末、民国时期，湘南瑶族地区有许多榨油坊，有的一年四季榨个不停，榨完茶籽榨桐籽，榨完桐籽榨油（菜）籽，接着榨花生。主要榨具为一条十余米长，直径3~4米的坚硬巨木，凿空中间，开一高约40厘米、长约3米的圆形榨槽。榨油时，先将原料炒熟，便于出油，并增加香味，再将炒熟的原料碾碎，用洗净撕去叶子的稻草放在铁箍内，铲入原料，充分压实箍紧成一个大饼，然后置入榨槽内，待放满后，两头加入榨尖，用重木棒撞击榨尖使油箍挤紧出油，一天可榨数百斤茶籽。

五、矿业

探矿　湖南瑶族地区富含矿藏。瑶民探矿（主要探锡矿、钨矿）凭经验在矿区查看含矿泥土的成分、颜色以及脉络。认为有一定含量时，就用木瓢取一瓢一定深度的泥土，在水中将泥土淘洗干净，查看留在瓢底的矿砂有多少，如有一个光洋大即为富砂，可以开采，如只有五分硬币大则为贫矿，须另觅他地探之。如探金矿则挑一担泥土淘洗，如能淘到一两粒即可以开采。

放水庄　常用采矿方法。放水庄须具备两个条件：一是矿地所处地势较高，其下较为开阔，矿浆、尾砂、尾水流动方便。二是矿地上方附近有水源。放水庄的矿地一般在山腰或山脚，水被引到矿地后，让水从矿层上面往下流，在下方挖动含矿泥土，借助水力破碎成矿浆。在矿砂流经的尾部开凿泥沟或铺设板槽，以作选矿之用。这种方法工效高，在高泥墙处放庄时，在其下部挖水平洞，上部泥土因重力作用下陷而倒塌，一次可达十至几十立方米，既省事又省工。瑶民称之为放“神仙土”。但这种方法安全系数低，往往因泥土倒塌躲避不及而造成伤亡。

挑明湖 常用采矿方法。在地势低洼，没有水源或虽然能找到水源但矿浆无法流动，含矿品位高、储量又大的地段，瑶民采挖矿砂，挑运至适宜选矿地点。矿地被采挖以后，留下一个个的湖塘，故称之为“挑明湖”。这种方法效率低，劳动强度大，非高品位、储量可观的矿地不用此法。

挖暗窿 常用采矿方法。当发现深处矿砂矿苗好，含量大时，则采用挖暗窿的方法。暗窿有斜井式和竖井式，或先斜后竖，或先竖后斜，跟着矿脉走。也有的在天然溶洞中，待秋冬洞中阴河水下降或干枯后，挖窿洞而取砂。竖井宽一个半人，井壁有供上下的小洞。挖斜井只容一个人站立行走，一般无支撑，塌方事故较多，也常受地下水的危害，故春夏无法开采。

溜槽选矿 主要是选锡、钨矿。选矿有粗选、精选两道工序。粗选是在采矿场附近，根据水源和地形特点，选择一处较为平坦的地方挖一泥沟，让矿砂随水自然平稳地流动，并不时松动矿浆，使重矿物下沉，轻矿物和泥沙随水流走，成为尾矿，粗沙废石则用一特制的长柄笼箕（刁箕）捞起抛于沟外。当沟里沉积一定量的矿砂后停止给水，将重矿物取出，称为起沟。首次起沟时，有的瑶民往往在沟头杀雄鸡，血洒沟头，象征地头红，选出的矿多量大。起沟取出的矿物为粗精矿，供精选用。如果矿地较宽，能较长时间开采，则用木溜槽代替泥沟粗选。木溜槽用松板制作，宽度一般0.8～1.2米，长度4～10米，甚至几十米，溜槽高度0.4米左右，沟底坡度4%～7%，每2米左右放1根厚度5厘米的横木条，称为“沟筒”。在选矿过程中，沟筒逐渐加到二至四层。选矿方法与泥沟相同，效果比泥沟好。由于粗精矿中还有一定量的轻矿物和沙子，必须精选才能达到要求。精选用小板沟或夹沟（与粗选时的木溜槽相似，但蓄水较深，适于淘选细粒矿物）丢抛部分尾矿，用磁铁吸除其中所含的铁质等杂物，再用竹筛置于水中进行手筛，丢弃筛面的轻矿物而得精矿。如果技术熟练，精矿质量可达98%以上。有条件的选矿用机械摇床。将粗选后的矿物置于摇床上，摇床设置成1%的坡度，从一头给水，开动电机，摇床摇动，轻矿物和沙子摇上表面，随水流走，留在摇床上的是所需精矿。

锡矿冶炼 炼炉构造较为简单，为两头尖、中间宽的有底圆筒，两头直径0.7米，中间直径1.2米，高2米，外箍铁圈，内敷胶泥，炉下方两侧前孔出锡，后孔鼓风，风口略高于锡孔。用木制风箱人力鼓风。冶炼时，置木炭于炉中，一层木炭一层矿砂（每层约20斤）直到加满。点燃后，鼓风助燃。待炉温升到矿砂的熔点后，将铁模置于出锡口下，开闸出锡，流满换模，冷却即成，每块锡锭重25斤。每炼100斤纯锡，约需木炭120斤，为锡价的1%。锡的质量为99.5%。因无烟尘回收系统，细粒部分损耗较多。

瑶族矿业中的资本主义萌芽 18世纪中叶后，资本主义生产方式传入瑶区，在矿业行业中出现资本主义萌芽。在江华和江永平地瑶区，新矿地的不断发现刺激了瑶民的采矿热情，只要有矿的山头上都有瑶民在采矿，吸引了大量的原始资本。本地的“合伙人”与外地的富有者纷纷成立各种公司。如到光绪年间，江华已组建了利民、阜康、富湘、宝和、中兴、永和、富强、裕华、同德、湘隆、华阜、亿发、厚生等公司，其中不乏瑶族业主。有的公司还备案于清廷劝业道。清廷在县城设立税局，专门署理矿区税务。这些公司组织形式上分为两类：一类是雇人开采的工场性质，另一类是专收锡砂的商业性质。工场性质的又分两种：一为三五人合伙经营，设股东和经理，以付工资的形式招收工人开采，所得利息按股份均分。二为老板经营，自己出资办矿，自己当老板，招工人，付工资。两种形式中，工人都是靠出卖劳动力获得工资，订有合同，按月领薪，所采锡砂悉数交给资方。

官矿局 1912 年，江华上伍堡瑶区设立矿务局，并在尖山、山岩坪、新铺、春头源设立分局，瑶民称之为“官矿局”，雇请 2000 多瑶民挖锡砂。各分局自采自炼，工效低，成本高，开支日多，入不敷出。到 1915 年取消四个分局，紧缩范围，只收瑶民所采锡砂炼锡，方扭亏为盈。次年桂军入湘，派人到官矿局要钱。后更因时局动荡，效益时好时坏，直到日本侵略军铁蹄践踏湖南后停办。

中央公司 1938 年，国民党中央资源委员会在江华上伍堡瑶区河路口镇开办矿务局，瑶民称之为“中央公司”。公司有职员 60 多人，其中工程师多人，设有四科十一股，雇请当地 2000 多瑶民为工人，自采自炼。主要开采船岭脚一带冲积河床中的锡矿。生产中使用部分机械，有发电机、水压枪、运输汽车等，年产锡精矿 190 吨左右，产精锡 170 吨左右。中央公司兴办后，湖南瑶族地区锡矿开采进入极盛时期，对当地的影响也很大。

河路口瑶区的手工业、商业、服务业也迅速发展起来，当时的河路口热闹非凡，无所不有，人称小南京。但因时局紧张和矿床砾石多，潜水大，于1943年停办。

六、商业

交易 早在南北朝时期，瑶族先民居住地巴陵（今湖南岳阳市）、江陵（今湖北江陵市）就已被辟为商旅区，不少汉人到蛮族中交易，连荆州刺史侯子响也让家眷制作棉袄与蛮族交易器杖。隋、唐时期，莫徭不断迁徙，与其他民族杂居共处，文化交流之外也有了商品交换，官府和商人进入莫徭地区收购货物，莫徭以粟换盐。到了宋代，湖南瑶族随着与其他民族交往的增多和自身经济的发展，交换和交易也发展起来。宋王朝在瑶族聚居地区附近设立市场，给瑶族的贸易提供了便利，瑶民将自己所产的瑶巾、瑶布、木器、山茶、生姜、木炭、木材等弄到市场交易，换回食盐、大米及一些铁制工具。元、明、清时期，尽管封建统治阶级有时还禁止商贩、军、民等进山与瑶民交易，但商品经济与唐、宋时比，仍然有了较大发展。瑶族人民同周边民族，特别是同汉族人民之间的贸易并不因统治阶级的禁止而中断，一些商品经济发展较快的地区还建立了圩集，如明洪武年间和嘉靖年间江华瑶区建立了涛圩集市和白芒营集市，江永瑶区建立了桃川集市。清康熙初年，江永瑶区建立白面圩集市，随后又相继建立上江圩、粗石江、回龙圩等集市；道光、咸丰年间，江华瑶山腹地水口、码市也建立了集市。清末、民国时期，宁远、蓝山、道县、汝城、桂阳、资兴、祁阳、城步、隆回、洞口等瑶族居住区也相继开办了集市。集市的建立表明瑶族地区商品经济有了发展，输出输入的商品种类大增，既满足了瑶族人民的需求，也满足了附近汉族人民的需求。有一部分瑶族人民已经脱离农业，坐商开店，开始专门从事商业经营了，这就促进了湖南瑶族社会经济的发展。

主要行业 湖南瑶区集市相继开市后，商品购销不断发展，贸易额不断增加，一些行业也就不断形成。明、清时期有纺织品、肉食水产品、副食品、百货、五金化工商品、南杂业、烟酒、竹木业等行业。民国时期除这些行业外，增加了米行、油行、文具图书业、国药业、照相等。

桃川集市 湖南瑶族地区商业。桃川集市位于江永桃川镇内，建于明洪武初年。经过明代及清代“康乾盛世”的发展，到清道光年间已是“人烟密集，地通两广，为商舟改装之所”。民国六年（1917），桃川集市改造扩建，分置米行、油行、肉行、土产行、棉纱土布行、小农具和生猪、耕牛行，农历逢一、四、七为圩日，每圩赶圩人数在近万人。年销往两广的大米600余吨、桐油150吨，年成交耕牛达1000头。但民国三十六年（1947）后，兵匪为患，物价飞涨，致使圩场冷落。

沱江集市 湖南瑶族地区商业。沱江为江华县城，商业活动开展较早，早在明万历年间就已开征商税。到民国三十七年（1948）有商户593家，从商人员1483人，占全城人口的29%。常年成交粮食和农副产品3000吨左右，集市日上市耕牛300头左右，生猪上市达500余头。

水口集市 湖南瑶族地区商业。水口集市位于江华瑶山腹地。清中叶，江华瑶族人民种植的杉木林大片成熟而采伐销售，水口成为木材集散的中心，因此于道光十七年（1837）开市，以农历的二、五、八日为圩日。到民国三年（1914），商户发展

到80余家，主要经营木材、南杂、旅店，收购瑶民的皮张、黄蜡、蜂蜜、木耳、香菇、桐油等。民国三十七年（1948），商户发展到131家，集市贸易以粮食、蔬菜、家禽为主，瑶民出售土特产和山货，购进生活必需品。

码市集市　湖南瑶族地区商业。码市集市位于江华西南部，与广东连州、连南、连山，以及本省的蓝山接壤。码市集市开市于清咸丰年间，四、九日为集日，但集日时间往往延续至次日上午才散市。因码市与盛产大米的广东连山的禾洞和本省蓝山的大桥相毗邻，大量的大米运到码市销售，粮食商贩云集，而赶集的又多是远地客商，必须住宿一夜。抗日战争时期，因湘桂铁路中断，食盐主要从广东输入，码市成为主要盐米市场。民国三十三年（1944）长沙沦陷，湖南省民政厅、祁阳私立达孝中学均迁于此，集市更加繁荣，时有“小南京”之称。

白芒营集市　湖南瑶族地区商业。白芒营集市位于距离江华县城39千米处的白芒营镇内，于明嘉靖十一年（1532）开市，以一、四、七日为圩日。圩日交易的商品除粮食、蔬菜、食用油、肉食、水产、大豆、花生、生产生活用具、耕牛、生猪外，还有许多的八宝被、方格垫单、头巾、裹脚布、花边、棉纱、家织土布、锦带等瑶族精制手工艺品交易。

涛圩集市　湖南瑶族地区商业。涛圩集市位于江华涛圩镇内，此地为平地瑶和寨山瑶居住区。开市于明洪武十三年（1380），以三、六、九日为圩日，主要交易物品为粮食、肉食、家禽、农副产品等。后来，瑶族人民的家织布、棉纱、蓝靛、织锦、绣花鞋、八宝被、竹编等均上市交易。最有特色的是竹编小竹篮，工艺精美，是瑶家姑娘必备之物。最具风景的是拿篮子谈恋爱和瑶歌夜市。圩场上，花枝招展的姑娘们成堆地站在一起，不经意间手上的小竹篮就被小伙子拿走，姑娘不仅不恼，反而笑眯眯的一脸幸福，不久接过小伙送来的满篮物品，回眸一笑，挽着小伙子到河边甜言蜜语去了。圩场的晚上，桥头、路边成双成对的青年男女痴迷对歌。

大圩集市 湖南瑶族地区商业。位于江华岭东片的大圩集市开市于清朝末年，一、四、七日为圩日。民国初年曾两次遭受土匪劫烧，市场一度衰落萧条，到民国中期才有所恢复，民国三十七年（1948）商户发展到140余家，有米行、花果行、竹木行、猪行、牛行等行栈，每集上市场人数3000人左右。

七、交通运输业

挑担 居住在平地的瑶族人民大凡生产劳动、买进卖出都要挑担。他们种田要挑谷种下秧，挑秧苗插田，挑肥料施肥，挑石灰防治病虫害，收割了挑谷子到晒谷场，晒干后挑进仓库贮藏，要吃米了挑去舂米，送皇粮、公粮要挑，砍柴破篾要挑，烧石灰要挑广子进窑，烧好石灰要挑回来，买的日用品多了也要挑，卖农副产品要挑，甚至讨媳妇、嫁女的礼品、嫁妆均要挑。同样来往一个地区的货运，长期内不能通船的地方也是靠肩挑步行。江华瑶族人民生产生活必需品，如食盐、百货、部分铁器等均是本族人或汉族人由广东连县，广西八步、古城，本省道县、永州等地人力挑运而来，或供自己使用，或出售给别人。瑶山的土特产即使外族商人进入瑶山收购也是雇本地挑夫挑至两广销售，这些挑夫多为农民，一人负荷50千克左右，日行30~50千米，因道路崎岖，常有人摔倒负伤，而途经一些深山老林和险峻路段，常有盗匪为患，因此，必须结伴而行。

瑶区解放后的相当长的时间内，货运仍然靠人力肩挑，直到公路网络逐渐形成后才改为车运。

背负 居住在山区的瑶族主要用背负运输货物。山区高山大岭，道路崎岖，行走难度大，大凡人们从事生产劳动、赶集买卖都靠背负。宋人周去非在《岭外代答》中说“瑶人者……地皆高山。而所产乃辎重，欲运致之，不可肩荷，则为大囊贮物，以皮为大带，挽之于额，而负之于背”。近代以来背负的工具主要有背篓、背架、背桶。人们进山植树造林要背饭菜、瓜箪酒，傍晚回家时要背野菌子、蜂巢和烧柴；烧山种畲要用背篓背种子、肥料；收割旱禾、粟子、高粱、玉米、红薯、凉薯、穆子、瓜果蔬菜要用背篓背；采摘板栗、野果、柑橘、油茶果、桐油果要用背篓；杀头猪腊剩部分也要用背篓背到市场出售；甚至有的妇女因小孩没人带，还要用背篓背着小孩去干活。最有能耐的是妇女们用背篓背柴，近两米长的烧柴一根一根地插在背篓里，满满一背篓，一百多斤重，妇女们背上走在崎岖的山路上稳稳当当，有的还健步如飞，谈笑风生。不仅短途用背篓运物，就连走上几十里甚至百余里路赶集交易也用背篓运送。

排运 清代中叶湖南瑶族地区大片的成熟林得到采伐，木材运输走水路省力快捷，因此扎成木排将木材运出去。如江华林区以水口为中心，木材从小河放排过来集结后，在水口改扎成大张垛子排，再顺冯河而下，进入潇水、湘江，将木材运往永州、衡阳、长沙等地。民国四年（1915）革新木材水运技术，改垛子排为连子排，运输灵活，运量大，木材水运销往长江中下游一带。木排除了将木材本身排运出去外，还将大宗点的土特产甚至粮食放在木排上一并运出去。如江永瑶民或商贩将粮食等物资利用木排沿潇水、桃水运往道县、零陵、长沙、恭城、平乐、佛山等地。这种排运伴随着航运一直到20世纪80年代末逐渐被汽车运输所代替才终止。

船运 瑶族地区货物除人力挑运外，输出输入多用木船。明、清时期，湖南转销广东食盐，盐商请人挑至码市后装船顺冯河而下到道县、零陵、祁阳等地销售，而在水口、沱江等处一些货物下船之后又请人挑至瑶区贩卖。回船货物一般有粮食、日用品等，木船上下不放空，故有利可图，商人竞相经营，木船运输业也有所发展，码市到沱江常年有百余艘木船。道县船运多往潇水到零陵进入湘江，民国时期有民船数百艘，船民上千人，建有船民组织。江永桃川瑶民的货物由桃水装船出广西恭城、平乐，下道县、零陵。辰溪县也有许多船只运送货物。然而航道滩多水急，险象丛生，逆水拉纤，苦不堪言。船民中流传这样的歌谣"可怜可怜实可怜，上装白米下装盐，上装白米养财主，下装白盐肥官员"。

背篓 瑶民中最常见的运输工具，竹制。背篓可以说是从瑶民古时进入山里居住就开始使用了。瑶民进入山中后，砍伐楠竹破成篾条编织成背篓、箩仔、撮箕、篮子等工具，背篓使用最广泛。宋人朱辅在《溪蛮丛笑》中说瑶、苗的"爬船""隘口""汇榔""对刀""出面"等物事时，也说到"背篓"："负物不用肩，用木为半枷之状，箝其项，以布带或皮系之额上，名背篓。"可见背篓早就是瑶、苗民族的一种运输工具。后来背篓用竹篾编织而成，种类很多，有大有小，有长有短，有扁有圆，但多近似于椭圆形。近代以来，有的瑶民织的背篓有花纹，上光油，精致漂亮，既是日用品，也是工艺品。

箩筐 瑶民中最常见的运输工具，竹制。过去，瑶族男子大多会竹篾编织，部分妇女在织布、挑花刺绣之余也学会了竹篾编织。箩筐一般为40厘米高，直径约50余厘米，口略小于腰。由竹片和篾条组成。竹片约1厘米宽，5毫米厚，做骨架，篾条宽厚均为3毫米左右，如香火棍粗细。箩底用篾条和竹片编织好后，利用竹子的韧性用手向上朝里轻压一会，使竹片自然向上散开，再用篾条里外交叉编织，靠底部加几根篾条，编织成约两指宽的突出条的箩面，再恢复原样，随着向上伸展竹片的斜度编织到中间部位，也要加篾条形成突出条，恢复原样后再慢慢向里自然收拢，然后在箩口也加些篾条形成突出条，并收口，再用一根食指大小的竹条扎成箩口大小，放在箩口上用1厘米多宽的薄篾片将竹条绞在箩口突出面上，然后将6根两指宽的厚竹片从底部每对角3片向上插进3个突出条里，一只牢固的箩筐完成。瑶民一般一天能织一担，手巧的则一天能织近两担，篾条破得细白、均匀，再加上上了颜色的6根厚竹片织配在一起，织成的箩筐相当漂亮精致，有较高的工艺价值，不仅售价高，还可作竹编工艺品收藏。

吊箩 部分瑶族中常用的工具，竹制，扁鼓形。制作吊箩的篾条和竹片要求均要比制作箩筐高，要求取竹的青皮部分，尽量不要里层，以增强材料的韧性，便于编织。篾条要细，宽厚均不超过2毫米。编织方法与箩筐基本相同，也是从底部起每隔一段编织3个突出条，但底部有一圈高约4厘米的垂直编织。扁鼓形中间鼓出部分是编织吊箩水平高低的体现，水平低的用来做骨架的竹片会从中间折断，水平一般的鼓出部分或凹进去，或一个地方鼓出来。编织鼓出部分要求是自然慢慢地鼓出来，又自然慢慢地收回去，鼓得平整、大方、美观。最难织的是吊箩盖，盖为锅盖形，主骨架用一截竹子留住头部的5厘米左右作提手，其余部分破开，要破得平整，厚度2毫米，宽度1厘米，其余骨架在编织过程中加进去，距边缘2厘米处要编织一圈约3厘米高的垂直圈，确保盖子盖上后不移动。底部同样用6片竹片对穿弯上来插进3个突出条中，并用约4寸带里层的竹片做成高高的方耳。编织完后在不同的部分刷上黑色、蓝色和光油，形成一个美观精致的艺术品。吊箩主要用于男青年相亲、定亲、行亲、过礼、送节和讨亲挑粑粑、大饼、糖果、鸡蛋等礼物，女儿出嫁当天也用来挑钱。

粪箕 瑶民运输工具之一，竹制。篾条和竹片都比较粗，织成U形，前开后满，两边前后靠里一点各留一耳孔，耳子用两根厚竹片两头削去里层，上面交叉，下端对角编织进耳孔里，即织成。粪箕主要用于挑猪、牛栏粪，挑劈柴，挑石头，挑泥土，插田时挑秧苗，撒石灰时挑石灰等。

八、传统土特产

香草 宋代被称为零陵香。宋人周去非在《岭外代答》云："零陵香，出徭峒及静江、融州、象州，凡深山木阴沮洳之地，皆可种也。逐节断之而裁其节，随手生矣。春暮开花结子，即可割，熏以烟火而阴干之。商人贩之，好事者以为座褥卧荐。相传言：在岭南不香，出岭则香。谓之零陵香者，静江旧属零陵郡也。"香草可入药、制香精，也可放在衣柜和书柜里，可防书、衣生虫，久之书、衣亦带有香味。

源口香米 源口香米，产于江永县源口瑶族乡，又名香禾米、香稻，以其米饭香味奇特浓郁而得名，从唐代武则天时起列为"贡米"。其浓香之谜，经多年研究认为除品种原因外，主要是泥土和水中含有锌、锶等微量元素所致。香米属高秆粳稻品种，生长期140天左右，株高110~140厘米，株型松散，分蘖力差，不耐肥，易倒伏，但耐渍、抗病、成穗率高，每穗80~110厘米，千粒重28~33.5克。米质优良，精米率77.5%，玉色，半透明，非糯性，营养丰富。其垩白面积5.2%，垩白率72.3%，含粗蛋白8.7%，直链淀粉16.1%，米胶长度76.8毫米，糊化温度6.9级。香米味甘性平，具有补脾、健胃、清肺之功效，被誉为粮中珍品。米饭柔软浓香，清香四溢。香米被列为贡米后，历代封建王朝均派官兵监督收割，除留种外全部运往朝廷供宫廷食用。民国时期多为达官贵人占有，少量销往广州和港、澳等地。

红薯粉条 湘南瑶区瑶、汉、壮人民喜做红薯粉条，且历史久远。清光绪《永明县志》说："红薯一名番薯，其汁漉为粉，远胜豆米所成。"民国三十七年（1948），江永产红薯18万担，多加工成红薯粉。江华大、小圩一带瑶、壮人民所加工的红薯粉，以洁黄清亮、筋力强劲、久煮不烂、细腻滑爽、口感好而久负盛名。红薯粉分为线粉和片粉两种，干线粉如香火棍粗细，片粉则厚0.5厘米，宽1.5厘米左右。

红瓜子 又称洗子瓜，瑶族人民历来种植红瓜子，据地方志所载已有200多年的种植历史。一般4月下旬播种，7月下旬收获，常与红薯、玉米、大豆套种。瓜瓤肥厚多汁，能解暑、消渴、醒酒、利尿，也是喂猪的好饲料。瓜子呈红色，故名红瓜子。瓜子呈倒卵形，扁平壮实，色红美观，籽仁白色脆香，含脂肪、糖分及多种维生素，有养神健胃之功效，既是各类高档月饼做馅之料，又是茶楼酒馆必备之物和居家待客之上品。

荸荠 又称马蹄。清代瑶区已有种植，此后常年种植不断，为瑶族人民所喜爱。瑶区所产荸荠，球茎扁圆形，个体大，色泽鲜红或棕红，表皮细滑，汁多无渣，香甜清脆，富含淀粉、蛋白质、脂肪、钙、磷、铁、维生素C，有清热、化痰、生津、消食、降压、利尿之功能。一般做零食，也可与肉、葱一起剁碎做成十八酿的馅料，或与鸡肉炖汤。

凉薯 学名豆薯，清代已有种植。单个重一斤左右，大者则重四五斤，呈圆锥形或扁球形，皮薄脆嫩，味甜无渣，含糖类和淀粉，具有生津止渴、息烦解酒之功能，素为瑶族人民所喜爱，多剥皮即食，亦与猪肉、鸭肉炒食之。

果蔗 种植历史久远，清代进士、御史蒋云宽有“深夜不须愁酒渴，更批霜蔗教郎尝”的诗句。果蔗有黑色和绿色之分。黑色果蔗粗壮，节短，皮较厚，长的约2米，脆甜。绿色的为竹皮绿，长2米以上，节长，皮薄而脆，落地即断，渣少水分多，蔗汁晶莹透亮，用手挤捏，汁液溢流，易啃食，风味浓。果蔗含碳水化合物9.8%，蛋白质0.16%，脂肪0.24%，还有钙、磷、铁等，具健脾、生津、助消化、除心胸烦闷、利尿解酒之功效，畅销各地。

桃川香柚 明代自广西恭城、容县沙田引进江永瑶区，清代湘南瑶区多处种植。桃川香柚属芸香科柚属，以细叶型为主，大叶型次之，常绿乔木，树形开张，枝条细小，分枝角度大，花大、白色，果实成熟后色泽金黄，果底有铜钱般的圆圈印环，俗称“金钱花”，果大，皮薄，肉嫩，核少，酸甜适度，营养丰富，内含可溶性固形物15.2%，总糖13.86%，总酸0.284%，每100克果汁含维生素C158.1毫克。具有降血压、助消化、止咳化痰、健脾、通便之功效。树皮、树叶、果肉芳香浓郁，被誉为“水果之王”。柚皮可用来制作蜜饯，花和叶则可提炼芳香油。

桃川香芋 又名槟榔芋，唐代时从广西荔浦引入种植，经瑶民长期精心培育，形成具有浓郁芳香的特优品种，瑶区多有种植。香芋形似槟榔，故名槟榔芋，其横切面有紫红色丝状纹斑。单个重1.5千克左右，大者可达4千克左右。香芋根、茎、叶皆可食用。香芋含淀粉78.55%，蛋白质7.26%，糖分5%，草酸钙、维生素C等物质较丰富。具有香、酥、鲜的特点，既可制作酥芋片、芋泥、扣肉等高级佳肴，又可制作高级糕点，还可作药用。

香菇 又名香蕈、香菌，瑶区多产。据载，瑶区产香菇已有800余年的历史。人们在采集野香菇之余，也将产香菇的原木背回到村子附近，在上面钻一些洞，依靠天然孢子接种繁殖。有的则将采集到的野生菌种种在树洞里，再遮阴防晒，并不时浇水，防止干燥，一段时间后长出香菇。每100克干香菇中含蛋白质13克，脂肪8克，碳水化合物54克，钙124毫克，磷415毫克，铁25.3毫克，还有维生素B_1和B_2、谷氨酸、丙氨酸、亮氨酸、腺嘌呤等，特别是含有一般蔬菜所缺少的麦角甾醇。香菇具有补气健脾、和胃益肾、滋味助食、降低胆固醇、防止肝硬化、清除血毒、抗癌等作用。香菇分为花菇、冬菇、信菇3种，以花菇为最佳。现代多人工接种栽培。

杨梅 瑶区多野生杨梅。人们在经营林业之余，将野生杨梅树挖回来种植在离村不远处的旱地里和水溪边。每当杨梅红了，人们便成群结队到山野采集颜色鲜红、酸酸甜甜的杨梅，除供自己食用外，还背到集市出售，颇受消费者的喜爱。杨梅除做零食外，还用来泡酒，具有生津、消食、止咳、利尿等功效，为盛夏消暑之佳品。

长枣 瑶区多枣，人们常在屋前屋后、菜园边、地头种上一些枣树，有长枣，也有圆枣，还有鸡蛋枣和金丝小枣，以江永松柏瑶族乡的长枣为上品。南宋时，山东曲阜人移居江永黄甲岭时，带来枣种进行栽培。后来，其邻乡松柏人培育得最好。酸碱度8度以上的钙质土壤适合长枣生长，多种植于背风向阳之塘、沟、地旁，冬春定植，3年开始挂果，7年盛产，经济寿命30～50年。长枣单果重10克左右，含糖20%～30%，每100克鲜枣含维生素C 380～600毫克，蛋白质、脂肪、苹果酸较丰富。长枣皮薄核小，肉质细嫩，呈黄绿色，脆香甜爽，补气、健脾、补血、养心、安神。

茶油 瑶区盛产茶油。瑶族人民对茶油特别钟爱，山上和地里种有大片大片的油茶林。据《瑶族通史》载：隋、唐时期的莫徭已经能够加工提取茶油。进入近代，有的瑶族地区有许多油榨房，一年开榨3～6个月，均以榨茶油为主。油茶树冬天开花结果，次年秋天霜降时才成熟采摘，果如拇指大小，褐色。茶油为高级植物油，油色清亮淡香，所含胆固醇极低，易为人体消化吸收，是最为理想的食用油。瑶族人民除自己食用外，还挑（背）到集市上出售，销量甚好。

桐油 据史载，宋代瑶人就多植桐，提取桐油，并成为当时瑶民找到的一种新的生活经济来源。瑶民在烧山刀耕火种的同时，种上杉树和油桐树，当对粮食作物中耕除草的同时也对杉、桐幼苗进行抚育。油桐树三年就可结果，五到七年后，杉苗长成幼林，油桐树就自然衰亡。油桐果提取的桐油是高级油料，多用于家具、木板房油漆、上光。

大凤茶 江永瑶区所产大凤茶享有盛名。清道光《永州府志》载：“永明大凤茶，气味芳烈，与滇之普洱绝似。”道光

《永明县志》也云："古宅之茶叶，可争利于天下。"大凤茶主产地在千家峒、井边、源口、古宅等地，民国三十八年（1949）发展到1700亩，年产茶叶6吨，销售省内外及港、澳地区。

大叶苦茶 江华瑶区多产大叶苦茶。据考证，江华苦茶作为祭祀礼贡，至少有2100多年的历史。瑶族人民进入江华后，以大叶苦茶为主要种植品种，并加工成黑毛茶。后来又加工成毛尖茶，其外形条索紧结弯曲、翠绿，白毫明显，内质清香，叶底柔软，滋味浓醇甜爽。

婆婆茶 《瑶族通史》云："莫徭地区'山多茶树'，……说明莫徭也已会加工茶叶。"《盘王大歌》唱道："茶山脚下种红桃，茶山脚下种旱禾。"茶叶是种在高山上的，其品质比种在低处的要好。瑶族人民每当清明、谷雨前后，便到山上采摘茶叶。采摘茶叶时粗细、老嫩都采，茶叶中还夹杂有细茎。《摘茶歌》这样唱道："六月摘茶红火天，茶叶不细可新鲜，哥哥莫嫌茶粗了，样子粗来茶味甜。"采摘和炒制都较细茶容易得多，但味道仍然香醇，且多为婆婆妇女所为，故瑶家称之为"婆婆茶"。

冬梨子茶 冬梨子茶是瑶族独有茶叶，属于大叶茶的一种，叶片巴掌大，深黄色，非常厚实。冬梨子茶一片叶子可以泡3碗茶，颜色赤红，清香甘醇，有防暑降压的作用，深受瑶民喜爱。赤红的液体缓缓流入透明的杯内，升起一层水雾，纯正的香味飘散开来，有点麦香。轻轻喝上一口，冰凉又清心，还可以慢慢回味其中的味道。冬梨子茶树生长在高山之中，树上长满了刺，叶子是椭圆的，每年秋季，冬梨叶从树上纷纷飘落，瑶胞们携篮提袋攀山越岭拣拾冬梨叶，拣回来后洗净沥水，用竹席翻晒几天，将冬梨叶捆扎好，吊在房檐下。要喝茶时，取三四片冬梨叶放于壶中，用开水冲泡，两三分钟后，一壶香气诱人的冬梨茶便沏好了。据说，瑶族的祖先盘王发现了冬梨子茶，把它作为治病的良药，从此代代相传。散居深山的瑶胞家家户户备有冬梨子茶，在祭祀瑶族始祖盘王时，要供奉冬梨子茶。制作糍粑、腌菜，做腐乳，也常常放些冬梨子茶汁，做天然防腐剂。

第九章 服饰饮食

历史上，瑶族人民曾长期迁徙，从北往南，甚至往国外迁徙，上高山入老林，只要是能生存发展的地方都有他们的足迹，因此形成大分散、小聚居的格局。但尽管如此，只要是定居在某一地方，哪怕是很短暂的时间，甚至在迁徙的过程中，瑶族人民均不失乐观，充满了生活乐趣。在三苗时期，人们就已经建房居住，后来发展成有自己特色的居室。在服饰上，汉代就已显示出“好五色衣”和“衣裳斑斓”的特点。隋、唐时，虽然瑶族的服饰依然简便，但衣着有了很大的进步。《隋书·地理志》说：“长沙郡又杂有夷蜑，名曰‘莫徭’，……其男子但着白布裈衫，更无巾袴；其女子青布衫，斑布裙，通无鞋屩。”到了宋代，瑶族虽然仍然是“通无鞋屩”，即“跣足”，但衣着已多样化。宋人周去非在其《岭外代答》描述道，瑶人“椎髻临额，跣足带械，或袒裸，或鹞结，或斑布袍袴，或白布巾；其酋则青布紫袍，妇人上衫下裙，斑斓勃窣，惟其上衣斑极细，俗尚也”。此后，尤其到了明末清初，总体上“衣斑斓”的瑶族服饰有了地域性的区别，不同支系的服饰差别更明显。如贵州瑶人“男女衣尚青，长不过膝”，广东罗定瑶族“妇人皆着黑裙，裙脚以白粉绘画作花卉水波纹”，广东曲江瑶族则是“男子……衣服彩绣花边，首裹花帕，挂弩，下跣足；女人无裤，系重裙，皆绣花边”，广东“八排瑶……衣用布，或青或红，堆花叠草”。瑶族人民在千百年不断的迁徙和游耕状态中，创造了图案古朴、款式多样、工艺精美、艳丽多姿，具有瑶族鲜明特色的服饰。瑶族精于刺绣、挑花、织染，妇女们善于运用色彩对比鲜明的线条，用“挑”“织”“刺”等特别手法织成色彩艳丽的图案，并运用于服饰上，造就瑶族服饰鲜明的民族特色。在湖南瑶族地区，各支系的服饰款式不同，但共同点就是色彩鲜明、艳丽。如花瑶妇女服饰体现在一个“花”字，其艳丽可想而知。在饮食方面，历史上尽管艰苦，甚至吃不饱、穿不暖，但瑶族人民仍然以乐观积极的态度千方百计地创造出“舌尖上的享受”。他们根据不同的食材，尝试不同的烹调方法，形成了名扬各地的“瑶家十八酿”，美味的豆腐丸，喷香的米粉肉，可口的“血灌肠”，快意的“唆螺”和“油赖皮”“芝麻粿”“艾叶粑粑”等特色小吃。

一、服饰

女子服饰　湖南瑶族传统服饰。瑶族女子服饰分为头饰、衣饰、裤饰、脚饰。头饰，喜戴头巾。有的喜爱用蚕丝和黑、蓝、白三色纱线混织成一种“田”字方格头巾，有的戴用丝线挑绣各种花纹图案的方头巾，有的则戴一个高高的“架子”。除头巾外，妇女们还耳吊耳环，脑后别银簪，盛装时头戴 7 朵银饰红花的小花冠，如是新娘则戴 24 朵银饰红花的大花冠。衣服一般无领，无扣对襟或开右襟，在衣襟和袖口绣有花边或镶彩色布带。上衣装饰除了捆腰带外，还有披肩，胸挂银牌或吊一束红绒线；有的从脖子至胸两旁的对襟处，以一大红绒线加以装饰；有的胸前围裙，上衣的背后绣（或印）一方形图案等；有的妇女也十分注意身后的装饰，把若干条精美的绣花带垂吊于后腰带上，也有的妇女肩背绣花包，佩带与穿着十分协调；有的穿蓝白相间的“晒衣”；有的妇女上衣前后摆均长至膝下，形成大三角形，前摆花边镶于背面，穿着时，把前后摆往上翻卷，并将下摆三角状尖端塞在腰带上，前后摆高于膝，形成双折叠式，镶在前摆背面的花边则露在外面，相传，这种裁制与瑶族龙犬图腾崇拜有关。裤饰，在裤脚口绣有花纹图案，有的则裤腿上全部绣有精细的花纹；有的着绑腿，绑腿带绣有花纹图案，也有的以红丝线等加以装饰，既可以护腿，又是一种装饰品。脚饰，一般着普通布鞋，喜庆日则着颇具特色的绣花布鞋，鞋底为“千层布”，用棉线纳底，鞋面绣花，图案以祥云纹为主，其他有荷花、万字形图案，鞋头设计成往上回勾的尖头。

男子服饰 湖南瑶族传统服饰。男子的头饰有如下二种，一是分别包红、黑、白、蓝田字格头巾，多数头巾两端绣有花边，宽五六寸，长则丈余，一圈一圈地缠在头上，两端花边在耳朵上方露出寸许，如是用田字格头巾包头，也同样自然地在耳朵上方伸出两个角；二是过去一部分男子不包头巾，但留有长发，散披在脑后，后来也剪成短发，与当地汉族无异。衣饰一般有三种，一是无领衫，对开襟或开右襟，衣襟和下摆绣有花边，布纽扣；二是唐装，立领，胸开对襟，布纽扣，设两个兜，捆腰带；三是夹衣，无领、无袖，对襟，有扣，下摆的左右和后背开小衩，有兜。男子着裤也有三种，一是穿长裤，这种最为常见；二是穿短裤；三是穿马腿裤，即裤裆肥大，裤脚瘦小，仅至膝下。男子的腿饰、脚饰与女子大致相同，只不过是无花纹之类的装饰。

儿童服饰 湖南瑶族传统服饰。湖南瑶族儿童服饰也颇具特色。他们头戴有披风的帽子，帽上缀满红绒球和银质铃铛，帽边系有花边，脑后垂有银牌，直到臀部。上身着深色马甲。胸前挂两块刻有花纹的方形银牌，两边垂有其他银饰，银链的下端系着小银铃。下穿深色便裤，裤边镶有花边。

银饰 湖南瑶族传统服饰。银在湖南瑶族心目中象征着光明正气，说是佩上银饰，邪、鬼都惧怕三分。银饰还象征着高贵，且又能验毒，上山捡菌子，只要用银饰一试就知道是否有毒，非常时刻试毒还能保护自己。因此，无论高山平地，瑶族都喜欢银饰，尤其是妇女们。妇女们佩戴的银饰有凤冠、小花冠、别簪、钗子、耳环、扣子、链子（肩链、腰链）、手镯、串珠、项圈、戒指、针筒、顶针等。耳环形式多样，环圈直径一般为3～6厘米，环圈内常镶上各种饰物，有宝剑、鱼、心等，环圈下亦坠各种饰物，有呈锥形、尾弯成钩形的薄银片等，造型以扁银线盘旋制成的涡状银圈与饰物结合，加上大圈和无花纹银片，妇女、儿童坠于耳垂。逢年节喜日，有的妇女还戴两三对耳环，两三对手镯，数个戒指，从头到脚佩戴的银饰银光闪闪，叮当作响。

平地瑶服饰 湖南瑶族传统服饰。湖南平地瑶女子服饰有便装和盛装两种，便装右衽开，无花边，袖长而小；盛装俗称“大装衣”，右衽开，短袖宽大（将衣袖往上折至手肘处，折好后固定下来），袖口、衽边均用两条宽寸许的有别于衣服颜色的布条镶上，领口银扣，其余布扣，衣服多为蓝色、月白色。裤为宽松长裤，裤脚绣波浪形花边。鞋有草鞋、凉鞋、布鞋、棉鞋、绣花鞋，夏天穿的凉鞋是妇女们的杰作，也是年轻妇女们的最爱，先将“千层布”鞋底纳好，再将用细棉线勾织好的约二指宽的鞋面（带）和五个连接鞋面的鞋绊按前三后二的格局连接在鞋底上，鞋后跟处设一活动的带子，调整松紧。这种凉鞋的艺术性和观赏性远远高于商店卖的凉鞋。妇女们便装时头扎家织田字格长方形头帕，头帕两角在脑后叠成尖形，胸前系一块与衣服等长的浅色围裙，脚穿布鞋。盛装时一律在腰上系一根丈余长、宽约十五六厘米的红色缎带，在腰的右侧结一个结，头戴花冠，耳吊大耳环，肩、腰挂银链，连着崭新的围裙，手戴戒指，手腕上套着两三个手镯，脚穿绣花鞋，艳丽多姿，楚楚动人。平地瑶男子上衣有便装、礼装。便装为无领、布扣、小袖；礼装为右开襟开口长袍，裤宽大。头扎方形头巾，从脑后往前把头包住，两端在头部前方扎成两只牛角状，腰间扎一条宽约 20 厘米的布带，两端在腰间前面扎成活结。脚穿“V”字形开口布鞋。

过山瑶服饰 湖南瑶族传统服饰。湖南过山瑶妇女服饰款式多样。头饰，有绣有多种图案花纹的四方头巾，有蓝边青底的长方形头巾，未嫁少女头戴缀满大红绒球的圆形无檐帽子或戴三面垂挂红、黄丝绒的头巾。上衣短而合体，无领对开襟，胸襟两侧镶大红绒球或镶亮丽的花边。胸前挂一块长方形的胸饰，腰间系一方小巧的围裙。裤子窄小，裤脚刺绣花纹图案。已婚妇女头戴红色四方头巾或藏青色长方形头巾，头巾上镶对比色花边并垂挂彩色丝线。上衣为藏青色无领无扣对开襟款式，领口、襟边、袖口和下摆均镶相应的花边。腰间系一方宽大的围裙，围裙四周镶对称花边。裤子宽大，裤脚镶与头巾、上衣相衬的花边。无论婚否，都佩戴银项圈、银耳环和银手镯，并用银链系围裙。鞋子为平底布鞋。妇女们盛装的服饰艳丽动人。

姑娘们头挽发髻，蒙头巾，耳吊环，手戴钏，腰束长围，胸挂围裙，后系银链，身佩银扣、银牌、银签、银针筒，下着花边长裤，脚穿绣花鞋，铿锵有声，光彩夺目。过山瑶男子服饰上衣款式为无领无扣对开襟交叉式。裤子为宽松长裤，裤脚也同样镶绣宽约5厘米的素色花边。系围裙、腰带。头饰为一条长2~3米、宽约30厘米的藏青色头帕，两端绣有花边。

寨山瑶服饰　湖南瑶族传统服饰。寨山瑶妇女服饰最大的特点是喜穿“晒衣”。妇女们将家织布染成蓝色或月白色，做成右衽开，袖口宽大的衣服，然后把不需晒成白色的部分加以遮盖，放在水里晒四五天，这样遮盖部分颜色深，未遮盖部分则成了流线型的白色，蓝白相间，颇有韵味。妇女头饰与平地瑶无多大差别，也喜欢扎田字格头巾。寨山瑶男子上衣对襟齐领，布扣，几件衣服穿在一起，外面一层的最下面扣一个扣子，第二层扣两个，第三层扣三个，以此类推，以现出多层衣服为美。男子亦扎头巾，裹绑腿，穿布鞋。

花瑶服饰　湖南瑶族传统服饰。隆回花瑶服饰特点鲜明，妇女们喜欢穿绣花衣服。她们用强烈的色彩、鲜红的头巾、五彩缤纷的腰带，将深色的上衣上下分割，灰色的统花裙子托出一片艳丽的前裙，脚裹黑色或白色的绑腿，冷暖分明。头巾是用青、白线织成的数丈多长的方格粗花布和由红、黄等色线缀成的发带，布满挑绣的花纹图案，两端挂着各色丝线、彩球和亮珠，重十多斤。戴时，将头巾裹成帽子状，像只大罗盘，后边垂挂的两串亮珠彩带垂过肩头，头颅摆动，彩带摇曳生姿。衣服颜色因年龄不同而不同，老年人穿蓝灰色，中年人穿深蓝色，青少年穿浅蓝色或浅绿色。衣服对襟开，布扣，袖口刺绣，红布卷边。夏秋时长衣有四摆卷在腰间，冬寒时放下，腰带是各色花布结成约三丈长的圆筒，所着花裙由手工精心挑花绣制，蓝布为底，白线挑绣，多为花鸟走兽，前面用红、黄、绿纱和丝线绣成菱形、三角形、正方形、长方形、梯形等几何图案。绑腿以白布为底，长1~2米，宽18厘米，单边绣花，绑时，从上而下，花纹依次露出，呈螺状彩纹，艳丽夺目。鞋子也刺绣。她们从头到脚都喜着绣花服饰，故有花瑶之称。花瑶妇女还喜欢银饰。婚喜节庆穿上鲜艳夺目的服装，耳垂金银耳环，颈悬金银锁链、银铃，腰挂银牌、银锁，格外婀娜多姿。男子着青色服装，较女子简单得多，其头巾、大襟长衫、短衫、腰带、裤子、绑腿、鞋、袜等都是青色。

顶板瑶服饰　湖南瑶族传统服饰。居住在湖南常宁、桂阳、祁阳、宁远、新田等地的顶板瑶妇女服饰与过山瑶妇女服饰大同小异，其显著的特点是“戴架”，这一点与过山瑶又完全不同。女孩子从10岁开始剃头留发，将头部正中三寸方圆的头发留住，待长成后扎成小髻，并戴上一块四周绣有花边的青布。到十五六岁就要戴上顶板，即“戴架”，以示成年。顶板由5根小竹片组成，3根横的，每根长约70厘米；2根竖的，每根长约82厘米，用于固定头发。头发用黄蜡浇固。架子上面顶一块花边头巾，头巾为黑底花边，分四层，有的还在边上系上小银铃、小银链，故又称银铃帕。戴架，一辈子只戴一次，即从十五六岁到20岁左右结婚生子这段时间戴架，婚后即取下，并把头发上的黄蜡洗掉。

七姓瑶服饰　湖南瑶族传统服饰。辰溪、溆浦罗子山一带的七姓瑶服饰着的是左边开襟的满胸衣，裤子则用两种不同面料接缝而成，裤腰大，裤管短。成年男子头缠白底黑点布和白底黑条长帕子，这种帕子也有人捆在腰上，冬天可御寒，夏天可擦汗，平时还可以兜东西，铺在地上可当坐垫小憩。妇女衣裤的衣边、袖口和裤脚均绣上桂子蓝花边。

八宝被　湖南瑶族传统被服。瑶族八宝被一般是每床被单一种图案，共有“犀牛望月”“双狮抱球”“麒麟送子”“金龙出洞”“丹凤朝阳”“葫芦藏宝”“蟠桃庆寿”“富贵有鱼”八种不同图案，因而统称“八宝被”，后来，瑶族妇女又在被单上绣上瑶族历史传说图案、女书文字、文人诗词以及一些“女子闺训”等，内容丰富、图案多样、制作精细。八宝被起源于宋，至明、清成熟。它是古代南方农耕经济文化的产物，瑶族人民智慧和劳动的结晶，不仅具有广泛的社会实用价值，而且具有深刻的内涵。八宝被制作工艺比较独特，原料大多为棉纱，少数为麻和丝。八宝被做工精细、图案精美、色彩鲜艳、形式多样、琳琅满目，令人眼花缭乱，既可使用，亦可珍藏。八宝被是姑娘们心爱的嫁妆，同时也是姑嫂姐妹送给人们外出求学、工作时的礼物，还是老人生日或仙逝时晚辈们送上的礼品。八宝被的兴起和流行，在瑶族民间创造了一个重要的风俗习惯。当瑶家青年男女感情笃定后，男方会请一个能说会道的长辈，用吊篮挑一担礼物到女方提亲或定亲。女方则将内装姑娘亲手织的八宝被、布鞋等物的包袱放到吊篮里作回赠。瑶族文化传承形式多样，许多图案、诗文及挑花、刺绣工艺和染色技术是通过八宝被传承下来的，其中的一些内容如盘王过海图、女书文字等已成为现今研究瑶族历史和文化的重要史料和文物。另一方面，因其图案想象丰富，构思奇巧，造型优美，显示出无穷的艺术生命力，具有较高的艺术价值，更表现出瑶族人民对艺术的追求和高超的审美观。

二、饮食

十八酿　湖南瑶族传统美食。在湖南瑶族饮食中，十八酿是比较特别的。酿是瑶族人民一种特别的烹饪方法，十八酿是瑶族人民对酿制食品的概称。酿馅的制作基本一样，即将瘦猪肉切成条拌入适量糯米及葱花等配料剁成肉泥，然后酿入蔬菜瓜果、豆制品及猪肠等食物中，有水豆腐酿、米豆腐酿、叠豆腐酿、油炸豆腐酿、魔芋豆腐酿、笋子酿、辣椒酿、茄子酿、南瓜花酿、牛耳菜酿、蛋酿、香菇酿、血肠酿、苦瓜酿、冬瓜酿、蕨根粑粑酿、木薯粑粑酿、大蒜酿等，每一种酿都带有原料本身特有的香味，与肉香、葱香合在一起，香气扑鼻、十分可口，颇为瑶族人民所喜爱，也为当地汉、壮族人民所欢迎。不同的酿味各有千秋，不同的季节吃不同的酿，一年四季都可以吃。

豆腐丸　湖南瑶族传统美食。湖南瑶族特别喜欢食用豆制品，豆腐制作技艺高超，原料讲究。豆腐丸是瑶族人民的特色菜，是节日和贵客上门的必备佳肴。它有三种做法：一种是将三寸见方的豆腐对角划开，用筷子将切口中间夹散，放入葱拌肉馅，用微火慢煎至黄色，再放入黄酒煮七八分钟。这种豆腐丸鲜嫩可口，颇有风味。另一种做法是将豆腐榨干水分，反复捏揉形成黏力，放入鸡杂、鸭杂、茶油、味精或淋了鸡血的大米，用双手叠成鸭蛋大小呈椭圆形的豆腐丸，微火双面煎黄，汤煮十多分钟，豆腐涨大一倍，蓬松鲜嫩，入口即化，若是用鸡汤烹煮，味道更美。第三种做法是将豆腐切成一寸见方的小块，用油炸松至鸡蛋大小，再将肉馅或米馅放进去蒸熟，配辣椒、芫荽等佐料炒食，又别具一种风味。

荷叶米粉肉 湖南瑶族传统美食。湖南瑶族曾有“无米粉肉不成席”的说法。荷叶米粉肉是将五花肉或瘦肉、排骨洗净切成两寸见方条块，加入八角、米粉、五香粉、食盐、茶油、味精后拌匀，喜欢甜食的还可放一些甜酒，有的还放一些香芋，腌制二三小时，然后将已用热水泡软洗净的干荷叶平铺在一个饭碗里，再将腌制好的猪肉等置于其上，包成 2 斤左右一包，大火蒸半小时后，用中火蒸 2 小时左右即可食用。趁热食之，肉香和荷叶特有的香味扑鼻而来，味道无比鲜美。

酢肉 湖南瑶族传统美食。酢肉也叫酢菜，是将不下水的五花肉处理干净后切成条块，拌以炒熟的米粉和炒干的食盐，放入腌酸菜的坛中，有的放一层猪肉，再放一层辣椒粉，放满后封存两个月左右，即可食用。可蒸可炒，香酥醇美，唇齿留香。

腊肉 湖南瑶族传统美食。将猪肉洗净，切成三四斤一块的长条形，用酒和适量的食盐腌泡，如用高度酒腌泡，则猪皮酥脆。二三天后，用热水洗净上竿挂着晾干水汽，然后挂在灶头上方的楼枕下，利用灶膛的火温烘烤，有时还在火塘里加入橘子皮、八角、甘蔗皮等做特别熏制，烤干后即成腊肉。煮食采取蒸煮的方法，将腊肉切成一片片的，不需加任何佐料，蒸熟后，腊肉肥的部分透明得像玻璃，肥而不腻，皮脆肉香，瘦肉则色泽红亮，柔韧结实，酥香味美。也有的将蒸煮后的腊肉切成小块再放入辣椒、大蒜等佐料炒食之，与竹笋炒食，笋脆肉香，十分可口，与萝卜干炒食，风味更独特。十二月制腊肉，除夕开始吃腊肉，直到五、六月份还有腊肉吃，腊肉越吃越香，总吃不厌。

炒血鸭 湖南瑶族传统美食。炒血鸭是一道具有香辣口味的美味佳肴，采用鸭、胡椒粉、辣椒等原料炒制而成。此菜鸭血褐黑锃亮，黑里透红，味香辣，肉鲜嫩，咸鲜适口，佐酒下饭均宜。杀鸭时先在碗里放约 10 克左右的盐，鸭血滴进碗里时要用筷子不停搅拌直到血变冷不凝固为止，备用。将鸭肉剁成块，在锅里加适量的盐炒干水分，至鸭皮炒到黄色为止，将锅里炸出的多余鸭油舀出，加入少量的姜和蒜头，再加一点料酒除腥味，炒干后放油，加入辣椒再炒一分钟左右，放水煮，以水刚漫过鸭肉为宜，盖上煮开后，翻滚鸭肉再煮几分钟，从锅里舀些汤来调血，用筷子不停地搅拌让血和汤混在一起，锅里基本上是不留汤，当然也不能煮得太干，感觉鸭肉湿润就可以了，加入少量味精、蒜叶、酱油等，炒几下，把调好的血倒入锅中，用小火不停翻炒，到鸭肉和血融在一起为止，就可以出锅了。

血灌肠 湖南瑶族传统美食。逢年过节杀猪，人们总喜欢炒几大碗血灌肠来吃，送客时，还要割一段血灌肠给客人带回家。杀猪时，将猪血接住，边接边摇或搅，一直摇晃到血冷却后方可，目的是不让血凝固，再放适量的盐。接着将翻洗干净的大肠光滑的一面翻在外面，一头用绳子扎紧，把和面汁配好没有凝固的猪血从另一头灌入猪肠中，扎成十五六厘米一节，待面汁血浆在猪肠内凝固后，放入水锅中用小火温煮，并不断用针刺肠，使之冒出气泡，以免肠衣崩破。一般情况下约煮一个半小时即可食用。血灌肠形状像藕，表面溜滑油亮，招人食欲。也可将煮熟的血灌肠切成薄片，用蒜汁、香油调拌，做成凉拌灌肠。或放入平底煎盘，加油煎，待块体由红变紫黑，肠衣向外渗油即可。或者拌些辣椒萝卜条或酸豆角之类，加以炒焖，又香又脆还带着几分甜味。也可拌些瘦肉片加上韭菜、葱之类，煮上一大碗，像炖鸡汤一样香甜可口，别有一番风味。血灌肠之所以受到人们的青睐，除好吃外，更重要的是它有独特的清肺润肠、辛凉解热的功能，经常食用可预防肺炎、便秘以及咽喉炎，尤其是从事粉尘作业和居住在受灰尘污染地区的人们，血灌肠更是必食的食品。

唆螺 唆螺又名喝螺。将螺放在清水中养三五天，每天换一次水，将螺内淤泥杂质清漂干净。也可在清水中滴几滴菜油，放一两块拍松了的生姜，加快螺体内杂质的排泄。清洗时要用力搓螺壳，将螺壳表面的杂质泥土搓洗干净，直至用水清洗时水是清的为止。再用刀或剪丝钳将螺尾砍（剪）掉，然后再清洗一二遍就可下锅了。先将锅烧红，下螺炒干水汽，用茶油急火爆炒，待螺口掩皮脱落，加入陈醋去腥，加点白糖酥过，投姜、辣椒（不切）、八角、茴香煸炒出香，加骨头汤盖上锅盖焖煮，味入螺内、肉嫩鲜香时加入紫苏即成。待唆螺上桌，筷子一夹，双唇一吸，舌头一顶，螺肉入口，鲜嫩香辣，再慢慢一吮，螺汤浸入舌头，流过喉，填入胃，整个过程酣畅快意。江华码市的山螺，是螺中精品，螺壳光滑黑亮，形似圆锥体，肉质非常脆美。

月亮粑粑 湖南瑶族传统美食。主要以糯米粉和少量籼米粉为原料制成。将二者用水和成干湿适中的料坯，然后取比鸡蛋大点的粉团揉圆，左右手掌交替把粉团拍扁，再用食指、拇指配合捏圆，大致为直径 15 厘米，厚薄 5 毫米左右，四周稍微厚实些，用筷子在中间均匀戳三个孔，粑坯即成。然后把粑坯放进沸腾的油锅中炸熟，待粑粑呈微黄色、半透明状，中间鼓胀，即可出锅。其形如中秋之月，丰硕圆润，表皮金黄香脆，内层酥软，故称月亮粑粑。如过后再用火蒸煮十多分钟，粑粑变软，则软香味浓。

糍粑 湖南瑶族传统美食。一般十月十六日盘王节时打糍粑。把用木甑蒸熟的糯米饭倒进石碓，由几个年轻力壮的小伙子手握木杵，打铁似地轮番猛砸、猛捣，嗨哟嗨哟地把糯米舂黏，米被打烂后，形成团状，再由妇女们做成一个个小球状的糯米团，然后做成圆形扁平的糍粑。糍粑泡在碱水中一年半载不会变质变味，随时可取出食用，新鲜如初，十分方便。

水煮粑粑 湖南瑶族传统美食。水煮粑粑的做法和吃法都很讲究。舂粑粑粉要精选、淘洗糯米，早上将浸水一个晚上的糯米捞出沥干水分，用碓加腊树叶舂成细粉，用500目以上的细筛将粗粉筛出继续舂，直到舂完为止。然后边合坯边制作馅料。合坯时将糯米粉放于簸箕内，边加水边用筷子搅拌，待八成米粉受水后用手反复充分揉合至不粘手时即可。馅料有甜有咸，咸粑粑可用平时吃的菜，如油豆腐炒猪肉辣椒、小干鱼炒辣椒等做馅，甜粑粑则将花生与芝麻炒熟，并拌白糖或黄糖，在碓里舂成馅。然后从料坯上取一如鸡蛋大小的粉团揉圆捏成窝头状，再将馅置于中间，捏拢开口，不同馅捏成不同记号。在捏时取干粉布手，以防手掌粘烂粉团，捏时要掌握好手力，把握好技巧，这样做出来的粑粑圆润饱满，厚薄一样，馅瓤均匀到边，无破损不漏馅心。料坯捏得差不多了就可以煮粑粑了。将一大锅水烧开后，放入粑粑，此时粑粑沉入锅底，烧沸后加一点冷水，再烧几分钟，等全部粑粑浮上水面后就可食用了。酿心里水汽十足，特别可口，热乎乎的美味顺滑入喉，真是爽快。

叶子粑粑 湖南瑶族传统美食。瑶家喜欢就地取材，用具有清香又可食用的植物阔叶包粑粑蒸熟当小吃，通称叶子粑粑，也叫棕叶粑粑。通常用一种茎高不过二三米，茎粗如筷，叶大如掌的山竹叶，人们称之为粑粑叶，也叫粽叶，多用其包粽子，亦可包其他粑粑，其味亦佳。瑶家一年四季都做粑粑，将稻米（以糯米为主，放少许籼米或艾叶粉）浸泡一夜，磨成粉，细筛几遍，拌开水或蒸熟的红薯，揉成坨，再取一小坨边揉边拍成长扁形，蘸点茶油，有的开一个小口，放入甜馅，再用竹叶包上，用稻草捆扎好，几十上百个粑粑做完后上锅，用尖锅盖盖紧，用大火蒸，蒸得满屋飘起粽叶粑粑香味即可。其味较之裸蒸粑粑，自是多了一股粽叶的清香，为男女老幼所喜爱。

粿子 湖南瑶族传统美食。湖南瑶族过年时，特别喜欢做粿子。腊月二十八九日，他们将拌入部分籼米的糯米粉加入黄糖和水，合成干湿适度的料坯，擀成5毫米厚的大饼，用刀划成两寸多宽一块，再用剪刀剪成近1厘米宽的条条，放入油锅内炸一会儿，就变成手指大小、圆圆的、黄黄的、又香又脆的油炸粿子，瑶民给其取名为闻香粿子。有的再在表面裹上糖粉、芝麻，有的做成圆形，大如鸡蛋，中空，上糖后特别好吃。在平地瑶中还有一种粿子，叫蟠龙粿子，先搓成拇指大小，再围四圈，呈椭圆形，两头用手稍压一下，使各圈粘住固定下来，长约15厘米，重七八两，上芝麻后用油炸，其味香脆、酥口，多用来拜年走亲戚。已定婚的男青年给准岳父母拜年的，则做得特别大，每个有二三斤重。

枕头粽 湖南瑶族传统美食。湖南瑶族人民喜欢包粽子，端午节包一两多重的三角粽，中元节（七月半）包一二斤重的“枕头粽”。将糯米用碱水（稻草烧成）浸泡后，用竹叶包成长约20厘米，宽约8厘米，高约5厘米的甜粽、咸粽，中火熬五六个小时，煮至米软化即成。甜粽呈淡黄色，咸粽放些盐、花生米、绿豆或少量瘦猪肉。两者风味各异。吃粽子时，将其在清水中浸泡十多分钟，以剥粽叶不粘粽子为度，用棉线割成薄片，咸粽不蘸糖，甜粽蘸糖水吃，香甜细滑，口感特好。

瓜箪酒 湖南瑶族传统美食。湖南瑶族有喝酒的嗜好，男子饮酒用碗不用杯，节日喜庆和贵客上门更要痛饮。由于劳作辛苦，特别是山区寒湿严重，因此喝酒能活经络，通血脉，祛湿去寒，强壮身体。酒多为自酿，主要是瓜箪酒，还有米酒、红薯酒、高粱酒、粟米酒、小米酒、苞谷酒、木薯酒、刺梨酒、丁郎果酒、杨梅酒、甜酒等。瑶族人民特别喜欢喝瓜箪酒，酿制瓜箪酒以杂粮为原料，将苞谷、小米、红薯丝等混在一起蒸，再将于8月15日上山采集的山药制成的特种酒曲粉撒匀拌合。因多种杂粮混合，粗细不一，长短不一，干湿不一，对温度的讲究很特别，需在温热适中时拌酒曲，盛入缸中压个半实，中间开一个小碗口大的酒井，加盖、保温，两天后，酒井中已酒满。这时，又将其盛入坛中，数月后饮时，用开水浸泡或用锅煮，用一个别致的葫芦瓢盛入碗中，故名“瓜箪酒”。这种酒苦甜相混，酒精度低，酒味醇和香甜，既能止渴，又能充饥，夏秋上山劳动，用竹筒盛着带到山上，休息时，将山泉水兑入酒中，清甜而凉爽，席地而坐，开怀畅饮，其乐无穷。

红薯酒 湖南瑶族传统饮食。瑶族人民喜欢喝酒，酒多自酿，原料多为红薯和大米，故称之为红薯酒、米酒。秋天红薯收获后，先放置在土窖里，待农活差不多干完了，再从土窖里把红薯挑出来，洗干净砍成小块，用大锅煮熟，待其稍冷后放于大木桶内，放入酒饼，搅拌好，盖上盖子，封好缝隙，使其发酵。待充分发酵后蒸酒，蒸酒的工具为灶、铁锅、围桶、酒缸。将发酵后的红薯经过加水稀释后倒入灶上铁锅内，放上直径稍小于上下铁锅的围桶，上面再放一铁锅以盛冷水。围桶靠底部的一侧开个小口，横杠着一条可以接纳水流的管道。加热后逐渐增加的热能促使红薯里面的酒精随着水分子形成蒸汽，蒸汽上升到装满冷水的铁锅底部后，凝结成水珠并沿着铁锅向下流，经围桶的出酒口流入酒缸中，美味的红薯酒就制成了。

螳螂果酒 湖南瑶族传统饮食，也叫金樱子酒。选择金樱子 1 ~2 千克，45 度以上的白酒 5 千克，冰糖适量。将金樱子放入干净的瓶子等容器中，加入白酒浸泡，将容器密封好后，置阴凉干燥处贮存。一般浸泡一个月就可以饮用，其风味独特，有蜂蜜味和幽香，营养极丰富，内含糖（主要是果糖等还原糖)、柠檬酸、苹果酸、鞣质、维生素、氨基酸等，并含有锌、硒等 18 种矿物元素以及树脂、皂甙等成分，尤以维生素 C 和还原糖含量较高，对人体大有裨益。

泡茶 湖南瑶族传统饮食。茶是瑶族人民生活中一种不可或缺的饮料。将茶叶用开水冲泡，有的还用锅煮沸几分钟，茶味更浓。劳动之余或饭后，常常举家喝茶，或三五成群聚在一起喝茶。喝茶时，佐以酸菜、玉米、红薯干之类。有亲朋、客人来了要喝泡茶，边喝边谈，一喝就是数碗，一谈就是半夜，茶醉情更浓。喝茶很有讲究，客人喝茶时不要将碗里的茶水一口喝干，要留一点，主人见了会帮你添茶，一碗两碗，只要不喝干就帮你添下去。喝干了就不会再添了，因为喝干了意为告诉主人不添茶了，或者将一根筷子横放在茶碗上，主人就不会再给你添茶了。

油茶 湖南瑶族传统饮食。许多地方的瑶族都喝油茶。油茶具有祛湿、御寒、助消化的功效，为瑶族人民喜饮之物，也是瑶家待客之物。相传在远古的时候，盘王为了养育子民，也像神农一样遍尝百草，一天他不小心误食一株带毒性的药草，全身发黑，昏倒在一棵树下。第二天清早，树叶上的露水滴到他嘴里慢慢地流入腹中，黑色逐渐褪去，他也苏醒过来。他思索着是这棵树救了他，并摘了一些树叶回来冲水喝，由此发现了“茶”。此后，大家都喝茶，并逐渐发展成喝油茶。油茶的制作，是先将米放入锅内炒至黄色，再加生姜、茶叶、食油、食盐干炒，用茶叶槌将锅内原料捶打到一定程度，待芳香四溢时立即添水煮沸片刻，加入适量葱花、精盐，一锅黄澄澄、水面上漂浮着黄泡泡的油茶即制成。此茶融米香、茶香、咸味和姜辣味为一体，香醇可口，佐以玉米花、油炸粿子、炒花生米、饼食，更有一番风味。普通人家平时少喝，贵客登门才会炒油茶招待。但在一些地方，瑶民每天都喝油茶，只是佐食少一些，有客来则佐食丰盛一些。有些村寨喝完一碗油茶，碗中要留少量茶饵，其意一是夸主人茶饵丰富，油茶醇香可口，二是暗示油茶不够，要求再添，多喝多添，喝够为止。有的地方正月到瑶家做客，要喝四碗油茶，一碗苦，二碗微苦带凉，三碗茶味清香，四碗可口回味，谓之“新年四季发财”，像芝麻开花节节高。

第十章　建筑

瑶族先民在三苗时期就已建起了长形、方形单间，套间和排房。此后不断南迁，停息阶段也建造居室居住。到元、明以后，居住相对稳定一些，并建造简单的居室。如宋人朱辅在《溪蛮丛笑》中说："山瑶穴居野处，虽有屋以庇风雨，不过剪茅叉木而已，名打寮。"有了"打寮"，但并不局限于"打寮"。瑶族人民在建筑风格和艺术上加以探索，形成了有自己风格的建筑，村落有自己的特色，房屋建筑从"剪茅叉木"的"人字寮""千个柱头下地"、泥巴糊墙转变为漂亮的全木结构吊脚楼和砖木结构的三间堂，并在建房中衍生出一些有趣的生活情景，如"选梁、上梁""立排栅"、盖房酒等。全木结构的房屋伐木、锯木、抛光、出榫、凿眼、立排栅、装板壁等全是瑶民自己所为；砖木结构的房屋起泥、制坯、打砖、制瓦、烧砖、烧瓦、砌砖、盖房以及木工活也全是瑶民自己所为。瑶民在溪河上自己建桥，有木头的，也有石头的。盖庙宇，造凉亭，修古道，瑶民都是用自己的智慧完成，有的还给予雕饰，使建筑物益发漂亮美观。

一、村庄房屋建筑

（一）村庄布局

山坡村落 湖南瑶族大都住在山区，其地多为“九山半水半分田”，山峦重叠，高大险峻，间有丘陵和平地。在历史的长河中，瑶族人民为了自身的生存和发展，不断地探索、了解周围的地理环境和生态系统，以适应周围的环境并维持其生态系统的平衡。因此史籍有瑶族“流布于岭表溪峒间”“依山险而居”的记载。山坡村落，瑶家也叫寨子，即在一块较为平坦的山坡上建设村庄。村庄的大小视山坡大小而定。但一般选择南向，其次是西向，再次是东向，选择北向的较少。山坡两边宽敞，有缓坡相连，后向高山，前向低缓，便于通行。有的村庄就坡势呈现出阶梯形，后栋比前栋高，这样一个阶梯一排房子，逐级而上，中间或两边有通道连通各家各户。厕所和畜栏多数建在村后。多数寨子在寨中或寨前，辟有数百平方米的坪地，作为寨中还盘王愿、耍火龙、打长鼓、对歌等活动的场所，这种场所是公共的，谁也不许占用，哪怕是在其旁边蚕食一两尺土地也是不允许的。当学校教育在瑶区兴起后，在寨中最好的位置或于寨旁开辟一块坪地盖教学楼。这种村庄一般住有几十户人家，是瑶族聚族而居习俗的表现形式之一。山坡村落地势较高，通风向阳，可以免受山洪暴发的危害，保障族人的身体健康和财产安全。

河谷村落 即是在山中溪流较宽敞处沿着溪流一边或两边建房，直到溪流两端的两边无法建房方止。瑶族聚居的山区平地少，建房只能见缝插针。因此，溪流中较宽的一段就成了建房的“风水宝地”。有的河谷一边宽，有的是两边宽。在宽的地方建房，清澈的溪水从村旁或村中流淌而过，形成依山傍水的村落格局。这种村寨不大，住户一般是二三十户，但较长，远处望去，其座座房屋相连，宛如河谷中的一条长龙。寨中仍然有一定宽度的坪，用作打长鼓、赛歌等公共活动的场所，有的也建有几条几十米长的小巷子。河谷村落地势低洼，不仅会遭到洪水的袭击，而且平时也易潮湿，家具发霉，食物易腐，并且排污不畅，易生苍蝇蚊虫，引发疾病，危害人们的身体健康。因此，人们非在河边立村建寨不可的，也要考虑尽量离河堤远一些，以便抬高地势，增加光照，并使排污尽量通畅。

田峒村落　即是平地、丘陵地区的村落。这种村落较为密集，居民居住较为集中，一般有六七十户，上百户人家的村寨也不少，村寨之间大多相距一至四里，阡陌交错，鸡犬相闻。田峒村寨多数坐北朝南、坐东朝西，少数在其地形无法改变的情况下朝东或朝北。多选择在丘陵或小山包处建造村寨，如无此条件，也有在田峒中建村的。此类村寨一般呈长方形，南向者东西宽，西向者南北宽，村寨中有巷道连通各家各户。少数村寨中间有一条街，长有一二里，这是沿着官道建造房子而形成的村寨。大的村寨有数条呈井字形的巷道，巷道用鹅卵石或青石板铺成。村寨前面每条巷道有一个门楼，后面也有一个门，四周筑有围墙，或种植荆棘形成围墙护卫。寨前或寨中留有数百平方米的坪，用于举行祭祀、娱乐等公共活动。多数村寨的畜栏、厕所建在村寨后部，整个村寨比较卫生，也有建在村中的，卫生条件较差。有的村寨在离村数百米的前方、后方或旁边建有盘王庙或者宗祠。村寨后方多种有郁郁葱葱的“后龙树”，村中也有种树的，使整个村寨生机盎然。

立寨堪址 瑶族村落建设讲究风水。虽然历史上瑶族是个迁徙不定的民族，但被招抚下山或者是在迁徙过程中逐步定居的建寨初始，由懂一定风水学的长老堪址，要符合左青龙、右白虎之说，即“龙脉”要好。瑶民常说的“靠背山”，就是说的龙脉。即使“靠背山”不在附近，但在十几里地或几十里地以内亦可，这是远的“靠背山”，而近的“靠背山”则是村寨建在一较长的丘陵或者一较长的土坡前面。有“依水”，即村旁要有河流，但河流不能直射村寨寨门，如果前段直射，近村处也要拐弯，河流从村寨前或旁边流过。选择河流边建寨，除了居民生活需要有水源外，还有河流意味着财运，从远处将财带到村里来，但“水可载舟，亦可覆舟”，如果河流直射村寨，就意味着寨中灵气、福气、宝气、人气等都被河水冲走，这样这个村寨就发不起人。“背山依水”使环境优美，生活方便。村寨朝向（房屋朝向）坐北朝南最好，坐东朝西次之，坐西朝东又次之，最不好的就是坐南朝北。这正是古人所说的“南方为上，西又次之，北不良”。瑶族认为北向属阴，阴冷气凝，对人的发展不利。而南属阳，阳生万物，坐北朝南，其“靠背山”已将阴冷之气挡住，因此南向更利于村寨的发展，利于人的健康。立寨堪址中还讲究村寨四周要留有一定的空地，以便在村寨四周植树，一般都种植香樟等常绿树。有后龙山的全部种上树，或将原有树木全部保护起来，禁砍、禁开荒、禁放牧，郁郁葱葱的树林，既遮挡了北来的寒气，护卫了寨子，美化了环境，调节了空气，增加了空气中负氧离子，利于人们的身体健康，也象征着村寨生机盎然，形成一道美丽的风景。

（二）民居样式和结构

三间堂　湖南瑶族传统民居建筑样式。住在丘陵、平地的瑶族多数建三间堂。三间堂房屋多数为红砖青瓦，少部分是青砖青瓦。房屋为二间、三间、五间平列不等，三间平列的居多，有的有一进、二进或三进、四进的，中间置有一个、两个甚至三个天井的。建房一般先平整地基，基槽深度视土质而定，挖至硬土为止，然后用石头、砂浆将地基封好，并在其上面先砌一层砖。春夏下基脚，秋冬砌墙盖房。三间平列的房屋中间称为堂屋，两侧叫厢房、横房，长约 15 米，后墙高约 7.5 米，前墙比后墙高出 50 厘米，山墙和脊梁高约 9 米；四周墙角连地基处各放一块打制成 90 度直角、高 1 米的青石，以避免因砌砖而被误撞影响墙体；檩条依山墙和梁脊从上至下排列，呈“人”字形，檩条间距 80 厘米左右，上钉宽约 6 寸的椽条，然后盖瓦，四周超出墙体一尺余，以免雨水破坏墙体；楼枕用直径为 20 厘米的杉原木，枕距为 60 厘米，中间靠大门处的三分之一不放楼枕，以利于采光，楼板为 8 分至 1 寸厚的杉木板，两面光，公母榫；两侧山墙下及屋檐均装饰有 1 尺宽的白灰带，侧墙与正面墙体连接处的砌体稍高，装饰成马头墙；大门上方窗户较大，约 2 平方米，厢房前后的窗户不足 1 平方米；大门宽 1.8 米，高 2.5 米，门框、门坎为打制青石。二进以上带天井的，每进之间以天井相连。天井约 4 平方米左右，四周镶以磨平抛光的青条石，底层放青石块，里向放置刻有花草或龙凤的高约 60 厘米的腰鼓形石礅。下水道在青条石下方，从地下直通屋外，天井与天井之间的下水道相通，从里向外排水。这种房屋外观雄伟，里视深长幽静。

吊脚楼　湖南瑶族传统民居建筑样式。住大山上的瑶族多数建吊脚楼。因山坡土坚岩硬，屋场地很难开出理想的宽度，瑶民就想方设法在场地外的坡上支木架梁建造另一半房屋，二者合为一体，整座房子一半着地，一半架楼，成为吊脚楼。吊脚楼为杉木结构，前后高约6米，屋顶高约8.5米，宽约10米，长约16米。吊脚楼用直径为20厘米至30厘米的圆杉木作柱，立柱普遍为12根，布局为三间堂，顶为“人”字形，前柱略高于后柱1米左右；地脚木辟为方形，朝上一方有榫槽。以利于接榫方料和木板，3米高处安有放楼枕的圆木，上部做成墙，小立柱呈梯级状，横直皆有杉方相连，前后各用4根杉条从山墙顶沿梯级小立柱放下，以形成前、后屋檐，用竹钉或铁钉钉一块一头厚一头薄的木块，厚的一头朝上，以放檩条，上放椽条。立柱、小立柱、方料、檩条等，皆先抛光，做好榫、卯、槽，然后一部分一部分合好再立起来，形成整个房屋框架，称为立排栅；排栅立好后就装板为壁，盖瓦或杉木皮为顶了。也有当时不装板、不盖顶的，要过一段时间方为之。房屋的大门宽为1.8米，高2.2米，侧门宽约80厘米，高1.8米，窗户较小。

冲墙屋和水砖屋　湖南瑶族传统民居建筑样式。有部分瑶族盖房时不用红砖，也不是全木结构，而是将黏土用板模直接冲墙，上盖瓦片，房屋结构与红砖屋同。冲墙屋相当费工，一般是无适合制砖黏土，又无足够木材建木楼的地方方采用此法，或经济相当困难，无力打砖烧瓦的人家只得盖冲墙屋。冲墙的板模2米长，宽33厘米，高45厘米。板模支好后，将泥土倒进去，倒一层用木棒冲一层，泥土要泼水，湿度以捏拢成团、放开即散为标准。冲满一个模板为一层，每冲一层，中间都要放一根破成两半的杉木条，木条与木条接口处错开，四周连成一块，使墙体稳固，每一层都须连续工作，墙体才能稳固。冲墙屋盖顶要求十分严格，不能有丝毫漏雨现象，否则墙体有倒塌的危险。房屋盖好后，住上三四年，表层不再掉泥土，才粉墙体，但多数只粉刷内部。冲墙屋由于墙体厚，泥土结构严密，冬天冷风吹不进，夏天太阳晒不透，故而冬暖夏凉。

人字寮　湖南瑶族传统民居建筑样式。八峒瑶进入八峒居住之初的房屋为“剪茅叉木”的“人字寮”，即用一根木条搭在圹上做屋脊，另一头支在木桩上，屋顶用茅草覆盖斜拖到地面，当面傍柱开一扇门，其余面不开窗户。当中是连床和火弄。这种房屋存在了相当长的时间，现高山蕨粑厂仍有这种原始形态的房屋。

木屋　湖南瑶族传统民居建筑样式。八峒瑶当山上种的树长大且多了起来后，将山坡开成平地，建筑木屋。木屋一般是四排三间的木架子。屋顶有盖瓦的，有盖木皮的，有盖茅草的。盖茅草的用竹编糊泥当墙壁，这是穷人的住房；盖木皮的用木板装修为壁，这是中等家境的人家；盖瓦的是富裕人家，少数富裕人家除正屋外，两边还各配横屋一栋，最富裕的人家，正屋起六排。屋前为禾场，禾场四周栽培成排果树。整个房场，形式整齐，环境较为清静。在大院中间或邻舍相隔较远的，四周又围以竹篱或灌木，前面建两排朝门，自成一个独立的小院落。

住宅结构　湖南瑶族的房屋结构因分别居住于平地和高山，主要材料不同而有所区别。丘陵、平地瑶族多为砖瓦（红砖、泥砖）结构的房屋，高山上的瑶族多为木结构的房屋。但不管高山还是平地，亦有一部分人用黏土建冲墙屋。然而，无论红砖屋、冲墙屋，一般为一楼住人，二楼堆物存谷。人口多，而又无力盖成五间堂的，也在二楼建一两间房住人。一般的安排是，中间的厅堂为会客厅、婚丧喜庆之场所，里端装有神龛，置香炉，年节时烧香化纸，供奉祖先。厢房两端为卧室，中间为厨房，如是五间堂的，厨房则移往外间，厨房一般设有火塘，用三角撑架煮饭，旁边砌有一大灶，用以煮潲、烧洗澡水、熬酒、做豆腐。灶不设烟囱，烧火时，室内浓烟弥漫，空气混浊。儿女没有成家的，父母住在上房，即左厢房的北边，儿女不分大小，随意安排。儿女成婚分家立灶，大儿子住父母住过的左厢房，小儿子住右厢房，父母一般跟小儿子住。猪牛栏放在屋后，有的在村边，厕所一律在村边距房屋较远处。

吊脚楼为全木结构，中间一间里端安有神龛，祭奉祖先，此间为家庭活动中心，左右两间均为卧室。厨房在正房的侧面，比正房矮一点。如是父子分家，兄弟分家，则在另一侧盖一类似的厨房，厨房里设灶和火塘。饮用水为山泉水，把打通的竹子或剖开的竹子用木叉支着从冲槽溪间将山泉水引进厨房，引水竹子过沟跨路，弯弯曲曲，有的长达数里，颇具特色。新宁县黄金乡的瑶族，用全木构筑两层、三层的吊脚楼，一楼用作厨房，放置农具杂物，二楼住人，三楼贮藏谷物。厕所、猪栏、牛栏皆在离房屋200米左右的山坡上。

八峒瑶无论贫富，均以正屋一头做厨房，叫作茶堂或香弄。富裕的人家，茶堂里面还有一二间卧室。茶屋靠堂屋一边里头角上安一个四方木框，当中放一个三角撑架，做火塘。四方木框靠壁的两方，各固定一条长凳，大人可坐，小孩可睡，木框下边摆一张小桌子，从桌子下边进柴烧火，另一方是主妇烧火做饭的地方，客人不得随便占坐。火钳像铁工用的，力点距支点很远，两根直杆，夹柴部分很短。有的三角撑架用三块石头代替。富裕人家正屋两边的横屋，一为畜栏，二为仓库、杂屋。

楼上当面和外侧都有走廊，称为“耍楼”，以便瞭望。

（三）建屋技术

打砖 过去，丘陵、平原地区的瑶族凡建房均自己打砖，成年男子人人都会打砖。先计划好要烧多少砖，然后在田里选择一处土质黏性高的地方，将耕作层挑走，露出黏土层，形成约七八十平方米的圆圈，如要打的砖多，还要将圆圈扩大。用板锹将黏土层一层一层地翻起，稍往中间堆。起好土后，牵几条大水牛踩（和）泥，边踩边适当浇水，一般要踩3个小时。泥土踩好后，在边上砌2至3个打砖台。打砖时，用弓弦把黏土割一块沾上火灰，四面捶打一下，用力砸入砖模，将面上多余的割去，即成砖坯。干透后即可烧制。烧红砖是用砖坯围成一个大圆圈，里面堆满砖，并留好火道，在东西南北四个方位砌好灶门，用柴草烧制而成。青砖则是放在砖窑中烧制的，当砖坯红透后，封住窑门、窑顶，从窑顶的两个耳孔慢慢放水到窑中，冷却后即成青砖。原坯砖俗称大水砖，取一般黏性的黏土用水拌和后做成坯，晾晒干后使用。打砖多在秋后，起泥、踩泥、烧砖均采用帮工的形式。帮工是互助性质的，吃点粗茶淡饭，不要工钱。

做瓦 做瓦的技术性较强，因此瑶民中会做瓦的只有一部分人。瑶民盖房除自己打砖烧制外，还要请做瓦师傅来专门做瓦，按每堂瓦多少工钱给做瓦师傅。做瓦要打一厂棚，瓦料坯放在厂棚内，不能晒，做好的瓦坯也不能晒，只能阴干。做瓦时把上窄下宽的小木桶倒置于案板上，外部用水洒湿，将料坯切成厚薄均匀的泥片围在木桶上，仔细抹平，使表面出一层油泥，再用瓦刀切去上下不平整的部分，然后把它风干，分成四块，当瓦坯干透后，放入砖坯内一块烧制。有的不请人做瓦，而是买瓦，因此，瑶族中的做瓦师傅也有人烧制瓦片出售。

木件 瑶族建房，不论是全木结构还是砖瓦结构，均要木工做好木件活。砖瓦结构的木件占一半，包括了楼枕、楼板、檐条、窗子、大门、侧门、神龛，粗细木工活都有，尤其做神龛还要用到镂空雕刻技术。全木结构的整个一栋房子的木件都要用到木工。因此，要求木工活要做得细腻、漂亮。大小构件表面要光滑，长短均要笔直，肉眼看不到有弯曲的地方，榫、眼平直，大小一致，合榫无缝隙。雕刻部件要求刀锋平滑，构件无毛刺，无断裂，无刻痕，美观漂亮。技术高明的木工做出的构件可以不用一颗铁钉，在一些榫口倒敲一些木楔，或多留一节榫出来，钻两个小洞，插上木销即可。

（四）建房仪式

选址定基 湖南瑶族传统民居建筑仪式。过去，湖南瑶族建房选址一般要请地理先生看宅基地是否为“宝地”，朝向是否符合风水学。地理先生将主人预选宅基地按风水学摆动罗盘，看“龙脉”好不好，是否有利于主人的发展。如果不利则另选一址，直到满意为止。如果无地可择，也要用罗盘测好方位，尽量排除不利因素。宅基地选好后，主人要选好吉辰在上面挖几锄头，堆放几块大石头，宰杀一只大公鸡，将鸡血滴在纸钱和石头上，然后烧香化纸，感谢土地神的护佑，告知先祖要建新房了，请先祖护佑建房成功。如果潜意识里宅基地不如意的，还要请师公念经清理“干净”。正式动土前，要请师公举行简单的宗教仪式。师公念一通经后，将安龙谢土符等神符贴在东南西北中五个方位，以驱凶避邪，保佑建房成功。这五个方位，东为震宫，招宝龙神；南为离宫，进宝龙神；西为兑宫，运宝龙神；北为坎宫，添宝龙神；中为中宫，聚宝龙神。同时插上五道神符，如“吉日安龙千载旺，良时奠土常年兴”“日进千村宝，时招万里财”“日收无名鬼，夜斩虚耗神，大帝星北方黑煞大将军把持宅舍”。燃放鞭炮，以示喜庆，然后动土挖地基。在平地瑶地区，请地理先生用罗盘测好方位后，再用罗盘画线，根据宅基地的大小先定好中间线，在宅基地正中用两块砖合在一块，以侧面着地，边上用砖块压住固定下来，再测定四角线，每个角都必须成90°的直角，也用砖块固定好，测好后再贴符。也是五方符：东方——甲乙木，南方——丙丁火，西方——庚辛金，北方——壬癸水，中央——戊己土，贴在五个方位。这些符在以后砌墙时要拿开放好，当砌好大门门梁上九龙砖时，将五方符在门口处烧掉，意思是告知土地诸神，要保佑主家盖新房成功，保佑房主兴旺发达，子孙满堂，大富大贵。

选梁 湖南瑶族传统民居建筑仪式。湖南瑶族盖新房，梁树被视为一种建房中的圣物，不可忽视，更不可污辱，因此对梁树的选择、梁树的砍伐和上梁都十分讲究。选择梁树，要选择25年以上的杉树，要求树干挺直，枝繁叶茂，通梢大小相差不大，一根树蔸长了两根树子的“双巴”（孪生）。这种树木的选择意味着人财两旺，世代荣昌，而25年正好是一代，25年以上意味着代代相传。请来砍树的领头人在树旁燃烛一对、上三炷香、烧纸钱，向四方各作揖三个，口中念念有词：“今天某某起新房买梁树，拜请各方地主、各方山神，坐山管山，坐水管水。某某家主起房树，买树回去发千金，金用斗量，人发千丁，粮发万担。”说完燃放鞭炮，憋住一口气连砍三斧，并将树渣用布包好，然后才砍树。请砍树的人也有讲究。要请家里人丁兴旺、子孙多的人家，一般要请四至六人，同时确定家庭、品德等各方面都比较好的人领头负责梁树的选择、砍伐、运送等工序。主人请人时要打一个红包给领头人，交代其全权负责。梁树选好后，其他人先在树倒的方向扎好架子，因为梁树是不能倒在地上的，这样，树砍倒后刚好倒放在扎好的架子上。梁树砍下后立即去掉枝叶和树皮，随即抬回离家不远的地方，同样不能落地，要架在木马上。

梁树砍回来后就要出梁。出梁，即屋梁诞生的意思。出梁请鲁班先师到场。房主人在架在木马上的梁树前摆三杯酒、一升米，燃三炷香，包上一对红包，然后请木工师傅出梁。木工师傅走到梁树前，燃上香对着梁树作揖，斟酒化纸，念词一通，请鲁班先师保佑出梁成功。念毕，手拿墨斗、竹片笔在梁树上拉起墨斗线弹三弹，再举斧出梁。

梁出好须包梁。包梁时，由地理先生管梁头，木工师傅管梁尾，主人管梁中。将五谷扎成两把用红丝线吊在梁的两头，把银元和砍梁树时留下的三斧木渣放在梁中间的洞中，再将红丝线串好的 36 枚铜钱绕红布捆在梁上，然后用红布绕着放银元、木渣的梁中洞包一圈。包梁成功，鸣炮。

立大门与立“排栅”　湖南瑶族传统民居建筑仪式。地基做好闲一段时间后，第一步的工作就是在选定的吉日里立“排栅”、竖门框。立“排栅”是过山瑶建房的专用术语。整个房屋的框架，由柱（大柱、小柱）、梁（大梁、小梁）、枋、楼枕、檐条、山墙人字梁等构件组成。这些构件均已锯好、抛光、凿眼、出榫、开槽。立“排栅”就是把这些构件一件一件组合起来，将整个屋架竖在宅基地上，有的当时盖屋顶，之后才慢慢地装上壁板和楼板，有的则待数月后才将壁板、楼板装上，最后盖屋顶。立“排栅”前要杀公鸡斩煞，燃香烛纸钱给土地爷和当地的神、鬼，要放鞭炮庆喜，然后才立“排栅”，四角大柱立好后，要先立大门方向的大梁、小梁和枋条，再立后面和两侧，然后才立中间梁，再立上半部的楼枕、山墙柱、梁、檐条、椽条，完成后在大门的门梁正中系上红布条，放鞭炮宣告完工。

在立“排栅”中立大门和上梁又比较讲究。立大门时，木工师傅先燃烛烧香化纸请鲁班，请毕将一公鸡割冠取血（不能割鸡喉）擦在门头、门尾、门脚上，边擦边大声说：“一点鸡血点门头，代代子孙出公侯；二点鸡血点门尾，子孙代代有富贵；三点鸡血点门脚，子孙代代得安乐。”然后捧着鸡向主人行礼说：“恭贺主人千般利，万般顺，富贵荣华。”主人高兴地说：“借您贵言！”上梁，则要在头天给房梁“热身”，叫暖梁。这天晚上举办稍简便的酒宴，请木工师傅和来帮工立柱上梁的人及亲友为房梁“热身”。木工师傅将处理干净的公鸡蒸煮后摆在梁前，斟上酒，燃上香，念词一通，即为暖梁。暖梁毕，鼓乐师奏乐，酒宴开席，乐声不断，喝酒不断，笑声不断，可谓欢歌笑语。第二天即上梁。上梁有两种方式：一种是从大门前上，另一种是从厅堂的正中上，用红布或红丝线捆在梁上拉着上。上梁人必须是木工师傅、地理先生、主人、原砍梁树之人。地理先生管梁头，木工师傅管梁尾，主人管中间，其余人抬梁。从大门前上，梁树要平稳，不能斜不能歪，预示家中兄弟姐妹年年发财，生子平安。从厅中间上，就可梁头先上，梁尾后上，这是因为梁树的长度大于新房正厅的两排房架。上梁时说“上”，即“发”，勉语的上和发同音，上就是发，发财的意思。说了“发”，梁树才缓缓上升。房梁安好后，将糍粑、糖果、钱一并吊上去。主人拿着圆箕站在厅中间，等着上梁师傅洒下糍粑、糖果和钱。师傅说："左边安得摇钱树，右边安得聚宝盆，摇钱树、聚宝盆，恭贺主人万万年，是要富还是要贵?"主人答曰："富贵双全。"然后木工师傅向主人捧着的圆箕丢糍粑、糖果和钱。主人接后放好。余下的则撒向新房四周讨吉利。

竖门框是平地瑶做好地基后的第一步工作。门框全部用青石打制而成，两条门框、一条门坎、一条门梁，正面均打磨抛光，门框一般高2.7米、宽30厘米，厚15厘米，一套门框重数百斤，要竖好竖正，也非易事。竖门框在平地瑶是一件特等大事，要燃放鞭炮，更要挑选身体壮实、品德好的人来竖门框。门框要竖得正，竖得直，不能歪斜，哪怕一点歪斜都不行，否则认为不吉利，对今后发展不利，竖正后，要用两对交叉成十字的杉木条固定，以避免意外使大门框歪斜。同样在门梁正中系上红布条。木工师傅将一只公鸡翅膀或鸡冠划一个小口子，用钱纸在上面抹一点血，然后在门前点三炷香，将钱纸烧掉，意为斩煞。公鸡不能杀死，只能弄一点血出来抹在钱纸上。如不小心或有意把公鸡杀死了，就意味着"倒马"（倒霉）了，对主家不利，木工或砌匠等人也要出意外，不是砖刀砍到手，就是砖打到手脚，或从脚手架上跌下来。

在立"排棚"和竖门框的过程中，严禁说不吉利的话，抬柱、抬梁不能说抬，要说起，架梁不能说放、倒，要说升梁，仪式结束不能说完了，要说好了、发了。在立"排棚"上好梁后和竖门框时，主人要散发粑粑讨口利，刻意问道："发了没有?"亲朋好友和凑热闹的人要说："发了，大发了。"不能说没有，或者没有发（粑粑）等不吉利的话。主人听了发了、大发了就高兴，如听了没有、没发、没有发，就会不高兴。一个人说没有发也就算了，如有几个人说就比较严重了，建房会半途而废。因为没有“发”，主人认为你是在诅咒他发不起家，发不起人，主人将恨你一辈子。

竣工与乔迁 湖南瑶族传统民居建筑仪式。瑶族盖房竣工要办酒宴，称为盖房酒。当房屋起好，最后一道工序是盖瓦（或盖杉树皮）。盖瓦要请地理先生看黄道吉日。如果不准备办酒，也可以不看日子，但初一、初三、初五、十一日、十三日、十五日、十九日、二十七日、二十九日、三十日这十天不能盖。民间相传这十天是大风天。如果在这十天盖屋，以后凡下雨吹大风，屋顶的瓦片就会被吹开一部分，造成麻烦。黄道吉日盖瓦这天，村上每家每户都来一个人帮忙，亲戚朋友也都来帮忙、贺喜。亲戚朋友还要带一坛酒（6～10 斤）、一斗米（10～20 斤）、一坛粑粑（36 个）、一方肉（3.6 斤）。在平地瑶地区除此之外，要带一锅豆腐（12 斤黄豆磨成的豆腐），一担钱（用吊箩挑为一担，有 10 元、20 元、30 元、50 元不等，每个吊箩放一半，粘在红纸上），粑粑为嫁出去的女儿带。屋顶一定要在中午 12 点前盖好，上午太阳是升，取蒸蒸日上之意。如果屋大，也要多请几个人，尽量在上午盖完。平地瑶多数盖瓦，只少数无力做瓦或买瓦的人家才盖茅草或杉木皮。过山瑶因难以取得做瓦的泥土，反而杉木皮取之十分容易，故盖杉木皮的人家多，只一些有钱的人从外地买瓦来盖。盖瓦的屋顶正中间一定要用三叠瓦叠成“品”字形，寓意兴旺发财，当然也能起一定的避雷作用。

盖屋酒席的摆放，厅堂靠里摆两席（有的两张拼在一起，也为两席），左边一席的左边坐地理先生，右边坐木匠师傅或砌匠师傅，下方坐其他木匠或砌匠，上位坐主人家的长者和娘家舅舅中的长者；右边一席坐舅舅、堂爷、伯伯、叔叔等。八音

（鼓乐师）席位，主人家自己请的坐大门左边，如是舅舅家请来的则坐大门右边。客来时，八音要吹奏《蜜蜂过岭》迎客，在酒席开始前后吹奏《大开台》《小开台》《一枝花》。酒宴在司仪辞令、鞭炮声和鼓乐声中开始。司仪高声说道："各位亲朋，左邻右舍，今天主人四角落成，劳动大家，迈动贵步，来到这里，辛苦了！堂屋狭窄，招呼不到，料理不周，桌面荒疏，酒水淡薄，谢开海涵，慢慢喝杯，一切请坐。"匠人盖房辛苦，主家及陪客的人要敬酒。敬酒前上两碗猪肝等好菜，匠人就知道要敬酒了。敬酒用茶盘托着，由主人端两杯酒敬木工师傅，再敬砌匠师傅。师傅将准备的红包（9 元钱，取天长地久之意）放在菜盘上，接过主人敬的酒，高兴地祝福："今天主家四角成功，祝主人大富大贵，小孩读书聪明，出门带贵，空手出门满手归。在家的儿孙满堂，老人长寿，福如东海！"说完将两杯酒干了，但不能喝完，要留一点，寓意富贵留根。接下来一一敬酒，祝福声不断，欢笑声不断。

盖屋酒后，举行简单的进火乔迁仪式。在看好的黄道吉日这天早上卯时（即天刚亮，取天光有明时之意），从老屋灶中点燃一根大的烧柴做火种引进新屋，从大门进新屋后在厅堂停留一会，再进入灶屋，放进火塘或灶中，马上烧水做饭熬粥。进火不办酒，只请桌把客，菜中鸡、鸭、鱼须全。

二、桥梁建筑

木拱桥 瑶族木桥分为平板木桥和拱形木桥。拱形木桥较有特色，称为瑶山木拱桥，成为瑶山特有的一道景观。建造木拱桥，先选条杆好，大头直径 20 ~ 30 厘米，长 15 ~ 20 米的圆杉木，每边河岸各放 5 根，选两岸石头坚硬处各凿 5 个斜向上方约 45 度的石洞，将这 5 根树蔸插于洞中，树尾斜向上伸至河中。在河中扎一临时支架，两边的树尾在河中支架处互相交错，在交错的杉木中填入小圆条或木板以铺平桥面，上好夹码，然后抽去河中支架，木桥就拱在河面上了。其夹码由 4 根各长 2 米的圆杉木组成，竖在桥上的 2 根下端凿榫眼，上端作桥面栏杆的柱子，横的 2 根作榫头，将桥面拴拢之后在榫眼中加木尖，扎紧，木拱桥就架好了。若遇河面过宽，两边的树尾不能交错时，则要加添桥拱，将长的圆木条并入这 5 根大杉木之中，使其连接两边的树尾相互交错，上好夹码，成为宽跨度的木拱桥。在有河滩的地方，则先在河滩建好桥墩，在墩上构筑木拱，由桥墩至路面加一引桥。

石桥 在瑶族地区，小溪上架的石桥为平桥，用一二块长石板架过去即成，不用桥墩。稍大点的溪河用石头垒砌一二个桥墩，每个桥墩上架一二块长石头板，相互拼接好。较大的河流上的石桥多为拱形，一拱或二拱，三拱以上的少见，可能是受技术和经济的限制。桥墩和桥身石块均要打制，四面平整，桥墩石块重二三百斤，桥身石条也重几十上百斤。清基后，将几人抬的大石块放入基础，再一块块地垒砌而上，到需拱的位置先用木头做好拱形，再将桥身石条一块一块地拼接上去，桥墩也继续往上垒砌，桥墩与桥身空隙部分用小石头或泥土填补，有的不填补，砌成一个小桥洞。拱形部分的顶部石条为特制石条，按照桥身内弧线小于外弧线的原理制成上宽下尖的石条，一般为三条，两边的下尖部分与宽的部分相差不大，中间一条则相差甚大，形成一个楔子，刚好楔进去，利用其自身重量下垂楔合进去，使之纹丝不动，再修饰桥面，将模撤去，即成。

有的石拱桥不用一点砂浆，完全是干砌，利用弧形力学的原理巧妙地将桥建成，历经数百年风雨、洪水的考验，仍完好无损。有的在桥面合龙杀楔时要杀只公鸡，将鸡血淋在桥身上，并烧香化纸祈求神灵保佑成功。

三、古建筑

总管庙 古建筑，位于江华大石桥乡源口村东的山脚下，为纪念一带兵总管，于明万历十三年（1585）所建，现丰姿不减当年。总管庙背靠青山，面前平坦的开阔地为稻田，占地360平方米，三进五房，砖木结构。前面是一青砖照壁，门楣为青石，上书“直耸凌云”4个大字，门前蹲有两座雄壮的石狮，背负石鼓，石柱上雕刻的盘龙飞凤活灵活现，令人叹为观止。内外墙壁上绘满壁画，内容取材于汉族的《封神演义》《白蛇传》《三国演义》《水浒传》等传说故事，以及带兵总管画像。庙内构件上还有无数形象逼真的木雕彩绘，民族风情浓郁。大门两旁的楹联为：“香阴渺小，有始有终，万显一源人心德思齐；神功浩大，无量无边，总管七村物阜民安康。”“逞英灵，雨王将军雷厉风行，九霄云外积正果；施妙术，总管仙兵神出鬼没，乾坤上下护良民。”反映了瑶族人民的祈祷和祝福。

龙凤阁 古建筑，位于江永源口瑶族乡公朝村东侧，上下两殿，上殿略高于下殿，中有天井，两侧有耳房，砖木结构。楼下墙壁上有多幅壁画，上殿有道光十八年（1838）制作的半月形化纸石雕一具，下殿壁中嵌有清乾隆、道光年间石碑7块，门口有咸丰年间石碑4块。房屋已有破损。

镇水阁 古建筑，位于江永回龙圩农场岩口塘村北500米处，建于明永乐八年（1410），是瑶民为防御匪患而建。永乐二十二年（1424）因战事楼阁破损严重，直到清顺治十年（1653）才重修。镇水阁呈正四方形，面宽皆为8米，中立4柱。共建5层，3层以下为砖砌，4层以上为全木结构，墙上只有箭眼无窗户。现仅存墙柱和门口碑刻。

文峰塔 古建筑，位于江永原清溪瑶族乡的清溪村，建于清乾隆四十六年（1781），塔高27米，为6面7层，塔基直径10米。青砖结构，每层开有4个门，每层有砖砌台阶，盘旋而上可至塔顶。

第十一章　教育

瑶族长期以来以家庭教育和社会教育为教育后代的主要形式，明、清时学校教育有一定的起色。明万历年间，白芒营有瑶族子弟考上举人的。清康熙年间，瑶族地区的学校有所发展。据《清朝文献通考》卷六九记载，康熙五十四年（1715）“定湖南衡、永、宝、辰、郴、靖六府州属苗瑶入学额数，别编字号于正额外，量取一二名”。清人吴有兰在《楚洞志略》中说：“湖南两广各地民瑶，与汉人无异，每岁科度，瑶童得以考。所取瑶生，补与生监一体乡试。”吴起凤在《靖州直隶州志》中也说：“雍正三年（1725）部覆准湖南衡、永、宝、郴、桂、靖六府州属苗瑶，向例取一二名。陶淑既久，额少人多，嗣后岁科考试增取三名，永为定例。”道光年间的《永州府志》则这样描述，永州的“平地瑶则多读书，能文之士，近年应童试者百余人，考列多高等。雍正壬子、乾隆丙午两科，先后中乡试额，实自来楚省瑶籍所未有”。清末后，瑶族的学校教育逐渐衰落。新中国成立后，党和政府在瑶族地区设立学校，采取免费入学、给予教育补助和双语教育等措施，培养瑶族自己的师资队伍，大力发展民族教育，许多瑶族子弟圆了大学梦。

一、传统教育

（一）家庭教育

家长言传 瑶族无文字，在历史的发展过程中，受到汉族统治者的残酷剥削和压迫，迁徙频繁，生活极端贫困，受教育的权利实际上被剥夺，教育后代主要依靠家长传授。在瑶家，从小孩子三四岁起，爷爷、奶奶、父母就以讲故事的形式进行教育。讲述"盘古开天地神话""伏羲兄妹的神话""蚩尤的传说"等，传授天地、人类的起源知识和瑶族的来源；讲述"盘瓠传说""高王与评皇的故事""漂洋过海的故事"等，传授瑶族历史文化知识；讲述"三苗国""南蛮""长沙、武陵蛮""千家峒的故事"，告诉孩子们瑶族先辈怎样背井离乡、辗转迁徙的辛酸历程和向往千家峒式的理想家园；讲述山水传说、动植物方面的故事，使孩子从小开始了解大自然，热爱大自然；讲述歌颂勤劳勇敢、鞭挞懒惰的故事，培养孩子们热爱劳动，厌恶懒惰的性格。七八岁后对孩子进行善与恶、美与丑，做对家庭、对社会有责任感、正义感的人的引导教育，培养孩子们勤劳、诚实，赡养父母，对老人尊重，对人友爱，对家庭要和睦，对客人要热情相待等思想品质。十一二岁后开始对孩子进行技能教育，教他们学习生产劳动的知识和本领。进入青少年时期，父母要求孩子们多担负一些社会责任，鼓励他们多参加社会活动，对待爱情要忠贞，要专一。当孩子们结婚后，父母仍然严格要求孩子们要走正道，不要走歪道，要对民族发展和社会发展作贡献。除了讲故事外，还教孩子们唱歌谣，从歌声中去领略瑶族文化和历史知识，去感悟人生，感悟爱情，感悟社会。

（二）社会教育

长者教育　长者教育是瑶族社会教育中最常用的方法。采取盛夏纳凉、寒冬火塘、村寨集会的形式，由德高望重的老者向青少年进行口耳相传的教育。教育方法为说故事、教唱歌，教育内容多为民族历史、民族文化、生产知识、社会秩序、社会道德以及民族性格的培养和民族团结的教育、内部社会的治安和安定等。这种教育是具体细致的，也是反反复复的，青少年在这种长期的教育中得到熏陶，逐渐养成良好的社会伦理道德思想。瑶族青少年的历史教育、文化教育、社会伦理教育以及社会道德教育大多是通过这种其乐融融的老少教育形式得到实现的。

宗族教育　宗族教育一般以宗族族长、村寨长老以及有较丰富知识的长辈为教育者。采取平时告诫、宗族聚会教育的形式教育族人。江华平地瑶中的奉姓瑶人还根据平地瑶中社会教育内容和本姓房族的实际情况制定祖训，对后代进行教育："……父子兄弟各相劝谕，有能者发愤读书，无能者务本耕农。须知亲亲长长守望相劝，疾病相扶持，冠婚丧祭相与提携，无庸悭吝，无庸诱骗。大事化为小事，小事化为全无，有德行兼优者奖之赏之；有不公不法者罚之责之，送官律之究之。勒碑祠堂，家法法亘古，凡我族人触目警心，冀劝敦孝悌，勤耕作，苦读书，尊师长，惧王法，明礼仪，重廉耻，分内外，务六艺，睦乡里。毋嫖赌，毋造逆，毋狭仇，毋唆讼，毋奸盗，毋窝匪，毋残刻，毋逞气，毋犯上，毋奢侈。……"并刻之于碑，立于村头，永示族人。像这类教育的"祖训"，其他姓氏虽然没有刻之于碑，但在宗族教育中也不乏这些内容，更不乏教育效果。

节会教育 瑶族传统节会很多，全体族人每年都要过各种节日，节会也因此成为一种社会教育的极好载体。二月初一过赶鸟节，老人们从做粑粑开始讲赶鸟节的来历以及演变过程，使青少年懂得维护社会秩序、与不良倾向斗争是每一个瑶族人的社会责任。过春节时，老人会叮嘱年轻人见到村内村外的长辈、大人都要礼貌地说“新年好”，要拜年。有的地方从大年三十晚上就将砍回来的一株生枫树放进灶堂焙火，直到十五出元宵。老人们会告诉后生：枫树是始祖蚩尤的化身，用枫树焙火，是请来始祖保佑新年平安、六畜兴旺。有的地方在节会中要由头人或族老宣读讲解乡规民约，讲述历史，以及为人处世、遵纪守法的道理，向群众进行道德行为的宣传教育。如平地瑶在六月六庙会和十月十六过盘王节时，三宿头人在节会上要向瑶民宣传解读乡规民约；讲述平地瑶的历史；讲述三宿瑶人要团结一致，共同抗御外来侵犯；讲述瑶峒上“杀贼不动朝”的规矩，教育瑶民要和睦相处，相互尊重，相互帮助，尤其不允许村与村之间的械斗，发生矛盾纠纷要通过族老协商的办法来解决。

祭祀教育 瑶族的原始宗教观念甚浓，祭祀活动频繁，因此，他们充分利用这个载体来进行社会教育。在众多利用祭祀活动载体的教育中，还盘王愿活动中的社会教育是最深刻的。还盘王愿活动是祭祀始祖盘王的一种庄严、肃穆的祖先崇拜活动，有家愿、村愿、房族愿、宗族愿、峒愿、宿愿等，从小型愿到大型愿都有。小型愿一年一还，中型愿三五年一还，大型愿十二年一还。还盘王愿活动，小的家愿全家人都要参加，亲朋好友也来祝福，村寨中的人都来观看，中、大型愿是全村全寨、全峒全宿的族人都要参加，同样亲朋好友都来祝福。在还盘王愿所进行的一系列祭祀仪式中，要请很多神灵，做很多法事，诵唱经文和盘王歌，内容涉及族源、民族迁徙、民族发展、民族斗争以及生产生活、天文地理等方方面面，尤其要详细叙述盘王的历史功绩和他留给子孙后代的宝贵精神财富。师公和参与跳舞唱歌者神情肃穆、谦恭，所有参加者都能感受到那种庄严的气氛，感受到瑶族历史文化的厚重与悠久。还愿活动期间青年男女还要进行对歌、盘歌。就知识内容而言，涉及宇宙起源知识（盘古圣歌、盘古记忆书歌）、人类起源知识（伏羲兄妹歌）、民族起源知识（盘王歌、盘瓠唱）、养育胎教知识（红楼大会歌）、道德修养知识（唐先古记）、生产技术知识（开山歌、农事歌）、天文历法知识（季节歌、甲子歌）、智育历史知识（何生歌、何人歌）、认字识字知识（字谜歌）等等。每种知识都有许多歌，是瑶族用自己的智慧进行总结编纂又用自己的语言高唱出来的歌谣，通俗易懂，瑶族青少年容易接受。每一次还愿活动都成了人们获得知识的大课堂，每经历一次还盘王愿活动就加深了一次教育。平地瑶祭仁王活动，也十分强调社会公德的养成，三令五申不偷、不盗、不抢、不淫、不色、不逞强斗胜，兄弟要和睦，邻里要和睦，村寨之间要和睦等，并组建维护社会秩序的专门队伍，负责纠正不和谐的因素，维护活动秩序。在活动中，人们并不是只看热闹而袖手旁观，而是主动承担扎坛、制作、后勤等活动的一切事务，这实际上也是一个承担社会义务这一美德的养成教育过程。

度戒教育 瑶族在祖先崇拜中还有一种承宗接祖，血脉相延的“度戒”仪式，也称“过法”“过牌”“功德修成”。其目的是通过这种仪式进一步强调盘王在瑶民心目中的轴心地位。

“度戒”仪式，不同地方亦不同，一般要经过三夜道场。第一夜主要是封斋、串坛请兵、请圣、安圣。第二夜主要是抛牌（翻刀山)、过水船、睡刺床、起法名，主要是考验度戒者。第三夜主要是挂灯、上刀山、含犁刀等。通过“度戒”，男子取得法名，其妻便取得“氏”的神灵称号，于是承认夫妻都是盘王子孙，死后可以入祖先册的祖灵簿。度戒者接受了戒律，被世人承认为成年人，并编入瑶族的族籍，列入族谱的名册。如果不通过度戒，哪怕你六七十岁了，也不被承认是盘王子孙，不能尽瑶族社会的责任和义务，被世人嘲笑和看不起，更不能拜师学师公。同时，度戒后有自己的神兵保护，不怕鬼，不怕怪，不怕邪。

度戒本身是道教收徒传徒的仪式，传入瑶族后，瑶族的成人礼便和道教的度戒相结合，成为度戒活动中的一项重要内容。道教度戒中有十戒，瑶族则将其九真妙戒移植过来加以改造，形成自己的十戒。度戒活动清规戒律特别多，参加度戒的师徒、男丁（包括其配偶)，乃至观看的人都必须严格遵守。戒律内容要求人们要分辨是非，惩恶扬善，尊老敬老，爱幼护幼，重守承诺，相互协作，不欺男霸女，不打骂他人，不辱骂师长，不挥霍浪费，不偷懒，不贪财，不好色，为人要正直、厚道、诚实、勇敢，要习文爱武，树立上进心，要和睦邻里，和睦众人等。这些条文戒律都必须要特别遵守，不然就过不了度戒关，过了度戒关更要长期遵守，不然将会受到神的惩罚。而度戒仪式中的上刀山，过火海，更是锻炼受戒者意志和吃苦耐劳的品德，没有坚强的意志和吃苦耐劳的精神是上不了刀山，过不了火海的。度戒成功后，还有一个必不可少的“训弟子”的程序。众戒师请来受戒弟子的父母和祖父母等长辈，围坐在桌子边，桌上放一碗清水，表示有天地见证。然后戒师们对弟子开始训诫，教育弟子在今后的人生中要像众师那样，必须遵守十戒，做事为人都要清清白白，平平安安度过一生。如违背十戒的内容条文，将天地不容，师傅可以请神兵进行惩罚。因此，通过度戒活动，使人们养成了优良的社会伦理道德思想，且终身受用。

宗教传承教育 宗教传承教育有有形的也有无形的。有形的传承是指瑶族师公通过带徒弟和举行宗教仪式的形式使瑶族宗教信仰的内容、知识、技艺仪式得到传承。带徒弟是小范围的社会教育，作为师傅的师公要教徒弟了解瑶族整个的民间信仰情况，要讲解经文含义，要引导徒弟背诵经文，要讲解各种仪式的组成、内容、用法，以及瑶族的历史、文化和道德规范、社会责任、义务，甚至医药、医道等。徒弟和受戒者通过接受教育，在族群里树立起勤劳、勇敢、正直、公道和有知识、有道德的良好形象，以社会榜样去影响社会成员注意约束自己的言行，相互尊重，和睦相处，过和谐愉快的生活。无形的传承以一种无处不在的方式进行，是一种广泛的社会教育。如通过师公、徒弟、度过戒的人，在族人的生、老、病、死、婚、丧、嫁、娶，及修路、架桥、播种、插秧、狩猎，乃至还盘王愿等日常生产生活的每一个方面进行传承。这种传承更为有力，也更为有效。换句话说，这种无形的传承是瑶族师公、巫师等行为人以瑶族社会伦理道德思想为准则，通过日常生活中自身的举动和言行影响人们的思想观念和言行。这种不时的、经常性的教育，伴随并浸润在瑶族生产生活的实际过程中，传授了瑶族历史和文化，以及生产生活经验，有利于帮助青少年形成社会所需的思维，养成符合社会规范的行为；有利于青少年熟悉和掌握生产生活技能，积累生产生活经验；有利于维护社会稳定和谐。

工艺技能教育 瑶族女孩子从小就目睹大人们挑花、刺绣、织锦，在羡慕、赞美之余，也拿起绣布、针线，像模像样地学习。每一个瑶族成年妇女都是孩子们的教师，每当孩子们拿着布和针线来请教，都会毫不厌烦地给孩子们讲解，谁有空都会主动地手把手传授。孩子们学得认真，大人们教得认真，因此瑶族女孩子们到十二三岁就对挑花、刺绣技艺十分娴熟了，到十五六岁，对织锦工艺也娴熟了。一代又一代瑶族妇女对这些手工艺技能的热爱和重视，使得瑶族的挑花、刺绣和织锦工艺得到传承和提高，故瑶族始终保持了五彩斑斓的服饰文化。

二、学校教育

桃溪书院 湖南瑶族地区古代学校教育机构。桃溪书院，原名桃川书馆，位于江永瑶族居住区的桃川镇，今江永二中所在地。唐朝初年，当地有识之士捐资修建桃川书馆。唐元和年间（806—820），永州刺史柳宗元为该书馆撰文作记，因而名声大震。到北宋天圣年间（1023—1032），在江永籍的太常博士周尧卿的倡议下，当地人捐资募谷，扩建了书馆，并改名为桃溪书院，有学田 200 余亩。清末废除科举，于光绪三十二年（1906）改为学校，名桃溪高等小学堂。

三宿书院 湖南瑶族地区古代学校教育机构。三宿书院位于江华上伍堡平地瑶居住区，建于清乾隆四十年（1775）。据书院的碑文记载：书院是由平地瑶的康熙年间进士、旦久村奉有纬向永州知府请命兴办的。乾隆三十八年（1773），奉有纬的请命得到庞知府的同意后，三宿瑶民筹集了瑶区最好的砖瓦材料，调集瑶区最好的工匠开始建设书院，于乾隆四十年建成。书院呈四合形，蔚为壮观，有大小教室、房间 12 间，分为自修室、师长室、授课室、寝室，堂后设孔子牌位。有学田 83 亩，租给瑶民耕种，租谷设专人管理，供学生读书应试之用。学生入学时交纳一些油、盐、柴、米。民国初年，三宿书院改为“五堡公立国民学校”，后停办。

江华县学 湖南瑶族地区古代学校教育机构。江华县学建于唐神龙元年（705），设在县治东边，生员限额 20 名。历经宋、元到明洪武元年（1368）倒塌，洪武十五年（1382）重修，此时，有廪膳生、增广生 20 名，附学生员无定额。明天顺六年（1462），县学随县治迁黄头岗（今县治地沱江镇），明末因战乱被毁。清初，恢复县学，学额 40 员，廪膳生和增广生各 20 名；同时，岁试取进文生和武生各 8 名，科试也取进文生 8 名，俱充附学生员。到了康熙四十一年（1702）朝廷批准学宪藩大人“归化新民（瑶民）一体考试”之奏，瑶民子弟也可以考秀才、举人、进士、状元了。雍正四年（1726），在科举考试中，照例录取一到二名瑶民子弟。同治四年（1865）邑绅王德榜代表县民向朝廷奏准：岁科两考江华永增文武学额各 4 名、新童学额 3 名。清光绪二十七年（1901），县学停办。

永明县学 湖南瑶族地区古代学校教育机构。永明（江永）县学建于唐朝，设于县城文庙，初建规模不大，历经宋、元、明、清多次修葺扩建，格局宏伟，蔚为壮观。经费来源于学田，明洪武三年（1370）赐膳田 600 石，县学生员可免其丁粮，充其廪膳。清顺治十六年（1659）后，县学每届童试录取附生 12 名，恩科年份加取附生 1 名，慈禧太后六十寿辰那年加取附生 2

名。四大民瑶招安后，每届录瑶童生 3 名，后减至 1 名。生员中设廪生 20 名，分别由岁科三年两试的增生、附生考列等第依次递补。清光绪三十一年（1905）废科举，县学停办。

江华县立高等小学校 湖南瑶族地区近现代学校教育机构。清光绪二十八年（1902），江华将沱江书院改建为“官立高等小学堂”，第一任堂长舒惠英。次年，更名为“县立高等小学堂”。民国五年（1916）又更名为“县立高等小学校”，民国二十二年（1933）又更名为“县立高级小学校”。民国二十九年（1940），因城厢设立“保安镇中心国民学校”，县立高小停办。至停办前的民国二十八年（1939），县立高级小学校共开办 35 个班，毕业学生 1200 余名。原最高人民法院院长、特别法庭庭长、中央顾问委员会常委江华等瑶族子弟大革命时期曾就读于县立高等小学校。

江华水口镇小学 湖南瑶族地区现代学校教育机构。水口镇小学的前身是水口市立国民学校，始建于民国六年（1917）。民国三十年（1941），江华县政府设下江乡中心国民学校，与水口市立国民学校合并办学，校址设于水口街上，有土砖房校舍 1 栋，厂房 1 间，共 4 个教室，1 栋木板房为学生宿舍和厨房及食堂。学校开设 4 个教学班，五、六年级为单式班，一至四年级为复式班，有百余学生，瑶族等少数民族约占 5%。教师俸谷每人每期 12 担，由遍布全乡的学田收租支付。学田的租谷于每年秋后由各保统一收齐送交学校。江华县人民政府建立后，水口市立国民小学更名为水口镇完全小学。

永明县第一高等小学校 湖南瑶族地区近现代学校教育机构。清光绪三十一年（1905），永明县创办官立高等小学堂 1 所，但不久停办。光绪三十四年（1908）重办。民国元年

(1912) 县立高等小学堂改称县立高等小学校，民国十八年 (1929) 与县立模范小学合并为永明县第二小学。民国二十一年 (1932)，又与县立女子学校合并为永明县第一高等小学校。设国文、算术、历史、地理、自然、卫生、音乐、体育、图画等课程。

茶坪三籍国民小学 湖南瑶族地区现代学校教育机构。民国初年，国民政府倡导“兴教化，立学校”，郴州资兴茶坪的赵循阳联合族中晚清秀才赵秀山、赵美云等，召集当地民、瑶和客家人于民国二年（1913）集资创办一所学校，取名为“茶坪三籍国民小学校”，招收民、瑶、客三籍子弟入学，每届招收学生 20 ~ 30 人。开创了郴州地区瑶民办学的先河。赵循阳等人亲自授课，教学中提倡民族平等，男女学童一视同仁。并将学校纳入国民政府的教育管理系统，每年都有县、州官员来学校视察。校门上的对联曰：“三才天地人化物，同归民瑶客；籍者行聚笑文风，正合我你他。”

省立九嶷边区小学 湖南瑶族地区现代学校教育机构。民国三十二年（1943），湖南省政府当局在宁远九嶷山创办省立九嶷边区小学，校舍设于舜源峰下。开始建校时，借用舜庙和同善寺作校舍，后来建有 1 栋校舍，有 2 间教室，1 间办公室，4 间教师宿舍。开办之初，招收了一个高小班和两个初小班，学生约 150 人，其中瑶族学生占四分之一，有教职工 20 人。学校的经费较充裕，除省教育厅按期拨款外，还有同善寺每年拨 28 担租谷充作学校办公费用。每年省里除赠送学校仪器、图书外，还赠送大批的衣服和被褥。因此，瑶族学生除享受衣服和被褥外，还免收书籍杂费，给予伙食补助。故而，来学校读书的瑶族学生不断增加。为了发展瑶族教育，从民国三十四年（1945）

起，在宁远全县范围内增开了文母冲、茶罗坪、棉花坪和三亩田四个瑶区巡回分班，由边区小学派熟悉瑶区情况的教师前往任教，获得当地瑶胞赞扬，也促进了瑶区教育的发展。1952 年，省立九嶷山边区小学改为县管。

花瑶开化小学 湖南瑶族地区现代学校教育机构。民国二年（1913），隆回花瑶奉成国在孙中山民主革命思想的影响下，发动瑶胞捐献，创办学校，取名“开化小学”。意在开发智力，发展经济，促进瑶族进化。当时招收学生 20 人，多系瑶民子弟。开设语文、算术、体育、音乐等课程。民国八年（1919），开化小学发展到四个年级，学生 40 余人，合为两个复式班。为使贫困的瑶族子弟能读书识字，从民国二十年（1931）起增加两名教师，开办了夜校班，入夜校班的学生 20 人，全免收学费，用桐油灯或竹片照明，坚持了三年。民国三十五年（1946）邵阳县县长徐君虎到虎形山瑶区视察时，亲笔批示保送两名学生到邵阳简易乡村师范学校免费学习，并增派一名教师到开化小学任教。1952 年，原校舍改建为卫生院，另建校舍，同时改名为虎形山小学。

江华县立初级中学 湖南瑶族地区现代学校教育机构。民国三十二年（1943），江华成立“县立初级中学筹建委员会”，由县长钟沐生兼任主任，在原县立高级小学校的基础上加盖校舍，于次年春正式开学，丘赞良任校长。秋天，日军侵入境内，初级中学迁往寿山乡。民国三十四年（1945），日军投降后，迁回县城。到民国三十八年（1949），初级中学有中学生 319 人，教职工 27 人。初级中学对品学兼优的学生给予奖励，设有特等、甲、乙、丙四个奖项。同时也对品学差的学生设有甲、乙、丙、丁四个等级的惩处。

永明县立初级中学 湖南瑶族地区现代学校教育机构。民国十五年（1926），永明县开办县立初级中学，招收新生1个班。1927年5月“马日事变”后停办。民国三十二年（1943）重新开办。次年春，兴建新校舍，但秋时又因日军侵入县境而中断。民国三十四年（1945）下学期，从潇浦中心国民学校划出部分校舍开办初级中学，招收新生2个班，有学生125人，教职工16人。到民国三十八年（1949），初级中学有6个班，学生356人，教职工27人。1950年上学期，与永明县简易乡村师范学校合并，分设简师部和中学部，共9个班。

永明县简易乡村师范学校 湖南瑶族地区现代学校教育机构。民国二十一年（1932）永明开办乡村师范学校。在这之前从清光绪三十一年（1905）起，先后开办永明官立师范馆、永明教员养成所、永明师范讲习所、永明甲种师范讲习所。乡村师范学校开设后，每届招收1个班60人，学制3年，开设教育学、国文、外语、历史、地理、数学、博物、化学、物理、法制、经济、图画、手工、体操、农业等课程，培养初小教员。民国二十三年（1934），改永明乡村师范学校为永明简易乡村师范学校，校址从旧行政厅迁往东门城内大街，学制改为4年。设置公民、国文、数学、物理、化学、动物、植物、生理卫生、教育概论、教材教法、教育行政、儿童心理学、教育学、音乐、体育、美术、手工、劳作、社会、军训等课程。毕业成绩及格和实习合格者发给毕业证书。到民国三十八年（1949）共招收11个班，毕业8个班，毕业学生235人。1950年上学期，永明县简易乡村师范学校并入永明县立初级中学。

招生考试 湖南瑶族地区教育发展状况。明、清时期，官府允许瑶区“兴教化，立学堂”。对经招抚下山定居平地和丘陵区的瑶区“兴办义学，建书院，动员内地通达经术通晓语言”的生员到瑶区任教，给予从优待遇，并采取“立社学以教瑶童，广廪额以资多士”等特殊措施鼓励瑶族子弟入学。明正德年间，蓝山县规定每年科考给瑶童3个名额，从正德到嘉靖的50多年间，有18名瑶童考录为庠生。永明四大民瑶招安后，每年应试给瑶童生3个名额。清康熙四十一年（1702）开始，允许江华平地瑶子弟考秀才、举人、进士、状元了，清雍正四年（1726）后，在科举考试中，照例录取1到2名瑶民子弟。宁远也在康熙年间开始给瑶族科举考试3个名额，但宁远每年有100余瑶族生童参加考试，这点名额远远不够，故而从瑶族考生相对少些的东安、永明调剂。郴州岁科试各取进瑶生1名，雍正三年（1725）各加2名，与内地诸生一体应试。而汝城瑶族，原康熙年间“奉例科、岁各取一名”，雍正三年“各加二名，每案三名”。乾隆十年（1745），宜章岁、科试各取进附生3名。至道光，《永州府志》载：“平地瑶则多读书能文之士，近年应童试者至百余生员，考列多高等。”民国时期，废科举，兴学校。瑶区县内中小学均各自招生。一般每年秋季招生，也有春秋两季招生的。每班新生50~60名。生源充足的中心国民学校招收高小五年级新生要进行书面考试再择优录取，生源不足的学校则报名后即可入学。民国三十二年（1943）春，宁远在九嶷山瑶区创办“湖南省宁远县九嶷山边区小学”，对瑶族学生免试免费入学。县立初级中学招收新生，不分乡镇名额和公额，按考生成绩择优录取。但公立私立中学招生考试时间不一，学校为增收学生可多次招生，学生也可以同时报考几个学校，录取后有选择余地。招生考试由学校自行组织。考试科目，高小五年级新生考国文、算术两科；高小升初中、简师，一般考试国文、算术、史地（或常识）和自然等科，有的加口试。试卷评阅后按成绩择优录取新生，并张榜公布。其实，瑶区教育不发达，公私立中学数量少，不能满足学生升学要求，很多学生转赴衡阳、长沙、桂林等地择校报考。

三、知名教育者

奉有纬 男，江华人，乾隆年间进士。自幼聪明好学，考为廪生、恩贡，在瑶族中享有较高声誉。奉有纬重视民族教育与发展。乾隆三十五年（1770），他向永州庞知府建议在瑶民聚居的上伍堡兴办一所义学性质的书院，名“三宿书院”，得到庞知府的支持。奉有纬召集瑶民堪址，最后选定在凤尾村南的岗坡上建书院。但动工不久，庞知府调走，书院也因司事者“耗蚀经费”而停建。乾隆三十七年（1772）奉有纬中进士，被朝廷授予江西武陵县知县之职，但他辞官不就，继续留在家乡，疏通继任知府支持修建书院。乾隆四十年（1775），书院建成，呈四合院形状，有大小房间 12 间。奉有纬亲自给瑶民子弟授课。教学之余，他还为瑶族地区的农业、交通和社会治安等建设出谋划策。乾隆五十年（1785），奉有纬辞世，享年 68 岁。

赵循阳 男，资兴人，湖南瑶族教育家。赵循阳字明亮，号启太，出身贫苦，7 岁父母双亡，9 岁时祖父才送他到本村蒙馆读蒙学，19 岁，应试光绪甲辰年（1904）科考，预考得第一名。复考时突患疾病误考，次年又逢政府废科举，遂回乡在蒙馆任教。为开化本境文化，他在家乡组织民、瑶、客三籍人集资创办郴州地区第一所瑶山小学——“茶坪三籍国民小学校”，并亲自任教。教学中倡导民、瑶、客子弟一视同仁、同受教育，男女平等、同校学习的教育思想与教学实践。民国五年(1916)，他到郴县月峰瑶山赵家湾村，协助同族青年赵循诗、赵循凯等组织办起“同化小学”。其间，还与赵循诗结伴到粤北连州瑶山和临武、蓝山、鄙县、桂东等瑶区组织发动办学。赵循阳重视瑶族历史文化，民国五年（1916）牵头倡修族谱，集郴县、资兴、桂东、汝城、鄙县、蓝山六县赵姓瑶人撰修《赵氏族谱》，此族谱成为当今研究过山瑶历史文化的一部弥足珍贵的史料。民国八年至十年（1919—1921)，赵循阳往返江西等地经商，并拜国民军医官李祥仙为师习医。出师后，结合应用本民族医药，在湘、粤两省边界瑶山一边行医治病救人，一边鼓励教育办学校，为瑶山的开化教育作出了很大贡献。新中国建立后，他当选为资兴县政协常委和湖南省首届政协常务委员。1959 年 4 月因病辞世，享年 74 岁。

第十二章 传统医药

瑶族人民在长期改造自然的历史中，对于人类疾病的认识和治疗同其他民族一样，经历了“有病无医，请巫祭神”的阶段。后来在生产实践中产生和发展了瑶族医药，但“请巫祭神”的烙印却始终烙在医药的发展史上。据史籍记载和民间传说，瑶族医药起源于瑶族人民的生产生活之中，是实践经验的总结和升华，瑶族人民智慧的结晶。传说盘王像神农一样为百姓尝百草，奠定瑶族医药起源的基础。瑶族人民生产生活中常与植物打交道，经过若干代人无数次的反复实践和验证，逐渐意识到植物与人体之间的种种关系，认识到哪些植物有害，哪些植物能治病，从而形成了瑶族的医药知识。宋人周去非在《岭外代答》中说，瑶峒出零陵香。李时珍在《本草纲目》中说，零陵香可作药用。瑶族人民将零陵香收回，用烟火熏干，以驱虫、驱蚊，用来治疗感冒、腹痛、腹泻、头痛、牙痛病等。宋代瑶人还将有毒的药草制成毒汁涂在箭头上，用以反抗斗争或猎兽。明、清时期，瑶族医药进一步发展。明人田汝成在《炎徼纪闻》中说，瑶族知道瑶山所产的胆矾、草果、茴香、槟榔等可作药用。清人包汝楫在《南中纪闻》中说瑶族“……善识草药，取之疗人疾，辄效”。清人盛镒源编纂的《城步县志》有瑶族

“采药无分四时”的记载，说明瑶族人民已将采集中草药作为一项重要的经济工作。一些刻意钻研的人则成了瑶族民间医生。清人张葆连编纂的《新宁县志》中说，新宁瑶族“间负都笼于附近乡村小市间卖药，治风痨等病多验”。新中国成立后，瑶医积极投入到新中国的卫生事业中，到20世纪70年代末，仅蓝山就有70余名瑶医为人民医治疾病。瑶族人民不断地总结和创造，积累了抵御疾病和强身健体的丰富知识，逐渐形成了符合瑶族实际、体现瑶族特色，有别于其他民族医药的独立医药种类，成为我国民族医药宝库中的重要组成部分。

一、瑶医基本理论

理论基础　瑶族分散居住，支系多，生活习俗有一定的差异，且受周边民族的影响也略有不同，因此其思想观念、思维模式也不尽相同，在生命观、疾病观和遣方用药上也有一些差异。但其医药的理论基础基本上是一致的。第一，外源致病论。瑶医认为“天、地、人合一”的“三元说”十分自然和谐，对应将人体分为“上、中、下三元”，也应自然和谐。天、地万物变化，人体也会随之变化。因此，人体病患的形成与外界关系十分密切，即外源致病论。自然界的万物不管无形的还是有形的，都可使人致病。无形的如风、气、雷电、毒瘟、瘴气皆可致病；有形的山水雨露、泥土植物、飞禽走兽、虫蚁蝼蛇、日用百物等也会使人致病，即便是人的生命所依赖的五谷杂粮，在一些特定的时刻也有可能对某些人的身体产生不利，尤其是一些变质的东西产生毒素，误食致病率更大。第二，治病要内外兼治。瑶医认为许多病症内外都有反映，必须内外兼治才能

达到快速治愈的效果。如治普通感冒发烧，除了用药草煎熬成汁口服外，还用一些鲜新药物捣碎调成糊状包扎于脚板心或垫于背部，以及敷于心窝处。尤其是跌打损伤，瑶医认为这类病症除了看得见的外伤外，很有可能还有看不见的内伤，因此既在外伤处包敷药物，也煎熬药草汁服用。第三，防重于治。瑶族人民居住于山区，山高林密，劳作艰苦，还要面对瘟瘴蛊毒，抵抗毒蛇猛兽的侵害。为了确保身体健康，瑶医提出了防重于治的理论，并创造发明了一系列的预防疾病的方法。如为防止环境中毒素的侵害，瑶医发明了药物佩戴法、隔姜法；为了及时清除进入体内的毒素，发明了刮痧法、药浴法、刺血法、火罐法、汽熏法；为增强人体免疫力和抵抗力，瑶医又将药疗与食疗相结合，创造药酒法、药粥法、药粑法等。第四，祛因为要，病求专方。瑶医虽然还没有发展出诊治疾病的缜密的思维体系，但已经认识到病都是有病因的，而且这些病因有有形的，也有无形的。弄清了其病因是有形的还是无形的就可对症下药，即以“祛因为要”。确认了疾症，也就确定了下药的处方，就可以做下一步的治疗，即“病求专方”了。

基本特征　瑶族医药有这样一些特征。一是其理论与大自然的事象有渊源关系，与本民族宗教信仰也有渊源关系。二是其药用材料取之于大自然，即自然界的动植物、矿物及其副产品。三是不同支系、不同地方，因语言之别，瑶医疾病名称和药名也有所不同，但用支系语言取名的罕见，多为当地普遍认同的习用名。四是防治疾病的方法，物质和非物质的可兼用，也可单独使用。五是掌握医药知识的人中，女性占有相当的比例。在瑶山，许多人都认识一些药草，懂一些药理知识，尤其许多妇女能识草药、治病。有史料说“瑶妇……善医用药。村寨圩坊每见肆药疗疾者，多瑶妇耳”。六是瑶医专业坐堂行医者鲜见，多数是“忙时工，闲时医”的“兼职医生”，且身兼医、药、护等数职。七是瑶医药没有形成自己一套统一的体系，族内医疗方法和技术也不尽相同。八是因瑶族是跨国民族，其医药也有着国际自然医学的属性。

诊疗特点 瑶族医药源于瑶民的生产生活，源于大自然的万事万物，也源于本民族的习俗信仰，体现了瑶民族的文化特征。同时，瑶民长期住在山上，瑶医的诊疗技术、方式方法也反映出浓厚的民族特色和山区特色。其诊疗应用有这样几个特点：一是具有“天、地、人”合一的朴素的唯物主义思想，认为人体之所以罹患疾病是与自然界的气候、环境和人的饮食有关。因此，诊断、治疗疾病并不拘泥于某个固定的模式和方法，而是根据具体情况随机应变，区别对待，强调和重视自然环境和社会环境以及心理因素在诊治过程中的作用。二是以自然界和本民族信仰习俗中的某个或数个特定对象来解释罹病的原因，并根据该对象的相互制约关系或与其对应的疾病来确定治疗的手段。三是瑶医诊断、治疗疾病的手段和方法，既有物质的，也有非物质的，有时单独使用，多数是结合使用。四是瑶医诊断疾病的命名，许多都与大自然的事象和日常生产生活的器具、用物相关。如与季节、气候有关的命名有“秋摆子”“冬至麻”“端午疖”等；与日常生产生活有关的命名有“花癫”“月子风”“扯奶吼”“空房痨”“蓑衣毛”“扁担疣”“火桶白”“丝线锁边”等；与动植物有关的命名有“蚂蟥痧”“泥鳅痣”“羊癫风”“南瓜疮”等；与身体部位或排泄、分泌物有关的命名有“脑岩”“奶龟”“膝头风”“大粪疮”等；此外还有与信仰习俗有关的命名，如“山神刹”“社坛刹”等。

病症科别　瑶族医生对疾病的诊断，一般用望、闻、问、摸（触）、照等方法，辅以其他简便易行又符合瑶族传统习俗的方法，有时也借用中医“切”的方法，对疾病的部位、性质、属性、程度和发展变化进行检查、分析、判断和预测。在进行检查和诊断时，以囟门、印堂、容颜、瞳孔、鼻唇、口腔、舌苔、耳轮、腹、背、膝、足、指、甲、掌，以及患病部位等作为检查和诊断疾病的对象，以心、气、神色、血、筋、骨等变化情况作为认病和诊断的依据。对于出麻子、出痘子等特殊病例采取“照”的方法。归纳起来，瑶医对疾病的诊断分为49症200余疾。涵盖了现代意义上的内科、外科、五官科、妇产科、儿科、传染科和骨伤科等，如内科15症65疾，外科6症63疾，五官科10症15疾，妇产科5症15疾，儿科5症15疾，传染科6症17疾等。病名是按病情、现象、颜色、缓急、发生部位等实际情况而定。如小儿疳积病，其面容枯瘦、嘴尖的称为“猴子疳”，腹大、有青筋的称“青筋疳”，两眼向上望的称“望月疳”；夜盲，称“鸡婆眼”；感冒病欲吐、舌根底部静脉隆起称“蚂蟥痧”；背脊刮痧肌肉隆起长形如鳅鱼称“泥鳅痧”等。

物质材料　瑶族人民医治疾病所用的物质材料极其广泛、复杂，无论山中的野生植物或者人工栽培的植物，无论是自然界的山石、泥土、矿物、飞禽走兽、蚁虫蝼蛇，抑或是生产生活中的用具，但凡人所能接触到的，几乎都用来疗疾祛病。瑶族人民认为从山顶到山脚，藤草树木都是药，叶皮根须都用得着。据粗略统计，瑶族用来防病治病的物质达上千种，仅植物类就达5门180余科800余种。人的毛发、血液、指甲、大小便、乳汁等可用来治病；家中畜禽的血、体液、肉、油、鞭、睾、皮、毛、蹄、粪、内金等可作药用；天上飞的、地上爬的、水中游的野生动物身上的脏器组织及排泄物可作药用；生产生活中的器物用品也可作药用，如百家米、百家饭、茶叶、生姜、茶油、麻油、小酒、老砖硝、吊炉灰、锄头把、斧子尖、烟杆油、酒饼、麻线等；信仰习俗中的很多东西也可作药用，如钱纸灰、庙烛油、香灰、神明灯油、师公衣等。但不卫生的材料，不到万不得已一般不用或少用。

二、瑶医治病方法

内服 水煎、酊剂、膏、丹、丸、丸散、混合剂以口服。根据病情所需，在口服药物时有的要加入不同的特殊“药引”，如人乳、童子尿、牛尿、虎尿、马尿、猪血、羊血、鸡血，以及某些植物鲜汁，有的还用巫术之法画符水放入药液中给病人服用。口服药物时，一般都比较讲究。如某些疾病或某些患者在用药期间要禁“五味”，即禁食狗肉、甲鱼、鲤鱼、生鸡公肉、牛肉，禁行房事；不能用铜质、铁质器皿或供奉过祖宗神灵的器皿盛装汤药，更不能将汤药放置于神龛、灶头之上抑或妇人裤子之下；治疗期间不能往某个方向出行打猎、生产、走亲、赶集、玩耍。在诊治昏迷不醒的危重病人时瑶医用专用喂药器具“牛角漏”“竹筒漏”“羊角漏”给患者喂服药液。

外洗 用水熬药液洗全身或病变部位。如病情需要，药液中亦同样要加入“引子”。有的还将药液用巫术画符水施成法水。外洗药液一般都是加热到不烫伤的程度，施药时，皮肤因受热而毛孔张开，药力从毛孔渗入病变部位，从而达到治病的目的。

汽熏 原理与外洗相似，也是将药力从毛孔渗入。区别在

于外洗是将药液直接用于病变部位，汽熏则是用蒸汽形成高温使人体受热出汗、毛孔张开而受药力。方法是将药材备好放入锅中，加水熬药，待药水沸腾成蒸汽，用蒸汽熏病人全身，病人出汗，毛孔张开，使药力渗入肌肤，达到治病的目的。也可以熏蒸特定部位，或用口鼻吸入体内。原理类似于现代的桑拿浴，但功效好于桑拿浴。

火灸　也称烧火，将艾叶或壮骨风、半边风的皮、叶晒干搓成绳索，或将药汁浸泡布条、布带、麻线等，然后晒干形成药条、药带、药柱、药杆等备用。用时点燃片刻，吹灭明火，快速火灸穴位或病变部位。或者用“照火”的方法，即将药条、药带蘸上动植物油点燃后用其火焰在患处或特定部位反复灼烤治疗，以不烫伤皮肤为度。用途如对痘疹、疱疹等疾病的检视诊查，及对出疹不畅或者疹后隐退异常的治疗。

针刺　将银针或缝纫针、绣花针、竹针、锥子、豪猪针、兽骨针、皂角刺等尖锐器物，用火或水煮消毒后针刺患处、穴位或特定部位，促使经络运行，血脉通畅。其力度一般以稍见血点为好，有的则要放出一定的血量（放出毒血、污血）。如治肩周炎或颈椎病引起的肩周等处不适，用针在肩膀上刺几个小洞，再用拔火罐的方法将其罩住，几分钟后污血便成块地被吸出。

开破　用兽骨片、竹刀、陶瓷片等锐利之物将患处皮肤或皮下组织划开，通过挤压、吸吮、拔火罐等方法排出体内的毒血、脓液或异物。开破前舀一碗清水，瑶医口念咒语后，用口含水喷往病灶部位，快刀切开病灶体。

火罐　将浸泡过药液或蘸过油料的碎布条、棉纱或纸条点燃投入竹筒、牛角、羊角、碗、杯等罐体内，快速罩在需要拔火罐的肌肉上，造成罐体真空，吸引发病部位，以消除疼痛。拔罐时间根据病情治疗部位而定，一般 10 ~ 20 分钟，以拔罐处皮肤呈紫红色或紫黑色并向外隆起为度。拔火罐的部位多为背部、胳膊、前额、脖子、脖颈、前胸、腹部、大腿、小腿，主要为背部。需要拔火罐的部位和拔多拔少根据病情而定，有的仅在某一个部位拔一两个而已，有的则要在多个部位拔数十个。瑶族人民中拔火罐治病极为普遍，每当身体感觉发紧就要拔火罐，除了叫瑶医拔火罐外，还有请家人、邻里帮忙拔的，也有自己拔的。拔火罐当天不能洗澡，否则效果不佳。

挟痧（刮痧） 用食指和中指的关节反复挟颈部、背部、臂部和胸部皮肤，到所挟之处皮肤呈暗红或青紫色条状样隆起为止。中暑等急性病可不吃药而靠挟痧治愈。挟痧的力度和速度要适当、均匀，适时移动、换位，痧症轻者，所挟部位出现密密的针眼大小的小红点，痧症重者，所挟部位则除上述小红点外还出现许多豆粒大小的暗红点。轻者只挟一二条即可，重者则要挟一二十条以上。瑶胞们习惯挟痧，能自己挟得到的地方，如身体正面部位，就自己挟，自己挟不到的地方就请别人挟。瑶医的挟痧手法专业，挟痧迅速，效果好。除挟痧外，还可用银器或瓷制杯、碟、盘的边沿蘸盐水反复刮背、胸部皮肤，能起到挟痧一样的效果。

松筋 类似推拿，用手捉捏病人体上经络，或用手掌心在病人身体上左右上下推动，促使血脉流通，经络舒张。松筋时，在手上涂抹药汁或药酒，或手心里握一浸泡药液或药酒的棉纱在施治部位反复捉捏、推拿，也有用蘸满药汁、药酒的双拳反复捶击、翻滚，直至皮肤发红、冒汗。有的将药液、药酒等先涂于患处，用光滑的兽骨，或特制的药材藤、锤、球、棒等反复压滚、推移、捶打。

烫治 将治病材料反复敷贴于患者病灶部位，以达到治病的目的。所用材料有兽油、药包、药垫。其方法为将装有药材的药包、药垫放在熬煮药物的蒸汽上加热到用手摸烫不伤皮肤的温度时敷贴于需治疗的部位，并快速移动，待温度有些下降后移动速度变慢，热度不够了又再蒸煮敷贴，如此反复多次，直到该处皮肤冒汗发红、感觉舒适为止，如此几天反复烫治即好。有的则用炒热敷贴之法，将药材捣碎放在锅内炒热，用细软布包好压平敷于需治疗的部位，冷了炒，热了敷，如此反复，直到认为可以了为止。

推蛋 多用于治感冒。将鸡蛋煮熟去壳后，剥开蛋白，拿掉蛋黄，把一小银质品置入其中，用布将蛋包好，浸热后趁热在前额、面部、耳部乃至背部、心窝处滚动，反复几次后，将已发黑的银质品拿出用火灰擦洗，再放入蛋中，继续加热推擦，如此反复，直到银质品不再发黑为止。此方法治感冒较为有效。如治其他病，则用谷雨茶或婆婆茶将蛋煮熟，去蛋黄放入银质品后，再将头发和药物包于其上，外用细软布包好放入茶水中煮热，趁热按“男左女右，先上后下，先左后右”顺序在治病部位以一定的压力摩擦拖动，冷了则加热继续摩擦，反复多次，直到皮肤发红冒汗，并根据包内银质品所呈现的红、黄、绿、紫、蓝、黑等不同颜色判断疾病，加以施治。除瑶医外，许多瑶民也会推蛋之法，家中有人感冒，多由家人施行推蛋之术。

包药 对一些跌打损伤或骨折、骨裂病人，瑶医多采用包药的方法来治病。他们将在山中采回来的新鲜药材清洗干净，切碎后捣烂成泥糊状外敷伤处，用布缠绕包住。如一些小伤口用药，除毒性和刺激性药物外，则将药物放入口中嚼碎，以增加药物的黏性，当然也有人认为，“唾液是五谷杂粮所生，能降邪治病”，还有人认为唾液能增加药性等等，但主要是图方便，增加药物的黏度。

虫治 也叫药手治。采取以虫治虫的方法治病。大自然中有许多“虫”，在生产生活中，人们无法避免不接触，有时会受到它们的伤害。根据所患疾病诊断出是何种虫所致，可对症下“手”。如治疗尿疮，医生将漆了（小虫）或漆尿虫放在手掌上反复按摩病人身体或患病部位，以及特定部位，三五次内即可治愈。又如治疗小儿“鹅口疮”“走马牙疳”“烂嘴巴”“浅表性溃疡”时，取寄生在某些植物内的“肉虫”用开水稍烫片刻或放进高温炉灰中稍煨一下，用干净木棍把它翻转过来，持棍上虫体在患处轻轻地滚动使其与创面或者溃疡面充分接触，治病效果很好。虫治，可外用，亦可口服，可内外兼治，也可单独使用。病情一般的，通常用一种虫，病情重或特殊些的用多种虫治病。虫治中还有一种洗虫法。如治疗“眼虫”，将新鲜的药物捣烂后，榨取汁液与人奶混合，不断滴入眼内并同时轻轻揉压眼睛，或用洁净的鸡毛或棉纱蘸药液在眼球上来回拖移，至在清水中清洗不再出现白色“眼虫”为止。治疗全身或局部瘙痒的泛发性皮炎“鸡毛虫”，将鸡毛（男用公鸡毛、女用母鸡毛）和有关药物共同煮熬，待温度降至45℃后以盆浴方式洗澡或反复擦洗患处。

割治 小儿患疳积，不思饮食，医生用刀将患儿手指大鱼际穴位割一浅小口子，挤出疳积水，疳积即愈，当天吃饭即正常。治其他病症，则划开病灶部位皮肤并割（剪）去少许脂肪等皮下组织，撒上适量药粉包好。如治疗成人所患的“豆症”“扯吼”、腰腿疼痛有显著效果。

脉经治 瑶医将“内关穴”部位称为“脉经”“寸口”，认为一个人全身的经脉都通过该处，故身上很多疾病都可以在“脉经”处进行治疗。治疗以外敷、外贴、外包为主。如治红眼病、挑针、丝线锁边等眼病及面部其他器官的某些病患，以不同配方的药膏、药泥、药糊等包、贴于“脉经”处。治疗淋巴炎、脉管炎等则在“脉经”处绑上系有铜质纸币的红丝线进行治疗。

罩顶治 瑶医对于头部疾患，采用一种独具特色的局部用药法，称“药帽罩顶”。方法是将制成泥状、糊状的药物敷于患者已剃掉头发的头上，在药物上铺贴烤（煮）软的麻叶（或药材阔叶），再以布条包裹，对一些罕见的头部疾病有意想不到的疗效。

治筋 筋，既包含了经脉、经络，也包括了小血管和淋巴管。治筋有掐筋法、烧（炙、烫）筋法、扎筋法、刺筋法、摩筋法等。掐筋法，是用拇指甲在患者身上特定部位沿筋脉走向按先上后下、先左后右的顺序不间断地反复掐压，然后在筋脉分岔处涂上烟杆油或“麻塘鸡屎”。烧筋法是用不产生明火的药条、药线、药带在患者身上特定部位的筋脉头、杈、尾等处炙治。刺筋法与烧筋法相似，用豪猪针或兽骨针刺筋脉。扎筋法是用药线或红丝线将患者特定部位的筋脉头、尾扎住。摩筋法是用涂过药汁的双手在患者身上沿筋脉走向反复移动摩压。

寄治 即治物不治人。此法很可能来源于瑶族的信仰习俗，是一种典型的服从神力、服从自然的方法。在治疗时并不对患者患病部位直接施药和施术，而是通过画符、念咒将患者身上的疾病“寄”到另外的物体上，如治腹股沟淋巴结炎，医师口念咒语，用火炙斧头把，不炙病人，或者医生为病人治病，将药包扎在树上、石头上，而不直接包在病人身上。当然，不能把病“寄”到别的人身上去。寄治的形式和方法有的极其简单，有的则极其繁杂，后者参与人数众多且时间较长，需几天或数十天等，如发生“瘟疫”时要“调盘王”“调庙神”“安龙”“打醮”等。对个案病人的施治则相对规模小、时间短，方法简单。有的瑶医或巫师当场“寄治”，有的是病人家属根据瑶医的嘱托进行“寄治”。最常见的几种“寄治”方法，一是将病“寄治”到自然界的某个特定对象上去，先在要寄治的物体面前烧香化纸说明原因和要求，然后将病人所穿的贴身衣服的一个角、一点洗澡水和一点饭食倒于该物体前，这个物体的名字属性也就成了患者的俗名、小名，如木保、水保、土保、火保、木生、树生、石生、牛崽、狗崽等。二是将病“寄治”到风、雨、雷、电或过往神仙、孤魂野鬼等非特定对象上，地点改在旷野荒地，也要将病人的一点衣角、一点洗澡水和一点饭食倒在该处，将病人的俗名改为风生、雨生、雷生、电生等。三是将疾病“寄治”到路上、桥上，将坎坷不平的路段填上泥土，或铺上石板，让过往行人踩，或通过走兽带往别处。四是在经常有人、畜通行的溪沟、弯坎之处搭建方便桥，在容易迷路的三岔路口埋上指示牌或指路碑。五是将病“寄治”到门坎、锄头、斧头、犁、耙、桌、椅、庙宇、石拱桥、凉亭等家用器具和建筑物上，然后经过一定的程序象征性地施治等。这里面有巫术，更有许多迷信思想成分，但其结果却在客观上一定程度地体现了瑶民积德行善，顺乎自然的良好愿望。

三、著名瑶医

盘子标 男，宁远人，湖南瑶族名医。盘子标幼年时家境贫寒，为谋生计，9 岁便到宝灵庵拜师学医习武，到 18 岁时已成为附近有名的瑶族医生。民国十七年（1928），盘子标应阳明山农民武装首领周文之请，为受伤士兵治伤，只几服草药重伤员就痊愈，从此名声大震。1944 年，鲤鱼村一个因躲避日寇兽行，在岩洞中受寒湿，导致左腿瘫痪的 12 岁少年，多方医治无效后找到盘子标，服用几服草药，即能下地行走。新田县的赵璞手臂摔断，经盘子标医治，20 天便完好如初。宁远县、新田县、祁阳县、道县等地登门求医的人络绎不绝，每年经他治好的病人达 500 人以上。盘子标对穷苦病患十分体恤，随请随到，不取分文；对趁人之危索取钱财、丧失医德的行为则十分痛恨。村民汤士怀借高利贷到连州挑盐，路遇土匪抢劫，被打得奄奄一息，家人求治无门，已准备后事，经盘子标徒弟医治得以康复。见病人家贫无以为谢，徒弟乘机索要汤家棺材。盘子标得知此事痛斥徒弟："为医行道者应该救人为上，以仁济世，接受谢礼应量山取材，无取就不取，你乘人之危，强要人家棺材，太不应该!"从此，断绝了师徒关系。民国三十四年（1945）盘子标因病离开人间，享年 66 岁。

赵进翰 男，蓝山县人。又名志才，号元春，生于清光绪二十年（1894）。8 岁始读私塾，后投师学地理、命理、医理等"三理"，曾任里长、协办员、三源学校管理员。从事过木工、油漆、铁匠、篾工、补锅等工作，成为瑶家无师自通的多面手。蓝山县解放后，1954 年被评为造林模范，出席省林业模范大会。

1958年公社化后，赵进翰因学过医理，会医术，识医药，被安排到联村大队师公岭创建大队卫生室。1960年大麻公社卫生院聘请赵进翰为草药医生，其间，赵进翰利用瑶医药治疗各种无名肿毒、风湿骨痛疗效显著而颇具名声。1962年，公社卫生院精简人员时，赵进翰回到本大队担任赤脚医生。他自采、自制常备草药百余种，内、外、妇、儿科兼治，尤以治疗外科见长。联村一赵姓妇女患"干虫"病数月，四处求医无效，干瘦如柴，行走十分困难。赵进翰将她安置在医务室，熬药煎汤、熏洗患部，只一个多月便治愈。赵进翰晚年带两名学徒，传医术给其孙。垂暮之年，赵进翰整理治疗[illegible]疾、风湿骨痛、跌打损伤、小儿疳积、妇女月痨、肾炎水肿等单方、验方100多个，万余字，于逝世后留下了瑶医药的宝贵财富，其中治疗水肿等验方被收录到湖南省中医药研究所编纂的《中草药单验方》之中。

杨爱义　男，江华瑶族自治县人，自幼随父巡山打猎的同时认识不少草药，学得不少诊治疾病的知识。后来一位曾受其家施过恩的乞丐将自己的诊治疾病之术传授于他，使其医术大为丰富与提高。杨爱义医德如其名，以满腔同情和一颗热忱的至爱至仁之心对待每一位求医者，很快名声远播。江华解放后，杨爱义竭诚为瑶山人民服务，擅长运用瑶医药的理论诊治风湿痛、跌打损伤、刀枪伤、畜兽伤、蛇虫咬伤、烧烫灼伤、肝炎、肾炎、高血压、消化道溃疡、咽喉肿痛、坐骨神经痛、妇女崩漏等疾病，疗效显著。曾多次受命为省、地领导治疗疾病，以取得的多项优秀业绩多次受到上级表彰。杨爱义多次参与教授学徒和县内药物资源调查等相关工作，为培养瑶医药后备人才、开发瑶山作出了积极的贡献，逝世后留下了瑶医药的宝贵财富。

盘上庭　男，江华水口人，自幼跟随亲戚学医，后又拜冯富财等多位老瑶医为师。江华解放后多次参加西医的培训学习，不仅扩大了视野，而且知识日丰，医技日湛。盘上庭针对瑶山湿气重、瘴疠多引发的风湿性疾病和痧病，以及寄生虫病、消化道疾病和妇科疾病多发、高发的态势潜心钻研，不断总结，从而积累了丰富的经验，成为诊治这类疾病的高手，为无数患者解除了痛苦。盘上庭竭尽全力在瑶山奔走，用自己的回春妙手为广大瑶胞服务，深受瑶胞们的赞誉，多次受到地、县表彰，逝世后深受瑶民怀念。

刘玉英 女，永州人。民国时期因家庭极其贫寒，4 岁就被卖给别人家，后多次被变卖，辗转来到江华瑶山，被一位好心人收养。童年的辛酸遭遇，使幼小的刘玉英对人间的不幸产生了同情心。在并不富裕的养父母家，懂事的刘玉英勤快、吃苦耐劳，全家人都很喜爱她，尤其是在当地有名望的祖母毫无保留地将自己的医术传授给这位非血缘嫡亲的孙女。刘玉英在协助祖母行医的过程中还得到多位擅长医术的亲朋好友的指教和传授。一位濒临死亡的“游方和尚”被祖孙俩治愈后，怀着感恩的心情传授给她很多秘方。多年来，刘玉英以善良、怜悯和同情之心，恪守不渝地遵循“治病救人、普济众生”的师训和意愿，为缺医少药的瑶山乡亲们服务，不论贫富，也不论亲疏，均一视同仁，且从不索取任何报酬。无论风霜雨雪，无论酷暑严寒，无论道崎途岖，刘玉英急病人所急，痛病人之所痛，只要有请，不分昼夜晨暮，从未耽搁看病、采药和治疗。从未上过学的刘玉英，凭着虚心好学，不仅熟练地识别和运用 200 余种草药，而且能诊断和治疗妇科、儿科、内科、伤科、传染科等科别 30 余个病症的疾患，尤其对妇女经带、不育、避孕、儿童疳积、口舌咽喉肿痛溃烂、痢疾、跌打损伤、骨折、疔痈疮疡、无名肿毒等病症的治疗具有独特的疗效。刘玉英不仅医术精湛，而且为人厚道，被瑶乡众多男女拜为“干娘”“寄娘”。2001年刘玉英去世，人们纷纷闻讯而来，祭奠这位瑶族人民生命的守护者。

赵进仁 男，江华瑶族自治县人，湖南瑶族名医。民国时期家境贫寒，生活困苦，从小目睹瑶族人民缺医少药的痛苦，立志学医治病救人。他以瑶族人特有的坚韧不拔和善良、质朴、博爱精神刻苦钻研，广撷博采，很快掌握了瑶医治病的技术，且医疗水平随着临床实践和深入钻研不断提高，赢得广大瑶胞的赞赏和爱护。江华解放后，国家发掘瑶医药，赵进仁被吸收进国家医疗队伍，在县人民医院利用自己擅长的瑶族医药为广大瑶胞服务。随着时日的流逝，赵进仁在诊治蛇虫咬伤、风湿骨痛、跌打损伤、体生肿物（生龟、长岩）、妇女隐疾等方面积累了丰富的临床经验，成功救治了众多病人。据不完全统计，在其逝世之前的几年里仅救治毒蛇咬伤的病人就达200余例，效果显著，无一人死亡、残废。慕名求医者远达县内县外，被群众誉为“菩萨医生”。逝世后留下了瑶医药的宝贵财富。

刘自旺 男，江华瑶族自治县人，湖南瑶族名医。自幼受身为老瑶医的祖父、父亲的影响熏陶，长大后勤奋学习，不断进取，很快也成为一个为人解除病痛的医生。在学医和行医中，刘自旺跳出“祖传家训”的小圈子，将西医与瑶医相结合，不断探索诊治疾病的新思路、新途径、新方法，使其医疗水平“青出于蓝而胜于蓝”，在瑶胞中有很高的知名度。刘自旺擅长治疗疳积和急、慢性肝炎、肾炎等疾病。疳积在瑶山是高发病，在婴幼儿和少年儿童中发病率相当高。刘自旺在祖传秘方的基础上，运用中、西医结合的理论和方法对秘方进行改进和完善，极大地提高了治疗效果，治愈数以万计的婴幼儿疳积患者，被誉为“疳积克星”。每当夏秋季节，湘、桂、粤三省（区）结合部的广阔瑶区来诊治疳积病、购买疳积药的人络绎不绝。刘自旺运用瑶医药诊治急性、慢性肝炎、肾炎也积累了丰富经验，疗效显著。辽宁、河北、广东、香港等地的病人远道慕名而来求治。刘自旺运用瑶医药防治山区疾病取得了优异成绩，多次受到省、地、县的表彰，连续担任三届县政协委员。

第十三章 体育运动

湖南瑶族人民十分注重身体健康，经常开展各类体育运动。传统体育项目多来源于生产生活之中，不受场地、器材限制，种类多样，形式各异，参与群众多，场面热烈，具有浓郁的生活气息和民族特色。瑶族地区群众体育活动多与民族节庆活动结合在一起开展，除有长鼓、舞龙、舞狮等本民族传统项目外，还有跳绳、滚环、踢毽子等大众体育活动，男女老少随意参加。大型庆典活动则有更具刺激性的表演项目“上刀梯”，十里八乡的人都会来观看。20 世纪 80 年代开始，各级体育和民族工作部门对瑶族传统体育项目进行了充分挖掘和整理。新中国建立后，群众体育开展起来，部分现代体育项目如篮球、乒乓球、羽毛球、广播操、田径等陆续在瑶族地区开展起来，尤以学校、国家机关、工矿企业单位较为普遍。

一、传统竞技项目

赛龙舟 湖南瑶族地区传统体育项目。隋、唐时期，湘南瑶族地区就盛行赛龙舟，此后历朝历代经久不衰，尤其道县赛龙舟更甚。道县的平地瑶至少在清末、民国时期直接参加过赛龙舟，当然参加活动和观看的平地瑶或过山瑶应不少。龙舟身长13～15米，有13～15舱，舱前龙头高约0.65米，舱后龙尾高约0.6米，有的龙舟舱前为虎头、凤头。按龙头所涂之颜色，分为金龙、黄龙、红龙、青龙、白龙，虎头涂红色的为红虎、涂黄色的为黄虎、涂金色的为金虎。掌龙头者多为有威望的人，服装统一由村寨或宗祠凑钱置办。比赛时，各队穿着不同颜色的服装，由掌龙头者敲大锣指挥，统一起点和开始时间，以在规定的河流长度内先到达终点者为胜。赛龙舟多在端午节举行。

木棒球 湖南瑶族民间传统体育项目。又称木头球，瑶语叫"毛莱玖"，流行于湖南江华涛圩镇、河路口镇一带。曾被列入全国和湖南省少数民族运动会，后因对抗激烈、报名参赛队伍少而被取消。据说，明成化年间的一天，瑶民在渡州寺欢度"万人缘"传统节日时，歹徒窜入捣乱，欢乐的气氛一下被搅得稀乱。一手持拐棍的老人与其说理，歹徒却用石头伤人。老人举起拐棍将石头一一击打回去，力道更足。歹徒见势不妙，急忙逃之夭夭。瑶民见棍击石头可以防身，相继练习。后来觉得石头易伤人，便削木头以代之，将直棍改为曲棍，形成了一种对抗激烈的体育运动。当地瑶民农闲时经常手持木棒，三五成群进行游戏。小孩放学回家，木棒球是他们玩耍的主要游戏。民间木棒球比赛的场地与器材并无严格规定。只要场地为平地，长50～60米以上，宽30～40米以上就行，球用硬度较大的油茶木有疙瘩的部分削成，直径3～4厘米，球棍也取材于山中的油茶木，一头弯曲，均为各人自制备用。玩木棒球或进行比赛，按传统规则议定一些注意事项，如万一球打在身上，打肿或出血，均不能认为是有意的；按约定胜球多的一方为胜，或三局两胜。活动分两队进行，每队至少要五六人以上。活动前进行分边，由一人用双手将另一人的眼睛蒙上，将放在场地中央球洞上面的球棍分成相等的两队，然后各人拿上自己的球棍开始活动。各队自行商定开球人、前锋、中锋、后卫。开球时，双方开球人相对站在球洞前，弯腰相互击打一下地面，再击打一下球棍，然后迅速从球洞里将球击出，谁的动作快，谁就能先把球击出，因此双方都会选身手敏捷的人开球。球开出后，中锋迅速将球接住往前锋方向打，前锋再迅速往底线打。对方队员则拼命防守抢球，千方百计地将球截下打往自己一方。双方你争我夺，得球之人或用球棍将球圈住迅速跑动，或奋力一击，球发出嗡嗡之声呼啸着飞出老远，甚至飞出底线，一球决定胜负。对方则用球棍对呼啸而来的球奋力拦截往回打，球又呼啸而去，双方你来我往，球来回飞过，甚是激烈。1987 年，中央民族学院体育组以流传的潜规则为蓝本，起草了《木棒球比赛规则》试行草案，并运用到全国和湖南省少数民族运动会的比赛中。

打陀螺　湖南瑶族民间传统体育项目。在瑶山广为流传，为广大青少年所喜爱。运动器材为陀螺和竹鞭，陀螺是用油茶木等硬木头削成的圆锥体，一般高 15 厘米左右、上部直径 10 厘米左右，底部最尖处钉上铁钉，防止高速旋转时磨损。也有直径 3 ~ 5 厘米的小陀螺。竹鞭是在竹棍上系棕叶而成。打陀螺时，先用双手握住陀螺上部，离地些许以顺时针方向用力旋转后松手，随即用鞭抽打，抽得越快，转速越高，陀螺在地上旋转越稳，当陀螺慢下来后用鞭再抽，它又继续高速旋转。如是两个陀螺撞击或比赛时，双方先将陀螺旋转再用鞭抽打至高速旋转后，用力将陀螺抽向对方击其陀螺，或旋转于某位置，另一方则将旋转的陀螺用鞭绳抽打攻击，双方轮流攻守，陀螺先倒地的一方为输方。此项目盛行于瑶族同胞的儿童时代。经发掘提炼，成为全省、全国少数民族体育运动会正式比赛项目。

高脚马 湖南瑶族民间传统体育项目，又名高跷。在文化活动中可见高跷表演，青少年尤爱开展高跷活动。瑶族高跷是在一根高约1.5～1.8米的木棒下端距地面30～40厘米处安装一根垂直于木棒的小木桩，木桩略宽于脚面，长约15厘米。也有用竹竿制高脚马的，即将竹竿较粗壮的竹子砍下，将枝条削掉，只留下下端三四厘米处的一对枝条，在枝条和竹子上缠上绳索，大小以套进脚不松为好。踩高跷时手持两根木棒，双脚同时分踩于左右小木桩上行走。该项目除群体表演外，主要有对抗性活动和竞速性活动两种玩法。对抗性活动，即两个人在高跷上利用行走的姿势在一定范围内用身体碰撞对方，坠落者或高跷跨出线外者为输方，一般是五局三胜。竞速活动则是两个或多人在同一起跑线上，踩着高跷向前跑，先到达终点者为胜。1986年，国家体育总局和国家民委统一制定规则，将高脚马列入国家和省级少数民族传统体育运动会正式比赛项目。

射弩 湖南瑶族民间传统体育项目。过去，弩是瑶族人民狩猎、自卫和战斗的武器。弩，一般分为编架弩、踏弩、连弩等。湖南瑶族多半使用编架弩。它由弩批、弩床、弩弦三部分组成。弩批又称弩弓，呈月牙形，弩床即弩身，上有弩槽，下有扳机，后有镶口，弩床四周有“郭”，“郭”中有牙钩住弓弦，“牙”下连接“悬刀”作扳机，扳“悬刀”而“牙”缩，弦弹矢发，威力很大。整张弩长50～100厘米不等，矢长30～40厘米不等。箭由箭杆和箭花（箭头）组成，多半用竹子做成。弩是瑶民随身携带的武器，狩猎要用它，战斗要用它，自卫也要用它。因此，平常日子里，瑶族人民要进行射弩训练或比赛，尤其是青少年聚在一块就要比上几箭，在规定的时间里用规定的箭数射击靶物，看谁射得准，射得多。改革开放后射弩被列入国家级和省级少数民族传统体育比赛项目。

抢花炮 湖南瑶族民间传统体育项目。抢花炮是一项对抗性极强的运动，在民间多为青少年喜爱。花炮为直径5厘米的铁环，外绕红绸。比赛以队为单位，每队上场10人，全场比赛时间为40分钟，上下半场各15分钟，中间休息10分钟。赛场长60米、宽50米。比赛时在赛场的两端放一花篮，铁炮则置于场中央。比赛开始，点燃铁炮、将铁环冲到空中落下时，双方队员蜂拥抢夺、突破、堵截，以抢到铁环并将其送至对方花篮次数多者为胜。1986年，经过整理并制定规则，抢花炮列入全省少数民族传统运动会正式比赛项目。

踢毽子 湖南瑶族传统体育项目。毽子自做，在一个铜钱上用布条缠上六根鲜艳的公鸡尾部羽毛。用铜钱做底是因其便于踢动，它本身的一点重量使踢起时始终以铜钱底面先落，便于再踢，羽毛则用来控制方向和速度，并起美观装饰作用。平时，青少年或中年人闲时各自练习、各自锻炼。当然也经常进行比赛，有二人比赛的，也有多人分边比赛的，或在规定的时间内踢多少个，多者为胜；或以花样多，踢时长者为胜。一般有盘踢、拐踢、蹦踢、间踢、翻踢、前踢、后踢等基本踢法。

二、民间体育活动

人龙 湖南瑶族民间传统体育项目。流行于湖南江华涛圩、白芒营一带瑶区。每逢盛大节日，稍大点的村庄均有人龙舞动。人龙一般由19人组成，每两人组成一节，一人站立，另一人跨于其肩，向后仰头搭在后一组跨者的腿上，双手扶住其双腿，后一组站立者双手扣住前一组仰卧者的胸部，各组前后互相连接，是为“龙身”。最前边站立者是身强力壮的成年人，一少年跨坐在成年人肩上，一少年胸系彩带挂在成年人胸前，少年用双腿夹紧成年人腰部，是为“龙头”。最后一组的骑者身向后仰，悬空摆动，是为“龙尾”。运动时，由“龙头”领先，作“之”字形、圆形、弧形路线走动，速度或快或慢。每个人用脖、肩、腰、腿的力量互相配合，协调行动。以变换队形来完成不同的动作，共有“串牌坊”等 18 套动作。人龙形成起因于瑶民进京告状，相传在明朝嘉靖年间，瑶民无法忍受当地官绅的压迫和剥削，推举 19 名代表上京告状，朝廷准状，瑶民告赢。当他们返回家乡时，受到家乡人民的隆重欢迎。19 名代表情不自禁地互相骑跨拥抱，集体舞动。其他人也逐渐参与进来，大家以此来表达激动的心情。此后，逐渐形成了“人龙”这一民族体育活动。

打长鼓　湖南瑶族民间传统体育项目。打长鼓瑶语称“播公”，历史十分悠久。长鼓两头大、中间小，有小、中、大三种之别。小长鼓称短鼓，长 70 ~ 90 厘米。中长鼓称长腰鼓或黄泥鼓，长 110 ~ 130 厘米。大长鼓长 200 ~ 250 厘米。无论哪种长鼓，均以木材和牛、羊皮作材料，涂上油漆，绘上龙凤图案。历史上，因曾用黄泥涂装鼓身，也称黄泥鼓。打长鼓，既是舞蹈，也是体育活动，因为打长鼓要旋转、跳跃，一会儿高，一会儿低，动作幅度大，全身都在运动。

三三棋　湖南瑶族民间传统体育项目。它以地面、石块、桌子、木板为棋盘，用石头、树枝、木皮、火柴甚至瓜子做棋子。在棋盘上画 3 个小、中、大的正方形，按重心重合套在一起，3 个正方形的 4 个角和边线中点相连，最小的正方形在底层，为空心，点、线相连构成了20条直线、24个点，形成24个棋眼。其棋盘结构和下棋规则体现的都是三，故叫三三棋。下棋时，对弈双方执不同颜色或形状的棋子，轮流在棋盘上放棋子、走棋。三三棋规则是先放后走。放棋子时，一方放成三点一线称为喊三，即将对方棋子压住了，使之不能成三，对方被压住的棋子，被拿掉。一方走成三点一线也称喊三，可拿掉对方一个棋子，谁的棋子无法走成三点一线或无路可走时为输。下三三棋有许多奥妙。放棋子时，一定要想方设法放成三点一线、二线、三线，压掉对方一子；走子时，要为自己造成多三的局面，努力阻止对方有三，特别要努力使自己形成坚不可摧的“推龙山”，即接连不断地喊三，拿掉对方的棋子，使对方形成不了三，对方没有讲和的余地，只有彻底认输。瑶族的三三棋，棋盘上的3个正方形和每条线上3个点代表三三棋，4条直线和斜线代表一年4个季度，12条横线和每人12个棋子代表12个月，24个点代表24个节气。它的核心是“三”，强调“天时、地利、人和”三者的统一，寓意心想事成，百战百胜。下三三棋趣味横生，启迪智慧，陶冶情操。

荡秋千　湖南瑶族民间传统体育项目。一般在一棵大树的横伸出去的树枝上拴两根长十多米的绳子，下端一头拴住一块木板。一人坐或站在木板上，双手抓住绳子，另一人轻推几下启动，再由荡秋千者利用推动后的惯性自身用力前后荡来荡去，用力越大，荡得越高，有的可以与树枝荡平。有的可以荡几十分钟，越荡越兴奋。这一项目危险性较大，却能锻炼瑶族青少年的胆量和意志。多用于锻炼身体，偶尔也有进行竞赛的。

武术　清代至民国时期，瑶族人民盛行习武。其项目有单刀、双刀、剑术、棍术、板凳和拳术等，以棍术和拳术为主。

棍长约2米，茶杯粗细，圆形，手握部位稍粗于击打部位，基本动作有劈、打、刺、扫、挑等，以跳跃动作相配合，动作刚健有力，多为个人练习，也有两人对打练习。拳术则有岳山拳、洪拳、罗汉拳、螳螂拳、梅花拳、形意拳、九嶷神拳、开柱拳、南拳、查拳、黑龙拳等。

三、著名运动员

王明娟 女，江永县人，湖南瑶族体育名将。2012年7月28日，在英国伦敦举行的第30届奥运会上，瑶族妹子王明娟夺得女子举重48公斤级冠军，为中国代表团夺得金牌。王明娟生长在江永一个普通瑶族农民家庭，1997年进入江永县业余体校开始进行举重训练。因成绩优异，先后被选拔进入湖南省举重队、国家举重队，并在国内和国际赛事中频频夺冠：2001年在全国运动会上夺得女子举重48公斤级冠军，2002年6月在捷克举行的世界青年锦标赛上夺得女子举重48公斤级冠军，2003年举重世锦赛上夺得女子举重48公斤级抓举、挺举和总成绩3枚金牌，并打破三项世界纪录，2005年获世锦赛女子举重48公斤级冠军，2006年在多哈举行的第15届亚运会上以绝对优势获女子举重48公斤级3块金牌，2009年在韩国举办的世界举重锦标赛上夺得2块金牌，同年在山东举行的全国运动会上以超三个世界纪录夺得一金，2010年在广州举行的第16届亚运会上获女子举重48公斤级冠军。夺取奥运金牌是王明娟心里最大的愿望，但2004年的雅典奥运会和2008年的北京奥运会，王明娟都因伤病而与奥运擦肩而过。但她没有气馁，而是更加刻苦地训练，终于在伦敦奥运会上圆了自己的奥运冠军梦。

第十四章　战事活动

在漫长的人类社会发展进程中，瑶族人民为了自身的生存发展与天斗、与地斗，与专制残暴的封建统治者顽强抗争，涌现了许多可歌可泣的英雄事迹。春秋战国时期，邦国林立，诸侯纷争。瑶族先民荆蛮对楚国的穷兵黩武极为不满，故起而反之。《后汉书·南蛮传》中说“楚武王时，蛮与罗子共败楚师，杀其将屈瑕”。东汉时，封建王朝加重了对蛮族的剥削，从而引发了瑶族先民的反抗斗争。如建武二十三年（47），以盘瓠蛮为首的武陵蛮发动大规模的反抗斗争。此后的一百多年里，瑶族先民的反抗斗争此起彼伏，连绵不断，先后有武陵盘瓠蛮起义，长沙、零陵蛮起义，桂阳蛮起义，起义斗争席卷了湘、赣、粤、桂等省和越南北部的广袤地区。两晋、南北朝时期，瑶族先民荆雍州蛮、湘州蛮、五溪蛮、莫徭蛮、桂阳蛮等或单独起义，或联合其他民族先民举行反抗斗争。唐王朝建立后，吸取“亡隋之辙”的教训，对农民采取“轻徭薄赋”“使民衣食有余”的政策，对少数民族则“不必猜忌异类，盖德泽洽，则四夷可使如一家”。由于政策宽松，瑶族人民得到了休养生息的发展机会，经过有唐一代，发展成独立的民族。唐末，湘南和两广北部的瑶族开展起义斗争，有力地支援了黄巢起义军。宋初，随

着王朝政权的巩固，对少数民族的统治转向任意歧视，动辄杀戮，甚至挑起事端随意征剿。如禁运食盐到瑶区，禁止瑶民与汉民贸易，在瑶区增兵派款，侵占瑶民土地，掠夺瑶民财物。瑶民苦不堪言，被迫举起反抗大旗。从宋太祖开宝八年（975）到度宗咸淳七年（1271）近300年的时间里，各地瑶族人民进行了十数次的反抗斗争，为其他民族少有。元代，民族压迫更甚于前朝，瑶族人民又掀起了反民族压迫和封建统治的斗争。在元王朝90多年的时间里，先后有辰州瑶、黔中瑶、沅州瑶、沅陵瑶、道州瑶、永明瑶、溆浦瑶举行反抗斗争，尤其元末瑶族的反抗斗争更甚，规模更大。如至正十二年（1352），永明瑶首邓四率领瑶族起义，坚持斗争达17年之久。明代，朝廷在瑶区建立卫所，实行“屯田驻军”，掠夺瑶民土地，激起瑶民反抗。永州、郴州、衡州、辰州、靖州、长沙等府、州、县的瑶族也义无反顾地举起斗争的旗帜。清代，瑶族人民的反封建斗争达到高潮，爆发了大规模的赵金龙起义、蓝正樽起义、雷再浩起义、李源发起义，沉重地打击了封建王朝的统治。

一浪高过一浪的瑶族人民反封建斗争，削弱了地主阶级在瑶区的统治，打击了封建王朝，加快了其灭亡的速度，但其斗争又因历史局限性和农民自身的局限性均以失败而告终。中国共产党诞生后，瑶族的人民革命斗争有了指路明灯，也赋予了斗争新的内容，即进入了推翻三座大山的新民主主义斗争阶段，斗争尽管复杂、艰难，却一直向着胜利大踏步前进。在党的领导下，瑶族人民参加了大革命运动、武装起义、抗日战争和解放战争。1949年冬，在中国共产党的领导下，瑶区各县相继解放，瑶族人民实现了民族平等、当家做主人的梦想。

一、湖南瑶族清代起义斗争

（一）组织架构

赵金龙义军组织架构 清道光十一年（1831）十月二十九日，江华赵金龙带领近千瑶民义军高喊着“打到北京去，杀死道光皇”，从两河口出发直扑锦田镇，打响了公开反抗清王朝统治的第一枪，旗开得胜，杀死巡检司官兵20余人，并将瑶民深恶痛绝的会党败类、恶棍邓潮湘、邓潮英等人一并打死，收缴了他们所掠夺的瑶民财物。义军在锦田发布文告，定年号为金龙元年。赵金龙起义时组织了1000余瑶民参加义军，他与赵文凤、赵福才等头领商议了义军的组织架构：赵金龙为王，称大朝王；赵文凤、赵福才为大朝王的左右手，称将军；下设绿袍头领、红袍头领、黄袍头领，头领可随队伍增加而增设，唐八、唐三、唐四、赵金旺等人为各袍头领；头领下设若干小队，每小队为20人，每一头领率若干小队；设红蓝旗兵若干，为执旗先锋。所有义军均头裹红布。正月二十四日，湖南提督海凌阿率宝庆协副将马韬等3000余官兵，从宁远向蓝山进剿义军，赵金龙率部在蓝山祠堂圩设下布袋阵，全歼官兵。这一仗打出了威风，义军队伍迅速扩大到10000余人。赵金龙又把队伍分成三个大队，每个大队下设若干头领，每个头领所率小队不变，赵金龙与赵文凤、赵福才两将军各指挥一个大队分头出击。

蓝正樽义军组织架构 清道光十六年（1836），继赵金龙起义失败后，在新宁八峒瑶区又暴发了蓝正樽领导的湘桂边瑶族起义。义军组织架构为：王、军师、大元帅、司、将军、伯侯等。蓝正樽为王，称卫王，改元刚健；张元禄为军师；罗才清、邹元佑、蒋玉元为大元帅；陈仲朝、陈久拔、陈仲德为敬贤司，张学修、张昌虎、杨再光为敬良司；李柏为将军；张昌沛为伯侯；蓝正耀管运粮草。并由杨再光撰写诏书发布“王政十三条”，建立农民政权。义军将军、司、伯侯以下的设置没有，其组织架构不完整，因缺乏资料，其设置到底如何不得而知。

雷再浩义军组织架构　蓝正樽起义失败后，其部将雷再浩再举义旗，于清道光二十七年（1847）在新宁八峒瑶区的黄卜峒宣布起义。其组织架构为总大哥、大将、头目。雷再浩将义军分为前、后、左、右、中五营，各以不同颜色的旗帜为标志。封李尚开为中营大将，万连兴、刘祚旺为前营大将，龚卿宗为后营大将，肖兴富为左营大将，李必田、李佳柏为右营大将；陈新进、蒋武伦为头目；李源发为“铁板”四处侦察联络。雷再浩、李世德为总大哥。全军由总大哥统一指挥，各营相互策应。

李源发义军组织架构　雷再浩起义失败后，其部将李源发继续组织瑶民进行斗争。道光二十九年（1849）十月十三日，李源发率众于深夜起义。三更时分，李源发率300多义军在新宁县城东门外以火为号，先潜入的义军打开城门，义军一举入城攻打县衙，活捉并就地镇压了知县万鼎恩，占领了新宁县城。义军立即着手抵御官兵的反攻。义军亮出“劫富济贫”旗号，得到城内人民的支持。李源发派人到湘桂边界发展组织义军入城。李源发将义军分成前、后、左、中、右五营，各营设头目一名，称为大哥，以谢有兴、罗沅发、陈尔坤、罗登爵、刘复昌分别为各营大哥，李源发总管五营，为总大哥。李源发与各营大哥六人组成义军领导核心，各营下设若干铁板（小队），五营内精选士兵组成先锋队。李源发住后营，营前树有“三军司令”“劫富济贫”两面大旗，各营均制五色大旗，义军一律蓄发，身扎红、蓝布，统一号令。后来李源发又根据义军队伍壮大的情况和新的战斗的需要，在义军总部新设军师二人，各营重新挑选了先锋，设立十余头目。李源发自称王爷，统领义军。

（二）战略战术

伏击战术 瑶族人民居住在深山老林，其反抗斗争起义的始发地也选在深山。一来深山隐蔽，便于宣传发动和举事；二来，瑶族人民善于登山，并且对山林十分熟悉，在力量没有壮大之时，便于在消灭敌人的同时，更大限度地保存力量。因此，起义发动后，瑶族起义军多采用伏击战术。如赵金龙起义后，多次利用山高路险之地设下埋伏，将永州镇总兵鲍友智等人率领的官兵打得落花流水。一个多月内先后占领江华麻江、蓝山五水瑶山、宁远大小紫荆等处，义军发展到3000多人。又如，李源发义军于道光二十九年（1849）十二月初四日，在八峒瑶区的八角亭设下埋伏，当守备熊钏率清兵前来时，李源发一声令下，四面擂鼓吹号，义军如猛虎下山拦腰冲击清军，将清军打得措手不及，死伤无数，守备熊钏被击毙，随后率乡勇赶来的候补知府刘炳南也被一举歼灭。道光三十年（1850）元月二十六日，李源发义军又在广西阴木坪打了一场漂亮的伏击战。当广西署庆远协都司邓宗武、湖南军功训导衔邓树堃一道率清军、乡勇追剿义军抵达阴木坪时，一部义军从自门村冲锋而出，另一部从高岭扑下，清军、乡勇被打得惊慌失措，四处逃窜，伤亡惨重。署都司邓宗武、署守备苏秉华、署千总周荣均被击毙。邓树堃则下落不明。

游击战术 游击战术是瑶族起义军最常用的战略战术。高山大岭，便于与官军周旋，并于周旋中伺机消灭敌人，取得局部胜利，积小胜为大胜。如李源发义军在坚守新宁县城一个多月后成功突围到八峒瑶区的大绢峒安营扎寨。李源发义军在大绢峒休整几天后，根据新的形势和义军善于登山、长途跋涉的特点，决定在湘、桂、黔边界，联合劳苦大众，以灵活的游击战术“抗拒官军”。道光二十九年（1849）十二月初四日，取得八角亭伏击战胜利之后，李源发率义军按既定行动计划，放弃湖南山地，翻山越岭向广西银广山和猴背山一带转移。在击伤一些广西官军后，又于十二月二十三日翻越茅草老山，转战到湖南城步山区，据险以守。义军牵着清军的鼻子走，一时在湖南这边，一时又在广西那边，一有机会就猛烈地打击敌人。如道光三十年（1850）元月十八日，李源发在绥宁的长安堡，瞅准机会对尾追的参将玛隆阿等清军狠揍了一顿，打得清军鬼哭狼嚎，玛隆阿和3名千总被击毙。义军灵活的游击战术，使清军伤透了脑筋。据《清代档案史料丛编》记载，当时广西巡抚郑祖琛面对义军的游击战毫无办法，哀叹道：“贼匪等常常入粤楚交界地方屯聚，于崇山峻岭人迹不到之区，附葛攀藤，盘旋上下，东突西冲，其势甚炽，势能再进。”

滚石檑木阵 瑶族起义军的战斗武器多样，有铁制的，也有木、竹制成的，还有火炮。此外，义军还常常因地制宜，利用石头和木头打击敌人。如赵金龙起义军在长塘冲、五水瑶山、鲁观瑶峒和祠堂圩战斗中，均用到滚石檑木。义军在半山腰修筑好工事，将滚石檑木放置在阵地前，当敌人进入伏击圈后，撬动檑木和滚石，只见石头和檑木飞滚而下，狠狠地砸向敌群，义军继而跃出战壕，冲杀敌人。道光三十年（1850）四月二十一日，李源发义军在新宁的金鸡岭，也是利用滚石檑木阵打败了敌人。当敌人仗着人多势众，分五路上山仰攻义军营寨时，义军不畏强敌，先施放枪炮，继而撬动檑木滚石，只见轰隆隆急滚而下的滚石檑木，将半山腰的敌人砸得连滚带爬，死伤累累，败下山来。

布袋阵 瑶族起义军熟悉山区的地形地貌，善于利用大自然的杰作布置阵法。他们在敌人必经之地，选择两边是悬崖峭壁，中间稍开阔，两头狭窄的绝险之地布置布袋阵，转劣势为优势，消灭敌人。如道光十二年（1832）二月十四日，赵金龙在蓝山祠堂圩巧妙地布下布袋阵，取得战斗的绝对胜利。祠堂圩位于蓝山县西北部，距县城25千米。祠堂圩的北面、东面是溪谷平原和丘陵相互交错，南面是中低山，为石灰石构造的山体，山势高大、陡峭，一条官道从山底通过，是从宁远经蓝山至广东的必经之路。其中的五华里地段，地势险要，恰似一"长形布袋"。当赵金龙侦察得知，湖南提督海凌阿率宝庆协副将马韬等官兵于二月十四日从宁远进发蓝山，对义军展开围剿时，决定在祠堂圩布置布袋阵：在"长形布袋"的进口，即从宁远方向来的山口村两边高山上，由唐八带领和指挥两个支队，选好地形埋伏，待清军全部进入山口之后，截断其退路；靠近"长形布袋"中段的地方由赵文凤和唐四各指挥一个支队布置滚石檑木阵和陷阱阵；再进里许安排4个支队，待"滚石檑木阵"发动后用火炮射击敌人，再以猛虎下山之势冲入敌阵厮杀，由赵金龙亲自指挥，具体事项由唐三负责；后段以1个支队埋伏，以堵敌前进之路，消灭向前冲出之敌，由赵福才指挥。清军果然中计，一仗下来全歼3000余官兵，只有副将福珠和外委杨芳春二人趁混乱从山沟逃走。祠堂圩大捷，沉重地打击了围剿的清军，大长了义军的志气，打出了军威。消息迅速传遍湘南、

两广北部，瑶民和贫苦的汉族人民纷纷参加义军，义军队伍迅速发展到10000多人。

陷阱术 瑶族起义军常将狩猎之术用于战斗中。在通往驻地的各个路口设置陷阱，并将敌人必经之地路面挖成大小不一的陷阱，有几平方米的，也有几十平方米的，然后砍来碗口粗的竹子，砍成一米多长一节，两头削尖，一头插入泥土中，一头向上，密密麻麻，形成竹签网，路面用树枝和茅草掩盖，再用泥土盖面复原，人和动物一踏上陷阱即掉入其中，立时就被下面的竹签刺中，不死即伤。围剿义军的官兵最怕义军使用陷阱术。

攻坚战术 瑶族义军在利用游击术的同时，也采用攻坚战术。如蓝正樽率义军攻打武冈县城，李源发义军攻打新宁县城，赵金龙义军攻打新田县城等。祠堂圩伏击战后，赵金龙将迅速壮大的队伍分成三个大队，分头行动，互为犄角。赵金龙亲率一路从宁远进攻新田。义军攻到距新田县城只有十多里的地方，消灭了一些乡勇。这时，清军防堵合围的大部队尚未到达新田，县城只有原驻此地的各塘讯官兵和一些乡勇，形势对义军有利。赵金龙指挥四千余义军发起了新田县城攻坚战。义军对县城的四门发起攻击。先用火炮强攻，继而用檑木撞击城门，架云梯爬城墙进攻。在义军的进攻下，西、南、北门岌岌可危。知县王鼎铭带官兵打开东门，出城与指挥进攻东门的赵金龙义军激战。义军英勇无畏，对着官兵奋力冲杀。赵福青一枪将王鼎铭挑毙于马下，出城迎战官兵大部被消灭。义军乘势攻入城内，消灭了城内守敌。新田县城被义军攻下。

突围战术 突围战术也是瑶族义军常用的战术，他们在被敌人突然包围的情况下，想方设法进行突围，以摆脱敌人，保存有生力量。道光二十九年（1849）十月十三日，李源发率义军于深夜三更时分，在先潜入的义军配合下，一举入城攻打县衙，活捉并就地镇压了知县万鼎恩，占领了新宁县城。随后采取灵活机动的战略战术，与前来征剿的清军在县城内外展开了四十余天的攻守战。清军见久攻不下，便从城外挖地道炸毁城墙，企图突入城内，并用大炮进行连环轰击。李源发料难久守县城，便决定突围，主动放弃新宁县城。李源发先组织敢死队轮流在南门放火开炮，进攻官兵，使官兵认为义军欲从南门突围，而加强对南门的防守。造成南门突围的假象后，李源发趁阴雨夜黑，率义军秘密从东北角的学宫背后成功突围。

（三）起义领袖

赵金龙 男，江华人，湖南瑶族起义领袖。生于清乾隆四十四年（1779），自幼禀性刚毅，好文尚武，对清朝统治者欺压瑶族，“攻焚瑶峒”“焚戮殆尽”的罪恶行径极为不满。道光十一年（1831）“山田升科”，加上连年灾荒，瑶民无以为生。赵金龙与结拜兄弟赵福才商议决定于道光十二年（1832）正月初四起义。正在此时，广东连南官吏“访拿”赵金龙的妹妹，企图霸占为妻，引发瑶民与官府的冲突。赵金龙见势危急，率瑶民提前于道光十一年十二月二十九日在长塘冲起义。士兵们头裹红巾，高呼“打到北京去，杀死道光皇”口号，一举攻下锦田，杀死官吏及地主20余人。道光十二年正月初三，赵金龙与赵福才分率义军，采取左右夹击的战术，挫败永州左营游击王俊和江华知县林先梁官兵。此后，又在蓝山祠堂圩全歼湖南提督海凌阿和宝庆协副将马韬率领的3000余官兵，义军队伍迅速发展至上万人。赵金龙与赵福才、赵文凤兵分三路，各率一支队伍活动在宁远、新田、桂阳、常宁等地，攻克新田县城，杀死知县王鼎铭。三月二十日赵金龙率义军全力进攻洋泉镇，不料恰中清军诱敌之计，被数千清兵层层包围。义军困守洋泉月余，数次突围未果，终因寡不敌众失败。赵金龙英勇牺牲，时年53岁。

蓝正樽 男，新宁人，湖南瑶族起义领袖。蓝正樽生于清乾隆五十一年（1786），号元旷，邑庠生，自幼嫉恶如仇，胆识过人。道光十四年（1834），蓝正樽与陈仲潮等人拟定一个“严客民”“逐汉奸”，改善和发展乡里的计划，提出“改庵为祠，以族化乡；鼓励勤耕，发展生产；广兴义塾，崇尚礼让”思想，上报官府后不仅没有被采纳，反遭迫害，蓝正樽被多次追捕，只得躲避于八峒瑶山。看清了封建官府本质的蓝正樽，决心武装抗清。他组织“龙华会”，大力宣传反清主张，贫苦农民纷纷响应，入会者近4000人。道光十六年（1836）二月，蓝正樽在九龙庵大扎将台，称王拜将，宣布反清起义，自称“卫王”，改元“刚健”，发布“王政十三条”。蓝正樽将义军兵分三路，攻打武冈州城，未果，退守蔡家田塘蒋氏宗祠。当地团练头子暗中勾结清军，以宴请义军的名义，内外夹击攻打义军。蓝正樽杀出重围，携子化装逃往广西，起义失败。蓝正樽逃往广西金秀后，在金秀地区瑶族同胞的掩护下，继续从事天地会的反清斗争。道光三十年（1850）病逝，终年64岁。

雷再浩 男，新宁人，湖南瑶族起义领袖。生年不详。清道光十六年（1836）蓝正樽起义失败后，许多瑶民因株连被杀，村寨被焚毁。雷再浩毅然接过义旗，联合广西全州的李世德，于黄卜峒承（神）天堂筹划再次起义，拟于道光二十七年九月十八日（1847年10月26日）攻打新宁城。但不幸走漏了风声。

雷再浩遂发布《讨满檄文》，决定提前起义。九月八日雷再浩在黄卜峒率众起义，李世德也在全州滑溪同时宣布起义。十二日，官兵乡勇200多人围攻黄卜峒。雷再浩设防未固，率义军赶往全州与李世德会师，并于十四日进攻全州咸水口，大挫官军。后率义军攻克瓜里，入五排，越小池山岭与广西官兵激战，击毙官兵40余人，夺得大批军火。义军乘胜攻占白洞、梅塘、石门坪、茶坪、大托等地，队伍迅速发展到3000多人。清政府急令广西、湖南巡抚力剿。李世德一队被打败，李世德愤而自缢。雷再浩收拢余部，转战广西、湖南，击毙守备李廷杨等兵丁80余人，缴获台炮22架、鸟枪数十支。清廷又急调兵力加紧围剿，雷再浩接连受挫。义军内的叛徒又暗约官兵设伏，二十六日，雷再浩率义军出八峒，行至茅庵，被伏击的官兵打了个措手不及，叛徒乘雷再浩不备之机，将其绑缚，送至清营。起义失败。年底，雷再浩在长沙英勇就义。

李源发　男，新宁人，生年不详，清代瑶民起义领袖。清道光二十七年（1847）新宁雷再浩发动起义时，李源发积极参加起义，成为雷再浩的一名得力部将。雷再浩牺牲后，李源发改用“靶子会”的名义，收拢起义军残部，于道光二十九年（1849）十一月，率领起义军一举攻占新宁县城，捣毁官府，杀死县令，开仓济贫。瑶、汉族贫苦农民纷纷加入义军，队伍壮大。义军转战于湖南新宁、城步和广西全州、兴安、灵川、龙胜、融安、永福、阳朔、荔浦、修仁等瑶、壮族地区，均对各地官军予以痛击。尤其是在龙胜击毙清军参将玛隆阿，令整个桂北地区为之震撼。次年六月，朝廷调集重兵围剿，李源发战败被俘，被押解到京城杀害。

二、湖南瑶族新民主主义革命活动

（一）活动史迹

八峒瑶民的革命斗争 1926年，北伐军挺进湖南，革命形势一片大好。在中国共产党的领导下，农民运动如火如荼。在外地革命影响下和进步教师李镇邦的宣传发动下，八峒瑶区的农民运动也随之轰轰烈烈地开展起来。9月，李镇邦当选为新宁县农民协会候补执行委员。会后李镇邦等人在八峒瑶区各峒奔走，发动瑶、汉人民积极加入农会，与土豪劣绅展开斗争。一时，瑶山80%的农民申请加入了农会，革命积极性空前高涨。10月，省农会派特派员到新宁八峒，与李镇邦等人深入黄崖、桃盆、圳源等峒做宣传发动工作，于月底成立了八峒特区农民协会，李镇邦任委员长。从此，农民运动风暴以摧枯拉朽之势席卷整个八峒瑶区。雷泽生、李麻子、雷德轩、雷菊川等各峒土豪被迫开仓退谷、罚谷清算。农村的封建恶习吸食鸦片、盗窃等被严厉打击。长沙“马日事变”后，革命转入低潮。八峒外逃的土豪劣绅纷纷回乡向农民反攻倒算，掀起一股所谓“打暴徒”的逆流。李镇邦等人转入地下与农民自卫军队长李达生率自卫军进行艰苦的斗争。1928年3月，李达生、李镇邦遵照党的指示率自卫军300余人绕道进入八峒的深坳岭，利用有利地形建立根据地，准备长期开展武装斗争。一些农运骨干也秘密回到瑶山。大土豪刘伯斌和匪首陈光中等反动分子闻讯立马率挨户团进峒追击，被击败。不甘心失败的刘伯斌等人再三进峒“进剿”，却是三进三败。恼羞成怒的刘伯斌等人于是不择手段地将李达生父亲扣押起来，限五天之内缴枪投降。为救父亲，李达生不得不放下武器。一场坚持斗争一年多的农民武装斗争随之失败。

湘南暴动　1927 年 11 月，朱德、陈毅率领南昌起义保留下来的部队，转战粤、湘、赣三省边境地区。26 日至 28 日，朱德在湘南的汝城召开会议，研究部署在湘南和粤北地区发动农民武装暴动。1928 年 1 月，中共湖南省委根据中央指示，布置各地利用“宁汉战争”之机，发动年关暴动。1 月 20 日，由朱德、陈毅和中共湘南特委领导的湘南暴动正式爆发。朱德、陈毅率领南昌起义保留下来的部队在中共宜章县委的配合下，智取宜章县城，建立了宜章县苏维埃政府，揭开了湘南暴动的序幕。接着部队改编为工农革命军第一师，朱德任师长，陈毅任党代表。部队击溃了进攻宜章的许克祥部六个团，乘胜北上郴县、耒阳，发动湘南全面暴动。紧接着，郴县、永兴、耒阳、资兴、祁阳、安仁、桂东、汝城、衡阳、酃县、衡山、零陵、常宁等地相继发动暴动。2 月上、中旬，朱德、陈毅率工农革命军第一师在地方党组织和暴动农军的配合下，相继攻占郴县、永兴、资兴、耒阳，暴动队伍发展到上万人，组建了工农革命军第三师、第四师。同时，在资兴、郴县、永兴、耒阳、桂阳、安仁等县成立了苏维埃政府，并于 3 月 16 日在永兴召开湘南工农兵代表会议，选举产生了湘南工农兵苏维埃政府。湘南暴动发生在湘南瑶区，许多瑶民积极参加农会组织，并积极参加年关暴动，有的参加部队，英勇作战。湘南暴动对瑶区，尤其是对瑶族人民具有极大的震撼和激励作用，从此瑶族人民奋不顾身地投入革命斗争行列。

江、宁、永、道暴动　1927 年 8 月，中共湘南特委派罗醒吾到江华、永明、道县、宁远传达党的“八七”会议精神，要求各县党组织迅速发展壮大党的组织，整顿恢复农民协会，开展农民运动。12 月底，罗醒吾以湘南特委特派员的身份再次来到江华，召开有江华、永明、道县、宁远党组织负责人参加的会议，传达湘南特委和湘南暴动指挥部的命令，要求迅速组织以革命形势比较好的江华为中心的江（华）、宁（远）、永（明）、道（县）四县农民武装大暴动，成立了暴动指挥部，制订了暴动计划。计划要求暴动不管成功与否，主力部队必须向蓝山、桂阳进发，与湘南暴动部队会合。会后各县积极筹备暴动的一切事宜。江华于 1928 年 1 月成立江华县农工武装暴动指挥部，由县农民协会委员长何云溪任司令。在秦山区和岭东区组建两个农民赤卫队，计划先夺取岭东、秦山两个区公所，再向县城进军，建立苏维埃政权。正当起义按计划紧密组织时，江华岭东区赤卫队司令唐崇荩叛变，向县政府告密。敌人对革命举起了屠刀，领导暴动的罗醒吾、兰世铠（瑶族）、唐汉民（瑶族）、蒋应采、王贤能等被捕牺牲，其余领导人被迫奔走他方，许多共产党员和农会骨干被杀害，暴动夭折。

红七军过江华 1930 年 10 月，红七军和红八军一部在广西河池合编为红军第七军后，按照中共中央“不能坚持，便会合朱毛（朱德、毛泽东）”的指示，由张云逸军长、李明瑞总指挥、邓小平政委率领向湘桂粤边界转移。1931 年 1 月 9 日，红七军攻占江华县城沱江，并休整两天。红军在城厢区各街巷用水粉“满缮标语及布告”，进行革命宣传；将监狱所有“囚犯”全部释放；没收富户，开仓济粮。11 日在撤离沱江时，与江（华）、道（县）、永（明）、宁（远）团防队和义勇队的千余人激战，36 名红七军战士壮烈牺牲。红七军翻越勾挂岭，走桥铺，出黄庭，进入大圩，在此停留两天，刷标语，召开座谈会，进村入户向瑶、汉人民开展革命宣传，同时镇压了罗家寨的大土豪罗恢之。在大圩，红七军政治部设在一于姓住户家里。战士们在这户人家的土墙和板墙上写满了红军标语、红军《士兵四字经》，画上了马克思像。14 日，红七军进入广西桂岭。17 日，红七军由广西桂岭一带再次进入江华，到达大锡一带，在大锡、栗木、中寨一带打富济贫，开仓放粮，四处宣传，受到瑶、汉人民的欢迎。19 日，红七军由安宁、瓦城等地出发，过横江、竹市进入广东连州，再入湖南郴州，从汝城方向向井冈山进发。从红七军进入江华始，一路上有贫苦的瑶、壮、汉人民为红军带路，把红军迎进家中款待，为红军筹粮备饷，邓远积等一些优秀的青年还参加了红军，一同上了井冈山。

参加桂北瑶民起义　1932 年 9 月，在兴安、全县（今全州）、灌阳三县交界处的桐木江，瑶民凤福山、凤福林召集周围四十八源瑶民以祭盘王为主题打“开天醮”名义，宣传准备武装起义。此时，灌阳瑶民的山场被汉族地主霸占的官司久拖未决，地主与民团勾结扬言要剿平瑶寨，杀绝瑶民。各地瑶民闻听此事义愤填膺，在凤福山、凤福林召集下再次聚集到桐木江打醮，推选了凤福山等起义主要领导人，随即宣布武装起义。9 月 13 日，3000 多义军会集灌阳五龙庙进行点兵仪式后分三路攻打罗家坪，击伤击毙敌军十余人，缴获枪支数十支，兼任民团副司令的敌副县长秦仲刚率敌军仓皇逃跑。广西当局做了一些和解工作，义军首领考虑起义准备不足，加上扬言要剿平杀绝瑶民的民团首领姜民超已被广西当局法办，义军遂暂时解散。然而广西当局出尔反尔，设计将义军首领凤福山、凤福林逮捕投入监狱。凤福林以凤福山出狱为条件承担了全部责任，遭到国民党反动派的杀害。消息传出，宝盖山下四十八源瑶民义愤填膺，立誓报仇。凤福山、凤宝山等人决定立即举行大规模的武装起义。他们派骨干分别到全县、灌阳、兴安、资源、龙胜、义宁（今临桂）、永福、阳朔、荔浦、恭城，以及湖南的永明、江华、道县、零陵等县广泛联络。起义以桐木江为总部，要求各地瑶民2月同时起义，并服从桐木江总部调遣，各地均要先攻下县城，然后合击桂林，最后打到南京建立政权。从1933年1月开始各地瑶民纷纷以打醮的形式发动群众，同时于2月20日起义。一场大规模的桂北瑶民起义正式打响。江华、江永、道县、零陵的瑶民虽没有在本地举行起义，但有许多瑶民前往广西全州、灌阳、兴安等地直接参加起义斗争。各地义军猛力向灌阳县城、兴安县城、龙胜县城进军，一路打败许多民团和当地小部驻军。灌阳县城被义军包围，敌仓皇出逃，后因敌回防较快，义军被迫撤退。龙胜义军进驻到距县城只有五里的山东寨，曾一度猛攻县城。桂北各县瑶民同时暴动，震惊了国民党政府，李宗仁、白崇禧亲自下手谕，派第七军前往镇压。面对配备飞机、大炮、机关枪等现代化武器的国民党军队，瑶民仍英勇奋战，顽强斗争。但因义军力量分散，组织不力，斗争方法不系统、不科学，最终于3月27日失败。这次起义斗争的历史意义在于瑶民用血的代价，唤起了人们对瑶族恶劣生存环境的关注，迫使国民党政府对瑶民实行减免赋税、以工代赈、鼓励垦殖、发放贷款等经济政策；同时设立苗瑶特种学校，一律免收学费；颁布法令，禁止汉人到瑶区骚扰等，客观上利于瑶区社会经济恢复和发展。

红军长征过瑶区 1934年10月，井冈山中央革命根据地第五次反围剿失败，中央红军被迫进行战略大转移，举行举世闻名的二万五千里长征，北上抗日。红军在突破蒋介石设在信丰、安远间的第一道封锁线后，即进入湖南南部瑶族居住区。红军在注重革命宣传，号召贫苦人民参加红军的同时，十分注重执行党的民族政策。11 月 16 日，当红一方面军进入蓝山后就广泛地接触瑶族群众，了解瑶族习俗、宗教信仰，宣传党的民族政策。11 月 25 日，红九军团进入江华后，军团政治部编印了《告苗瑶同胞书》，并发了通令，要求部队严格执行，广泛地向苗、瑶同胞宣传革命，宣传红军，号召他们起来同蒋介石国民党统治进行坚决的斗争，自己解放自己。紧接着，红军总政治部于 11 月 29 日给各军团发布了《关于瑶苗民族中工作的原则指示》和《对苗瑶民的口号》。“口号”共有 13 条。“原则指示”共分七大点。第一点说的是瑶、苗的分布，是弱小民族，历来遭受汉族统治阶级的民族压迫和剥削。第二点指出对瑶民（或苗民）的基本主张：是反对一切汉族压迫与剥削，汉民与瑶民的民族平等，给瑶民彻底的自治权。第三点和第四点指出：瑶民在经济和文化上是极端落后的，其内部的阶级斗争不明显，因此瑶民内部是团结的，他们反对民族压迫，在革命的影响下和头人的带领下已经同国民党进行了流血的武装斗争，红军要利用革命影响，尤其要通过与瑶族上层订立政治军事同盟，尊重他们的统治方式、思想习惯以及宗教仪式，由他们去接近广大的瑶民群众，去推动广大的瑶民群众进入革命斗争阵线，促使瑶民的革命斗争进一步开展起来。推动他们中的革命分子走上领导地位，并团结他们，从中把优秀分子发展为共产党员。第五点指出：汉族人民同瑶族人民一样同样是受压迫和剥削，是阶级兄弟，要联合起来，同心协力，为推翻帝国主义和国民党统治而奋斗。要反对两种民族主义，加强瑶、汉民族之间的团结。第六点指出：苏维埃和红军不但是汉族民族的政权和武装力量，也是中国所有被压迫民族民众的政权与武装力量，欢迎广大瑶民到苏维埃政权中来，到红军中来。至于瑶族中是否愿意建立联合政府、苏维埃政府，自己成立瑶民苏维埃共和国，或中华苏维埃共和国的一个区域，或建立人民政府，或建立瑶民自己的工农红军或人民军队，那完全取决于瑶民自己，由瑶民自己决定。第七点则指出：要在瑶民中广泛进行共产主义宣传，不断地吸收他们中的先进分子入党，在瑶民中发展党的组织，教育瑶族群众只有共产主义才能使瑶族群众最后得到解放。这一“原则指示”，说明中国共产党对解决中国的民族问题，由感性认识升华到理性认识，体现了党的民族政策正在逐渐成熟。“原则指示”发到各军团后，引起了很大的反响，也引起了瑶民的很大反响。促进了瑶族群众对革命的认识、对中国共产党的认识。他们积极地为红军提供情报，当向导，挑运物资，为红军筹集粮饷，为红军腾房让铺，抢救、护理、掩护红军伤病员，并踊跃参加红军队伍，与国民党进行直接的斗争。红军过瑶区时有数百人参加红军，其中不少是瑶族热血青年，仅江华就有 100 多人参加红军。红军攻克江永县城时，瑶族人民穿着艳丽的服饰与各族人民一道拥到城里来欢迎红军过境，给长征的红军战士们留下了深刻的印象。

小源村红六军团会议 1934 年 7 月，中央红军“第五次反围剿”陷入困境。为了调动和牵制敌人，减轻中央根据地的压力，党中央和中革军委决定派出红六军团作为北上抗日先遣队，探索战略转移路线。在给红六军团的命令中指出：我军突围后，第一步到达湖南桂东地域，发展游击战争，推广游击区域。第二步到达新田、祁阳、零陵地区，发展游击战争，创立新的革命根据地。第三步横渡湘江，向新化、溆浦广大地区发展，并向北与贺龙、关向应领导的红二军团取得联络。8 月初，任弼时、萧克、王震奉命率领作为红一方面军远征先遣队的红六军团 9700 余人，离开湘赣根据地，从横石、新江地区出发，连续突破敌人的封锁线，抵达桂东地域。但鉴于敌情，中革军委命令中的第一步计划无法实现，遂提前执行第二步计划，穿越郴宜公路，绕过桂阳县城，进军零陵地区（今永州市）。8 月 20 日上午，红六军团先头部队从桂阳县古楼圩、芹溪胡家一带进入新田县白杜窑村，并迅速向县城进发，于下午占领新田县城。主力则于傍晚进入新田莲花塘小源村一带。在小源村，红六军团召开了团以上干部会议。会议着重分析了敌情：湖南方面何键调集两个师、一个旅、四个保安团围追堵截红军，广西方面调集第七军两个师及兴安等县保安团防堵红军，同时，国民党地方政府及驻军也急令乡兵做好各种准备阻挡红军。会议研究决定：乘敌人还没有完成部署，选择有利地形，抢渡湘江，向新化、溆浦地区前进。军团长萧克说：水深流急的湘江对岸敌重兵把守，渡江绝非易事，选择好渡江时间和地点是关键。军政委员会主席任弼时强调了纪律和政治宣传工作。第二天，红军离开小源村，经潭田进入新田县城。

红军激战蒋家岭　蒋家岭系红军长征先遣队红六军团与国民党军激战之地。蒋家岭位于都庞岭北端，为湘、桂两省交界处，是从道县通往广西永安关的前沿阵地，地势十分险要。蒋家岭守敌为桂军第七军十九师五十五团和兴安县等县的保安团。保安团扼守易守难攻的主峰螺壳界，桂军十九师五十五团把守右峰金山独岭和左峰神仙头。各山的山腰处挖满了纵横交错的战壕，筑有坚固的工事，埋上锋利的竹签，从主峰螺壳界山脚到神仙头山脚之间筑了一道约千米长的荆棘篱笆，中间只留一

个狭窄的口子通往蒋家岭。每座山头修有两座炮楼，严密封锁山口通道和村庄。1932 年 9 月 1 日，红六军团全部进入蒋家岭一带后，立即部署兵力：以三个团猛攻螺壳界，以两个团分别进攻左右两峰，使敌不能互援。待占领螺壳界主峰后，居高临下扫荡敌人，并用一个连的兵力向神仙头迂回运动。下午 1 时，战斗打响，敌人纷纷向山上退却，但埋伏在村头和两侧山头之敌却凭借有利地形和优势装备进行反扑，造成红六军团正面进攻不利而退守堡子岭村。军团首长分析敌我态势后改强攻为佯攻，迂回上山，猛攻右翼，再合围螺壳界。红军战士们在向导带领下迅速向沙田方向迂回运动，猛攻右翼之敌，敌军仓皇应战。此时，早已接近敌人阵地的红军战士一跃而起，从背后猛烈攻击，迅速攻下神仙头。军团首长抓住战机命令全线出击。螺壳界主峰守敌见势不妙弃甲逃跑，金山独岭守敌也无心恋战弃阵而逃。红军获得全面胜利。

瑶山游击队 1935 年 3 月，留守井冈山革命根据地坚持斗争的红二十四师七十一团，从宁远进入蓝山县的荆竹寨，并往返于江华麻江源与荆竹寨、大坦之间打击地主和土豪劣绅。红军宣传发动瑶民，组建以胡仁生任队长的荆竹游击队和以郑满富任队长的麻江源游击队，随即又将两支队伍合编组建为游击大队，有队员 30 余人，均为瑶民，由胡永旺任大队长，队员以肩章为标志。红军转战，游击队在本地打击土豪劣绅，策应红军。4 月，在大桥小目口烧毁敌炮楼一座，缴获步枪 7 支。在大源溪，将土豪的粮食分给穷苦农民。在大麻智擒国民党三区区董黄庭光和两名土豪，并处决了黄庭光。国民党蓝山县政府成立“清剿委员会”，电请湖南省保安司令部派兵清剿，粤军也派部队增援。从 4 月 25 日至 5 月 4 日，红七十一团和游击大队先后在红凉亭、葫芦坳、小米坳、麦下圩、瓦窑垸、工夫岭、两东口等地与敌进行 8 次激战，最后因弹尽粮绝而战斗失利，70 多名红军战士和游击队员牺牲。5 月，胡仁生、郑满富等人也被俘遇害。

冯绍异组军抗日 抗日战争爆发后，湖南江华瑶族有识之士冯绍异耳闻目睹国民政府节节败退的现实和消极抵抗的政策，痛心不已，有心要为国家做点实际工作。在地下党员韦汉（原中共江华县执委书记）的帮助下，冯绍异决定组织瑶民军队进行训练后开赴前线抗日，获省政府支持。冯绍异卖掉家里所有杉林山场，拿出所有积蓄，会同邓天龙、盘福太等 20 余人，在县城沱江正式成立“湘南瑶民请缨抗日组军筹备办事处”，发布《告湘南瑶族同胞加入抗日军队书》，吸引了 1921 名瑶族青年报名集训。瑶族人民高涨的抗日热情却吓坏了国民党当局，新调来的县长陈汉杰在收受与冯绍异有私仇的道县团管区司令邱企藩等反动土豪劣绅贿赂的 800 光洋后，立即根据邱企藩等人捏造的所谓事实上报专员公署，得到取消组军抗日的命令，遂立即率县警备大队查封了办事处，将冯绍异投入监狱，抗日组军流产。事后，迫于各界压力，省政府将陈汉杰调走，释放了冯绍异。冯绍异出狱后再次以富川县瑶族聚居的古城镇为据点，开展抗日组军活动。不久便秘密建立了东湾村和大井村两个联络点。8 月，“湘桂瑶民请缨抗日组军办事处”在贺县西湾镇正式挂牌成立，瑶族青年踊跃报名，很快便逾千人。然而，组军之事再次遭到邱企藩等人告密，办事处被广西平乐保安司令李新俊清剿捣毁，任发源等组织者被逮捕，冯绍异在瑶胞们的掩护下幸免于难，流落湘粤桂边界。1944 年，日寇铁蹄践踏了湘南和桂北大地，冯绍异毅然返回家乡，决定以武装暴动夺取枪支抗日。经过秘密筹备，冯绍异组织了300余人，于9月24日凌晨攻打水口警备队，由于奸细作乱遭到失败。1947年3月冯绍异从广西回江华时被乡丁打伤，负伤逃走后又被地痞乱石砸死。一代有识之士就这样屈辱地死在乱石之中。

江华瑶民抗日斗争 1944年9月17日，侵华日军第11军第3师团第34联队1000余人侵入江华，在沱江、鹿洞、风云、沱西、锦岗、苍梧等乡大肆烧杀抢掠。江华瑶、壮、汉各族人民同仇敌忾，奋起反抗。9月25日，鹿洞、阳华两乡的民众抗日自卫队联合打击在栋青抢劫的日本兵，击毙1名，缴获手枪1支及抢来的财物。10月10日，日军一个排到风云乡大鉴等地抢粮，四角山村90余名民众抗日自卫队抗击，打死日军军官1人，击伤2人，缴获手枪、三八枪各1支，自卫队有2人壮烈牺牲。10月9日，驻大路铺美井村的日军出动1个连，携带7挺重机枪及掷弹筒扫荡茅立井村。共产党员沈成平和抗日自卫大队长沈成立等人组织村民予以还击，击毙日军3名，迫使日军后撤。村民乘胜追击，又打死日军2名。战斗中陈养古、沈成荆等人壮烈牺牲。这年冬，一支日军摸进湘江烧杀，被瑶民运用捕猎术击溃。

江永瑶民抗日斗争 1944年9月，日军进犯江永县，大肆烧杀抢掠，并在清溪、古调、小古漯、岭源山、矮家寨、廖家岗等瑶族居住村寨驻扎。县城、允山、回岗铺、大桥铺、桃川、粗石江等圩镇被烧成一片瓦砾。全县2945人被日军屠杀，其中大桥铺村30多户人被杀绝，数百妇女被强奸。上洞乡一农民被日军剖腹塞石而死。锦堂村等村民立即成立70多人的抗日自卫队，与日军展开战斗。自卫队主动伏击敌人，与日军作战7次，打死打伤日军十多名。

洞口瑶民抗日斗争 抗日战争期间，洞口县桐乡山乡飞山庙村的瑶族首领蓝春达于1938年组建了一支以瑶族打猎能手为主体的自卫队，自任队长。1945年，日军侵犯洞口县，烧毁山门等地民房5000余座，杀害民众5000余人。蓝春达把自卫队扩充到86人，主动抗击日军。5月9日至13日，蓝春达率自卫队配合国民党军一八七团在洞口、溆浦等地4次痛击日军，歼敌约800人。14日，又与六十三师、五十一师、十九师官兵联合痛击日军一一六师团，击毙日军一〇九联队队长泷寺保三郎大佐等1300多人，缴获众多枪枝弹药和马匹。自卫队鸟枪中的铁砂子带着仇恨打得敌人哇哇叫。日军不知是什么武器，只见自卫队员的鼻子一嗅（瞄准），立即枪响，就把这支队伍叫成“嗅枪队”。

反禁食盐斗争 1943年，国民党蓝山县政府当局下令严禁食盐进入瑶山。吃不上盐的瑶民强烈不满，被迫起来组织反抗。瑶民代表冯化龙带领荆竹一带的瑶民和江华麻江源的部分瑶民到蓝山县政府请愿、抗议。县长汤固则带着官兵对请愿的瑶民进行谩骂和威胁，企图镇压瑶民。冯化龙等瑶民毫不退让，据理坚持斗争。请愿瑶民的正义行动，得到蓝山和江华瑶、汉人民的坚决支持，当局被迫作出让步。1945年，省府迁来蓝山，官员害怕瑶民为食盐之事闹事，组织慰问团，由军乐队引路，官兵伴随，到紫良瑶区召开慰问大会，每户赠送一斤食盐，并责成县长妥善解决食盐问题，及时将食盐运进瑶山。

江华瑶民解放斗争 抗日战争胜利后，瑶族人民在党的领导下，又开展了伟大的解放斗争。1946年7月初，广西平乐中学生蒋杰回到江华寨背洞村，组织唐家雄等进步青年成立“七香学友研究社”，开展革命宣传活动。1947年6月到1948年底，中共广西桂东地下党先后派地下党员何庆文、蒋继文、陈保民、田季文、毛凡成、毛凡坤、王仁韬、廖寿光、陈嘉铭、邓世忠等人进入江华白芒营、两岔河、贝江、大圩、小圩、涛圩等瑶族居住区开展革命活动，建立了一些村农会和一支由20余位瑶、汉青年组成的大源冲武工队，以瑶族人李青为队长，开展武装斗争。1949年春夏期间，王仁韬、闭鼎新、吴凡、程家骅和江华籍的蒋杰、杨家聪等地下党人，以及瑶族青年周芝楚先后在江华全面开辟工作，建立党、团组织。是年冬，江华全县已发展瑶、汉、壮族农会会员5700余人，发展团员50人，发展党员7人。随着解放战争的节节胜利，革命形势已经十分明朗。江华瑶区地下革命的活动逐渐公开化，这时的革命任务是建立革命武装，迎接解放。1949年10月，根据中共广西农委和桂东地工委的决定，江华成立岭东第一、第五，岭西第三等三个解放大队，共有176人枪。许多瑶族的优秀儿女参加了解放大队。与此同时，经桂东地下党人田季文批准，陈立人在沱江组建了有人枪50余的沱江人民自卫大队。瑶族聚居区的码市，贺连人民解放大队大队长吴凡带领16名战士组建了贺连人民解放军湖南中队，有50多人枪。解放大队等的建立，为江华和平解放奠定了基础。

蓝山瑶民解放斗争　1947年6月，广东连州东陂人民抗征大队在大队长肖怀义的率领下，进驻蓝山浆洞瑶族地区开展游击战争，打击国民党地方武装，迎接全国解放。盘财旺、盘日发、盘仁仔等10名瑶族青年及邓三保、邱子波等8名汉族青年参加了抗征大队。1948年秋，抗征大队奉命改为中国人民解放军粤赣湘边区纵队连江支队，驻浆洞的抗征大队编为第七团，由肖怀义任团长。他们先后与蓝山县自卫大队、连州自卫队、保安十一团第三营、桂军一部、交警十四总队一个大队等国民党武装和军队作战，多次取得胜利。瑶族战士盘建海在传递情报时被捕，为人民的解放事业献出了年轻而宝贵的生命。

郴州瑶民解放斗争 从1948年至1949年，宜章莽山瑶民参加梁天培、陈生领导的武装斗争，大批瑶族青年加入连江支队和江北支队。临武西山挑油坪以盘廷云为首的50多名瑶、汉人民加入肖怀义、黄雄领导的游击队，坚持武装斗争。在长期的革命战争中，资兴连坪乡的赵黄科、赵庚科、赵三古、赵满太、盘辛开、赵辛有、赵丁良，龙溪乡的赵已苟、盘仁开，碑记乡的赵庚启，郴县月峰乡的盘润贵、赵桂古，永兴的赵山崽，宜章莽山的黄小旺等瑶族战士，为了中华民族的解放事业献出了宝贵的生命。

辰溪瑶民解放斗争 1949年8月，罗子山瑶族首领陈文武率领瑶民配合米庆轩、肖洪量率领的湘西纵队200余战士，与前来追击的暂二军副军长张玉琳率领的2000余国民党官兵在罗子山一带展开激战，经过12小时的战斗，击毙击伤其官兵100余人。

衡宝战役 1949年8月4日，国民党长沙绥靖公署主任程潜和湖南省政府主席、华中军政长官公署副长官兼第一兵团司令官陈明仁宣布通电起义，脱离国民党政府，参加人民民主政权。湖南和平解放。然而，白崇禧所部约20万人退居在湘南的衡阳、宝庆（邵阳）一带地区，企图构筑东起粤北乐昌与余汉谋部衔接，西至怀化芷江的“湘粤联合防线”，阻止解放军南进。这一带地区是湖南瑶族的主要居住地，白崇禧的企图，显然也阻延了这一地区瑶族的迅速解放。如不迅速解决白崇禧部，将直接影响湖南全省解放，直接影响瑶族人民获得新生。为消灭白崇禧部，解放包括湖南在内的中南地区，中央决定采取“大迂回大包围”的作战方针，集中了四野的十二、十三、十四、十五兵团和二野的四、五兵团共50多万人，由四野前指统一指挥。陈赓指挥的四兵团十二、十三、十五军和十五兵团四十三、四十四军及两广纵队为东路军，负责左翼战略迂回，从赣西南直取广东，切断敌人可能从海上逃跑的道路；程子华指挥的三十八、三十九军共8个师为西路军，负责右翼战略迂回，取道沅陵、芷江，直下柳州，切断敌人西逃入云贵的道路，与东路军形成对白崇禧部的远距离包围；由肖劲光指挥的四十、四十一、四十五、四十九和十八军共19个师为中路军，向衡（阳）、宝（庆）地区敌人展开正面攻击。9月30日，衡宝战役打响。西路军首先行动，以吸引白崇禧的注意力，至15日解放了芷江等15座县城，切断了敌军西退入黔的道路。东路军紧随其后，攻占永兴，切断敌军东逃广东的退路。10月2日，中路军在完成集结和攻击准备后，向衡、宝地区的敌军展开了全面攻击，至5日，正面突破敌军的一线防御。白崇禧急调主力4个军至衡、宝组织反抗。一场激战在衡阳、宝庆、祁阳这一三角地区展开。经过月余激战，解放县（市）城28座，歼敌47500余人。这是解放军渡江后进军中南的首次重大战役，对整个湘南的解放有着重要意义。战后，解放军乘胜前进，对湘南瑶族居住区域的江华、江永、宁远、蓝山、道县、新田、桂阳、资兴、宜章、汝城、城步、东安、新宁等县或武力攻克，或和平接管。10月10日，新宁徐君虎率众武装起义，于纪念辛亥革命38周年大会上，正式宣布新宁和平解放，桃林乡的乡长雷文藻代表八峒瑶、汉人民参加了和平解放大会。湖南瑶族主要居住区的江华，在中共地下党员和解放大队等人民武装的努力下，于11月5日和平解放。

解放蓝山 蓝山瑶族的解放经过了解放军与国民党残余势力的一番激战。白崇禧在蓝山的残部以华阴山为中心，以“交警总局东南办事处”5个总队1个旅，及“湘南纵队”、保安一师等共12000余人为主力，企图在湘粤边陲山多地险的蓝山建立“反攻复兴”的基地，加紧扩充队伍，抢修工事，重新部署兵力，伺机反攻。面对敌人的嚣张气焰，中国人民解放军湘南剿匪指挥部调集20000余兵力，经严密部署，兵分三路，展开了解放蓝山之战。12月4日，战斗打响。5日，解放军第四〇七团采用佯攻北门、主攻南门、兼攻东门的战术，调动敌人死守北门。南门被突破后，北门和东门也相继被突破。经过半小时激战全歼城内敌人，俘获少将司令官以下1300人。蓝山县城解放。次日，解放军乘胜追击逃往西山瑶区之敌。经过几天的搜索追击，全歼蓝山境内之敌。至此，湖南全省基本获得解放，湖南瑶族人民从此开始了崭新的生活。

桃川保卫战 永明（江永）解放前夕白崇禧令永明籍的军官周恭回境，收罗国民党残余和土匪300余人，在湘桂边界组建“反共救国军第十一纵队”，与都庞岭的国民党守备区联合起来抗拒解放。后又派陈平裘携带枪支、衣被等物资潜入永明与周恭会合，组建“湘桂粤反共救国军第十二军”，陈任军长，周任独立师师长。1949年11月21日，永明和平解放。23日，瑶族居住地的第三区（桃川区）人民政府成立。12月4日，陈平裘探知三区的干部都到县里开会，只有4名留守机关，认为时机已到，立即派人剪断对外联络的电话线，联合广西黄光寿等集结1000余名匪徒于傍晚时分从源口分三路出发攻打第三区人民政府。凌晨3点，敌人发起进攻，却遭到留守干部和自卫队，以及连夜赶回的公安助理王建中和机枪手侯瑞生的阻击。一夜激战，伤敌5名，俘敌1名，缴枪1支，子弹50发。次日，自卫队一中队长带部投敌，区政府干部只好主动撤退到甘棠铺。县委得知国民党残余部队率土匪暴动后，立即派宣传部长刘国栋率人增援，发现区干部已撤出后迅速返县汇报。6日，敌人窜入桃川，抢走公粮、民粮25吨，砸坏区人民政府牌子，书写反动标语和恐吓信。县里立即向上告急。8日，解放军四八六团的2个营从宁远赶来，立即向桃川进发，途中俘获李子元的特务连19人，后李子元乘机逃脱向陈平裘报告，陈平裘一伙立即向广西方向逃窜。解放军立即分两路追击。10日，解放军部队在避雨时得知周恭部就在粗石江，立即迅速包围。周恭化装潜逃。解放军未放一枪，抓获敌人74人，缴枪70余支，子弹10000余发，被服30多担。残敌从鲤鱼塘和槐木村向粗石江反扑，均被打退，狼狈逃窜至广西观音山。

（二）知名人物

石鼎元 男，江永人，湖南瑶族名人。生于清咸丰十年（1860），别号电澄，自幼聪明好学，才学渊博。清光绪十八年（1892）被录为博士弟子员，但他立志于教书育人。从1905年起先后在永州中学、永明桃溪书院、零陵萍州中学任教，向学生宣传灌输新思想、新文化。民国十年（1921）石鼎元弃教回到家乡从医，组建“永明县四乡自治会”，开展发扬民主、推翻强权、扶持民生、开通民智、爱国爱乡的活动。民国十三年（1924）石鼎元被选为湖南省议员。在长沙期间，他积极投入民主革命运动，撰写发表抨击时政的文章。民国十八年（1929），石鼎元回到江永任贫民工厂厂长，组织工人学文化，号召工人团结起来，同贪官污吏作斗争。民国十九年（1930）5月，桂系军阀白崇禧过江永，要百姓捐20000大洋作军饷，石鼎元代表百姓指责其为勒索行为。1937年夏，道县保安司令唐熙强令湘南各县人民捐款，石鼎元又联合江华籍的省议员伍行敦上书省政府揭露其罪行。民国二十年（1931）秋，桂军刘国桢驻扎江永，要百姓捐款以充军需。已71岁的石鼎元老人在布置会上拍案而起，坚决反对，被当场抓捕，几天后被秘密杀害。为纪念这位不畏强权，敢于为人民伸张正义的老人，江永人民于民国二十二年（1933）8月18日在县城举行隆重的追悼大会，4000多名各族群众参会。

胡仁生 男，蓝山人，革命烈士，湖南瑶族名人。生于清光绪二十六年（1900）。中央红军长征后的1935年3月，留守井冈山根据地的红七十一团奉命来湘南收容因担任强渡湘江后卫最后未能渡江而被打散的红三十四师官兵。红七十一团在蓝山荆竹瑶区一带活动，帮助荆竹寨和江华麻江源瑶民各建立一支游击队，胡仁生任荆竹游击队队长，后两支游击队合编，胡仁生任中队长。他带领游击队员烧敌炮楼、战官军、打土豪、开仓济贫。湖南省第五保安司令派重兵对红七十一团游击队进行围剿。至5月初，红军率游击队与敌展开8次战斗，终因弹尽粮绝而失利。胡仁生等潜回家乡伺机再战。但敌人将胡仁生妹夫李四苟拘作人质，胡仁生挺身而出救出四苟，自己却被敌人杀害，年仅35岁。

江华 男，江华县人，湖南瑶族名人，党和国家领导人，忠诚的共产主义战士，无产阶级革命家，中国共产党党务工作和政法战线的杰出领导人，原中共中央顾问委员会常务委员，最高人民法院院长。生于清光绪三十三年（1907），原名虞上聪，

13 岁考入县立初级国民小学，1922 年考入湖南省立第三师范学校，成为学生运动的积极分子和骨干。1925 年秋，江华加入中国共产主义青年团，次年，受党组织派遣到衡阳市总工会专事青年工作，成为共产党员。1928 年 4 月，他调任井冈山茶陵县县委书记。5 月，上了井冈山，先后任红四军政治部秘书长、闽西特委秘书长、福建省委军委常委、红五军随营学校政治教员、红三军团第一师第三团政治委员、红一师政治委员、红三军团教导营政委、红六师政委、红五师政治部主任。在第五次反“围剿”中他因反对当时临时中央错误的战略战术，被打为“右倾机会主义分子”，撤销职务，被送到军事裁判所监管。1934 年 10 月参加长征。遵义会议前夕，江华恢复了工作，先后任红三军团直属队政治处主任、十三团（十三队）政治处主任、一军团政治部巡视员、中央军委警卫团政委、二十八军政治部主任。“西安事变”后，江华奉命率部接收延安。1937 年夏任中央军委四局副局长、局长。1938 年夏，任八路军山东纵队政治部主任、苏皖纵队司令兼政委，赴山东敌后抗日前经毛泽东批准，改名为江华。到 1943 年冬江华回延安入中央党校学习前，一直战斗在鲁、苏、皖敌后抗日战场。1944 年 5 月参加了为总结党的历史经验而举行的历时 11 个月的六届七中全会（扩大），随后，作为山东代表团副团长参加了党的“七大”。1945 年 10 月，江华到达东北。先后任辽东省委和辽东军区省委第二书记、军区第二政委、安东省委书记、安东军区政委。1949 年 5 月，江华奉调入京。6 月，出任中共杭州市委第一书记、杭州市市长。1952 年任中共浙江省委副书记。1954 年起主持浙江省的全面工作，历任中共浙江省委书记、第一书记、省政协主席、浙江省军区第一政委、南京军区政委。1956 年 9 月在党的第八次全国代表大会上，他被选为候补中央委员。“文化大革命”开始后，江华被关押、批斗、下放劳动，直到1973年，党的“十大”即将召开才回到北京。在党的“十大”上，他仍被选为候补中央委员。1975年1月，江华当选为最高人民法院院长。1977年在党的“十一大”会议上，江华被选为中央委员。1978年12月，党的十一届三中全会以后，江华领导各级人民法院冲破重重阻力，坚持实践是检验真理的唯一标准，认真复查纠正了大批冤假错案，解放了大批干部群众。1980年，全国人民代表大会常务委员会任命江华为最高人民法院特别法庭庭长，主持对江青、林彪两个反革命集团的审判。1982年至1992年先后当选为中央顾问委员会委员、常委。江华十分关心家乡的建设，1965年到1985年先后四次回家乡。第一次回家乡从浙江省带回绿肥草子种，促使家乡粮食丰收。第二次回家乡，江华提议搬迁县城，继而县城开始在沱江建设，至1985年，全部搬迁。第四次回到家乡，他说全县的烟叶资源很好，有优势，可以办个烟厂。并帮助县里落实项目，1989年正式建成零陵卷烟厂江华分厂。1991年，他把《追忆与思考》的全部稿费5300元和自己攒下的1500元钱，送回鹧鸪塘村，让村里用来办一点集体事业，并勉励他们带领乡亲们走共同富裕的道路。1999年12月24日，江华因病医治无效在浙江杭州逝世，享年93岁。

赵自现 男，江华人，湖南瑶族名人，第一任江华瑶族自治县县长。赵自现生于清宣统元年（1909），两岁丧母，后过继给伯父为子。从少年开始就给人打零工，当脚夫，放木排，没有上过学。1949年1月，赵自现参加广西桂东地下党领导的农民协会，开展发动群众反征粮、反征税、反征兵的活动，群众称其为“勉”（瑶）家带头人。江华和平解放后，赵自现被群众

推选为征粮员，积极开展支前征粮工作。次年6月，赵自现出席湖南省农民代表会议，9月调任水口区副区长。1953年，赵自现参加中国人民赴朝慰问团慰问志愿军。1954年5月，赵自现加入中国共产党，随即被选为江华县副县长。1955年11月25日，江华瑶族自治县成立，被选为县长。先后当选为第一、二、三、四届全国人民代表大会代表和湖南省民族事务委员会委员。赵自现任县长期间，认真贯彻执行党的民族政策，维护民族团结。1956年向上级申报落实恢复了江华壮族人民的壮族成分。他尊重群众意愿，积极汇报反映，使自治县成立时由蓝山县划过来的荆竹、沙落、新寨等村划归蓝山县，相持几年的问题得到圆满解决。他通过深入细致地做思想工作，妥善解决了两岔河乡瑶、汉杂居的庄家村因分配统销粮，两族群众产生矛盾，影响团结的问题，成为全县民族团结的典范。对待民族风俗问题，赵自现既主张破旧立新，又反对操之过急，坚持实事求是，让群众自己教育自己，自愿革除一些陋习。为尽快改变江华落后面貌，赵自现狠抓教育、交通和水利建设。1956年组织创办自治县第一所民族中学，1965年组织修建白芒营至小圩的公路，1966年他组织修建总库容1235万立方米的草岭水库。在“文化大革命”中，他虽然遭受严重冲击，仍未停止为江华各族人民的利益日夜操劳。1976年9月，惊闻毛泽东主席逝世的噩耗后，他因悲痛过度，血压突升，于9月24日与世长辞，享年67岁。

盘建海 男，蓝山县人，湖南瑶族名人。生于民国十年(1921)。1948年1月，蓝山县自卫队副总队长李锡庆为发展其势力，在瑶区浆洞一带征粮、征税、征兵，激起广大瑶民的极大愤慨。为做好解放斗争，广东人民解放军连江游击支队七团五连官兵于2月进入蓝山的浆洞、大麻一带开展游击活动，与自卫队的“三征”针锋相对地进行“三抗”斗争，得到瑶族人民的坚决支持。瑶民为游击队提供营房，筹措军需。盘建海等18名瑶、汉青年积极报名参加游击队。盘建海任通讯员，同战士们在浆洞、毛俊、所城、大麻、大桥，以及广东连州沙田等地与敌军作战多次。每到一处，队员们便开展打土豪、济贫民活动。1949年8月15日，游击队领导命盘建海送一机密文件至史家村。当盘建海行至水旦村时，突遇敌军。躲已经来不及，战又寡不敌众。危急之中，盘建海当机立断将机密文件送入口中，欲吞入腹中，不料此举被敌人发觉而被捕，惨遭杀害于所城。蓝山解放后，经调查认定追认为革命烈士。

邓有志　男，江华人，湖南瑶族名人，副省级国家干部。生于民国二十年（1931）。邓有志读过私塾和国民学校，13岁开始给人干活。江华解放后，积极协助政府开展工作。1950年被任命为乡武装部指导员，1953年加入中国共产党，任黄沙区副区长，至1971年先后任区委副书记、区长、区委书记、县委常委、县委组织部长、县委副书记、代理县委书记。“文化大革命”中曾经一度被打倒。1972年任县委书记，县革委会主任。1973年当选为中共湖南省委常委。1975年至1986年任中共零陵地委副书记、地委书记、地区革委会主任，零陵军分区第一政委。曾先后出席中国共产党第十、第十一、第十二次全国代表大会。在任县委和地委主要领导期间，邓有志经常深入基层进行调查研究，根据本地情况制定对策措施，工作成绩突出。1986年任湖南省民委主任后，他认真宣传贯彻落实党的民族政策，经过一年多深入细致的调查研究，先后澄清了绥宁、会同、江永、慈利等县110多万人的民族成分底子，并报省人民政府批准恢复了他们的民族成分。在此基础上，向省政府和国务院上报批准成立芷江侗族自治县、靖州苗族侗族自治县、麻阳苗族自治县。在民族干部培养方面，他向省委提出的选派少数民族干部到发达地区或省直机关挂职锻炼和省委恢复民族干部学校的建议得到实施，并在省内大专院校对少数民族考生实行定向招生。1987 年 4 月，邓有志当选为省政协副主席。1992 年，任省政协专职副主席，直到退休。从领导岗位退下来后，邓有志积极投入瑶学研究工作，先后组织领导《湖南瑶族百年》《湖南瑶族源流》《瑶族通史》的撰写和出版工作，参与“湖南临湘市龙窖山瑶族千家峒”的考察认定工作，为弘扬瑶族传统文化作出了应有的贡献。2006 年 3 月 20 日，邓有志因病医治无效，与世长辞，享年 75 岁。

第十五章 民间文学

在历史发展进程中，瑶族虽没有能创造出本民族统一使用的文字，却口头创作和传承了内容十分丰富的神话、传说、故事、歌谣、寓言、谚语、谜语。这些民间文学作品浩如烟海，具有独特的民族风格，是中华民族文学宝库中的一颗璀璨明珠。

神话是瑶族最古老的口头创作内容之一。从内容上分有天地起源神话、人类起源神话、万物起源神话、图腾神话、斗争神话等。这些神话内容丰富，富有迷人的幻想色彩和鲜明的民族特色，以及浓厚的生活气息，表现了瑶族人民坚韧不拔的斗争精神。瑶族传说和故事内容也很丰富，有历史事件传说、地方风物传说、风尚习俗传说、人物传说、动植物故事、幻想故事、机智人物故事、生活故事等。一般来说，瑶族传说和故事不以主观幻想的形式反映生活和斗争，而是以自觉或比较自觉的艺术方式，对事件、人物或风物进行加工创作，在基本真实地反映事物的基础上，又带有一定的幻想性和传奇性，形象而真实地展示出瑶族社会历史文化的发展情景。同一人物或同一事件的传说和故事，因支系不同或者地区不同，又有一定的区别，即情节加工加入了本支系惯用的思维方式，或地方特色情节。歌谣在瑶族民间文学中占有大量的篇幅，类别样式繁多，这主要是因为瑶族人民出口成歌，能信手拈来，善于比兴。清人陆祚蕃在其《粤西偶记》中说“瑶歌专重比兴，其布格、命意有出于民歌之外者，虽文人提笔，未能过也”，给瑶歌以很高的评价。瑶族歌谣的表现形式生动活泼，变化多样，语言精练，通俗易懂。一般是对唱形式，独唱或排唱很少。篇章有长有短，少则四句，多则数十行、百行甚至千行以上。瑶族中有许多特有能耐的歌手，有的唱三天三夜，乃至七天七夜都不重复一首歌。瑶族民间寓言，题材广泛，短小精练，言简意赅，寓意深刻。谚语和谜语的内容也十分丰富。它们是瑶族人民长期生产生活经验的总结，口耳相传，起到了启发人们认识世界、改造世界，提高想象力，增强智慧，传播知识，教育后代的积极作用。

历史上，瑶族的文人文学很少，其主要原因是瑶族接受学校教育的机会不多，汉文化普及程度不高。新中国成立后，随着瑶族地区文化教育的发展，涌现了一批才华出众的瑶族文人，他们把瑶族特有的气质融入创作中，创造出许多既有历史时代感和现代生活气息，又极富民族特色的文学作品，丰富了瑶族的文学宝库。

一、神话

盘古神话 湖南瑶族创世神话。在远古时期，天地混沌，没有天地，没有日月，没有人类，也没有生物。这时盘古出现了，只见他奋力一挣，天开了，地也辟了，接着他把自己的身体化为日月山川，为人类的诞生生存及繁衍发展创造了最适宜的条件。瑶族《评皇券牒 》曰：“记典昔日上古，天地混沌，乾坤不正。是时，生我盘古圣皇，首先出身置世，凿开天，辟开地，置水土，造月日，分阴阳，制星辰，造江河湖海，置山源水土，置万国九州。"《盘王大歌》则这样唱道："盘古造天又造地，又造江山造人民。大岭原是盘古骨，小岭原是盘古身。两眼变成日和月，牙齿变成金和银。头发变成草和木，才有鸟兽走山林。气化成风汗化雨，血化江河万年行。"盘古神话主要在盘瑶、平地瑶以及广东的八排瑶中广泛流传。为纪念盘古，瑶族人民同汉族人民一样尊称盘古为"盘古圣王"或"盘古大帝"，有的地方还立庙纪念他。

伏羲兄妹造百姓 湖南瑶族人类起源神话，在瑶族人民中广泛流传。各地皆有不同版本，情节内容大同小异，代表作有"伏羲兄妹造百姓""伏羲兄妹""洪水淹天""人是怎样来的""洪水浸天门""兄妹成亲"。这个神话大意是说雷公与张果老斗法被抓又设法逃脱后，降大雨，洪水暴涨，淹死了全天下的人。伏羲兄妹因对雷公有救命之恩而活了下来。天下只剩下兄妹二人，神龟要他们俩结成夫妻。妹妹思索良久后，提出了两座山上不同方向滚磨在山底下重逢、乌龟砍成十二块又活过来、妹妹前面先跑哥哥后跑要追上三个条件，都符合就成亲。在神龟的帮助下兄妹俩成了婚。婚后不久，妹妹怀孕了，三年零六个月后生下一个肉坨，伏羲把肉坨剁碎撒在平地、高山，成了汉人和瑶人，从此人类生息繁衍。有的版本中的三个条件之一是问竹子，兄妹可以成亲否？竹子答道可以，于是将竹子砍成几节，而后又存活，兄妹遂成亲。妹妹生下肉坨后，伏羲将肉坨剁碎，撒在山上变成树，撒在水里变成鱼，撒在天上变成鸟，撒在屋里变成人。这个神话反映了瑶族关于人类的起源观和原始社会时期的婚姻制度，具有较高的历史价值。

盘瓠神话 湖南瑶族族源神话。盘瓠神话最早见于东汉应劭的《风俗通义》一书，后晋人干宝在《搜神记》中加以记述，瑶族的《评皇券牒》也有记述。整个神话分为四部分，第一部分为盘瓠的产生形成过程，即帝喾高辛氏宫中老妇患耳疾，掏出如茧物，以盘盛之，又以盘覆之，化为五色之犬，名盘瓠。第二部分则说评皇与高王打仗，评皇张榜，如有谁能打败高王者，妻以帝女。盘瓠揭榜，只身到高王国，凭自己的智慧杀高王，取得胜利。第三部分，盘瓠得评皇三女为妻，进入南山深山老林之中，白天是犬，晚上则是一个美男子，后在爱情的滋润下终于甩掉了魔咒，完全恢复成美男子，与三公主生儿育女，发展自己的民族。第四部分，盘瓠死后，评皇迎三公主归来，封盘瓠为盘王，给十二个外孙每人赐一个姓，是为盘、沈、包、黄、李、邓、周、赵、胡、郑、雷、冯十二姓瑶人由来。综合神话及相关史料研究表明，盘瓠应是评皇国内一个以犬为图腾的氏族，其首领就叫盘瓠，获得高辛氏的封赐。盘瓠不恋王宫恋山野，发展生产，生儿育女，对民族的生存繁衍起了重大作用，他既是杀敌护国的英雄，也是族群的先祖和保护者，深受瑶民的爱戴。

二、传说

（一）历史事件传说

漂洋过海的传说 湖南瑶族历史事件传说。传说远古时期因阴阳反乱，大旱三年，草枯粮绝，瑶族人民只好扶老携幼背井离乡。走到大海边，只见水天一色，无边无际。正当人们愁闷无助之时，一位老人猛然间想到故园的相思树可做木排。于是大伙便到山里伐木做成了许多木排，一起上排下海漂流。可是，离岸不久就遇上了大风大浪，木排眼看就要翻沉。正在大伙无计可施的生死关头，老人想起了始祖盘王，认为他能营救众生。于是合族人向盘王跪拜许下誓愿：如能救众生平安上岸，每年定要隆重还愿祭祀。果然盘王显灵，风平了，浪静了，众人平安到达彼岸。瑶人上岸后立即垒灶做糍粑、做菜，烧化钱纸还了愿。漂洋过海传说再现了瑶族迁徙的原因和艰辛，以及还盘王愿的起因，反映了瑶民在历史上经受种种民族灾难之后逐渐形成的宗教观念，确立了十二姓瑶人对盘王祭祀的规约关系。一方面以旱灾来借喻封建统治对瑶民的歧视、压迫和剿杀驱赶；另一方面约定十二姓瑶人无论迁徙到哪里都记住自己是盘王子孙，要祭祀盘王，永远确认自己的瑶人身份。

千家峒的传说　湖南瑶族历史事件传说。千家峒四周高山环绕，中间有广阔而肥沃的田地，只有一条小路连接一个小山洞供人们出入。瑶人迁到这里以后，盖了一座平安庙，供奉祖先盘王的灵位，并用黄金和铁合铸成一个香炉供在盘王灵位前，便于人们上香祭祀。人们在此安居乐业，子孙很快便繁衍到千户以上，遂取名为千家峒。由于土地肥沃，人们种什么有什么，稻穗有狗尾巴那么长，谷粒有小指头大小，一年的收成三年都吃不完。故人们酿酒做粑粑，每逢新年，大家相互宴请吃春酒，不到村头那棵桐柞木开花是没有人下田干活的。有一年春节，外面的县官听说千家峒的风俗便到峒里查看，好客的瑶族人民各户轮流盛情宴请，说是未到桐柞木开花绝不让客人辞行。恰好一寡妇因儿子年幼，生产收人不太好，无力在新春年头宴请同族，便暗地里在桐柞木根部凿个洞，将盐埋进去，结果桐柞木不开花，春酒一直吃到三月还在吃。外面的官衙见县官久去未回，认为是瑶人将县官杀害了。于是发兵打进千家峒去，一直杀到峒尾，见县官好好地在那里喝酒才罢手。事后人们才知道是寡妇阉割了桐柞木，以致酿成大祸。老人们认为这里不能再住了，便决定迁往他处。人们把一个牛角锯成十二节，十二姓瑶人每姓带一节，相约以后凭牛角相认，十二节牛角都对齐了，再回千家峒。千家峒的传说有许多版本，内容大同小异，主要是后面的情节稍有差异。有说是黄獭钻入杉木坝，人们要捉住它便撬开杉木坝，整个坝因此崩溃，再也无法筑好。这时官府派人进峒来催粮，瑶人每家每户轮流请催粮官，一家一天，第二年又派人进峒，还是一家一户轮流请，三年过去了还未回，官府认为催粮官被瑶人杀害了，于是派兵围剿千家峒。瑶人无法只得逃离千家峒，将牛角锯成十二节，每姓一节，以后好相认。千家峒没有阶级压迫，居住环境好，生活富裕快乐，成为瑶人心中的乌托邦。清中叶以后，人们开始寻找千家峒，希望回到那方乐土居住，千家峒构成了全人类共同向往的理想圣地的一大内容。

石棺材　湖南瑶族历史事件传说。传说清代农民起义领袖蓝正樽的祖父去世时，天帝赐以“双狮滚球”的墓穴地和一副石棺材。但是石棺材的盖与棺材桶却分落两处，一在杨家岭，一在墓穴地的狼山，相距二十里。安葬之日，地仙嘱咐：下葬时，不管出现任何情况，孝子只能俯首跪拜，不能抬头观望。正当将灵柩放入石棺材内摆好时，忽地狂风大作，大雨倾盆，送葬孝子等不胜惊恐，哗然四散逃避。蓝正樽万分诧异，不觉抬头一望。猛然一声炸雷，石棺盖自半空坠落，砸得粉碎。顷刻之间雨止云散，红日依然当空。地仙叹息不已，只得叫孝子着人另做一木棺盖。后来蓝正樽起义失败，人们便认为蓝正樽非真命天子，其祖父之石棺材有桶无盖，是天意如此，深为惋惜。

（二）人物传说

赵金龙的传说 湖南瑶族人物传说。赵金龙于清道光年间率领瑶民进行了轰轰烈烈的反抗清廷残酷统治的斗争。赵金龙的传说用艺术的手法再现了这位民族英雄的事迹。由“金龙出世”“痛打兵差”“长塘称王”“智取所城”“兵败王俊”“夜袭洪江”“金龙出洞”“夜赚新田”“分兵进击”“进驻黄洞”“喋血洋泉”等十多个小故事组成，每一个故事都有生动的情节，尤其“金龙出世”“夜赚新田”等故事的情节细腻，描绘得有声有色。而“金龙出洞”说的是著名的祠堂圩战斗，更是声情并茂地描绘了起义军在蓝山县祠堂圩巧用妙计，全歼湖南提督海凌阿、宝庆协副将马韬的战斗过程，生动而富有戏剧性。传说在湖南瑶山乃至两广北部瑶区至今都还广泛流传。

雷再浩的传说 湖南瑶族人物传说。雷再浩是新宁八峒瑶族起义领袖。雷再浩起义失败后，人们把他率领瑶族起义军反抗封建统治的不屈不挠斗争精神编成传说，以民间文学的形式来纪念这位民族英雄。如雷再浩组织十多人打扮成卖瑶药的瑶族医生，带着火药和草药进城，在卖草药时，趁人们不注意，趁机闯入官府，杀了不少官兵，还一把火烧了官府等。传说情节曲折生动，富于感染力。

刘三妹的传说 湖南瑶族人物传说。据清同治九年（1870）《江华县志》载：“刘三妹，兴贤乡隆成村人，农家女也。”在广西贺州也叫其为“三妹瑶”，说她是瑶族始祖，以父母亲的刘姓和山姓作名，因当地“山”与“三”为同音，因此也叫刘三妹、三妹瑶，其村子也叫三妹村了。传说刘三妹很会唱歌，歌声很是动听，远近有名。李姓秀才和罗姓秀才很不服气，装了满满的一船书来找刘三妹对歌。到达村寨边见一姑娘正在洗衣裳，便向她打听刘三妹的消息。洗衣服的姑娘正是刘三妹，她问明秀才来意后用歌问道："水里浣纱刘三妹，三层楼门四层阶。玻璃瓦巷是她屋，两位客人何处来？"不料，两秀才只知道啃书本，根本不会即兴编歌，面红耳赤答不上来。刘三妹接着以歌相讥："姓罗不见锣鼓响，姓李不闻李花香。唱歌遇着刘三妹，哪怕歌本用船装。"两秀才听了无言以对，灰溜溜地走了。在瑶族地区还传说，瑶族的"拉瓦"歌是刘三妹编造出来的。刘三妹和哥哥进山砍柴，三妹一路走一路唱，哥哥恼了要打她，不料用力过猛，刘三妹跌落到又陡又峭的悬崖边，无人能救。一位路过的挑纸人将纸铺在地上，叫刘三妹跳下来。刘三妹跳下后因伤重身亡。她流在纸上的血却化成了一首首瑶歌，在瑶山流传开来。从此，人们把刘三妹当成歌仙来崇拜，把她的歌称为"拉瓦"歌。

（三）地方风物传说

瑶山即歌山　湖南瑶族风尚习俗传说。传说八峒瑶峒寨边上的一棵大榕树会唱歌，日夜不停。鸟儿吃了其果子，也唱起歌来。九峒地方有位萨香老祖母，嫌榕树唱歌太烦人，便一斧头将榕树砍倒丢进河里，从此河里的鱼也会唱歌。有个叫细崖的捕鱼人发现鱼肚子里有歌，就把歌装到箩筐里，挑到七宝龙图、九百贯洞地方去。不料挑到兰洞桥上时扁担断了，箩筐里的歌都撒到桥上和河里。有的被水冲走了，有的被鸟叼走了，有的则被风吹散。后来成为著名歌师的人只抓到一把，把它撒到瑶山。从此，瑶山朝朝暮暮，处处歌声一片，瑶山变成歌山了。

金子坑　湖南瑶族地方传说。传说很久以前，金子岭住着一贫一富两户人家。富人姓吴，名福，家中十分富有，却生了两个五官不正的儿子。穷人姓金，父母早亡，兄弟俩只有十四五岁，哥哥叫金富，弟弟叫金贵，家境贫寒。一天兄弟俩到后山挖地，金富将树蔸边的一个土坑挖穿掉了进去，弟弟好不容易将哥哥拉了上来。晚上，兄弟俩正睡着，忽然有人说："金富呀金富！你怎么掉进金坑里都不晓得呢。"天亮后，兄弟俩到后山那个洞前一看，果然有些闪闪亮亮的东西，金富把金贵吊下去，捡了一些黄色的东西上来。可兄弟俩不认识，回去问吴福。吴福一看就起了歪心，说是黄泥巴，但愿意拿一些吃的换这些黄泥巴。兄弟俩满心高兴地同意了。几天后，吴福问兄弟俩，上次在什么地方捡的"黄泥巴"，愿再给他们一些吃的。兄弟俩告诉了吴福。天一黑，吴福就带着老婆和儿子，来到土坑边，四个人跳进去拼了命地又捡又挖，装满四担，正要挑起往回走的时候，"轰隆"一声土坑塌了，吴福一家再也爬不上来了。兄弟俩得到吴福的全部财产，娶妻生子，过着幸福的生活。金子岭也就改名为金子坑了。

三、故事

（一）机智人物故事

老九哥　湖南瑶族机智人物故事。故事由"牛进石岩""没福气""告县官""倒补一百一""讲蛮话""财主换心"六则小故事组成。说的是长工老九哥利用自己的智慧巧斗以"填不满"

“没福气”“讲蛮话”等为代表的贪婪、霸道、凶残的财主和专门盘剥危害一方百姓的县官，为广大贫苦老百姓出了气，解了恨。故事富于喜剧性，深受广大群众喜爱。属于茶余饭后，水步头和火塘边人们聚在一起聚精会神聆听的机智人物故事。

三小姐选夫　湖南瑶族机智人物故事。说是有一个家财万贯的员外生了三个女儿，大女儿嫁给了一个文公子，二女儿嫁给了一个武公子。到了三女儿婚配时，员外要给她选一个门当户对的人家嫁过去，可三小姐却铁了心要嫁个穷人做丈夫。三小姐通过自己的亲自考察嫁给了穷得叮当响的以钓鱼为生的钓鱼郎。婚后夫妻恩爱，勤耕苦作，省吃俭用，也攒下了一些家产。一天，三小姐父亲寿诞，要钓鱼郎到塘里摸些螺蛳回来，然后在篮子里装上一百两银子，将螺蛳盖在上面往岳父家里走。路上遇上两个骑马的人，相问之后知道是大姐夫和二姐夫。两个姐夫见了穷妹夫有心要戏弄他，就说三个人来个吟诗消遣。文姐夫以文作了一首诗，武姐夫则以武作了一首诗，两人作完诗得意地要看穷妹夫的洋相。谁知，穷妹夫以自己的勤劳为主题作了一首诗来笑话、挖苦他俩。三人到了岳父家，席间，二人又作诗吟对为难妹夫，钓鱼郎均不慌不忙地应对过去。最后比寿礼，两个姐夫认为穷妹夫是无法比过他们的，肯定出洋相。两个姐夫说他们都献五十两寿礼，钓鱼郎则说他献一百两寿礼。两个姐夫认为他吹牛，并赌只要他拿得出一百两白银作寿礼就将二人各自的田地分一半给钓鱼郎。岳父被他俩弄得很生气，并气呼呼地说他来作证，三人立下永不反悔的字据。最后钓鱼郎将挂在墙上的篮子拿下拨开面上的螺蛳，露出一百两白花花的白银，两个姐夫只得将自己的一半田地分给了钓鱼郎。故事情节紧凑，钓鱼郎与姐夫斗智斗勇，一波紧接着一波，最后以献寿礼赌田地形成高潮。揭示了穷可以勤劳变富，富如不以勤劳做基础也可变穷的哲理。

（二）幻想故事

鲤鱼姑娘 湖南瑶族幻想故事。鲤鱼姑娘讲的是一个名叫盘萱的勤劳善良的后生，在河边钓到一条很可爱的鲤鱼，就把它放在水缸里养起来。鲤鱼对盘萱很是喜欢，于是每天等盘萱钓鱼去了就变成一个漂亮的姑娘，帮盘萱洗衣做饭。后来盘萱发现并捉住了化为人形的鲤鱼姑娘，不让她再变回去，两人结为了恩爱夫妻。可是好景不长，皇上选美选中了鲤鱼姑娘，把她抢进宫里。鲤鱼姑娘临走前告诉盘萱一个计策，要他搜集鸟羽，百日后将羽毛制成“百鸟衣”。盘萱穿着“百鸟衣”进了京城，鲤鱼姑娘佯装十分喜欢，要皇帝用龙袍来换。皇帝无奈，为讨鲤鱼姑娘欢心，只得依了。皇帝穿上“百鸟衣”起舞作乐，盘萱穿着龙袍坐上金銮宝殿，拿了玉玺，一声令下：将台下穿羽毛衣的人推出斩首。最后，盘萱夫妻弃了皇位不坐，回到山里，重新过上了男耕女织的恩爱生活。湖南瑶族爱情故事主题鲜明，内容健康，构思巧妙，真挚感人，寄寓了瑶族人民对美好爱情的追求。

蛇郎 湖南瑶族幻想故事。从前，有一个瑶人生了三个女儿，大女儿脸上有麻子，二女儿长得很平常，只有三女儿长得很漂亮。有一天，老头到山上想采几朵花给女儿们打扮一下，不巧遇上一条大蛇拦路，要老头嫁一个女儿给他做老婆，老头被迫答应，回来就病倒了。大女、二女骂他糊涂，只有三女不停地安慰他。第二天，大蛇委托蜜蜂来做媒，问过大姐、二姐都不愿意，只有三姐愿意。大蛇便与三姐成了亲，二人恩恩爱爱，生活过得很幸福。当三姐回来省亲，大姐知道大蛇一到晚上就变成了漂亮的小伙子，三姐不用干活，有吃有穿，生活快乐，便起了歹心，设计使三姐跌进火里烧死了。大姐冒充三姐回到蛇郎处，并打消了蛇郎的疑问。六月天，大姐在竹子底下乘凉梳头，一个喜鹊飞来不停地叫“用我的梳子梳狗头，用我的镜子照狗脸”。大姐便拿石头将喜鹊打跑，竹子上的鸟屎却落在头上，大姐恼了，一下子将竹子砍倒，做了张躺椅，但她躺上去被夹皮肉，蛇郎躺上去却十分舒服。大姐又恼了，将竹椅砸烂放在火里烧，当她吹火时，火星炸开炸瞎了眼睛。大姐外出找蛇郎，掉进阴沟里淹死了。蛇郎回来了，喜鹊也飞回来，并变成三姐，两人又重新过上了幸福的日子。

燕子姑娘 湖南瑶族幻想故事。从前，瑶山住着一位年过七旬，无儿无女但厚道的老人，大家叫他槐树爷爷。离槐树爷爷不远的地方住着一个叫阿龙的年轻后生，经常帮助槐树爷爷干活。一天阿龙和槐树爷爷砸死一条大蛇，救下了屋檐下的一窝小燕子，并给已掉在地上受了伤的一只小燕子包上药，精心喂养，很快小燕子就长大了，飞回南方过冬去了。第二年春暖花开的时候，小燕子飞回来了，可它找不到原来的村子了。原来这个地方被财主搜刮，人们拆屋卖地，四处逃荒。好在小燕子还记得槐树爷爷门前的老槐树，找到了那个更贫寒的家。见四下无人，小燕子就变成一个美丽的姑娘，打扫卫生，生火做饭。当屋外传来响声时，小燕子马上变回原来模样。槐树爷爷和阿龙进屋后看见还在冒热气的佳肴惊呆了，正琢磨着小金杯中的种子时，屋外传来姑娘清脆的声音，叫他们把种子种上，可他们到门外只看见在唱歌的小燕子。按照小燕子的吩咐，爷俩将种子种上，不到半个月就结了六个小房间般大的冬瓜。爷俩请来二十几个人，锯开了五个冬瓜，第一个瓜里跳出一个抱着大酒坛的胖娃娃，第二个瓜里装满了金灿灿的谷子、高粱、玉米等，第三个瓜里出来好多人，盖了好几幢青瓦房，第四、五个瓜里出来许多仙女跳舞，飞走时留下了许多布匹、农具和耕牛……这件事被财主王贵知道了，派家丁抢走了第六个瓜，锯开后却什么也没有。王贵派人打伤了槐树爷爷，并把阿龙关了起来。夜里，小燕子变成姑娘出现在牢房里，告诉阿龙实情，并交代他如此这般。王贵知道冬瓜的来历后就把阿龙放了，并设计将自己家门前掉下来的燕子折断的腿再接好上药。第二年，跛脚燕子给王贵带来了几个冬瓜种子。王贵种上后也得了六个大冬瓜。王贵请了很多人来锯冬瓜，并请了许多亲戚和地主老财，大肆吹嘘一番后，锯开了四个冬瓜，分别跳出乞丐、强盗、土匪等，将王贵等地主老财的家产吃光、抢光、烧光，王贵和许多没有跑掉的地主老财都被烧死了。顿时，瑶山里沸腾起来了，人们吹起木叶唱山歌，跳起长鼓舞。便把第五、六个冬瓜打开，奇迹出现了，地主老财搜刮的钱财都在瓜里，又回到老百姓手中。阿龙和燕子姑娘结成一对恩爱夫妻，过着幸福的日子。

（三）生活故事

孽媳变牛　湖南瑶族生活故事。古时候，瑶民李海林娶了一个叫王秀英的老婆。这王秀英蛮横无理，对年迈的婆婆一点都不孝顺，对婆婆不是骂就是打，吵得一家人很不安宁。李海林从中调解，无济于事，顺着母亲，妻子吵闹、寻短见，顺着妻子嘛，又天理不容。他忧愁成疾而离开人世。李海林死后，王秀英对婆婆更不孝顺了。一天她要回娘家，只给婆婆两升米和一点油、盐、柴，只够三五天吃用，她却一去数日不回。婆婆整日以泪洗面，祈祷上苍让她早日归阴。王秀英的忤逆行为惊动了玉帝，他让太白金星化装成一个乞丐下凡查看。太白金星到了刘氏家乞讨，愿意用花衣换点粮食，刘氏见他可怜，把自己的最后一点粮食给了他。王秀英回来后，又大骂婆婆老不死的，将自己的一点粮食给了别人，饿死活该，并将乞丐给的花衣穿在身上。谁知，王秀英一穿上衣服就全身发紧，最后变成一条大黄牛，转身就到对门岭上吃草。突然电闪雷鸣，一个劈雷将这条黄牛打死了。这就叫忤逆不孝，变了牛也遭雷打。这个故事教育人们要孝顺老人，不能做忤逆不孝的事，不然会遭报应。

人心不足蛇吞相 湖南瑶族生活故事。很久很久以前，一个叫安德的小孩上学途中，救下了一条正要被大蛇吞噬的小花蛇，放在小木箱里，每天放学回来后喂养它。三年过去后，安德长大了，小蛇也长成大花蛇了。在去赶考的路上，小花蛇说将它放在大青山里就行了，恩人这次定能金榜题名，以后有什么事只要到大青山前叫几声小花蛇就能相见。果然，安德金榜题名，中了进士，由此做了县令。安德官运亨通，年年都得到提拔，不几年就做到当朝宰相了。恰在此时，皇后娘娘得了一种怪病，高明御医诊断非要龙肝方可治好。朝廷到处张榜，寻找龙肝。安德想小花蛇可能已长大成龙，于是向皇帝说明情况，自己回到大青山喊出小花蛇说明原因。小花蛇思量许久，最后心一横让安德进肚割取一小片肝，自己痛得流出了眼泪。正当娘娘病危之际，安丞相回到皇宫，御医赶忙配药给娘娘服用，真是灵得很，只服两次娘娘的病就好了。安丞相得到丰厚的赏赐。可是，第二年，娘娘的怪病又犯了，安丞相又一次爬进小花蛇肚里取肝治好了娘娘的怪病。然而第三年，娘娘的怪病又犯了。小花蛇听安丞相说明来意，因自己的肝已被割了两次，不能再割了，就说“这次实在不行了”，安丞相怕治不好娘娘的怪病，招来杀身之祸，便苦苦哀求小花蛇。小花蛇无可奈何，只得再次忍住疼痛，让安丞相取肝。谁知，安丞相贪心不足，心想一次把小花蛇的肝取下不就解决麻烦了！便用力一刀将小花蛇的肝割下，痛得小花蛇不得不合上了嘴巴，好心的小花蛇死了，安丞相也就死在了蛇肚中。这个故事教育人们要知恩图报，但恩人得报也应适可而止，否则事与愿违，反过来害了自己的性命。

学师　湖南瑶族生活故事。从前，一个工艺师傅招了一个学徒，告诉他师傅做什么，徒弟就学什么，只要他勤学很快就会出师，徒弟谨记在心。一天，师徒俩到面馆吃面，吃着吃着师傅突然呛了一口，面条从鼻子喷出，挂在鼻孔下。徒弟见了，也拼命地呛，将面条呛出挂在鼻孔下。师傅问他干嘛这样，徒弟说学师傅的。又一天，师傅过水沟不小心掉在水里，已经过去了的徒弟赶紧往回重过水沟，扑通一声也掉进水里。师傅苦笑着摇摇头。当师徒俩挑茶油去集市销售的时候，路上师傅被石头绊倒，油倒了出去。谁知，徒弟也故意用脚绊石头跌下去，将油倒了出去。师傅生气了，说徒弟你怎么这么蠢，故意跌倒将油倒出去。徒弟却说，师傅你不是说你怎么做徒弟就怎么做吗？我这是学师呢！惊得师傅目瞪口呆。故事教育人们教育人时要讲究方式方法，受教育之人学习时不是依样画葫芦，也应该注意消化。

（四）动植物故事

老虎怕漏　湖南瑶族动植物故事。老虎怕漏的故事在湖南瑶山广为流传。其大意是：一天晚上，两个伙计闲聊说什么都不怕，只怕“漏”。老虎听后很不服，心想“漏”比我本事还大？急切地想弄明白。晚上老虎来偷牛吃，不见牛便睡下等牛回。半夜里，一个来偷牛的蛮子（贼）一进牛栏就顺手把老虎当牛牵着走。老虎不走，蛮子就骑到老虎背上用锥子刺它屁股。老虎害怕了，以为是碰到“漏”了，拔腿就跑，一直跑到天亮方在大青山上的一棵大树下停下来。这时蛮子才发现自己是骑在老虎背上，吓坏了，赶紧爬到大树上。老虎认为“漏”是害怕了，便守在树下等“漏”下来好吃了他。不久，来了一只猴子，看到树上躲了一个人，就和老虎商量把“漏”抓下来两人分了吃。猴子将绳子的一头捆在老虎脚上，另一头捆在自己脖子上，说好等爬上树把“漏”抓住捆好，眯一下眼睛，老虎就赶快拖起跑，把“漏”拖死了两人好分着吃。蛮子见猴子爬树来抓他，急得尿撒了出来，正好撒在猴子脑壳上，猴子急忙将眼眯住。下面的老虎以为抓住了“漏”，赶快拖起就跑，见沟跳沟，见山爬山，一直跑个不停，直跑得筋疲力尽才歇下来。老虎回头一看，只见猴子气喘吁吁地坐在地上说：“‘漏’没抓到，害得我跑死了，你还好笑！”这个故事提醒人们遇事要动脑筋，不能盲目听信别人，更不能盲目行动，否则就会吃亏。

荞麦和小麦　湖南瑶族动植物故事。荞麦和小麦是一母所生的两兄弟，但兄弟俩经常吵架，吵架的原因是争着赶第二春。一天，兄弟俩又争吵开了，先是动嘴，再是动手，谁也不让谁。小麦力气比荞麦大，一个狠撞，将荞麦撞成三个角。荞麦一看自己被撞成这个样子，恼羞成怒，也狠狠地向小麦撞去，将小麦的身子撞出一个槽。荞麦撞完小麦撒腿就跑。小麦没有追，为了兄弟情谊，他忍痛受寒在野地里过冬。想着兄弟间不团结，眼泪顺着被撞成的槽流下来，久而久之，就成了今天这个样子。荞麦也很后悔，就拼命地赶，一年播两次，但总赶不上小麦。这个故事教育人们要充分认识自己的优缺点，要团结，和睦共处，和谐发展。

四、歌谣

（一）古歌

发习冬奶　湖南瑶族古歌。年代较为久远。发习冬奶为瑶语，意译为“很久很久以前”，由“发习冬奶”和“洪水淹天”两部分组成，既可各自成章，也可成一篇。第一部分的“发习冬奶”较短，主要描述了处于蒙昧时代的人类生活场景，形象地概述了人类的进化历程，反映了瑶族关于人类起源的朴素思想。第二部分的“洪水淹天”，有“张果老捉雷公”“洪水淹天”“再造人类”三个主要情节，讲述洪水之后伏羲兄妹再造人类之事，与神话体裁的《伏羲兄妹》内容大体一致，但歌谣体的“洪水淹天”，艺术手法别具特色，尤其大量运用反复咏唱的方法铺陈情节，抒情状物，一波三折，从而大大地增强了歌谣的艺术感染力和吸引力。

盘王大歌　湖南瑶族古歌。又叫“盘王歌”或“大路歌”，内容包罗万象，人类起源、瑶族历史、人物风俗、生产生活、男女之情等都是歌唱的对象。它是瑶族“还盘王愿”活动中所唱各种歌谣的总集，全歌10000多行，要唱七天七夜，是过山瑶、平地瑶、排瑶、坳瑶、蓝靛瑶的百科全书。据瑶学专家研究，盘王大歌可能产生于晋代。瑶民漂洋过海产生的还盘王愿活动相传后世，因祭祀活动的传承，盘王大歌就应运而生了。

后来经过不断地丰富和发展，到唐代基本成型，到宋代则完全成熟。各地瑶族有多种不同的抄本，篇幅不一，内容也不完整，有 38 段歌书、24 段歌书和 12 段歌书，唱词都在 3000 行以上。如江永源口瑶胞收藏的一部 32 段唱词、4000 多行的《盘王歌》，最早的抄本时间可上溯到南宋咸淳元年（1265）的二月。分为起声唱、伏灵圣、黄条沙曲、龙回宅歌、三逢闲曲、歌怪歌、万段曲、歌春、荷叶杯曲、歌花、歌果、歌茶、歌二娘、新歌歌、歌苎、歌星、三月三、南花子曲、鹧鸪歌、官前、班静歌、李条青、歌书、歌叹、歌意、望江南曲、酒盏浪、不唱了歌等。

千家峒歌 湖南瑶族古歌。主要流传在江华、江永，全歌长达 144 句，1000 余字。详细地描述了千家峒美丽的地形地貌特征，十二姓瑶人每姓所住的位置。如冯、李二姓住西峒，盘、赵二姓住上峒，周姓住三峒，胡姓住四峒，包姓住五峒，唐姓住六峒，沈姓住七峒，黄姓住一峒，邓姓住二峒，雷姓住中峒。每姓居住地都有自己的特点，但都是“年成好尽人丁旺，宽游过日无忧愁”。古歌唱道：日落之时，人们纷纷从田地收工回家，峒内莲塘的莲子放出沁人心脾的芬芳，牛羊成群结队地归栏，一幅田园诗画。千家峒的瑶民已进入以农耕为主的生产时代，人们无忧无虑地生活。古歌还唱到瑶民逃离千家峒的原因及流离颠沛的生活。“千家峒歌”和“千家峒的传说”同为一个母题，形象地反映了瑶族人民追求美好生活的愿望和不屈不挠、艰苦奋斗的伟大精神。

千家峒源流歌 湖南瑶族古歌。歌词描述了千家峒里的地貌、风物和生活情景，尤其对十二姓瑶人离开千家峒的原因进行了详细的描述。“黄獭偷鸡惹下祸，杉木大火烧破坝。旱地良田几千亩，无谷缴粮愁悠悠。官差进峒催粮饷，无奈只得养粮官。一天三餐菜和酒，待官如待自家人。一过就是两三年，官府误认杀差兵。”官府派兵进峒追杀瑶人，从峒头杀到峒尾，才看见官差在喝酒。可事已至此，瑶人只好锯下十二节牛角，每姓一节，逃离了千家峒。古歌叙述完整，一层一层唱开来，具有很强的感染力。

唱盘王祖公歌 湖南瑶族古歌。七言一句歌，歌词148行。从盘古置天置地唱起，接着唱盘王所处的年代，评皇和高王之争，盘王奋勇当先为国斩杀高王，取得战斗胜利，被招为驸马，“送往青山七贤洞”“先生盘奉并包沈，后生周任赵邓人，唐黄李廖十二姓，天下瑶人一体亲”。之后将盘王狩猎被山羊撬下山崖而死，子孙砍下梓树，打死山羊，剥下羊皮，制作长鼓，敲打祭奠盘王等一一唱来，歌词简练，层次清楚，内容丰富。

（二）迁徙歌

桃源洞歌 湖南瑶族迁徙歌。桃源洞是四面环山，中间有大片良田的美丽富饶的地方。因此，歌词描述了桃源洞里的七垌田，三百条牛一起犁，一天才犁完一边，还没有犁到的一边山猪马鹿还在里头眠；“圣人桥头饮绿酒，仙人桥尾吃仙桃”，“桃源有林又有田，一年四季心不忧”。人们生活在这样的仙境里，怡然自得，幸福快乐。但这样的仙境被打破了，大火烧了桃源洞，瑶人不得不离开桃源洞，各奔东西。歌词中的“火烧桃源”，其实是指的封建王朝消灭异族的大火。歌词的最后几节，用反复唱述的手法描述了瑶民离乡背井的景象，蕴含着瑶族人民凄凉、无奈、愤懑的复杂心情，具有强烈的震撼力。全歌160行，为七言四句一首，以排比和重叠手法描述了神圣世界和世俗世界融为一体的画面。记录和反映了瑶族历史上的一些真实情况，大致地勾勒出了瑶族的迁徙路线，是民族歌谣中极有价值的一部分。

十二姓瑶人起源迁徙歌 湖南瑶族迁徙歌。共十二首，每首四句。从评皇高王纷争，张榜三年无人揭唱起，接着唱盘王揭榜，斩杀高王，获得奖赏，许配三公主花英。第三首唱盘王夫妻在会稽山生儿育女。第四首唱评皇御赐十二姓。接着唱十二姓瑶人迁徙流离，以武昌府向四处迁徙为重点，唱漂洋过海，到广东南海、连州、乐昌；又唱元代时的千家峒，道州兵进峒剿杀瑶民，十二兄妹锯牛角逃离，到龙渣峒，入江华上伍堡、进九冲。每一个地方一首歌，勾勒出部分瑶族的迁徙过程。

十二姓瑶人游天下 湖南瑶族迁徙歌。全歌 124 行。歌词以盘古开天为序歌，引出瑶人居住在武昌府以后所发生的事情。瑶民住武昌府的龙头山，“老少乐业世无忧”。只因“马鹿骚扰透心忧，姊妹商量出山游”，因此“景定元年四月八，姊妹一齐到海边”。漂洋过海后进入千家峒安居乐业，但好景不长，官府攻打千家峒，瑶民只得又离乡背井，在湖南、广东、广西、云南、福建等地四处迁徙寻找安定的家园。歌中采取问答的形式，叙述瑶族迁徙的原因和过程。尤其还叙述了瑶族还盘王愿的来源，即漂洋过海遇大风大浪“四十九天海中行”“船头许下盘王愿”。这首歌叙述了瑶族历史上的几次大迁徙，反映的内容与瑶族历史相吻合。从歌词中，我们看到了瑶族的苦难历史和瑶族人民的那种坚韧不拔、勇于反抗的斗争精神。

瑶人迁徙歌 湖南瑶族迁徙歌。歌词不多，只有二十句。但包含的内容却十分丰富。如瑶人本住海那边，有好山好水好田园。只因蒙大难，十二兄妹离家园。漂洋过海遇大浪，许愿保全性命平安上岸，兄妹洒泪离别，游落各州县，插标为记，各建家园，又到广东南海岸、潮州、朱玑巷等。将瑶族迁徙的原因、路线、地点唱得一清二楚。

（三）生产劳动歌

十二月生产歌 湖南瑶族劳动歌。一年十二个月，每个月该做什么劳动，瑶族人民根据农作物的生长期进行农事安排，歌词里唱得一清二楚。歌词将紧张繁重的劳动场景用轻松愉快的语言唱出，使人感觉到瑶族人民在生产劳动中那种愉悦的心情和对丰收的期盼、对美好生活的向往。如“雨打桐花三月香，坝田排土育秧忙；山上苗圃水秧田，林粮丰收有指望”。

节气歌 湖南瑶族劳动歌。一个节气一首歌，每一首歌又是一个生产劳动的画面。正月里是立春和雨水节气，人们还沉浸在春节的氛围里，山上和田里虽没多少事要做，但正是“开山挖土的好时节”，那么就将铁匠请到寨子来，支炉打铁，将砍刀、锄头、镰刀、犁耙等打制好。铁匠进寨打制工具，人们开山挖土的劳动场景通过短短的四句歌词生动地展现在人们面前。三月是清明、谷雨时节。这时，茶枝冒出了嫩嫩的茶叶尖尖，正是一年当中采摘茶叶制作高档茶的最好时节，因此满山的茶叶林里，到处是身着艳丽服饰，唱着甜蜜情歌的姑娘们。只见双双灵巧的玉手在茶树上下翻飞，茶叶尖儿蝴蝶般地飞落在背篓和竹篮中。……十二月大寒小寒，天气寒冷，但人并没有闲着，而是破竹篾，编织竹编工艺品，抓收入，好“欢欢喜喜过大年”。歌词轻快，与各节气十分贴切，劳动场景十分热闹、欢快。

农事歌 湖南瑶族劳动歌。描叙劳动场景。十二个月中的每个月都充满了各种劳动场面，不同的时节有不同的劳动，不同的劳动有不同的收获。“三月犁田撒谷种，四月芒种插禾秧。”这是瑶族人民长期生产实践的总结，更是他们生产经验的总结，也是瑶族人民科学知识的总结，歌谣的形式便于人们记在心中和吟唱传承。

春耕歌 湖南瑶族劳动歌。歌词用了大量的“金”字，每一句都用金字开头，还有许多句子的中间或结尾部分也用一个金字。“金刀割断金禾秆，金担担归入金仓。”“金禾亦有金女打，金女打脱金甑蒸。”表达了瑶族人民经过春耕生产的辛苦劳作，获得了丰收的喜悦心情。歌词明快欢乐，一派喜洋洋的景象。

榨油歌 湖南瑶族劳动歌。榨油歌运用叠词和比喻，清晰生动地描绘了榨茶油的一系列程序，很有特色。“担担茶籽入碾槽，牛拉石碾随槽转……桶桶蒸麸轧油饼，饼饼放进榨槽间……槌响如雷惊星斗，油如水流阵阵香。”从碾茶籽开始的每一个榨油过程和动作唱述得热烈生动，表达了瑶族人民对丰足生活的追求和欢欣之情。其实，榨油歌描绘的本身就是一个热烈的劳动场面。

刺绣歌 湖南瑶族劳动歌。瑶族女孩从小就学习刺绣，到十五六岁时已经掌握了娴熟的刺绣手艺了，代代相传，使瑶族的刺绣工艺得以传承和发扬光大。瑶族妇女人勤手巧，尤其姑娘们更是针线包随身携带，一有空闲就聚精会神地刺绣。精致的绣品，漂亮的姑娘，构成一幅幅美丽的画面，所以人们把这种美丽的劳动场景编成歌加以吟唱。“刺绣歌”以恋爱中的姑娘给情哥哥绣衣裤、头巾、腰带、脚套、花巾、荷包、箭袋等物来抒情，将姑娘对情哥哥的爱恋通过绣品一一折射出来。“手拿花针绣玉衣，我俩情同针线密；送给阿哥穿身上，砍地开荒添气力。”姑娘的绣姿是那么优美，神情是那么专注，想象着情哥哥穿上漂亮的绣衣裤那种情景，一脸的幸福。反映了瑶族姑娘的一片真情和生产劳动的美好情趣。

（四）时政歌

苦难歌　湖南瑶族苦歌。封建社会里，瑶族人民饱受封建统治者残酷压迫和剥削，日子过得很艰苦，“食尽一山又一山”，常常吃了上顿没有下顿，这种情况在瑶族的歌谣里得到深刻的反映。湖南瑶族的苦歌很多，以反映旧社会瑶族人民遭受封建统治者残酷压迫和剥削所带来的身心疾苦，揭露社会矛盾，控诉和鞭挞封建丑恶势力为主要内容。这类歌谣有四句一首的，有十二句、十六句一首的，也有几十句一首的，短的直诉，长的一一道来，但不论长短，都是主题鲜明、情节明朗、语言质朴、感情充沛，能唤起唱者与听众的强烈共鸣。苦难歌直诉了瑶族的苦难是封建统治者造成的。“瑶人穷，一日三餐苦菜公，葛麻藤子当腰带，芭蕉叶子当斗篷。”这样穷了，可还是“山主逼债到年终”。瑶人的苦，则是“替人耕种替人收，九冬十月收割了，一锁仓门泪双流，衣服破成千百眼，夜晚无被盖蓑衣”。瑶人不得不给人当长工，可是当长工又因“失脚倒了一斗米”的无意过错，遭到“山主扣我半年工”的盘剥。瑶人最怕的是抓壮丁，“三更半夜爬起来，好比鸡仔躲岩鹰”。瑶人认识到，自已的穷是财主老爷的剥削造成的，“瑶家吃了财主亏，年头年尾把账背”。这类苦歌很多，是瑶族人民遭受民族歧视和压迫苦难生活的写照。

瑶人穷　湖南瑶族苦歌。歌词集中描述了瑶族人民在封建统治阶级的残酷剥削与压迫下，长期处于水深火热之中，过着衣不蔽体、食不果腹的疾苦生活。“瑶人苦来瑶人穷，挂起锄头米桶空。”“生在青山叶排排，死在青山无人埋。”这是对封建社会残酷的民族压迫和阶级压迫的血泪控诉和无情鞭挞。

十二月长工歌 湖南瑶族苦歌。也叫“长工歌”，把每一个月将做的事编成一首歌。正月里为了养家糊口去做长工；二月里财主带着去看田，上洞下洞都要管，还要管门口的秧田；三月里饿着肚皮去犁田；四月里挑秧插田，“跪在田里背朝天”；五月里“挑着石灰去薅田，呛红眼睛不见天”；六月干旱禾苗死，财主不怪天来怪长工；七月顶着烈日去干活；八月挑谷脚软倒了点，财主却扣半年钱；九月问财主讨烂布补衣服，财主却要给他钱；十月冷得手脚开裂却还要去犁冬田；十一月财主酒肉吃个饱，长工却肚无东西填；十二月是可怜空手回家园。给财主做事的长工一年十二个月，每一个月都必须做许多事，苦断骨头做一年，最后一分工钱都没有得到，一家人过年都无米下锅。深刻地揭示了封建社会人剥削人的社会本质，反映了长工们的悲惨遭遇。

牧童歌 湖南瑶族苦歌。歌词四句一首，唱给财主放牛的牧童，不管天寒酷暑，一年四季都要给财主放牛，可牧童却冬无御寒衣服，夏无遮阳斗笠，天晴下雨一件蓑衣，饿了吃草根，放牛回来还要受财主的气。主题鲜明，情节明朗，语言质朴，感情充沛，能唤起唱者与听众的强烈共鸣。

（五）情歌

十二月相恋歌 湖南瑶族情歌。每个月一首歌，十二个月十二首歌。歌中以二月桃花、三月做鞋、四月插秧、五月端午喝雄黄酒、七月香纸敬娘娘、中秋月饼、重阳美酒等物事为映衬物，映衬出男女青年的相恋之情。最后的落脚点在“十二月连妹是年边，哥想送妹压岁钱；哥送压岁妹不要，妹要情歌陪过年”。相恋一年，爱情成熟，相恋男女一起欢喜过大年。湖南瑶族的情歌很多，内容十分丰富，可以说十天半月也唱不完。并且不同地区、不同支系的瑶族情歌亦有所不同。值得一提的是隆回、溆浦一带花瑶的情歌更富有特色。其特点之一是内容极为丰富，从爱慕、试探、追求到初恋、热恋，或拒爱、送别、相思、断情等，均用大量的歌词表达。其特点之二是有固定的韵脚，平仄押韵，朗朗上口，用花瑶唱腔唱出来特别好听。

十二月想妹歌 湖南瑶族情歌。采取回忆和现实意境相结合的手法，将十二个月恋爱中男青年思念情人的那种甜蜜和焦灼、关爱、失落、期盼的情感展现得淋漓尽致。正月里想妹，想起了两人手挽手观花灯的甜蜜情景；二月看到百花盛开，想与妹在春意盎然的时节相游，可路远迢迢难实现；三月清明时节想妹，但不能耽误生产，要搞好耕种才能谈情；五月端午想妹，又因门前涨水路难通；六月想妹呀，年过半了，人过半不成家则枉然；七月禾花飘香，丰收在望想妹成家；八月中秋想妹呀，十五赏月无人陪；九月重阳吹风就转霜，妹不在身边哥孤单；十月细雨寒风，哥冷妹冻两难熬；十一月雪飘飘，就怕冻坏我的娇；十二月新年到，美酒佳肴妹来连。思念了一年，终于与妹结成姻缘。

初识歌 湖南瑶族情歌。瑶族青年男女对歌，不管认不认识，男女各方都可以邀歌，即摆起路遇歌堂或客来歌堂。初识歌也称为序歌。邀歌者多为男青年，如女方有大方、歌多的姑娘在场的话，也有女方先邀歌的，这时双方唱的歌叫初识歌。初识歌很多，没有死搬硬套的格式，许多是即兴编歌。唱初识歌，一般先唱铺垫歌，如今天日子好，遇见一群姑娘，或贵人来寒村（即我村，谦虚词），机会难得，我们来起个歌堂对歌。但邀歌要把自己那种怕羞、怕唱不好的心情唱出来，请对方多多包涵。“小小鸭子嘴唇黄，刚出蛋壳学游塘，游塘不知塘深浅，唱歌不知唱哪行。”所以要谦虚一番，“爹娘生我人又蠢，哪敢大胆上歌堂”。唱一阵后，女方是一定要接受邀请的，不然就会被人瞧不起。姑娘家被人瞧不起是多么严重的事啊，传出去那还了得。姑娘接唱也谦虚一番，对男方加以赞赏。男方见女方接唱高兴坏了，所以马上回一首歌加以赞美，并提出“歌声唱得大天明”的要求。接着双方你来我往唱开来。

诘问歌　湖南瑶族情歌。初识歌唱一阵后，大家都感觉比较投入了，就唱诘问歌。一问一答，一般是四句唱完，对方也答四句，答的一方要把问的一方所问内容编进歌里回答对方。如男方唱“问过妹，问妹贵乡贵处人，妹踏弟乡为何意，小弟洗耳听分明”。男方歌声一停，女方也将男方所问内容编好歌，即刻送过来。“弟听清，妹是涛圩上洞人，妹入弟乡走亲戚，玩玩耍耍度光阴。”问完哪里人，又问家里人口情况，父母高堂兄弟姐妹如何；问村坊的历史，特产，路好不好走、怎么走；相互问答后，重要的一首歌就会立即飞出：“问过妹，萝卜韭菜哪个青？妹如有双把头点，妹若无双回过音。”这是关键的对歌，姑娘家许了人家或没有许人家都要如实回答，以决定接下来的对歌内容。如姑娘家已许了人家，那么对歌就不以她为主，她会主动地让给同来的伙伴。但如果因伙伴还不到谈恋爱的时节，或因某种原因还不能对歌谈情不得已要继续对歌的，那么内容就以对叙事歌、历史歌、字谜歌为主了，当然，也间或地唱些情歌。如果姑娘接唱：“韭菜青，萝卜没曾空了心；韭菜没曾见霜雪，小妹还未许过人。”小伙子听了这个回唱，当然高兴坏了。立即接唱要磨刀修锄把通往姑娘家的路修通修好，以便二人相逢来往。路修好了，立即又问道：“哥是上园芥菜籽，妹是下园四季葱；芥菜离葱没好远，哪时才得共园中？”小伙子把自己有意结交姑娘的意思告诉对方。姑娘当然明白小伙子的意思，但又有哪个姑娘家那么草率地回答呢？接下来互相用历史知识、生产知识、生活经验等广泛的知识相互询问，以考察对方，尤其是姑娘家对刚才有意结交的男子的询问更要仔细，通过自己的考察来确定怎么回答。

赞慕歌　湖南瑶族情歌。小伙子的询问得到姑娘的首肯后，接下来就要唱赞慕对方的歌了。如是姑娘主动询问小伙子的，得到首肯后，姑娘家也先唱赞慕歌。哪个姑娘不想让人赞美呢？尤其是得到情哥哥的赞美，那是无比美好的一件事啊。小伙子首先赞美姑娘长得漂亮，将姑娘的脸庞、头发、眉毛、眼睛、嘴唇、身材、衣服、鞋子、头巾、声音、笑貌等都要赞个遍，每一句歌词中均是美丽动听的形容词，把姑娘赞美得像花容月貌一般。这是对姑娘外在美的赞美。接着赞美姑娘的文识、肚才、知识、思维、孝敬父母、和睦邻里等，这是对姑娘内在美的赞慕。通过这些赞慕，一方面是激发姑娘的爱恋思想，使之易于接受自己的追慕；另一方面也是激增自己对姑娘家的爱慕之情，使双方碰出爱情的火花。

初恋歌　湖南瑶族情歌。姑娘被小伙子赞美得心里热乎乎、暖融融的。对歌的声音也变了，变成甜蜜蜜的了。这就表明姑娘已经接受了小伙子的赞美，接住了射过来的爱情之箭。因此双方进入了唱初恋情歌的情节了。初恋歌是比诘问稍深一层次的考察，考察的内容比较广泛，人品、道德、伦理、社会奉献、口才、肚才、思维敏捷还是木讷、即兴编歌程度等，都从对歌中来识别考察。当然，姑娘接受小伙子的爱慕也不等于是直截了当地点头完事，而是要“冷水泡茶慢慢浓”，是那种水到渠成的自然过程。因此，小伙子还要唱许多的相劝歌，劝姑娘无论如何要接受自己的爱，要表白自己爱慕姑娘的一片真情。如是姑娘唱了听人说小伙子可能已经找了意中人的问讯歌后，小伙子还要为自己合理合情解释清楚。所以初恋歌别有一番风味。

比苦歌 湖南瑶族情歌。瑶族素来以歌为媒，自由恋爱，爱情高尚。但近代以来由于金钱在社会中的特殊地位和作用，爱情观也受到金钱和权势观念的渗透，因此，在一些人的眼里，“篱笆门对篱笆门、木门对木门”那种所谓门当户对才是合宜的。但广大的瑶族人民是反对的，他们仍以自由恋爱中的高尚爱情为基础，表现出高尚的婚姻伦理观和美好的品德。“比苦歌”，男女青年各讲各自家中苦，四句一首，男唱一首，女唱一首，最后合唱。在歌中有“苦辣树”“苦瓜”“黄连”“苦楝籽”“苦藤”这些物象来作为“生活苦”的具体象征。这个“苦”，其意是说家穷。但并不是说谁“苦”谁不好，或者谁家苦谁光荣，而是以“苦”来映衬爱情的高尚和伟大。因此，歌词中又以“甘蔗”“蜜糖”“油盐”这些物象来具体映衬“真正的爱情”。歌词的最后是“苦藤苦树绞成株，苦哥苦妹结夫妻；千斤石头丢下水，石头浮面不分离”。“石头浮面”显然是违背自然规律的，但即便自然界出现了这种反常的现象，苦妹苦哥相结合的“苦夫妻”也是不分离的，自由恋爱为基础的爱情是多么的高尚。

十二时辰想妹歌词 湖南瑶族情歌。一首恋爱中的男人歌。以子时、丑时、寅时、卯时、辰时、巳时、午时、未时、申时、酉时、戌时、亥时十二个时辰，每一个时辰编成一首情歌，无时无刻不在思念情妹妹，“太阳出来一竿高”了，“还在梦中把妹思”。日也思来夜也思，思得人心不安，思得人憔悴。这首歌借景抒情，很形象地将对情妹妹的刻骨思念那种难耐情景展现出来，使人同情、赞美他们的一片真爱。

九杯酒歌 湖南瑶族情歌。以酒为题，每一杯酒一首情歌。一杯酒，把郎引到妹家来；二杯酒，妹问情哥庚几何；三杯酒，酒苦哥唱情意深；四杯酒，年少正是连双时；五杯酒，端午莫吃烦妹酒……每一杯酒都注满了情妹妹对情哥哥的深情。歌词生动、形象、有趣味，饱含真情。

绣香包 湖南瑶族情歌。一首思念远方情哥哥的女唱情歌，以绣香包为题，从起头绣香包就要把许多的情谊、相思、相爱绣进香包里头去。一共十二绣，每一绣一首歌，每一绣都是情真意切的爱。表白了情妹妹不嫌情哥哥家穷，情哥哥也不嫌情妹妹家贫；香包饱含着情妹妹的情，香包也煨暖了情哥哥的心。因此，尽管“妹和哥哥家都穷”，但“只要情深百年好”，哪怕是“枯桃”也会“开花满树红”。故而，情妹妹绣呀绣呀，绣个不停，绣到十二月，历尽千辛万苦，香包终于绣成，“问哥几时结姻缘”。真是情真意切，令人十分感动。

（六）行孝歌

二十四孝比古今 湖南瑶族孝顺歌。全歌长216行，男女对唱，又主要以男唱为主，多在坐歌堂盘歌时唱。从盘古开天地唱起，借用历史上君王臣子的一些事例作引子引出二十四孝。第一孝是舜帝，“因孝得做皇帝身”。第二孝是“英莲救母”。接着从皇室到民间，将历史上有名的孝子典型事例一一道来，再将瑶族地区状元郎当官后不孝母亲的事例进行批判。全歌唱来动听感人，具有极大的教育意义。

行孝训　湖南瑶族孝顺歌。全歌长194行，从母亲十月怀胎唱起，痛得几次昏迷生下儿子，父母精心哺育，一把屎一把尿拉扯着，热天怕儿中暑，寒冷天气又怕儿受寒；儿病了急得身心不安，又请医来又许愿，只盼儿子快成长；好不容易将儿子拉扯大，给他讨了老婆。没过几天舒心日子，儿子却要闹着分家，遂了儿子儿媳意，却遭儿子儿媳将“父母丢得冷冰冰”，“兄弟轮月养双亲”，“反说年老难奉承”，“还说养着两闲人”，“可怜二老苦半世，今日好比讨饭人”，“二老气得情愿死，愿见阎王把苦申”。儿子成家后对双亲一点都不孝顺，把这些不孝之行为点出后，紧接着又举一些不孝顺父母的人遭毒蛇咬，遭虎狼吞吃，而一些孝顺父母的人则流芳千古的例子来教育后人。所以，笔锋一转：“我不孝亲不觉得，子不孝我好伤心，只怕老来我无用，儿媳也是照样行。”因此，“为人不将父母孝，枉为人子似豺狼”。

脱孝歌　湖南瑶族丧歌。瑶族的老人去世，其亲人往往要唱丧歌，以示离别和纪念逝者。各地瑶族丧葬习俗有一定的差异，其丧歌的内容和形式也有所不同。但丧歌大都感情真挚，格调凄婉。“朝朝送饭到灵前，送到灵台不见人，不见爷娘到灵边，胸前衫领湿涟涟。”孝子那种悲哀之情清晰可见。

孝歌劝世文　湖南瑶族丧歌。这是一首村坊邻居、亲戚好友吊孝时唱的丧歌，歌长122行。歌中讲述了“孝子哭得肝断肠，孝媳两眼泪淋淋”。孝子对来吊孝的人也很讲究礼仪，亡者要宽心。接着唱劝道：人死不能复生，重要的是活着的人要活得好。尽管没有雕龙画凤的高楼，哪怕是竹篱茅舍，只要是自己的就行；不强求千万亩良田，只要有数亩足衣食就可；虽然没有绫罗绸缎，破烂衣服勤浆洗也是好的；饭桌没有山珍海味，但“粗茶淡饭长久有，胜似佳肴美味日”；家养儿女不一定都中举人，世上“人生自有贤和愚”；因此，一个家庭里“只要孝顺体亲意，胜似为官坐朝廷”。歌词平淡，情意却很真切。

（七）信歌

桃川信歌 湖南瑶族信歌。瑶族有以歌代言的传统习俗，即民间常说的信歌。所谓信歌就是用歌来写信，以传达思想感情，互传信息，互相帮助。信歌的类型根据其内容有迁徙信歌、查亲信歌、求援信歌、婚恋信歌等。桃川信歌是一首求援信歌，长达136行。描述了江永桃川十八都立头洞赵、李两姓瑶民明朝时期瑶人管的“祖公田”，到清朝时期被汉族恶霸强占，瑶民据理据史以争，官司一直打，县官不作主，州官也判不明，扬州补堂也审不清，到嘉庆年间官司打到了北京城，最后判归瑶人种，但由于无钱赎契，事情又被搁了下来。他们在“强人又起浪”的时刻，想起了广西金秀的同族人，给他们发出了紧急求援的信歌。信歌把整个事情的来龙去脉，以及地点和对广西同胞的期望用七言一句编成信歌，词句清楚，通俗易懂。

求情信歌 湖南瑶族信歌。这类信歌比较多，多为男子写成。求情信歌充分表达了一个向女方寻求真爱的男子的思想境界。信歌采用比兴手法将男子自己本身的情况、家庭情况、人品思想等介绍一番，也把对方赞赏一番。如姐姐是月亮，弟弟是小星星，虽“小星不比月亮光”，但你看那七仙女和董永，不也是七仙女是月亮，董永是小星吗？所以请求女方答应男方的求情，因为“姐园花开蜜蜂采”，“望姐承接弟人情”。不然，

“大木成树难扭转，少年过后难得逢”。错过了机会将会终生遗憾。这类求情信歌往往是因为路途远，无法对歌相恋，但男子对这个姑娘认识，或听别人介绍得知她的情况而写的求情信歌。信歌写好后，也由女方的亲戚或熟识女方的人进行传递，且将男方的情况逐一介绍，使女方加深对男方的印象。

应情信歌 湖南瑶族信歌。这类信歌为女子收到男子的求情信歌后回复的信歌。如是原来认识的，此时，姑娘先是把收到的求情信歌简单地说一下，接着将自己自从上次见了一面后回来的这段时间思量对方的情况一一写来，本有意想写信歌给对方，但又怕对方不理睬而难为情。因为“郎是人家贵器仔，妹是人成器不成”。现在收到郎的求情信歌了，妹是“一心一向靠望郎，靠望情郎来结交”，希望“郎要行情行真些，不然同伴来笑妹”。并真挚地请求：“我俩结交逢一世，六十在生不丢情。哪个先走阴间路，洛阳桥上等齐行。”表明了姑娘接受男子的求情，对爱情和结为夫妻恩爱生活的态度。反映了瑶族青年敢爱敢恨的爱情观。

离别信歌 湖南瑶族信歌。这是一首情哥哥在情妹妹就要嫁给别人的时候写给情妹妹的离别信歌，歌长 82 行。从字里行间可以看到这对青年男女经过对歌相识相恋，并相互往来，已有较深的感情。如今妹妹父母收了别人的彩礼，答应将情妹妹另嫁他人，情哥哥是无可奈何，情妹妹也只好顺从父母。情哥哥的心情低落到极点，想死的心都有。歌中还回忆了情哥哥和情妹妹相恋时的快乐时光，也期盼与情妹妹的爱能像花像根一样可移栽可发芽。但是无可奈何了，情妹离哥别家去，“好比金鸡进入笼”。这是对瑶族中一部分人因金钱而变了味的婚姻观的批判，也是对封建婚姻思想的批判。

（八）地名歌

八峒地理歌　湖南瑶族地名歌。新宁八峒为麻林峒、大绢峒、圳源峒、黄崖峒、桃盆峒、深冲峒、逻绕峒、黄卜峒，每一峒都有许多瑶寨，每个瑶寨都有一个形象贴切的名称，且瑶人给当地的地形山川也取了一些名称。人们在茶余饭后就将这些地名缀编成脍炙人口的歌谣吟唱，增添了生活的乐趣。如麻林峒："半山潘坳万峰山，高望九牛不出栏。狮子滚球横界岭，五盘莲花界福山。万丈落马石狮子，双桥水打桥头湾。上林界背大山脚，长冲雷姓通和蓝。"将山名、地势、地名和村名连在一块、以及主要姓氏雷姓和蓝姓串在一起形成一首押韵又朗朗上口的歌谣，使人感到既有趣味，又亲切。

三宿歌　湖南瑶族地名歌。江华平地瑶居住区的上伍堡也叫三宿瑶峒，即旦久宿、竹子尾宿、平岗宿，每一宿都有几十个瑶寨。三宿歌即是把三宿内的所有瑶寨寨名与各寨地形、来历和主要从事的行业特点串起来，编成一首贴切形象的歌谣，一句一寨，平仄押韵，朗朗上口。

（九）歌谣形式

七言四句歌　瑶族的主要民歌形式，在瑶族歌谣里为最普遍、最常见的一种形式。以七言四句为一个段落组成一首民歌。如"瑶人苦来瑶人穷，挂起禾镰米桶空，卖儿卖女难过日，山主逼租到年终"。它可以单独成为一首歌谣，特别是男女对唱你一首我一首，以单首歌谣为对唱形式，此起彼伏；也可以由数十首组合成长篇歌谣，叙述一个故事或一段感情，尤其在情歌中的应用比较多。其韵律与一般诗歌相同，多数由一二四句押韵。这是瑶族人民在历史长河中发展而来的古老的民歌习俗，也是劳动人民智慧的结晶，使生活变得多姿多彩。

三七七七言歌 瑶族主要的歌谣形式。在瑶族歌谣里三七七七句式比较普遍。如“细细听，细细听娘唱得清，唱得清如清绿水，唱得这如天上星”。“不会唱，手拿米筒不会量，不会量人街上米，不会唱歌来陪郎。”其特点是每一首都是从三言句开始，然后马上转入七言句，并以七言句结束。并且以男女对唱中的排唱居多。如邀歌中的女方用“不会唱”开头，可以是十多首歌都用其开头，直到这一段唱完；男方也是一样，用“妹会唱”开头，也一直唱十多首，唱完这一段。表现出瑶族歌谣质朴、明快、寓意深刻的特点。

五七四三七七四三七言歌 瑶族歌谣的一种特殊形式，主要用于长篇情歌和叙事歌。如“进山投林主，真心情郎夜进屋，妹家宿夜（啰哩），冻霜寒，开箱拿出苎麻被，送给进山远客睡，客人夜宿（啰哩），受冻寒，会说妹村贫苦乡”。对一件事用不同的歌谣语句组合叙述清楚，有如现代的自由诗体一样，自由、散漫，不受拘束，唱如平常叙事一般，随心所欲，表现出一个人当时的心情，以及所思所想。

六子句 瑶族歌谣的一种形式。多用于情歌对唱，最后一句点出结果，有画龙点睛之妙。如“哥的担杆长又长，小妹真心不哄郎，你当财主我侍奉，你做叫化我随郎，不同生来愿同死，九死一生要配郎”。这最后一句点出无论如何也要嫁给郎。又如“日头落岭圆又圆，如同逢妹在桃源，桃源花好有天谢，我俩有情长百年，叫妹回家耐烦些，三头五天去求亲”。通过对歌，双方已进行了深刻的考察、思量，完成了从相识到相知的过程，你有情来我有意，进入相恋阶段，所以最后一句点出求亲，结成百年之好。末句是这种六子句歌谣的总结句，道出了心里话，强化了整首歌的意韵，别有风味。

盘歌 瑶族歌谣的主要形式之一，也称歌堂歌。盘歌是坐歌堂中最活跃最精彩的一幕，以男女对唱的形式进行，或男问女答，或女问男答，一来一往，一“盘”就是几十分钟甚至数小时。内容极其广泛，涉及历史、文化、政治、经济、军事、天文地理、自然现象、民风民俗、生产生活、科学知识以及谜语等各个方面，是对盘歌双方掌握的歌谣多不多，掌握的知识深不深的一大考验。对歌中，所盘唱的歌谣由浅入深，由易到难。一方提问唱完，另一方必须立即答唱，不能停留太久，否则被视为答不上来，或是冷了场，也被视为输了。输的一方必须接受赢的一方的“烤歌”或“骂歌”。盘歌对抗是十分激烈的，场面也就充满了乐趣。唱的一方津津有味，既期盼对方答得出，好继续一试高低，也希望对方答不出，好用歌来烤，用歌来让对方“背鸡笼”。答的一方或思索，或商量，如是女方还娇嗔并用。看唱歌的人也是津津有味，一些知道歌谣的人还主动当参谋。真乃一幅乐融融的晚会画面也。

排歌 瑶族歌谣的主要形式之一，也称歌堂歌。排歌没有一定的规格，也没有多少是流传下来的歌，多半歌词是歌者即兴创作的，故难度很大，一般的歌堂很少唱排歌，只有在坐歌堂中双方棋逢对手，歌技娴熟高超时才会出现。一般是唱盘歌时谁也不服谁，并商量好唱排歌，继续比试高低。同样其内容也涉及各个方面，但其格式则以排比句式出现。如问的人一连唱出十二个月，答的人则要十分认真地听，他唱的十二个月是以什么内容编成的歌，要记清楚，答唱的时候也必须以十二个月需答的内容排起来回过去，也是一气唱完。双方都要求记性好，思维敏捷，即兴创作的歌押韵、琅琅上口、风趣。

长歌　瑶族歌谣的主要形式之一。在浩如烟海的瑶族歌谣中，有许多长篇歌谣。比如历史歌、叙事歌、信歌、人堂歌、路堂歌等，动辄百余行、数百行，多的几千行。其特点是在确定大的框架后，以细腻的手法来叙述一个事件、一段情感。情节曲折，有时一波三折，跌宕起伏，意境优美。有的通过忆往昔反映瑶族的历史文化，有的则是直接描述近代以来瑶族社会生活的情状和重大事件。长歌运用了许多比喻、对偶句，采取比兴手法，使其创作更为艺术化，感染力更强更大。因此，长歌更吸引人，更容易引发人们的情感。尤其信歌类长歌中求情、应情、离情长歌抒发的感情细腻，犹如涓涓溪水，一点一点地浸润着人们的心扉，使人们不由自主地置身于主人设置的意境之中，好像是自己在抒发情感那般的心驰神往，那般的伤感，也那般的同情。长歌除信歌外，一般用于坐歌堂盘歌和节日、庙会，男女对唱，又以一方唱述为主，唱到激动或伤感处，唱者泪流满面，听者也是泪湿衣裳。长歌体现了瑶族人民的艺术创作美，因而产生震撼人心的力量。

第十六章　音乐舞蹈

湖南瑶族聪慧灵巧，能歌善舞。瑶族音乐种类较多，曲牌丰富，不同支系有不同的曲牌。勉语瑶族曲调委婉悠扬，平地瑶、花瑶曲调清亮高亢。瑶族舞蹈类别繁多，流传面广，风格各异，历来为瑶族人民所热爱。在历史长河中，各民族舞蹈艺术互相渗透，兼收并蓄并不鲜见。一部分瑶族民间舞蹈正是吸收了汉、壮等民族舞蹈艺术的长处，加以创新熔炼形成了具有本民族特色的艺术风格。如最早流传于汉族地区的刀舞，被瑶族艺人吸收后，依据瑶族人民砍山用的长柄划皮刀的形式，熔炼成别具一格的瑶族关刀舞。伞舞是瑶族描摹先祖当年漂洋过海挡风遮雨的一种舞蹈，后来，同样在汉族地区流行。在瑶族舞蹈中，同一种舞蹈由于居住地和生产方式的不同，又形成了不同的风格流派。如长鼓舞，江华岭西平地瑶和岭东过山瑶舞蹈风格不尽相同。平地瑶中流行的是“羊角短鼓舞”，过山瑶中流行的是“盘古长鼓舞”“芦笙长鼓舞”“锣笙长鼓舞”“桌上长鼓舞”，动作和音乐都有一定的区别。过山瑶的长鼓一般是舞者自持，而平地瑶的长鼓除了舞者自持外，还有两人抬着 2 米多长的大长鼓，另有一人击打，三人穿行于舞者周围。新中国建立，党和政府十分重视瑶族音乐舞蹈的挖掘整理，成立专业歌舞剧团，将瑶族的传统音乐舞蹈艺术搬上舞台弘扬光大，使瑶族文化艺术传承和发展的方式增多了。

一、音乐

曲牌 湖南瑶族喜爱唱歌，不同支系曲牌曲调亦有所区别。因此湖南瑶族有众多特色鲜明的曲牌种类，仅江华就有100种以上，主要有仙拜、呐哗、瓦溜、高山、蝴蝶、留西拉瓦等。瑶族的传统曲子，都可用唢呐等乐器配音。最为流行的有“满江红”“过山虎”“双凤朝阳”“高山滴水”“大（小）离娘”“牛角曲”“家先曲”“祝酒歌”“拉发歌”“蜜蜂过岭”以及婚礼曲等。这些曲子在使用上有严格的规定，不能颠倒混用。用于舞蹈的音乐也很多，仅长鼓舞音乐就有长鼓歌一和长鼓歌二，相配的曲子又有曲一、曲二、曲三、曲四、曲五等。一些支系的曲子区别较大。如过山瑶歌曲开头有一个长长的拖腔，因颤音的运用，让人听了有如诉如泣之感。在歌曲行进中句子之间承上启下时也用带有颤音现象的“拉发”调。“拉发”调可以独唱，亦可以二重唱。长调中的“拉发”下滑音较为明显，短调“拉发”不太明显，但仍然可以感觉出来。“拉发”调音乐性不强，装饰音、滑音、颤音却很多，很适合申诉和叙述，闻之有悲凉和苦楚之感。平地瑶歌曲调相对显得雄浑、洪亮一些。其旋律音域一般在四五度范围内，旋律的展开建立在一个一个乐句的变唱重复基础上。曲式结构多为上下句或四句头的正型结构。音阶调式为羽调式，一般使用6、1、2、3四声音列，节奏比较平缓、简洁，音律以大二度、小三度、纯四度的级进和小跳进行，很少大跳。演唱时，使用大嗓，起调较高，高亢明亮。

花瑶歌曲当地称之为“唱讪客”，亦很有特色。按唱腔可分为本地腔、呜哇腔、龙潭腔、山门腔、那溪腔、辰溪腔等六个腔；按调又可分为罗南调、咚咚调、捏捏调、溜溜调、麻溜溜调、连罗连调、懂懂调、劳动调等八种。突出特点是常伴有衬词“呜哇……呜哇……”，音调高亢，一般的音域唱不出来。湖南瑶族祭祀盘王时唱的《盘王大歌》一定要配“七任曲”，即梅花曲、相逢贤曲、万段曲、荷叶杯曲、南花子曲、飞江南曲和亚六曲，每一首曲牌都包括了若干段歌词，这些歌词在演唱时可以共用一个曲牌，也可以用它独有的曲子，如歌春、歌花、歌茶、歌意、歌二娘、歌苎、歌书、歌叹等。在七任曲启动之前，还有起声唱、日出早、夜深深、天亮亮等多首短歌。

乐器 远古时瑶族人民就已发明吹奏乐器。宋人周去非在《岭外代答》中说：“瑶人之乐，有庐沙、铳鼓、胡卢笙、竹笛。庐沙之制，状如古箫，编竹为之，纵一横八，以一吹八，伊嘎其声。铳鼓即长大腰鼓也，长六尺，以燕脂木为腔，熊皮为面，鼓不声鸣，以泥水涂面，即复音也。胡卢笙，攒竹于瓢，吹之呜呜然……大合乐之时，众声杂作……”湖南瑶族传统乐器大都为瑶民自己所制造。乐器制造者多为民间艺人，吹拉弹唱，样样都会。制作的乐器有大、中、小长鼓，大鼓，皮鼓，响鼓，唢呐，芦笙，横笛，二胡，长号，三眼铳，牛角等，野外信手摘片树叶也可作为器乐，只有大锣、大钹、小钹等要到市场上购买。最常用的乐器是唢呐和芦笙，最有代表性的乐器是长鼓。长鼓多用空桐木和梓木制作，制作精细，外形美观，鼓身呈长筒形，长 83 厘米左右，中腰较细而实，两端稍粗，面空，蒙以牛皮等。通体彩绘着云头、日月、龙凤、花草或鸟兽等图饰，油漆色调鲜明，极富民族风格，有的还在鼓的两端和腰间系着 8

个小铜铃。使用时舞蹈者将鼓斜挂腰侧，双手拍击，或左手执鼓中部，右手拍击，边击边舞。长鼓既是伴奏的乐器，又是舞蹈的道具。

二、舞蹈

长鼓舞 湖南瑶族祭祀盘王的舞蹈。长鼓舞源远流长。传说盘王死后，子孙们做起长鼓击打，歌而舞之祭奠盘王。这就是长鼓舞的由来。史籍对瑶族长鼓舞多有记载。在岁月的流逝中，瑶族人民不断地将生产生活的实践加以艺术提炼，糅进长鼓舞中，使长鼓舞的内容不断丰富，艺术不断完善，成为瑶族人民最喜爱的一种艺术形式。长鼓由最初的将原始树干挖空逐步发展成绷绳式、横背式、手持式，多用空桐树、梓木做成，两头大而空，中间小而实，状如喇叭，蒙以羊皮或牛皮，鼓身有彩色龙凤花纹，并在两头系上彩丝。长鼓有大有小，大的二人抬，小的一人手持而舞。长鼓舞的动作一般有 36 套，复杂的有 72 套，内容上可分为制鼓、造房、生活、自然景观摹拟、祭拜等。表演形式有单人、双人、4 人、8 人、大群舞。较有特色的是“桌上长鼓”，两个舞者在一张四方桌上围着烛火穿来转去地舞动，动作紧凑、热烈。长鼓舞有“武打”和“文打”的区别，“武打”的打法比较活泼，动作带跳跃性，节奏较快，花样变化多；“文打”比较稳重，动作温和缓慢而且较柔，节奏较慢。长鼓舞是击鼓而舞的，每一个动作都须在鼓上击出不同的鼓点，重拍向下，节奏明快，动作稳定。其音乐以唢呐为主，据场地和用途分为“大吹大打”“小吹小打”。大吹大打舞用于还盘王愿时，以两支唢呐主奏，用大鼓、大锣、大钹、挽锣等打击乐配合，庄严隆重。小吹小打多用于喜庆等场合，亦以两支唢呐为主奏，用小鼓、小锣、小钹、挽锣、抛锣等打击乐配合，显得热闹活泼。其曲牌两者通用。唢呐音色清脆，悠扬悦耳，增添了长鼓舞的喜庆色彩。长鼓舞特点之一是屈膝、稳健、有力，不论高桩（两腿半蹲）、矮桩（全蹲），还是行进、跳跃时，都是两膝弯曲，再现了瑶族人民在山坡上的生产生活情景；特点之二为“曲”“拧”，每次换位姿势都必须保持“曲”的线条，拧身而过，长鼓贴身而舞，动作不能过大，必须非常紧凑严紧。

羊角短鼓舞　湖南瑶族祭祀盘王的舞蹈。羊角短鼓舞流传于平地瑶地区，是秋收后祭祀盘王时跳的一种集体舞蹈。由7人表演，道具为朝笏、牛角、铜铃、羊角、长鼓。舞时，1人拿朝笏、牛角、铜铃领头，2人拿羊角，4人持短鼓（小长鼓），唱着“野羊撬”之歌互相穿插。场边有两支笛子伴奏，两侧各有2人抬着大长鼓，另一人按音乐节奏击鼓，烘托气氛。这个舞蹈的主要表演者是舞羊角和击短鼓者，舞羊角的2人对舞，把野羊抵角的神态表现得惟妙惟肖，生活气息浓郁。舞蹈动作主要有大野羊撬、小野羊撬、野羊摆头、野羊斗角、野羊拐腿、野羊摆手等，再现了盘王狩猎，野羊作恶的情形。

芦笙长鼓舞　湖南瑶族祭祀盘王的舞蹈。芦笙长鼓舞是瑶族人民还盘王愿时跳的舞蹈。道具有扎板1块、牛角1只、朝笏1块、芦笙2把、长鼓2个、小鼓1个、小锣1面。舞者7人，第一人是巫师（称起鼓一郎），手执朝笏，吹着牛角领舞，第二人吹芦笙（称开笙二郎），第三人打长鼓（称击鼓三郎），第四人打小鼓（称打鼓四郎），第五人吹芦笙（称欢鼓五郎），第六人打长鼓（称喊鼓六郎），第七人打锣（称七祖老郎）。舞时，场中央放一方桌，桌上置米筒，插2炷香于米筒中，前面放3杯茶，后面放5杯酒，围绕方桌而舞。动作分迎圣、起拜、行路、梅花、欢鼓五段。每段完后，巫师领头呼喊“色——色嘛悠”，再敲锣打鼓走一圈。动作粗犷，山野气味浓郁。

锣笙长鼓舞　湖南瑶族祭祀盘王的舞蹈。瑶族人民还盘王愿时跳的集体舞蹈。道具有剑刀1把、大锣1个、芦笙2个、铜铃1个、长鼓2个，以及小旗、纸帛（按参加人数定）。舞时由巫师领头行进，2人打长鼓、2人吹芦笙、1人打锣，其余各执小旗、纸帛、铜铃等跟在后面，人数在12人以上。先到“罗庙”，后到“土地庙”“社堂”“七祖”（用7根竹子交叉插在地上），最后又回到“罗庙”。每到一处，先作揖然后高喊“咿！咿嗬嗬嗬”，再敲起锣鼓舞蹈，每加快速度时，领头者先高喊“威煞压守哦”，表示预先通知。整个舞蹈主要由打长鼓者旋转舞蹈，打锣人面向打长鼓者，退着往前走，逗引着打长鼓者、吹芦笙者在后伴舞，其余的人跟着走场面。动作有左打左莲花、右打右莲花、上打雪花盖顶、下打古树盘根、拜三拜等动作。用锣、鼓、芦笙伴奏，边唱边舞，舞蹈性强。

盘古长鼓舞　湖南瑶族祭祀盘王的舞蹈。盘古长鼓舞是瑶族人民还盘王愿中的一段舞蹈。在师公念唱时，两位长鼓手做一些拜鼓及施礼动作，每个动作做4个方位，在每个位置上再做4个方位。主要动作有走三胎、小莲花、大莲花、矮拜、驾马、车鼓。步伐稳重、缓慢，与师公的动作相协调。

盘鼓舞　湖南瑶族祭祀盘王的舞蹈。流传于江永四大民瑶之中。清溪瑶族的盘鼓舞由4人表演，东、南、西、北4个方位各站1人，面朝里，左手握鼓腰，右手击鼓面，动作缓慢，打法稳重，无乐器伴奏。兰溪瑶族的盘鼓舞称为“打四门”，通常在还盘王愿后举行表演，由 2 名男子表演，动作相同而方向相反，东、南、西、北各做一套动作，以二人各自将鼓抛向空中落下接住而结束。

羊角舞 湖南瑶族祭祀盘王的舞蹈。又名羊角长鼓舞，为江永夏层铺一带瑶族人民在秋收后祭祀盘王时跳的舞蹈。由 8 人表演，2 人执羊角领队，4 人手拿长鼓居中，2 人执羊鞭断后，配以粗犷、古朴的鼓点节奏，把野羊揪角的各种形态演绎得栩栩如生。

度曼尼 湖南瑶族祭祀仁王的舞蹈。相传瑶族英雄李仁基为反抗外来侵略，终身未成婚配，英勇战死在沙场。瑶族人民为了纪念他，尊他为仁王，为他建庙宇，塑其法像供奉，每年的六月六日和十月十六日均要举行一次仁王悼念活动。十二姓瑶人抬起仁王塑像，抬起两名美貌的“曼尼”（许给仁王婚配的瑶族姑娘）“陪伴”仁王。16 名法师击长鼓、吹芦笙，边作法事，边起舞，为“曼尼”超度灵魂，与仁王成婚。新中国成立后，逐渐摒弃法事，演变为娱乐歌舞。度曼尼舞全舞共分 12 段，舞蹈性强，音乐节奏变化多，情绪激昂，舞曲优美。

伞舞 湖南瑶族民间舞蹈。相传瑶族先民在远古时屡遭战乱，被迫举族迁徙。当飘洋过海时遇大风大浪，始祖盘王用伞挡御，而平安到达彼岸。为纪念始祖，瑶族人民根据传说中的情形编创了伞舞。伞舞的道具有雨伞、纸扇。动作有转伞、前转伞、左旁转伞、右旁转伞、雪花盖顶，乘伞一、乘伞二、凉伞骑兵、圆伞、推伞、旁推伞、前推伞、涮伞、跳涮伞、冲伞、走路、绕伞、前绕伞、后绕伞、拐腿绕伞、悠腿绕伞、开伞、绕头伞、跳伞、跳米字、绕伞转身、小绕伞转身、跑四门、出堂、走四方等。动作特点是屈膝、拧身、桩矮，用伞缠身而舞，动作幅度大，强劲有力，音乐锣鼓伴奏。

刀舞　湖南瑶族民间舞蹈。相传盘王为了抵御外族侵略，率领族人练兵而留下此舞。动作粗犷原始，具有武术性，在流传过程中得以丰富和完善。道具有关刀（长把大刀）、大刀。大刀动作有拖刀一、拖刀二、走四方一、走四方二、磨刀一、磨刀二、刀试下、篾刀一、篾刀二、上篾刀、顿刀、换刀、扎刀翻身、穿刀、对刀走路、大开门、袷刀、转刀、撩头转尾、上试刀、下试刀、量宽、响刀。关刀动作有前绕刀、分刀、跨刀、绕刀转身等。两“刀”的基本动作一样，有试刀、磨刀、刺刀、砍刀、拖刀等。通过躲闪、进退、跳跃变化，表现两人对杀的情景，以及伐木、修路等生产劳作的场面。

关刀舞　湖南瑶族民间舞蹈。舞蹈一开始做一套礼仪式动作，接着举刀朝顺时针方向走一圈亮相片刻，正式跳关刀舞。每一动作做 4 个方位。交换位置时，在原位做辅助性动作，再做走路或走四方的程式动作而交换位置，在对方原来的位置上做同一动作，然后通过程式性动作沿顺时针方向做完 4 个方位。不断地变换位置化简为繁，使朴拙简练的动作产生变化莫测的效果，让观者目不暇接。

穿灯舞　湖南瑶族民间舞蹈。舞蹈人数可多可少，人越多舞蹈艺术性越强。舞者各拿一盏八角灯上下舞动，用碎步来回穿插变化队形，有拜四方、绞篱笆、单双锁连扣、转连环等 19 种队形。

蝴蝶舞　湖南瑶族民间舞蹈。取材于汉族的梁山伯与祝英台的故事。道具是在 1.5 米左右的竹竿顶端托上纸糊的蝴蝶。舞时，舞蹈者手持竹竿，若干个小蝴蝶围着 3 个大蝴蝶，来回穿梭，变化莫测，情趣幽默，引人入胜。有锣鼓、音乐伴奏。

走潮　湖南瑶族民间舞蹈。舞者12人以上，以锣鼓为前导，其余的人手拿彩旗、红布条随后，用碎步走，动作有穿四方、穿十字、穿五点梅花、鲤鱼上滩等。舞鲤鱼上滩动作时3人一组，跳来跳去更换位置，形象有趣。

招五谷　湖南瑶族民间舞蹈。每年冬至后，瑶族人民请来法师招五谷，以期来年获得更好的收成。舞者只1人，左手拿兵棍或朝笏，右手持铜铃，边唱边舞，最后将挂有红布条、稻谷、玉米等物，事先插在屋前的一根竹子取出挂到堂屋神龛左边。以"三步岗"和碎步跑为主要步伐。

盾牌舞　湖南瑶族民间舞蹈。盾牌舞是以瑶族武术套路组成的民间舞蹈。据说是盘王率领族裔自行修炼的一套御敌绝招。舞蹈由2~4人表演，道具有盾、棍、钩镰、铁耙。舞蹈时，持盾者左手拿盾，右手拿刀或其他道具，表示进攻或防御。舞蹈一开始，场上人员翻筋斗或跳跃而出，面对面快打一阵，形成对峙的局面。盾牌舞分六节进行，前四节是盾与棍的表演，第五节是钩镰与盾的表演，第六节是铁耙与盾的表演。每一节都用跃、盖、扑、跳、扫、杀的基本动作表现对杀的场面，每到惊险处，就大喊一声"杀"或"嘿"。基本舞步是"马步""跨前""矮桩步"，配以锣鼓伴奏。

猴戏狮　湖南瑶族民间舞蹈。猴戏狮是狮子舞的一种。相传古时一神狮不与世争，隐身在山洞中苦修道行。不久却是虎豹豺狼横行山岭。山神爷命神狮出洞统辖百兽。调皮捣蛋的猴子不知好歹去戏弄狮子，结果被神狮吓得屁滚尿流。舞蹈由高矮二人表演，高壮者扮狮子，矮小者扮猴子。猴子手拿香包肆意拍打戏弄狮子，狮子则善意对待，最后猴子肆无忌惮起来，狮子发起威来，翻腾扑跌，大声嘶吼，猴子被吓得仓皇

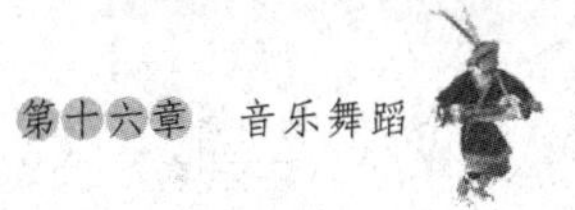

而逃。

嘎堂套　湖南瑶族民间舞蹈。嘎堂套，又叫“合合充充”，意为说说唱唱，据说至少已有300余年的历史。嘎堂套以唱为主，辅以说白和舞蹈。舞蹈由男女二人手持牙筒、铜铃、牛角、手拍、长鼓等道具而舞。

钓鱼舞　湖南瑶族民间舞蹈。钓鱼舞是一个爱情叙事舞。相传远古时候一瑶族青年自幼父母双亡，家贫如洗，只好以钓鱼为生。一天，他从早上到太阳要下山了还没有钓到鱼。正发呆时，突然间一条红鲤鱼在他面前“哗”的一声跃出水面，尾巴一摆又不见了。兴奋的他马上又甩竿垂钓，却天黑也未如意，只好闷闷不乐地往家走。谁知他一推门就愣住了：桌上摆好了飘着香气的饭菜，一个漂亮的瑶家姑娘正满含笑意地看着他。原来，她就是那条红鲤鱼。舞者男女二人，道具钓竿、鱼篓、桌椅碗筷。动作优美，叙事性强。

串堂舞　湖南瑶族民间舞蹈。串堂舞又叫大堂鼓舞，为瑶族人民新年娱乐的一种集体舞蹈。舞蹈时人数不限，视场地大小而定，可几人、十几人，也可几十人、上百人。舞蹈开始时，先敲锣鼓，吹唢呐，然后由鼓手、唢呐手领头，边奏乐边走，众人相随，边唱边跳。有三角定、四角定、五点梅、六点梅、七星堂、八卦堂、串义堂、小葫芦、大葫芦、单线珠、双线珠等12个动作。

串春珠　湖南瑶族民间舞蹈。串春珠为欢度春节的一个集体舞蹈，参加的人数不限，男女老少同欢。它源于远古时期祭祀始祖盘王“奏档”——跳盘王活动中的“围档”“串档”，是从远古乐神舞发展起来的乐人舞蹈。道具有鼓、锣、钹、唢呐、笙、笛等。舞时鼓响锣鸣，持钹者领舞，击着大钹围绕舞场走圆圈，随舞者在后依次而随。随即，鼓点锣声转换为咚咚叭，咚咚叭，领舞者引领大家慢步走之字形跳跃——“搓串珠绳”。搓呀搓，越搓越快，鼓点加急，大伙边跳边欢呼：嗨！嗨！春珠。嗨！嗨！春珠。待鼓声放慢时，舞步也由急转缓，轻松舒展。领舞者引着大家东南西北四方觅“春珠”。随着“点点点切，点点点哐”的打击乐声，手摆脚跳一步一步地觅“春珠”。每角走跳一圆圈为一珠，最后还原一大圈为一大春珠。接着“哐咚哐、哐咚哐”的锣鼓声起，领舞者引着大家串“春珠”，形成一个圆圈后再从中间穿过，这就是串珠，串了小珠串大珠，串完一个又串一个。春珠串好后，舞蹈者分成两组，相互相对穿插，将春珠一排排地摆开；又分成多组，每组一圈，在场上堆春珠。还有抬春珠、晒春珠等，其造型多种多样，舞蹈场面隆重、热烈。

傩舞　湖南瑶族民间舞蹈。俗称“跳五岳”，流传于江永松柏瑶族乡和井边乡一带，于农历正月至四月跳鬼神活动期间举行。表演人数 10 ~ 12 人不等，均为男性。表演时，头戴面具，手执兵器。面具有 24 个，每个代表一个鬼神。表演内容为驱鬼、捉鬼，祈求丰年等，有24 套动作，每套由1 ~ 3 人表演。舞蹈动作粗犷、原始。

三、知名传承、研究人物

赵湘　女，江华瑶族自治县人，生于1963 年 8 月，大学文化，国家一级演员。现为中央民族歌舞团国家一级演员、中国舞蹈家协会会员、中国少数民族舞蹈家协会会员、国家民委少数民族艺术专业高级职称评审委员会委员。1975 年 8 月在江华民族歌舞团工作。1975 年 9 月至 1979 年 7 月在中央民族学院艺术系学习，1987 年 9 月至 1991 年 7 月在北京舞蹈学院民族舞教育专业（本科）学习。1980 年表演的《追鱼》荣获首届全国舞蹈比赛少年组表演一等奖，1997 年表演《山鼓》荣获第七届全国孔雀杯舞蹈比赛表演二等奖。多次作为中国少数民族舞蹈家参加国内外的重大艺术活动，多次随中国艺术家代表团、中央民族歌舞团出国访问演出。2001 年 5 月，在经过回家乡瑶山采风再艺术提炼升华后在北京举办个人舞蹈专场晚会《我从瑶山来》，获得巨大成功。

赵明华　男，江华瑶族自治县人，生于民国三十二年（1943），国家级非物质文化遗产项目传承人。赵明华自幼喜爱长鼓舞，村上只要有人跳长鼓舞，他就认真地模仿学习，沉浸在这一艺术之中。“文化大革命”前夕，赵明华中专毕业回到家乡从事教育工作。此时的他对长鼓舞这一艺术理解得更深，自觉地把传承弘扬长鼓舞作为自己的毕生追求，即使在随即而来的“破四旧”之风盛行的年代，面对各方压力也没有放弃。改革开放伊始，他拜当地被誉为“长鼓王”的李根普为师，系统学习长鼓舞，深入钻研长鼓舞文化，从此正式走上保护、传承、弘扬瑶族文化之路。1985 年，在江华瑶族自治县成立 30 周年庆典活动中，赵明华师徒同台表演桌上长鼓舞，获地区“热忱献技艺，舞风传后人”荣誉奖。1988 年，在郴州举行的国际瑶族文化研讨会上，师徒俩又同台表演瑶族长鼓舞，受到首长及外国朋友的赞誉。1989 年参加县里举行的欢庆新中国成立 40 周年文艺调演，表演的瑶族长鼓舞获二等奖。1995 年在江华瑶族自治县成立 40 周年县庆活动中，率学员参加盘王殿开光仪式表演，受到社会各界欢迎和来宾们的赞誉。赵明华不仅醉心于长鼓舞表演，更潜心于长鼓舞技艺的传承和推广，30 年来收过 100 多名学生，弟子遍布民族歌舞团、演艺圈和各类学校；他带领的长鼓舞队，在县庆等重要活动中频频亮相，在附近村寨巡回演出，被省、市、县里的新闻媒体多次报道。2008 年瑶族长鼓舞被确定为国家级非物质文化遗产，2009 年赵明华被国家确定为国家级非物质文化遗产项目传承人。

李本高　男，江华瑶族自治县人，生于民国三十年（1941），瑶学研究专家，湖南省民族事务委员会古籍办原主任、副研究员，曾任广西（中国）瑶学会副会长、湖南民族研究学会副会长、江华瑶族研究学会名誉会长等职。李本高潜心瑶学，对瑶族历史与文化的研究比较全面，在瑶族族源、千家峒、漂洋过海、古代社会组织等尚有争议的重大学术课题方面提出了自己独特的看法。尤其在族源问题上，他追溯考证了瑶族族源源于炎黄时期的蚩尤，即“尤人说”，将瑶族的历史从秦汉时期的长沙、武陵蛮往上推进了很长一段时期，他的观点得到瑶学界的普遍赞同。李本高十分注重田野调查，坚持用田野调查的第一手资料来弥补、佐证或纠正史籍中关于瑶族的有限记载，全国各地的许多瑶寨都留下了他的足迹。在 30 多年的学术研究中，他先后公开发表了上百篇论文，50 余万字。同时著有《瑶族〈评皇券牒〉研究》，主编《湖南瑶族源流》，合作编著《湖南瑶族》《江华瑶族》《湖南瑶族百年》《龙窖山千家峒》，合作整理编辑出版《瑶族〈过山榜〉选编》《盘王大歌》《瑶人经书》等；编纂《湖南省志·民族志》瑶族、壮族部分，撰写《湖南风物志》和《中国各民族宗教与神话大辞典》瑶族部分和电视片《瑶乡鼓韵》《中国瑶族》的湖南瑶族部分脚本。业绩收进《当代湘籍著名作家》和《世界名人录》中。2012 年 3

月，《李本高瑶族研究文选》由香港展望出版社出版发行，收录了其在刊物上发表的论文 52 篇。2014 年 8 月因病医治无效与世长辞，享年 73 岁。

第十七章　工艺美术

瑶族工艺美术伴随着经济活动中手工业的发展而发展。历史上产生了“织绩木皮”的纺织和蜡染、制陶、打制木器和铁器、制弩、造纸等手工业，这些原始手工业随着历史的发展，不断向着更高的技术性和工艺性的方向发展，形成并巩固了独具特色的瑶民风格。织锦工艺、打制工艺、装饰工艺、雕刻工艺深深融入了瑶族人民的思维和思想，融入了瑶族的习俗信仰，深受瑶族人民喜爱，使瑶族人民的生活多了许多浪漫色彩。

一、织染工艺

瑶斑布　瑶斑布在历史上享有盛誉，隋朝时的莫徭就已经能制造瑶斑布了。《隋书·地理志下》云：“（诸蛮）承盘瓠之后，故服章多以斑布为饰。”“长沙郡又杂有夷蜑，名曰莫徭。……其男子但着白布裈衫，更无巾袴；其女子青布衫，班布裙，通无鞋屩。婚嫁用铁钴䥐为聘财。武陵、巴陵、零陵、桂阳、澧阳、衡山、熙平皆同焉。”莫徭的斑布与细纻布、麻布、竹布等在隋朝就已成为贡品贡给封建朝廷。经隋、唐时期的发展，瑶斑布的制作技术发展得更成熟。宋人郑伸在《桂阳志》中说："岗徭斑斓其衣，侏离其言，称盘王子孙。"另一宋人周去非则在《岭外代答》中介绍了瑶族用蓝染、蜡染制作瑶斑布的生产技术，说"故夫染斑之法，莫徭人若也"。到宋代，瑶族在种植棉、麻外，还种桑养蚕，用丝纺布，亦有了丝织品，并与染斑布技术相结合，生产的丝织品成为贡品，如靖州瑶人生产的"贡白绢"，道州瑶人生产的"贡白纻"等。这些"贡品布"质地优良，色彩鲜明，得到朝廷达官贵人的青睐。宋以后，瑶族人民在前人技术的基础上，将织染之法进一步发扬光大，制作出具有浓郁民族特色的美丽服饰。直到现代，瑶族人民仍然喜欢穿五彩斑斓的美丽服饰。

织锦 莫徭时期，唐人刘禹锡在《蛮子歌》中就有"蛮衣斑斓布"的记载，说明莫徭服饰织染技术已有相当高的水准。到明代，瑶族织锦工艺已相当发达，工艺品较为精致，工艺水平更高。明人邝露在《赤雅》中列举了瑶族的织锦工艺。"锦有鹅头锦、花蕊锦。蛇濡锦，以蛇膏泽之，辟毒雾，入水不濡，亦名龙油锦。簇蝶锦，以熟金为之。"名为云娘的瑶女所织的"凤裘蝶绡"做工极为精致，日久其颜色仍如新。"凤裘，白州绿含凤毛所织，色久愈鲜，服之辟寒。蝶绡，冰蚕所珥，织作蝶纹，轻逾火烷，服之避暑"，可见其工艺水平非同一般。清代，瑶族织锦"色美而耐久用"，为许多汉民所青睐，尽管"价甚昂"，仍多用作女孩子出嫁嫁妆的被面和小孩褴褓。清人李调元在《南越笔记》中描述道，瑶民织布"不用高机，无箸无枝，以布刀兼之。刀用山木，形如刀，长如布之阔，锐其两端，背厚而椭，如弓之弧，刃如弦而薄，刳其背之腹以纳纬，而窻其锐，而吐之以当梭。纬既吐则两手攀其两端，以当箸也"。将瑶族的织布机工艺描述得淋漓尽致。近现代瑶族织锦，一般先按照在脑海里设计好的思路将不同颜色、不同用量的长纱（丝）线在织布（锦）机上一一配好做经线，再将纬线放入梭刀中，不同部位放置不同颜色的纬线，运用织、挑手法相结合的方法，生产出色彩鲜艳的织锦品。“八宝被”和“田字格”头帕就是这样织出来的，具有很高的工艺水平。

挑花 挑花称为挑织、挑绣，主要用于腰带、裹脚带、围裙带、背包带、被子和头巾等。瑶族挑花不描图打底稿，也不借助模具，全凭妇女们的一双慧眼和巧手，凭借着大脑中想象好的构图，在蓝青或月白底布上，按照纱路的经纬，巧妙地利用各种颜色的丝线，一针一线挑刺出各种色彩和谐，形象逼真的花纹图案来。挑花的手法主要有“十字挑”“长十字挑”“平直长短挑”“斜挑长短挑”“平挑长短挑”，最为常用的是“十字挑”手法。它严格按照布料或织布机上纱料的经纬挑织，造型概括、简练，形体几何化，不同的排列挑法，可产生不同的效果，挑花图案有竹叶花、荷花、云彩、花、鸟、虫、鱼等。锦带多以竹叶花图案为主，或叶尖与叶尖相连，或叶尖与竹枝相连，变化多端，常常被作为情侣间定情的信物。被子主要是“八宝被”，用染成不同颜色的棉纱作经纬线，挑织出“犀牛望月”“麒麟送子”“双狮抢球”“金龙出洞”“龙凤朝阳”“葫芦藏宝”“蟠桃庆寿”等图形，生动形象，色彩明艳。近现代的瑶族“八宝被”则多挑织山、水、虫、鱼、鸟、字、诗词等。江华大石桥乡一带的寨山瑶挑织的“八宝被”工艺精巧，具有很高的观赏价值，被海内外瑶胞和部分兄弟民族同胞争相购买珍藏。

花瑶挑花 花瑶挑花是隆回瑶族女子中流传的一种在工艺上独具一格的瑶族挑花。它不需要描绘设计，也不用模具做刺绣架，全凭挑花妇女灵巧的双手和娴熟的技巧，以自己心中的构图和对美的理解，循土布的经纬线进行徒手操作。花瑶挑花脱形写神，简练传神，以少寓多，主题鲜明，极富装饰性。在造型上大胆地夸张，大胆地取舍，运用现实主义和浪漫主义相结合的手法从自然物中提炼、加工创造出情真意浓的神似形象，体现出丰富的神韵，产生出合理合情与和谐优雅的趣味，表现出朴实的美感。花瑶挑花善于将不同的物象做奇妙的艺术处理与组合，构图均衡或对称。如将树木花草变化的图案加以组合并按几何排列做主体图案，或在一块绣片中挑几十种花纹，自由、不规则地组合成主体图案，或把几只鸟、昆虫等自由组合成花，或花中藏花，几只鸟共一个翅膀等，想象丰富，构思精巧，整个图案具有丰满富丽的充实感，极具装饰效果。花瑶挑花工艺繁复精细，有人曾统计过，一件筒裙挑花约有 30 多万针，累计需 180 余个工日才能完成。2006 年，花瑶挑花经国务院批准列入第一批国家级非物质文化遗产名录。

刺绣　瑶族刺绣兴于汉、唐，品种繁多，多用于衣边、衣襟、衣摆、肩垫、裤脚、花帽、头帕、围裙、鞋面、挂袋，以及定情物如荷包、烟包等。瑶族刺绣多为平绣，单针单线，针脚细密，排列整齐。刺绣的底布多为蓝色、浅蓝色、青色，也有用月白色的。图案花纹多为正方形、三角形、椭圆形、圆形、长方形、正字形、寿字形、十字形、齿形、蝶形、人字形、工字形、菱形、荷花、茶花、梅花、菊花、竹、草，以及鸟、虫、鱼、兽等，用红、黄、绿、白、黑五种彩线组合成凤凰展翅、双蝶恋花、双龙戏珠。绣品构思巧妙新颖，线条刚柔相济，形象栩栩如生，体现了瑶族人民的智慧。

蜡染　宋人周去非在其撰写的《岭外代答》中详细地描述

了瑶族的蜡染技术。在两块木板上雕成自己想要的极细花纹，将布夹住，再用蜡将木板上的花纹填满，将木板拿掉，把布放进染料中，染成所需色彩后，再加热把布上的蜡去掉，形成既区别于原底白色，也与受染部位布色不同的颜色，"炳然可观"。元代，瑶族蜡染工艺水平与宋代相差无几，但"血染"很有特点，用牛、羊血点白布作青花。后来蜡染技术又有一定的发展。主要材料和工具有树蜡、蜂蜡、白布、草灰、蓝靛、铜片、画圆圈的竹筒和铁叉等。

浆染 浆染与蜡染有相似之处，但又各有其特点，显得更为古朴。其特别之处在于浆染取一种叫"沾膏"的树液作为染料，先用染刀沾染料在白棉布上绘制想要的图案纹样，然后将布放入蓝靛缸中浸染，从而形成图案花纹和布底颜色不同的蓝、黑或月白的浆染制品。

靛染 靛染又称蓝靛浆染。染布的原料叫"靛"，由一种叫蓼蓝的植物发酵而成。靛染多用于手织布匹的染制，其法为先将靛膏和清水按比例调匀，再加适量米酒放入桶中，每天搅动一次；数日后，待桶中水呈黄色，再将布料放入其中，每天泡两三个小时，拿出来半晒干，又再次浸泡染制。如此反复，直到染制出所需颜色。用蓝靛染出的布，深色叫宝蓝，浅色叫月蓝。如调色更深，布就染成黑色，瑶人也把黑布叫作青布。有的还在蓝靛中加入石灰、烧酒和猪血，使染出的布颜色深蓝中带暗红，特别艳丽。江华涛圩、白芒营等地每逢集日，瑶族中会染布的人在圩集上支上几个大铁锅，倒进已制好的蓝靛等染料，专为人们染布、染纱，染出的布有蓝色、月白色、士林蓝和黑色，颜色艳丽，深受瑶族人民喜爱。

二、编织工艺

花带　江永瑶族流行手工编织花带，材料为五色花线，成品长 2 米左右，宽 20～50 厘米不等。图案多为喜、寿、福、禄等字样，有的编织成“盘王过海”“龙凤相配”“喜鹊咏梅”“石榴报喜”等图案。上江圩的妇女还将女书编在花带上。如果将 8 根花带缝合在一起，就成了八宝被面。

篾编　瑶族篾编在宋代就已经颇负盛名了，当时主要用于编织篾缆、背篓等。编织篾缆是先将竹子破成四块，再将每块破成两块，大的则又破成四块，将每一块的里层去掉，只留表皮和真皮层，形成薄薄的宽竹篾，然后编成绳索，用于扎木排运输木材，或用于做战船缆绳。篾编更常见的是编织背篓。因为背篓适应山区交通闭塞、道路崎岖的环境，在瑶族人民生活中具有很重要的作用，编织技艺也比较成熟。随着瑶族篾编工艺的不断发展，到近现代，篾编不仅仅是制作生活用具，更多的是制作工艺品，体现出很高的工艺水平和审美价值。瑶族篾编工艺品有竹篮、吊箩、谷箩、背篓、鱼篓、果篮、斗笠等许多种类。其中，瑶族姑娘用作恋爱的随身物和嫁妆物品的小竹篮，在婚恋中有特殊作用的（如挑粑粑、挑钱等）的吊箩，竹篾编织的春牛、双狮灯、龙灯等，造型美观精致，具有很高的工艺水准。

藤编　瑶族藤编同篾编一样，在宋代就已经发展到相当高的水平，享有较高的声誉。瑶民为了反抗斗争的需要，将山中的一些藤蔓取回来制成粗细不等的藤条，编成武器和装备，主要有盾、甲胄。其后，藤条更广泛用于编织生产生活用具，且不断追求精致、漂亮，工艺水平不断提高。现代的藤编，藤条薄且漂制得雪白，可编织成精致的沙发、靠椅、茶几、箱柜等办公用品和生活用具。先用竹子做成椅、几状，再将用刀破好并漂白的藤条编织上去，编成各种花纹图案。在编织椅子、沙发时，坐面编实，要光滑、无毛边、无倒刺、无凹凸感，手感细腻平滑；靠面则编“花”，即编成由一个个约一平方厘米大小的六边形洞眼组成的“花”面板，大方美观、透气、适用、耐用，深受瑶民喜爱。

草编　瑶族草编主要有草席、草鞋。编织草席的主要原料为龙须草。五、六月份，人们将龙须草采割回来，精心挑选，泡、晒制成柔软不易折断的干草，有的还染上彩色。用龙须草编织的草席平整光滑，凉爽柔软，无草刺，不刺激皮肤、不过敏，边线整齐。有的还在草席中间或两边编织彩色花纹，增加美观度。编织草鞋的主要原料是稠禾草和芒草。过山瑶多用芒草来编织草鞋，因其主要经营林业，只有少量水田，并不种产量低的稠禾，故只能采集芒草回来编织草鞋。芒草一般每年采集两次，第一次是农历芒种前后，芒草含花苞的时候采剥，另一次在立秋后采集秋芒。芒草采回来后精心挑选再稍揉搓后晒干备用，然后在“弓架”上编草鞋，编织时要将干芒草稍喷一些水，使其变柔软，便于编织。平地瑶区主要用稠禾草编草鞋。平地瑶喜种稠禾，将稠禾用稠禾剪从禾秆中部剪下，撕去稻叶，留下的稻穗和稻草（秆）约120厘米长，晒干脱粒后，剩下的稻草就是编织草鞋的上好材料。打草鞋也是在鞋样的“弓架”上编织，先将稻草喷点水，待其柔软后编织，先编鞋底，再编鞋帮和鞋耳、鞋带。

棕编　棕编主要用于编绳索、棕床、蓑衣等。编织绳索时，先将棕榈树根部棕色部分的棕毛割回来，去掉硬杂的部分，把棕毛理顺，然后根据用途捻成粗细不一的绳索，粗棕索用来捆扎、牵拉货物，或缚在箩筐上做挑绳，细绳则用来编织棕床。用棕毛编织的棕床具有弹性，又通风透气、干爽，比较适用。编蓑衣则不去硬杂部分，只将棕片修整好，再按衣服展开的式样将一片片的棕片编织上去即成。瑶族地区曾有“门前数棵棕，一世都不空（穷）”之说，许多瑶民门口和地边都种有棕榈，并逐渐催生了棕编产业。一部分会棕编的瑶民除了自己种植棕榈采割棕片外，还大量收购棕片，制作绳索、蓑衣出售。随着时代的发展，当便宜实用的薄膜雨衣、尼龙绳大量出现后，棕绳、蓑衣渐渐绝迹。

三、打制工艺

银艺　瑶族人民喜戴银饰，制作银饰的历史十分悠久。南北朝时期的莫徭，就已经开始制作金饰、银饰了。经过元、明、清以来的发展，银饰打制技艺越来越高，品种也越来越多。头上银饰有银凤冠、银簪、银钗、银梳、银勺、银角帽（弧板）、银耳环、银耳坠；颈饰有银项链、银项圈；胸饰有银胸牌、银串牌；背部有银肩链、银腰链、银吊牌；腰侧有银针筒；手上有银手镯、银戒指、银顶针；衣饰有银钮扣、银排扣等。此外还有银烟袋、银烟盒、银荷包等。平地瑶新娘戴的银吊牌，由三四根银链串着四五块银片从脑后一直垂到腰下。盘瑶妇女胸前的银牌有八至十六块之多，银牌上刻有花瓣形、小米形、凤飞形、水纹形等多种花纹。平地瑶新娘戴的凤冠和伴娘戴的小花冠打制十分精致，花冠上有两只较大的在飞舞的凤凰，两条小一点的龙和鸟、小鱼，鸟上插有红色的绒花，并饰有24朵红花，凤、龙、鸟、鱼、花互相缠绕，搭配十分合理。瑶族耳环形式多样，环圈直径一般为3～6厘米，环圈内常镶上各种饰物，有宝剑、鱼、心等；环圈缠银线或镶上各种饰物；环圈下亦坠各种饰物，有呈锥形、尾弯成钩形的薄银片等；造型以扁银线盘成的旋涡状银圈与饰物结合，加上大圈和无花纹银片。妇女、儿童坠于耳垂，逢年节喜日，有的妇女还戴两三对。瑶族民间的银饰匠人农忙时干农活，农闲时打制银饰，打一个新娘戴的凤冠往往要花上大半年时间，需要精雕细琢，才能栩栩如生。

铁艺 瑶族铁艺主要用于打制刀具。曾敏行在《独醒杂志》中记载："予居湘时，见瑶人岁来谒象庙，各佩一刀，乃所谓黄钢者，惟诸蛮能作之。……铦利绝世，一挥能断牛腰。"瑶族铁匠在工艺上不断下功夫，打制的刀能"一刀断牛腰"，虽有点夸张，但瑶族铁匠已掌握了通过反复捶打以去除铁中杂质，并使炭素逐渐渗入的锻钢技艺则是不容置疑的。到近现代，瑶族人民打制的铁器，尤其是刀具，淬钢技术掌握得比较好，工艺水准较高，刀具锋利、坚硬而耐用。

陶艺 据史载和考古资料证明，瑶族先民早在"三苗"时期就已学会制陶。当时的陶制品经过陶轮的磨制，表面光滑，并有方格纹、瓦楞纹等多种纹线装饰，烧制水平较高。长沙、武陵蛮活动的地区经考古也发现了不少烧制水平较高的陶器，且种类很多。宋代，永明瑶族地区制陶业很发达，并向瓷器方面发展。2000年考古工作者在江永千家峒西南边缘的玉井村旁发现一处文化性质单纯却内涵丰富的占地约2平方千米的宋代大型窑址，是目前发现的湘南最大的古代民用大型陶瓷生产基地。其文化堆积层达 1 ~ 3 米，时间在宋至元，有大型陶窑十余座、中小形陶窑 30 余座。从出土的上千个品种中看，该窑主要烧制青瓷器，器型种类有钵、盘、碟、碗、杯、壶等。釉色为青（黑）、绿、玳瑁斑；釉下绘西瓜、鱼、鸟等图案，以及民间喜闻乐见的吉祥字符。陶器形体小巧，胎质紧密而薄，器型和彩绘具有浓郁的地方特色，经考古专家考证，这个遗址是典型的瑶族文化遗存。近现代，瑶族人民广泛使用瓷器，而制陶仅限于制作缸类和坛类，且会做陶的人也不多。

四、美术工艺

美术　湖南瑶族的美术主要有彩绘、图案、素描、版画。彩绘，主要用于做道场的“三清”人物画像，即太上老君、道德天尊、元始天尊、玉皇大帝、太尉、张天师、李天师、海幡等，多以牛皮纸质，彩绘工艺，人物栩栩如生。在庙宇内外，也绘有龙、云、神兽、道仙图像。图案，主要反映在居室的柱础、公益建筑和宗教建筑的石雕上，刻有“八宝”之类，均是先以图案描红而后镌凿上去。素描，则反映在一些较复杂的刺绣的花样须先有图案，有些部位的图案还须剪纸，这些图画多为花卉、昆虫、禽兽，多是家族内秀才以素描绘成，平地瑶区尤其多见。版画，江永平地瑶族师公莫迪贵，于晚清年间刊刻了一套经版木刻，共 136 幅，每幅如杂志般大小，有“七祖圣王”“盘瓠渡海”“劝善歌”等，在松柏瑶族乡等地也有类似的版画雕刻。新中国成立后，一些热爱美术的瑶族同胞在民间积极开展各种美术活动，为瑶民生活增添色彩，有的在专业领域钻研，有所成就。如江华的李知宝从湖南师范大学美术系毕业后到西藏拉萨日报社任美术编辑，现为中国美协会员，国家一级美术师。

甲马木刻画　湖南瑶族的一种版画，主要流传于江永松柏瑶族乡和黄甲岭乡等地。甲马，又称纸马、神马。木刻底版本多为梨木，厚2.4厘米，最大版面40厘米×70厘米，最小版面24厘米×25厘米。已发现的100多块甲马木刻画的画面有神灵、佛祖、帝王、太极图、八卦图、鸟、兽、虫、鱼和《大乘金刚经》经文等。画面布局生动活泼，结构浑然一体，线条严谨流畅，造型美观大方，精巧玲珑，工艺高超。1987年选送47件到省里有关部门，后从中挑选33件参加在北京举办的“湖南民间美术作品展览”，吸引众多观众观看和有关专家的极大关注。

剪纸　江永瑶区流行剪纸，尤其婚嫁喜庆更甚。纸质多为大红纸或金色纸，多剪“双喜”“天长地久”“富贵荣华”以及龙凤。所剪之花有莲花、石榴花、芙蓉等。许多剪纸作品工艺精细，形态逼真，尤以上江圩妇女们的剪纸久享盛誉。

装饰　湖南瑶族颇注意装饰。古代的方志中颇多记载瑶族的装饰情景。如清道光年间《永明县志》记载：“高山瑶男女挽髻，表衣绿绣。顶板瑶，发上伏木板，胶以黄蜡。垒若缀旒。”嘉庆《邵阳县志》说瑶族妇女“能绩织布，好戴银簪、项圈、手镯”。嘉庆《宁远县志》记载祭舜祠的瑶族妇女“女辫发，缠三小竹于发为椽，绣红绒布覆其上，如缦屋状，此为未笄饰云。妇戴黑油笠，各花裙斓衫”。这是对人自己的装饰。对建筑物的装饰也很多，如对住房的装饰，对庙宇的装饰，对桥梁建筑的装饰等。对住房的装饰很普遍。过山瑶的吊脚楼的梁、柱、板壁和楼板均要将表面用细刨子刨光，并刷上桐油，使刨光的表面发亮。有的还对梁、柱雕刻一些花纹图案，如花、鸟、兰草等。木格子窗上有的也雕刻花鸟虫鱼以点缀。平地瑶房屋的装饰别具一格。他们将墙面粉成深色的平面，趁没干透之时用筷子头粗细的绳子拉直横竖敲成砌砖样的凹线条形成“砖缝”，再将敲出的凹线刷成白色，一般用于堂房和外墙。有的外墙不这样做，直接用白灰将砖缝填满，墙面红白相间，是为另一种艺术。大多数马头墙、山墙、屋檐都粉刷一道宽约一尺的白色带，马头墙上还要画上兰草、祥云纹等图案。屋檐口的每一块筒瓦正面均装饰一拳头大小的圆形白坨，隔一块滴水瓦片一个，甚是好看。平地瑶新娘坐的花轿也装饰得异常漂亮，轿顶呈弧形，红、蓝两色，顶上用木头雕成一个圆球，涂成红色，再下来一圈蓝色，再是红色，轿厢前是两开门，三面格子花窗，全为红色，窗格上有鸟、花草等，工艺价值很高。

五、雕刻工艺

石雕 石雕艺术主要在平地瑶地区有大量表现。平地瑶善长于对碳酸钙石料进行加工，将其应用于建筑，如古代的石板路、石坎、石滚、石槽、石磨、柱础、门坎、门框、门梁、墙角石等。石蹲形状有八角形、方形、葫芦形、生猛兽类，外露的层面雕凿上花纹图案，以美化建筑构件。更复杂的形态是镂雕，有石鼓、石狮、石龙、石凤、石缸、印章等小件艺术品，其使用范围不受限制，是更高层次的艺术品。这些石艺表现出瑶族人民的文化、信仰、爱好、性格和追求等多种内涵。经济实力不同，所需石雕艺术构件也不同。平地瑶地区至今还留下了许多古代石雕，绝大部分是瑶人工匠打凿出来的。现在有不少瑶区开发出特种石材，如大理石、石英石、花岗石、层次石、奇石等，石雕艺术品加入了抛光工艺，产品越发漂亮。

木雕 木雕在瑶族地区也比较普遍，主要用于生活中。如装饰神龛的木雕全是镂空雕，有云纹、水纹。一些吊脚楼的窗门也雕有云纹和水纹，以及花鸟虫鱼。平地瑶新娘花轿三面窗户上的木格子中，每一格都雕有花鸟虫鱼，线条流畅，古朴典雅，栩栩如生。用于傩戏表演的面具造型逼真。新宁瑶族的五猖神竹根雕，依据竹根的自然根茎，以简约的手法刻画出眼鼻耳嘴，显得比较狰狞丑陋，因五猖神年少时读书学法，驯服五虎，瑶民称他为降妖魔的保护神。现代，瑶民中一些根雕爱好者，依据瑶山丰富的资源，创作形式多样的根雕，传承、弘扬、丰富了瑶族的雕刻艺术。

六、知名传承人

奉雪妹 女，隆回县人，生于1959年4月，国家级非物质文化遗产项目传承人。奉雪妹自幼天资聪慧，心灵手巧。8岁开始学习本民族的挑花技艺，到十一二岁时已是周围村寨里小有名气的挑花能手。1979年，奉雪妹高中毕业回家务农，农闲时间带着几十个徒弟，传习钻研花瑶挑花技艺，传承推广瑶族文化。1981年经民俗摄影家刘启后宣传报道，奉雪妹和姑娘们的花瑶传统挑花走出瑶山。1983年参加工作后，奉雪妹继续钻研挑花技艺，对部分工艺进行改良，使之变得更为精美漂亮、实用方便，工艺水平更高。同时，着力倡导、推广、普及花瑶挑花技艺和挖掘、培养挑花人才。在国家的支持下，她发起、组织开展了花瑶挑花大赛、花瑶服饰展等一系列活动，并带领挑花能手们到北京、桂林等地开阔眼界。她扶助年轻的挑花能手奉否花成功创办了“花瑶服饰总汇”，使之成为挑花展销和技术交流、人才培训的中心。这期间，奉雪妹的挑花技艺日益精湛，她在构图、色彩、题材、功用等方面进行大胆创新，打破以往只有黑白挑花裙的局面，开辟了彩色挑花壁挂等诸多旅游外卖挑花品种，使花瑶挑花的艺术魅力和市场影响力不断扩大。其主要代表作品有《狮啸山林》《团鱼呈祥》《盘王升殿》《凤鸣九天》《骏马奋踢》《天鹅展翅》等。2006 年，花瑶挑花工艺被列入第一批国家级非物质文化遗产保护名录。2007 年奉雪妹被国家确定为国家级非物质文化遗产项目“花瑶挑花”传承人。

第十八章 文物碑刻

湖南瑶族文物有古遗址、古建筑、古村寨、古石刻、古墓葬、近现代名人建筑和墓葬等不可移动文物，以及服饰、彩画、乐器、印版、帛书等可移动文物，是湖南文物宝库中独具特色的一支。湖南瑶族文物大多散存在民间，因缺乏保护技术、资金等原因，有的已损毁，尤其20世纪中期的“文化大革命”“破四旧”，人为损毁相当严重，许多文物消失。近年来，湖南各级政府和各有关部门，特别是文物、民族、档案部门开展了相当规模的瑶族文物调查工作，并在此基础上采取了一系列的保护措施，批准公布了一批文物保护单位，征集收藏了一批文物，鉴定了一批珍贵文物，举办了相关的文物陈列和展览，修复了江华盘王殿等建筑，依托瑶族村寨开辟了旅游景点，使这些珍贵的瑶族文化遗产得到了较好的保护和传承，受到了国内外瑶族同胞和社会各界的赞赏。

一、古遗址

东安坐果山瑶族先民早期遗址 湖南瑶族地区古遗址。该遗址是商、周遗址，位于距东安县城约24千米的大庙口镇南溪

村二组（原肖家坝村）后的坐果山山腰上，东低西高，北临悬崖，遗址文化堆积 50～150 厘米。由于当地居民常年在此开山取石，遗址已有近三分之一被破坏，现存面积约 20000 平方米。2008 年 10 月，湖南省文物考古研究所、永州市文物管理处会同有关单位对该遗址进行了抢救性发掘，发掘面积约 1000 平方米。这次发掘的 G2、G3、G4、G5、T6 区域，发现一组完整的山地居住遗迹，共发现柱洞 100 多个，灰坑（包括火塘）十余个，从中可以复原出商、周时期人类依据岩山的自然环境建筑居室的情形。G1 为一条长达数十米的自然深沟，文化层厚达 3～4 米。清理出土了大量以陶片、石器为主的文物。陶器有陶釜、陶鼎、陶罐、陶豆、陶钵、纺轮等器物残片。陶器纹饰有云雷纹、方格纹、水波纹、绳纹、弦纹、刻划纹等。石器有石斧、石锛、石钺、石箭镞，以及少量的青铜矛、镞和玉玦、玉环等。湘南地区商、周时期遗址中具有文化叠压关系的不多，G1 则具有明显的文化叠压关系达五层，这对于建立这一地区商、周时期文化序列具有重大价值。令人惊奇的是，研究人员发现了南溪村二组一系列完整遗迹，沿盆地周围已发现四个同时期遗址。证明 2000 多年前这里曾生活着大量的居民，他们形成了一个完整的聚落。发掘认为，它代表了当今瑶族和苗族等先民早期的文化形态，这在湘南地区乃至全国尚属首次，具有填补空白的重大意义。坐果山遗址的发掘以及文化内涵的逐步揭示，对瑶族、苗族早期历史文化类型的研究具有开创性的作用。该遗址入选 2009 年全国十大考古发现候选名单，2010 年申报全国重点文物保护单位。

临湘龙窖山瑶族早期千家峒遗址 湖南瑶族地区古遗址。龙窖山瑶族早期千家峒遗址位于湖南省岳阳市临湘市东部龙源乡，距市区37千米。瑶学专家几次考察考证，认为龙窖山千家峒的地理位置、地形地貌与流传于瑶族民间的《千家峒歌》《千家峒故事》相吻合。2001年，经广西瑶学学会组织专家考察认定，龙窖山为早期千家峒遗址，2002年该遗址被湖南省人民政府公布为省级文物保护单位。龙窖山瑶族早期千家峒遗迹中有石屋、石门、石桥、石洞、石墓、石器、石窝、石级，遍布于高山密林，甚至人迹罕至的大山深处。那些巨大的石块，没有斧凿锤錾的痕迹，皆是运用最原始的木尖火燎的方法采集垒砌而成。石屋隐映峻岭间，进入梅池、老屋湾、胡家屋场等荒僻山岭，随处可见石块砌成的石墙屋，少则一间，多则十余间，一般排列整齐，多为单间，也有两间或三间的。屋宽约7~8平方米。这是瑶族先民最原始的居屋形式。石桥建筑也独具特色：在两边条石砌筑的桥礅上端，垒积木似的相向窜出两三条条石，以拱托桥身重量；桥面用两块宽约0.4米、长6~8米不等的条石铺成，结构简单科学。朱楼坡马颈港山溪两侧全用天然青石块护坡，严丝合缝，不用任何黏合剂，高处10米，矮处也有2~3米，顶覆长4~5尺的青石4000多块，形成长1500米的人工石洞。洞边石壁每隔一段建埠头，平时供人上下挑水洗衣，战时封闭，作为防御工程御敌“燔山火攻”，以保存实力，保护全族的生命财产。石洞上的两边留有不少石屋、吊脚楼遗迹，似说明此处原为“千家峒”的政治中心，曾经是热闹的街市。在高冲鲁家寨，一口用完整巨石掏空的石缸，直径0.5米、内深1米。箭竿山老屋组对门山上有无数的石堆、石台、石墙，是瑶胞祭天祭祖的祭祀台。祭台坐西朝东，石堆、石台、石墙沿山腰排列有序，中间空地竖有一根石桩，上有残存的长方形凿痕，似为图腾柱础，或者为竖祭旗的石桩。龙窖山瑶族遗址

不仅有大量瑶族石文化遗址，还有高峡平湖、龙阙石门、石砌“蜂窝”、古塘银杏、狗肉坑瀑、老屋古井、朱楼青石、龙窖栈道、指路石碑、石砌“麻蝈”、人造石台、鲁家石雕、仙人古殿、箭竿密竹、易家神坛、高山柳树、龙潭飞瀑、卧龙吐乳等自然、人文景点。

瑶族故地江永千家峒遗址　湖南瑶族地区古遗址。20 世纪 80 年代初，武汉大学宫哲兵教授根据《千家峒源流记》和《过山榜》两本古文献中对千家峒地理、地貌的描述，四处寻访千家峒，最后认为湖南省江永县大远乡也就是今天的千家峒瑶族乡就是神秘的瑶族千家峒。经过反复考证，古文献上记载的 30 处地名，在此发现了 20 多处，其中千家峒的标志性地貌——穿岩、鸟山、马山、石童子、四块大田都历历在目。1986 年，经北京、湖北、广东、广西、云南、贵州、湖南 7 个省、市、自治区瑶学专家、学者实地考察和反复论证，认定江永县大远瑶族乡就是千家峒故地。千家峒峒口穿岩山顶是千家峒古战场遗址。穿岩山上，狼牙犬齿，延绵数里。山崖之间，石墙把千家峒峒口围得固若金汤。从整体上看，砌墙的石头，没有任何加工的痕迹。千家峒四面均为海拔千米以上的大山，山下峒口只容一人而过，只要守住了峒口和峒口上这道关卡，就是一夫当关，万夫莫开。在山顶一块平地上凸立一块石头，像一只向天起誓的大手掌，叫“巨掌石”，也称为“誓师石”。相传，元朝大德九年（1305）为阻止官兵入侵，十二姓瑶胞曾在这里举手向天起誓：十二姓瑶人精诚团结，捍卫家园。这块巨掌石，象征着瑶胞大山一样的性格和坚强不屈的战斗精神，世世代代鼓舞着后人。

白芒营秦军遗址　湖南瑶族地区古遗址。白芒营秦军遗址位于湖南省江华瑶族自治县瑶族居住地的白芒营镇。据史载，秦始皇发50万大军戍南岭，其中有10万大军驻扎在江华白芒营的新村娘子岭一带，以及营房脚、船岭脚等地。秦始皇三十三年（前214），百越、西瓯被征服，秦始皇在此设置南海、象和桂林三郡，并从中原一带徙众50万到南岭，与原住民共同开发华南地区。江华当时驻扎10万大军，说明秦汉时期江华的重要军事战略地位。据专家学者研究，秦时入粤之古道为湘桂走廊和潇贺古道。秦始皇修通灵渠后，连通了漓江和湘江，形成湘桂走廊。而潇湘古道则取道南岭谷地连接潇水、贺江。秦时主要取道潇贺古道途经江华南下贺州，再转河运。白芒营秦军遗址就位于当时的南北运输大道旁边，是秦时征伐南岭的出发点和迁徙移民的中转站。白芒营秦军遗址为秦始皇进攻百越时所建，西汉驻军沿用。遗址共两座，位于白芒营镇新村与五庵岭之间的娘子岭上，为一制高点，可远望本省和广西要冲，岭顶上十分平坦，明显地显露出人工挖凿挑填的痕迹，土质与岭顶以下的红壤土截然不同，形成两个较大的圆形平台，残存有夯土墙基。文物部门曾在遗址周边采集到较多的秦、汉时期的历史文化遗存物。白芒营秦军遗址见证了秦始皇拓疆南岭的历史，是研究我国形成多民族统一国家的过程重要的实物史料。2003年5月，永州市人民政府公布白芒营驻军遗址为市级文物保护单位。

潇贺古道遗址　湖南瑶族地区古遗址。潇贺古道是从湘南永州连通桂北贺州的一条大道，古称官道，路面由鹅卵石或青石板铺就，宽约一米，为秦朝控制岭南的通道，也是古代从湘南到桂北，进入广东，乃至经桂南出海的一条重要通道。公路修通后，潇贺古道已废弃。在江华大路铺镇虾塘村惠风亭一带，较为完整地保存了一段绵延五华里的潇贺古道遗址。这段古道用细小的鹅卵石铺成，老百姓称其为“苞谷路”。

南岭横亘，唯湘南的江华与贺州之间的大山之中的相通之谷地是湖南过广西的理想通道，潇水、贺江分水岭较为平坦，相接方便，军事运输优于从湘入桂的另一通道——湘桂走廊。秦入百越，潇、湘并称，以潇为主。从军事上考虑，秦取道江华南下贺州再转河运较为便利。秦始皇灭六国统一中原后，旋即在全国统一修筑驰道。秦始皇二十八年（前 219）朝廷发 50 万大军伐百越、西瓯，其中 10 万大军驻扎在江华，修通了从江华到贺州的古道，并北连道县、潇水。秦始皇三十四年（前 213），又将通往岭南的潇贺古道等道路加宽拓平。此后历朝通过采取设置行政区、修筑城池、派兵驻守等手段，确保这一道路的畅通。1973 年从长沙马王堆 3 号汉墓出土的《汉初长沙国南部地形图》中，明显地勾勒出耒湟、潇贺、湘漓三条最古老交通要道，说明汉王朝沿用了秦朝开辟的潇贺等古道，也说明这三条古道的重要性。潇贺古道自秦始皇开通，到唐开元十七年（729）赣粤梅岭驿道开通时的近千年间，是它的全盛时期。潇贺古道的开通对于岭南地区的开发和维护多民族国家的统一做出了不可磨灭的贡献，具有重要的历史地位。现如今，整条古道已不复存在，但江华惠风亭残存的五华里古道似乎在向人们诉说其承载的南来北往人们那匆匆的脚步、数十朝代的历史变更和中华民族光辉灿烂的文明。

允山玉井宋代瑶族古窑址 湖南瑶族地区古遗址。在江永瑶族故居千家峒的西南边缘玉井村旁一个叫岗脚底的地方，考古学家发现一处文化性质单纯却内涵丰富，占地约 2 平方千米的宋代大型窑址，是目前发现的湘南最大民用大型古陶瓷生产地。该村古地名叫盘岗，因居住盘姓瑶人而名，属瑶族故居千家峒的范围。据史载，此时的湘南以及桂北、粤北已是瑶族的主要居住区，并且经唐贞观等经济社会大发展的时期，瑶族社会经济也得到相应的发展，建大型瓷窑烧制陶瓷是完全可能的。据考古专家考证，古窑址有大型陶窑十余座，中小型陶窑30余座，文化层堆积厚达1~3米，是重要的瑶族历史文化遗存。从陶片质地花纹鉴定，时间在宋至元，具有浓厚鲜明的时代特征和瑶族特色。从现存的碎片看，每个成品之间有三个小鼎相隔，说明这是大批量生产的陶瓷。如果这些窑同时开工，从取泥、剥坯、燃料供给、烧窑到销售等一条龙生产，至少需要1500个劳力。古窑主要烧造青瓷器，出土的品种有上千个。器型种类有钵、盘、碟、碗、杯、壶等，釉色有青、黑、绿，还有玳瑁斑；釉下绘西瓜、鱼、鸟等图案，形态逼真生动，还有以民间喜闻乐见的吉祥字画为主的印花，如“福山寿海”“金玉满堂”“莲鱼图案”等。这些瓷器形体小巧，胎质紧密而薄，其器型与彩绘具有浓郁的地方特色。玉井古窑产品与周边汉族地区的陶瓷有明显工艺传承关系，揭示了此处积淀深厚的瑶、汉陶瓷文化的内涵，说明当时这一地区的瑶族社会经济已达到了相当高的水平。是研究宋、元时期湖南南部社会历史与经济发展和湘、桂经济贸易往来的珍贵实物资料。从现场搜集的古陶残片看，做工精细，烧制技术高超，充分显示唐、宋时期该地经济的发展程度。

盘王殿 湖南瑶族地区古代遗址。“盘王始祖随身带，木本水源不可忘。”瑶族人民每到一处都要立盘王庙以祭祀盘王。其庙或简单的一座屋，或几进厅，或除房子外还有较为宽敞的坪子，供举行活动使用，但都是瑶族本身的建筑，体现的是瑶族

的建筑艺术。然而在岁月的流逝中，这些盘王庙大部分已不复存在，有些只留下一些遗址，完好的只有少数几座。江华上伍堡盘王庙建于明代，坐落在相公岭山脚下的山坡上。从大门进去后是有两个天井的正殿，两侧各为一栋厢房，每栋有五六个房间，构成一个小建筑群落，为砖木结构，上盖当地的小青瓦。正殿供有盘王、仁王等塑像。平地瑶人每年都要在此举行庙会，抬盘王、仁王出游，曾经香火旺盛。现在大部分房屋被拆毁，仅存的正殿也只有一进厅了。宁远盘王庙位于九嶷山瑶族乡盘洞口村，占地400余平方米，由正殿和厢房组成，正殿为砖木结构，厢房为全木结构。建于清朝早期，后数次重修，最后一次重修是光绪八年（1882），此次重修立有“盘皇香田”碑，说明此盘王庙有“香火田”，使祭祀活动和日常管理都有经济支持。由于年久失修，现已破败不堪。资兴茶坪盘王庙位于该村的罗仙岭山腰，为土木结构民居式建筑，始建于清朝同治年间，高约6米，进深5米，宽18米，堂宇古朴，内有盘王夫妇等12尊木雕彩绘像和《盘古王大仙宝殿碑记》石刻及木匾2块，条幅彩绘神像17幅，均为始建时原物。该庙现保存完好。2003年，经湖南省人民政府备案，列为郴州市第一批文物保护单位。

宁溪所城遗址 湖南瑶族地区古代遗址。宁溪所城遗址位于湖南省蓝山县所城乡所城村，主要为控制瑶峒而设。始设时千总官由茶林卫调派，后改为桂阳监管理，明万历年间又改为由蓝山县派兵镇守，由桂阳千户监督。据民国《蓝山县图志》记载：“明洪武二十年（1387），大桥土著起兵反抗，官府屡征不克。拨茶林卫千户四员，正抚一员，百户九员，吏目二员，兵一千余名屯宁溪守御。二十九年（1396）筑宁溪所城以控瑶峒。”这里所说的“土著”实际上是瑶民，大桥一带是瑶民的居住区域。"土著起兵反抗"是指瑶民举行起义斗争。所城的设置正如《蓝山县图志》所说的"控瑶峒"，主要目的就是防范镇压瑶民的起义斗争。因此，在设置宁溪守御千户所后，又在瑶区设置归属于千户所的大桥、干溪、毛俊、浆洞、小山（今所城乡长铺）五堡，派兵守御。清顺治四年（1647）宁溪守御千户所及五堡撤销。但到康熙三十九年（1700），统治者又在瑶区设千总官一员，带兵50名专驻大桥；设把总一员，带兵50名专驻宁溪所城；设守备一员专驻县城统辖。宁溪所城的城墙西北高6米，东南高5米，城墙上砌墙垛306个。所城周围群山环抱，南望古秦峤道南风坳，西枕三峰石，清澈的舜水绕城南向北流去，故有"湘之屏藩，西粤之钥匙"之称。1953年在修建万年桥水库时，城墙被毁，仅存4米残墙。

枇杷守御千户所　湖南瑶族地区古代遗址。枇杷守御千户所位于湖南省江永县松柏瑶族乡。明洪武四年（1371），设枇杷守御千户所，设千户1员，副千户3员，镇抚司2员，百户10名，流官吏目1名，总旗兵20名，小旗兵100名，民壮40名，杀手489名，屯田兵1115名。一个弹丸之地，驻这么多官兵，干什么用呢？这里不临海，是内陆省份，不与其他国家接壤，这显然是为了防范和对付瑶族人民的。松柏所在的江永县和与之相邻的江华、富川两县都是瑶族的主要居住县，并且这一带的瑶族历史上多次举行过反抗斗争。明王朝建立之初，怕瑶族人民举行起义斗争，威胁到刚建立的王朝政权，所以要在这一弹丸之地驻这么多兵。到明洪武二十四年（1391）枇杷所官兵在驻地修建石城，周长2160米，高4.3米，城池宽4.3米，深1.7米，开东、西、南、北、小东5个城门，设谯楼、串楼64间。环绕所城的还有一条深3米，宽9米的壕堑。岁月流逝中，城墙逐渐被毁坏。现残留城墙高 3 ~4 米不等。

桃川所城遗址　湖南瑶族地区古遗址。桃川所城遗址位于湖南省江永县桃川镇所城村。据江永旧志记载：明洪武四年（1371）置桃川守御千户所，设千户 1 员，副千户 3 员，镇抚司 2 员，百户 10 员，流官吏目 1 员，总旗兵 20 名，小旗兵 100 名，杀手 400 名，民壮 40 名，屯田兵 1200 名。洪武二十九年（1396），桃川所亦在驻地修建土城，周长 1833 米，高 4.3 米，城池宽 4.7 米，深 1.7 米，城门 4 个，谯楼、串楼 55 间。桃川守御千户所的置立，除了统治阶级认为的一般军事需要外，主要还是防控和镇压瑶族。桃川是江永四大民瑶的居住区域，向南可连广西恭城、富川瑶族，向西可到广西灌阳瑶区活动，向东接本县黄甲岭、松柏一带瑶族，并联络江华瑶族，活动范围很大，可谓四通八达。据民族研究工作者查阅地方志等史料得知，元末明初这一带的瑶族举行武装反抗斗争达 16 次之多。洪武二十九年又是四大民瑶刚编户入籍之时，清代徐典《永明县志》云：“自洪武二十九年（1396）归化，皆为熟瑶，例有户籍，务纳采章，与编氓无异。”统治者将四大民瑶“招抚”下山，列入户籍，定居平地从事农业生产，扼守要隘。尽管如此，统治者对瑶民始终是不放心的，因此，不仅驻有大量的官兵，而且要将驻地修成坚固的城堡，以便对付瑶民能进退自如。清初沿袭明制，直到康熙二十七年（1688）方撤销。所城内有卵石铺成的十字街通往四门，现东、西两门完好，城门高 2.8 米，宽 2.1 米，深 1.8 米。

锦田千户所遗址　湖南瑶族地区古代遗址。锦田千户所遗址位于湖南省江华瑶族自治县码市镇所城村。据《明史·地理志》记载，江华“东有守御锦田千户所，洪武二十九年（1396）

置。又有锦田巡检司”。建有城墙，高1丈，阔5尺，周324丈，故称所城。当时，设置世袭正副千户各1员，百户2员，总旗1名，小旗2名，军人61名，归永州卫管辖。此时，码市的瑶族不多，但其周围的连州、蓝山住有许多瑶族。锦田千户所的设立，也是为了防控瑶族。因此，随着居住在码市的瑶族逐渐增多，统治者在码市的驻军也逐渐增多。到隆庆三年（1569），驻军增加到1261名，并就近归宁远卫管辖。清顺治四年（1647），锦田所改设千总1员，留门官2员，屯丁40名守城。雍正八年（1730），永州镇左营游击从道州移驻江华县城，共马兵、战兵、守兵300名。道光十一年（1831）十二月，锦田爆发震动朝野的赵金龙起义。清廷在派官兵镇压义军的同时，将左营游击从县城移驻锦田，添拨中军守备1员，马战兵531人防守。同时，将理瑶同知署从涛圩移到码市所城，与左营游击合署办公。咸丰年间，锦田称为盛锦圩。民国时期盛锦圩移至码头铺。锦田所城城墙于1958年拆除。遗址今依稀可见。

江蓝厅 湖南瑶族地区古遗址。江蓝厅，全称为江蓝理瑶同知署，江蓝厅为民间称呼，是管理和防控瑶族人民的机构，设于湖南省江华瑶族自治县码市镇所城。清初，清廷对边疆地区少数民族的统治，采取了与内地不同的办法，即在北京设置一个专门管理少数民族政务的机构，叫作“理藩院”。它的设置，以将军（军事）和大臣（行政）直接对少数民族地区进行统治，标志着中央与少数民族地区的政治隶属关系的加强。雍正八年（1730），驻永州的清军同知改为理瑶同知署，辖道县、宁远、江永、江华，其驻地于是年移至江华县城沱江。嘉庆十八年（1813）又从县城移至涛圩，直接针对和防控上伍堡平地瑶。道光十一年（1831）十二月，江华瑶民领袖赵金龙率数千瑶民在码市长塘冲举行起义，一举攻下码市，接着屡败前来围剿镇压的官兵。次年四月，义军在常宁县的洋泉镇全军覆没。清廷感于“赵金龙之役，有司不职，以讼狱细故肇衅，劳费浩穰”，将理瑶同知署从涛圩移到码市，主要管理江华、蓝山瑶务，故民间称其为江蓝厅。其目的既是为了缓和官府与瑶族人民之间的矛盾，也是为了进一步防控瑶族人民的反抗斗争，江蓝厅直到清末才裁撤。

二、古村落

牛亚岭瑶族村古建筑群　湖南瑶族地区古村落。牛亚岭瑶族村古建筑群位于湖南省宁远县九嶷山下。清朝末年，瑶民冯任古带着一家人耕山来到九嶷山下，见一泉井旁的石头岭，形似水牛下山喝水，周围山清水秀，风水极佳，就决定在此搭棚居住，并依石形给寨子起名为“牛亚岭”，把石头当作镇寨的“神牛”。历五代人，终于建成现有规模的瑶寨。牛亚岭村离舜帝陵 8 千米，仅 20 余户，100 多口人。这座瑶寨，具有瑶族建筑风格的代表性，是湖南省瑶寨中唯一的一处省级文物保护单位。瑶寨占地 2000 余平方米，依山势而建，筑于两山梁之间的南山梁半山坡，坐南朝北。冯氏依瑶族习俗建成半地半楼的 2～3 层吊脚屋（千脚屋），由 5 栋土木结构房屋组成，寨中有 100 余平方米的空坪。村寨在不改变地形地貌的情况下，建起宽大平敞且通风舒适的木楼，与山水融为一体，成为自然风光的一部分。

崇木凼花瑶古寨　湖南瑶族地区古代村落。崇木凼花瑶古寨位于湖南省隆回县偏远的高寒山区虎形山瑶族乡。这里古木参天，银花遍地，怪石嶙峋，重峦叠嶂，沟壑幽深，云雾缭绕，恍如仙境。夏季凉爽宜人，是理想的避暑场所，冬季则是南方罕见的冰天雪地，树上满是晶莹剔透的冰挂。崇木凼花瑶古寨民居为全木结构，两面坡瓦顶，分上下两层，居住舒适，夏天凉爽，冬天温暖。栋栋房子散落在山坡和山脚下，寨子与环境相当协调。

江华故居　湖南瑶族民居。江华故居位于湖南省江华瑶族自治县大石桥乡鹧鸪塘村，距县城50多千米，砖木结构，一进堂，始建于清末，距今近200年，现保存完好。故居内阳光充裕，燕声缭绕。从大门进去是天井，再进去是正堂，之后是后厢房，左右为上下四个厢房。江华出生在左边厢房的下房，这里也是其少年时读书学习的书房，至今还保留着他读书时的书桌、笔筒、砚台、马灯以及在衡阳读书时使用的行李箱。江华，原名虞上聪，瑶族，生于1907年8月1日。1925年江华在省立（衡阳）第三师范学校加入中国共产主义青年团，次年转为中国共产党员，从此走上了革命道路。他历经大革命的烽火，井冈山的硝烟，徒步行走二万五千里，延河饮战马，中原大地驱倭寇，白山黑水任纵横。1938年，他在赴山东抗日根据地前，经请示毛泽东改名为江华。新中国成立后，江华曾任杭州市委第一书记、市长，浙江省委副书记、书记、省政协主席、省军区第一政委，南京军区政委，最高人民法院院长、特别法庭庭长，中央候补委员，中央委员，中央顾问委员会委员、常委等职。江华从小就离开了家乡，从参加革命直到1965年都没有回过家乡。虽然与家乡的亲人失去联系，但他与家乡的情感却从来没有断过。他说："改名江华，其中寄托着我对故乡深深的怀念。这个名字表示，我不管死在哪里都是江华人。"1965年到1988

年间江华四次回家乡。每次回家乡他都十分关心家乡经济建设和人民的生活问题，勉励家乡干部群众要充分利用本地资源优势，加快经济发展步伐。1999 年 12 月 24 日，江华在杭州逝世，遵照其遗嘱，他的骨灰一部分葬在井冈山，一部分葬在他母亲的坟旁，了却了他对故乡的一片眷念之情。2003 年，江华瑶族自治县人民政府公布江华故居为县级文物保护单位。2007 年 7 月，江华故居被定为永州市爱国主义教育基地。如今，每到清明节，家乡的各界人士和中小学生都会自发地到鹧鸪塘村，瞻仰伟人故居，在江华墓前缅怀先辈伟绩，激励革命理想。

三、古器物

石斧　为距今 5000 多年前的新石器时代器物，青灰色，花岗岩磨制而成，质地坚硬，形体完整，高 7 厘米，刃口宽 5 厘米，顶部略呈方形，斧口锋利。1986 年发现于江永上江圩瑶区。

彩釉陶罐　宋代器物，低温软釉，黄中泛红，高 38 厘米，口径 17 厘米，底径 11 厘米，最大腹径 19 厘米，1985 年发现于江永千家峒潘家村附近。

清代和民国永州瑶族服饰　永州的瑶族服饰制作精细，讲究绣花织锦装饰。按地域和式样可分为：宁远棉花坪、宁远九嶷山、江华平地瑶、江华两岔河、蓝山和江华岭东、新田门楼下等六大类型。宁远棉花坪瑶族中老年妇女的秋冬装，由头巾、衣、马夹、胸裙、腰裙组成，采用红、白、蓝三色搭配和挑绣工艺，色彩鲜艳，层次分明，体现了瑶民高超的编织和刺绣工艺。江华平地瑶小孩戴的帽子，称“鬼崽帽”，帽沿前部镶满铜菩萨，既有装饰美化的功效，也有辟邪佑福的作用，体现了瑶族长辈对晚辈的关爱和期盼。江华两岔河瑶服，胸裙上缀满银泡，裤脚的刺绣以红丝线为主，配上鲜红的帽子，红得耀眼，反映了瑶族姑娘对红火生活的向往和追求。瑶族的婚礼通常热闹而隆重，平地瑶用于婚嫁的银花冠，共分三层，若是新娘就戴三层，送亲的伴娘则戴两层。宁远九嶷山瑶族女青年的节日盛装，有头帕、衣、马夹、腰带、腰裙、裤等，最具特点的是腰部花纹的处理，前面系着腰裙，后面衣摆自然下垂，搭配和谐。蓝山瑶族男子服饰，有头帕、衣、裙、裤等，刺绣以红、白为主，显得古朴大方。江华平地瑶妇女衣服叫大装衣，最具特色的是三层绣花袖套，做工精细。胸前挂着银牌，配以精美的绣花鞋和银花冠构成一套雍容华贵的服饰。新田门楼下瑶族妇女的头巾，叫铜铃帕，上面缀满了铜铃铛，随着脚步声叮当作响。瑶族同胞喜爱在服饰上饰以胸牌、腰链等银饰，也爱佩带戒指、手镯、耳环、项圈等银饰，这使得盛装的瑶家阿妹典雅高贵，光彩夺目。

清代长鼓　湖南瑶族器物。长鼓是瑶族传统舞蹈长鼓舞的主要道具，又叫长腰小鼓。永州市博物馆征集的一件清代长鼓，是蓝山过山瑶的典型文物，保存基本完好，现为三级文物。平地瑶长鼓又称赛鼓，比赛时将十二面赛鼓抬进赛场，每面赛鼓代表瑶族的一姓，每姓瑶民选派一名鼓手参赛，最后以击鼓次数最多，声音洪亮不变者为胜，场面非常壮观。永州市博物馆征集收藏的赛鼓，来自江华瑶族自治县涛圩镇。

瑶族祭祀彩画　湖南瑶族器物。瑶族祭祀盘王时须悬挂盘王彩画。永州市博物馆从江华征集收藏的盘王彩画共15幅，8幅作于清代嘉庆七年（1802），7幅作于道光十七年（1837）。盘王彩画内容丰富，描绘了盘王形象，生动地再现了瑶族生活场景，如打糍粑等。中间手执匕首、酒杯，脚踏巨蟒的男子就是瑶族先祖盘瓠。由于瑶族信奉道教，所以左右四幅图像里的人物分别是元始天尊、灵宝天尊、道德天尊（太上老君）、玉皇大帝、紫微北极大帝、天官、地官、水官。在盘瓠像下方还有一幅活灵活现的祭祀图，法师在做法事：上刀山、下火海……彩画对研究清代瑶族的经济生活、宗教信仰、衣着服饰、岁时祭祀等习俗，具有不可多得的价值。现为国家一级文物。

南宋《评皇券牒》文书 湖南瑶族文物。《评皇券牒》文书（纸质版），珍藏于湖南省江华瑶族自治县档案馆。券牒幅面长48厘米，高186厘米，绵纸，传抄于南宋理宗景定元年（1260）十月二十一日。其总体图文并茂，色彩斑斓。书写格式为从右到左，自上而下，全文共1838字。文中前后盖有4个马蹄印，上有18个朱批的圈点。券牒上端绘有栩栩如生的盘王圣像，端坐在双龙宝座上，两旁各站一宫女，分持宝扇、华盖，下踏彩云，左右又绘有龙犬、金鸡各一，其顶彩云凝聚。下端绘有着绚丽瑶族服饰的三男三女，扎绑腿打赤脚，一人吹笛笙，一人持葫芦，一人击长鼓，三人持响铃，均为舞乐状。四周还绘有3厘米宽的波浪图纹环绕。券牒详细地叙述盘王的故事，记载了瑶族历史上的活动范围、迁徙路线以及免徭役等种种权利和义务。1951年7月21日，这份《评皇券牒》及其由52位瑶胞签名的附件，由江华濠江乡的盘添财呈交中央民族访问团带回北京送交党中央和毛泽东主席。这是向党中央和毛主席的上书，要求根据《评皇券牒》中记述的历朝历代给瑶族的权利，允许瑶族分权自治，兴办学校、就近领取采伐证、出售木材免税、允许瑶胞砍伐建房所需木材、解决林区人民的生活困难、要求土地改革等。访问团将文书带回北京后，引起了党中央和国务院的高度重视。1955 年，江华瑶族自治县成立，江华瑶族人民实现了民族区域自治。

清代《评皇券牒》木刻印版 湖南瑶族文物。2005 年，永州市博物馆在蓝山荆竹瑶族乡十里冲村高寨组瑶民邓昌林家，征集到一件清康熙五十三年（1714）瑶族《评皇券牒》木刻印版（下简称《评皇券牒》木刻印版），这是目前为止首次发现的《评皇券牒》木刻印版，2006 年 3 月经湖南省文物鉴定专家组鉴定为一级文物。《评皇券牒》木刻印版，木质，一套二件，内容分刻于前后两个版面上。每件纵横规格均为 65 厘米 × 164 厘米，厚均约 6 厘米，由 3 块硬质木板背面纵向穿榫拼接套合而成，正面平整，木板之间接口紧密，两端齐平，乍看为一整块。因历史上反复墨拓之故，表面呈墨亮之色。第一个版面为前半部分，全部反向阳刻楷体汉字（近魏碑体），由上而下、自左至右行文，共 41 列，上框在两道粗凸弦纹间凸雕龙凤朝阳图案。第二个版面文字内容与上一版面前后衔接，但在自左至右从上到下反刻 31 列楷体汉字后，还浮雕了一组人物故事图案，从上而下分 3 组构成一个整体：最上部刻画的是瑶族始祖盘护（瓠），双目圆睁、逼视前方，戴峨冠宽冕、着圆领博袖龙袍，体态魁伟，双手拢袖、执长方形朝笏于前胸，正襟危坐；两旁各有一仆从执长扇服侍，其中居左者形似男性，戴大耳帽，上着斜襟广袖长衣，下着大三角纹绣花宽裙，居右者当为女性，长辫披肩，上着圆领宽袖束腰过膝长衣，下着竖粗条纹分裆长裤。中部一组，围绕火苗飞腾的柴堆，有神犬和金鸡引颈听候盘王指令；神犬体态颀长，呈蹲踞状，金鸡则丰腴肥美、昂首挺胸，两旁各有一个头顶宽大花帕的“顶板瑶”妇女，面朝盘王，恭坐四足条凳上。最下一组共 6 人成排，一男横吹芦笛，一男手持细腰长鼓，一男高声吟唱，其余三女皆头戴顶板花帕，舞动身姿应和，场面很生动。整个画面内容丰富，图文并茂，突出盘王高大形象，人物形象朴拙而又刻画精微，线条舒朗而不乏明快简洁，赋予观者很大的想象空间。上框和右框，浮雕龙凤纹，风格和手法如前。两块版面文字内容前后衔接，共72列2260字。《评皇券牒》雕版的制作比传抄的难度更大，所以文中有别字、错字。综观全文主要有四个方面内容：一是关于瑶族民族起源盘护（瓠）的英雄故事，二是瑶族人民在经济、文化和社会生活中享有的和神圣不可侵犯的种种权利，三是对瑶族游耕山林、祭祀盘王、长鼓舞蹈、五彩服饰等的详细描述和图示，四是瑶族十二姓氏的来源。与现存中央民族学院的木刻印刷本《评皇券牒》原文内容完全一致，与目前其他已公开的《评皇券牒》内容基本相似。

四、古碑刻

抚瑶颂碑　湖南瑶族古碑刻。抚瑶颂碑立于湖南省宁远县舜帝庙内的拜亭前，青石做成，高3.5米，宽1.36米，厚约15厘米。碑首刻双凤朝阳图案，两边刻卷草纹，碑题为篆体，碑文系魏碑体。碑文名《奉诏抚瑶颂》，记述了九嶷山瑶族反抗斗争和被招抚的史实，刻于明代万历年间。现为全国重点文物保护单位的舜帝陵的重要附属文物。对研究明代九嶷山一带瑶族历史和朝廷变剿杀瑶民为招抚瑶民的政策有重要价值。

上伍堡义学碑　湖南瑶族古碑刻。上伍堡是湖南省江华瑶族自治县涛圩镇和河路口镇一带平地瑶聚居区几十个村寨的统称。上伍堡义学碑立于凤尾村小学前，是一块露天四方石碑，高2.5米，宽1.2米，石碑四面刻有碑文，上有顶盖。此碑立于清乾隆年间，距今270余年，碑文记载了封建王朝在瑶族地区首设教育机构的历史，是一件不可多得的民族文物。据史料和碑文记载，清乾隆十年（1745），江华县衙在上伍堡瑶区设义学，专收瑶族子弟入学读书，并明文规定“楚南永宝傜籍，与内地生童一体应试”，首开江华瑶族聚居区民族教育之先河。清乾隆三十八年（1773），上伍堡义学改建为三宿书院，直到清光绪二十八年（1902）实行新学，办学堂后才废止。《上伍堡义学碑》记载了江华民族教育发展历程中这一段极为重要的历史。此外，在碑文中，还极为难得地为瑶族正名：“傜之呼，谓其亦可供傜役也。从‘傜’不从‘猺’，此有先贤谕傜遗文可考。合并正其讹，俾附刻，以示来兹。”这段文字纠正了元朝以来历代统治者对瑶民的侮辱性称谓，说明当时地方政府认识到了民族关系在江华的重要性。上伍堡建立义学时立碑于洞尾村南山岗上的三宿书院内。

奉氏劝戒碑 湖南瑶族古碑刻。奉氏劝戒碑是瑶族社会教育的一种表现方式，现立于湖南省江华瑶族自治县涛圩镇新木泽村内。碑体为青石，高约1.8米，宽约1米，厚约15厘米。这是平地瑶中的奉姓人为教育后代立下的“祖训”，内容涉及社会秩序、社会道德、读书、敬业、民族性格的培养和民族团结的教育、内部社会的治安和安定。碑文刻立于清乾隆二十八年（1763），由生员奉廷恺撰写，生员钟云录于碑上，并报“湖南永州控江华理瑶巡抚”备案。

江永平瑶碑 湖南瑶族古碑刻。位于湖南省江永县上甘棠村河边月陂亭长约70米，高4米的摩崖上，有北宋到清代的石刻27方，其中字迹清楚的22方，因风化无法辨认的5方。从内容上看，属功德叙事的12方，属风景唱和的6方，属劝导文的2方，属感怀诗的2方。在这众多的碑文石刻中有一方为“平瑶碑”，其碑文标题是“邑侯谦斋彭公大丞平灭贼首邓四功绩歌诗”。诗文曰：“永阳边陲扼广佑，瑶壮侗僚深铁寇。……大丞彭公既从政，深谋远虑祸本变。邓四将然旧图逆，公奋决策袖掩袭。父子受首巢穴倾，洪武二年夏六月。不动官储烦郡兵，糜惊妇织妨农耕。十有八载大难息，我公功烈谁能书。”为统治者平瑶歌功颂德。碑文刻于明洪武三年（1370）辰月。碑文说的是如何剿灭“贼首”邓四的事情，“贼首”邓四实为瑶族起义首领。江永是湖南瑶族的主要居住区之一，元时，瑶族主要集中在江永桃川一带，与道县、江华和广西恭城、富川的瑶族来往密切，活动很频繁，瑶族人民的反封建统治斗争十分激烈，仅元末明初这一带的瑶族起义斗争就达16次之多，邓四率领瑶民于至正十二年（1352）在江永境内起义。从“平瑶碑”的碑文看，邓四瑶民起义前，此地瑶民在湖广边界已坚持斗争数年，官府曾屡次派兵征剿，均无功而返。到邓四起义时，瑶民起义势力更加强大，攻占了七个乡，攻陷了郡城，并与红巾军周伯颜部联合攻占“湘、鄢”，给朝廷构成极大的威胁。至正十四年（1354）元朝统治者又派甄姓元帅清剿，对邓四义军发动了七次攻伐。邓四率义军避虚就实，与官军周旋，坚持斗争。元朝灭亡后，邓四又率义军与明朝统治阶级进行斗争。洪武二年（1369）六月的一天，居住在上甘棠村的邓四岳父生日。县丞彭德谦等人利用邓四历来孝敬老人的性格，派重兵埋伏在其岳父家，将前来祝寿的邓四父子擒杀，邓四瑶民起义失败。江永人民为了纪念这位英雄，尊称其为“邓霸王”，并把都庞岭山脉在江永桃川峒内的最高峰命名为“霸王岭”，流传至今。

第十九章 禁忌巫术

过去，湖南瑶族的禁忌很多，既有生活禁忌，也有生产活动禁忌。这些禁忌人人必须遵守，谁触犯将受到全族声讨，甚至被逐出村寨。毋庸讳言，大部分禁忌源于先民对客观世界的认知局限，在一定程度上束缚了人们的思想行为，影响了生产发展。但有的禁忌也有积极的作用，如禁止滥捕滥猎在客观上起到了一定的保护生态平衡的作用。随着社会的文明进步和生产力的发展，人们的科学文化知识越来越丰富，那些不符合科学道理的禁忌也被人们逐渐抛弃。巫术也是瑶族社会普遍存在的文化现象。有做好事、行方便的吉祥巫术，也有害人、恶作剧的邪恶巫术。吉祥巫术有久旱求雨、求吉去病、招魂去煞、小孩外出走人家和体弱多病者戴的拗茅符、保护庄稼和物品防偷盗的扎茅主、驱鬼、避邪、催生、和符与孽符、遇刀伤血流不止需救治的隔山封血、治烫伤烧伤的下雪霜、治头痛肚疼的画符水、久病不愈的架花桥、狩猎的梅山法术等。邪恶巫术有打五雷、下陷拳、下汗手、神打，以及作弄、戏弄人的巫术。但邪巫在实际生活中很少有人用，传说行邪巫的人会断子绝孙，因此学了邪巫的人往往找植物或动物施行。巫师行使巫术往往要念咒、画符，多数是将符画入水碗中，然后给人喝下。驱鬼、招魂去煞则要动用道具念经作法事。巫师多是师公、道士，也有一些是没有经过传灯度戒，不是师公、道士而又广泛使用巫术道法的人，他们结合药物利用咒语、符箓、符水给人治病。

一、禁忌

忌鼠 老鼠的害处不小，瑶家除了捉、抓、赶鼠之外，还把正月的“三个六日”定为忌鼠日。相传，正月初六日是老鼠讨亲取“八字”的日子，十六日是娶媳妇下定（订婚）的日子，二十六日是讨亲嫁女的日子。如果这三天忌鼠不严的话，老鼠讨亲成功，就会繁殖无数小鼠，祸害无穷。如果忌得严，老鼠无法结亲，就无后代，鼠害就小。忌鼠日这三天里不许耕作、开仓和裁衣。此外，一年中的小暑、大暑和处暑这三天也忌鼠。因“暑”与“鼠”同音，把暑当鼠忌，鼠害就小。忌时与正月“三六”的忌法相同，不到田地里耕作，不开仓，避免造成地上庄稼遭鼠害，仓中粮食遭鼠耗。

“壬”日禁虎 瑶人大都居住在大山深处，且大部分是单家独户居住。村寨山高林密，老虎出没无常，瑶民生命财产遭到严重威胁。为避免老虎侵扰，有“壬”日禁虎的习俗。“壬”用瑶话讲就是“盐”音，与勉语老虎“贤”同音，所以“壬”日就是虎日。新年正月的“壬”日要忌虎，不准村人学猫叫，不准高声喧哗，不准进山林，如果违规就会遭虎害。

三月初一禁雷 三月是春深雷雨季节，洪涝灾害随时都有可能出现，要想不发生洪涝灾害就要禁雷。三月初一这一天是禁雷日，传说雷公在天上休息，不能惊动他。因此，这天瑶人不准戴斗笠，不披蓑衣，更不准击鼓（鼓声似雷鸣），不准上楼

（把上楼比作登天）。如果犯忌惊动雷神，就会下大雨、响大雷、涨洪水，给人们带来灾难。这天既是禁雷也是禁涝。

三月初三禁野猪 瑶人生活在高山密林之中，野兽较多，所种粮食常遭兽害。尤其是野猪，经常危害作物，把土里的红薯拱出来糟蹋。三五只野猪，一夜之间可以将整个山岭的作物耗尽，使人们一年的辛勤劳动全部泡汤。瑶人最怕野猪，也最恨野猪，想方设法和野猪斗，除了捕猎之外，还禁野猪。三月初三已经开始播种农作物了，这天不入山，不耕作，不进菜园摘菜，这样就不会惊动野猪，以后野猪就不会进田入地损耗粮食作物了。

分龙日忌分龙 相传天上的雨是龙从大海里运上去的水，龙把水分到哪里，哪里就会风调雨顺，五谷丰登。所以瑶民有“分龙”日忌“分龙”的习俗。汉族的“分龙”日是农历五月二十六日，瑶人的“分龙”日则是夏至过后的第一个“辰”日，因为十二生肖中“辰”属“龙”，所以视这天为“分龙”日。“分龙”这天不准拿刀斧进山伐木砍柴，不然会把“龙”砍断，把雨路砍断。不准挑粪桶，如果挑粪桶，被龙看见，龙就会不再运水来，天上就没有雨下，瑶民就要受旱遭灾了。过了“分龙”日，雨不落全方，而是偏落一方，俗话称“牛背雨”，说的是雨下在牛背左边，而落在牛背右边。

社日忌蛇 “社”有春社和秋社之分。立春后的第五个“戊”日为春社，立秋后的第五个“戊”日为秋社，社日要忌蛇。瑶山中蛇类很多，春社后，天气逐渐转暖，毒蛇从冬眠中醒来，非常活跃，很容易伤人。秋社后，天气渐凉，蛇即将转入冬眠，眼睛蒙，毒性大，也很容易伤人。为免遭蛇伤，社日必忌蛇。忌蛇日不进田地，不入山林，不带柴草回家，更不能带藤绳类的东西进屋，因藤绳类物似蛇，带其进屋意为带蛇进屋。如果在社日这天不小心走进田里、地里犯蛇违忌，就必须找一根竹子插在田地里，这样蛇就不敢进田地了，因为相传竹子是蛇的舅爷。

忌风　瑶民所居之地山高树多，每当天气突变，狂风大作，常常导致房屋倾颓，大树摧折，庄稼被毁，危害甚大，所以每年正月初十、二十两天要忌风，称为忌风日。相传正月初十风神出远门，为去风；二十风神转回家，为回风。初十这天要用茅草打结（又叫茅标）压在路口、房屋周围或是村寨周围，有几条路就在几条路口压茅标，每处压三只，标头指向去的方向，表示去风。二十这天同样要在同一路口处压茅标，但标头必须指向房子或村子，表示回风。忌风这两天，不准动用刀、斧、锯、针、槌、锤，以免划破风神的风袋；不准高声喊叫、唱歌、吹口哨、敲锣打鼓，以免惊动激怒风神；不梳头，免得以后到野外劳动时被风吹走斗笠；不上楼、不耕作，好好玩一天。

生产之忌　生产劳作时一些环节有特别的讲究和禁忌，一些话忌讳用原意直接表达，要用替代词来交流。比如上山扯笋子，早上起床时要立即起，不能赖在床上，以免上山被山蚂蟥缠身。点豆、撒谷种时，不得与人交谈，即使有人打招呼也不得答应，否则会逗引鸟雀啄食谷、豆种；撒完后，用茅草结成草标插于四角，然后径直回家，不要回头顾盼，以免逗引麻雀、铁嘴鸟啄食种子。种苞谷时如途遇乌鸦，须立即返家，改日再种。在去生产时或归途中不能互相“呜呼”呼叫，有人喊时分辨不清是谁是不能回答的，否则魂魄会被鬼摄去。在高山峻岭里劳作因路远要带午饭去，吃饭时不能直接说吃饭，要说“烧蜂窝”，以免野鬼听见来抢食。打猎击中猎物时不能问对方“打死没有”，要说“进了钯锅没有”，对方回答“进了”，意为打中了。

屋内之忌　在家里不能吹口哨，如果吹了就意味着是把家里当成高山野岭，当成放牧的养牛坪，祖先就会变成无人敬奉的野鬼，灶爷就会随着口哨声升天。到别人家作客吹口哨，更是一种很不礼貌的行为，主人会认为是对他不尊重。同时，屋内也不准唱山歌，山歌是用汉语唱的，只能在外面山野、路头唱。屋里只能唱瑶歌，在正屋堂屋、灶屋都可以唱。忌穿蓑衣戴斗笠进屋。雨天、晴天穿着蓑衣戴着斗笠到外面劳作，回到家门口时就要解下蓑衣、脱下斗笠，挂在门外或拿着进屋。同村邻人、路过的客人进屋躲雨或歇息，也要在门外脱下蓑衣、斗笠后才能进屋。如果穿蓑衣、戴斗笠进屋就是对主人的不敬，因为蓑衣、斗笠是在野外穿戴用于遮阳避雨的，穿着进屋就是把主人家当成野外，另外就是讽刺主人家破烂漏雨，这是一种不礼貌的行为。

灶房四不准　瑶人最崇敬自己的祖先，每天早晚都要燃香敬神。燃香必须先在灶前点燃，如果燃青皮香还得用灶中的热火灰。因此灶中的火灰必须保持清洁，如果火灰不清洁卫生，燃香敬祖就会得罪祖先，不尊不孝。因此灶房成了祀奉祖先的又一个神圣地方。瑶家的灶有两种，一是铁做的三脚撑架灶，二是用土冲成的土灶。灶的建造和安装要选吉利的时日，特别是不能逢火星时日建灶，否则会带来火灾。

灶中有“灶公”“灶母”，灶神王公公、灶母王婆婆为主人日熟三餐，管好火的安全，是不能得罪的神爷。人们不能欺辱和冒犯它，否则“得罪灶神爷，有火不烧铁”，“秋收粮不丰，无米下锅中”，“日无三餐熟，难防殃火烛”。甚至还会有人得

“火眼病”（红眼病）。因此，灶房有“四不准”的规矩。第一不准脚踩灶头或三脚铁撑架；第二不准踩烧柴；第三不准扔纸屑进灶；第四不准吹口哨、唱山歌。不能用脚踩灶和踩放进灶里燃烧的柴，是因为脚踏污秽之物，踩柴、踩灶就是把柴、灶当污秽之物，或把污秽带到柴、灶上秽着灶神，这是对灶神的不敬，会激怒灶神，造成火灾。外来客人到瑶家，要注意这条规矩。

饭桌之忌　出门为客或是邻里、朋友相邀喝酒，如果你酒量有限或者不想喝而拒绝斟酒时，千万不能将酒杯反扣于桌上，这样会激怒主人，认为你嘲笑他贫穷、小气无酒待客或者是舍不得拿酒待客。瑶家待客既热情又豪爽是不容置疑的。主家帮客舀饭时忌从中间舀，不舀锅巴给客人，把饭递给客人要双手奉上，客人接时也要用双手，以表尊重。吃饱了要将筷子放在桌上，不能架于碗上，如架于碗上表示嘲笑主人贫穷无饭给客人吃。在就餐的过程中歇息、聊天、喝茶、抽烟时筷子也不能架在碗上，只能架在调羹上。

坐月子之忌　生小孩坐月子是很讲究的，有很多禁忌，因为妇女生产耗尽了精力，身体的恢复与将来身体的健康与否有着密切的关系。吃好是坐月子的首要条件，但忌吃生、冷、蔬菜、水果等食品。产妇虚弱，身体需要补充营养，难以适应这些“寒性”食品。月子里只能吃鸡、蛋、肉和米饭，其他的食品只能满了月再吃。吃鸡不能吃鸡爪、翅、头、肠、肝、心，只能吃鸡肉、鸡菌，据说吃了鸡菌有加快收缩子宫之功效，使身体恢复快一些。忌吹风，产妇要包头帕或戴帽，就是天再热都不能扇凉，不能出门以免遭风；不能梳头、洗头，否则将来头会痛、头发会掉；不能用冷水或加入冷水调温的水洗澡，以免得风湿疼痛；不做重体力劳动，以免伤筋损骨，将来年老时筋骨疼痛。

忌戊日 农历一年有 36 个戊日，都在七姓瑶人的禁忌之列。立春到清明期间的戊日，忌动土，以免惊动地脉龙神；不能挑水，以免挑断“行雨脚”发生干旱；不能扫地，以免扫动虫蚁发生虫灾；不能动针线，否则会自惹麻烦。

忌三斤六两 七姓瑶人认为人的首级重量为三斤六两，人死时要烧三斤六两“落气纸”，故视其为不吉利的数字，尽量避免提及。因此，他们买东西称重时，绝对不选三斤六两这个数字，如果偶然碰上，也只说三斤五两或三斤七两，如直报三斤六两就会被认为缺少家教。

忌“四眼”人 七姓瑶人把孕妇及其丈夫统称为“四眼”人，对“四眼”人有两种禁忌。一是他人对“四眼”人的禁忌：婚嫁喜庆，忌“四眼”人接抬花轿、闹洞房；磨豆腐、蒸酒，忌遇上“四眼”人；瓜果头茬，忌“四眼”人摘吃；产妇床枋不能让“四眼”人坐，不然易断奶。二是“四眼”人忌他人：忌在其房屋周围动土、掷笨重物体，以防惊胎；忌孕妇站在劈柴人面前，以防胎儿破相。为保孕妇平安，请巫师画符贴在门口或缝进衣角以避邪，并在孕妇床顶罩上角网，床前挂上刀枪，窗上插几支桃树枝以镇邪。

瑶人烧土几不准 过山瑶在山上刀耕火种，须把山上的杂木杂草砍倒晒干后放火烧掉才能开垦种上粮食。放火烧山是很危险的事，一不小心，火烧出了界，就会酿成山林大火。所以烧土要特别小心，不要犯了山神、火神和风神。烧火前要在烧山的地块四周修好防火道（也叫火路线或者火界），特别是上方的火路线要修得宽，以防止火出界。烧土时全家老少出动，并请邻里帮忙。特别注意的是，从家里一出门话中就不准带“火”字和“跑”字，否则，放火烧山时火会跑出界去。到了目的地后，不准乱走，不准讲话，不准走出要烧地块以外，不准吹口哨。待主人燃香敬了山神、火神、风神，主人落锄后，大家才能动手修火路。火路修好后主人点火烧土，大家分段看守火路，等烧完火熄灭了才能下山回家。

伐木的禁忌 瑶族认为，山有山神，树有树神，因此砍伐树木，有很多讲究。进山伐木要择吉日，进山前的晚上，所有参加伐木的人不管是男的还是女的都要禁绝房事，否则伐木不利。入山后途中不能妄言，话中不能说“死”字、“伤”字、“残”字、“废”字；见财不取，见色不动；不能随地大小便，要避开有树的地方，尤其砍树时，不能对着要砍的树撒尿。伐倒的树木只能顺山倒，不能朝山下倒，这是因为不方便伐皮打枝，而且人们认为向下倒是倒退，于伐木不利。

不穿草鞋进屋 过去瑶人穷，无钱买鞋，多数人自己做鞋，除了做布鞋外，更多的是做草鞋。做草鞋主要是用稻草和芒皮（冬芒草）为原料。稻草为稠禾秆，稠禾剪回来晒干脱粒后，其禾秆部分就用来打草鞋，是最好的原料。芒草则在农历“芒种”节前后芒花含苞的时候采剥，农历七月也有秋芒，还可以采剥。将芒皮晒干备用，在“弓架”上编织草鞋。做事回来必须在门外将草鞋脱掉换布鞋，客人穿草鞋来做客，须在主人家门前脱下草鞋，不穿草鞋进屋。如果是自己出门做客或外出做事路过别人家想进屋歇息喝茶，一定要在屋门外脱下草鞋方能进屋。瑶家认为草鞋是一种不祥之物，穿着草鞋进屋就是带着污秽进屋，死人报丧进屋；还认为草鞋有扫帚功能、吸沾功能，客人穿草鞋进屋就会把财吸走、沾走，或者将财扫出去，有意挖主人之财，所以不能穿草鞋进屋。

二、巫术

（一）狩猎巫术

藏身术 狩猎巫术。猎人出猎时，为避鬼怪骚扰，出门时先念藏身咒，再念藏铳咒，请梅山神护佑其藏身。咒曰："弟子天不知，地不知，人不知，鬼不知，世上都不知。存变吾身，化为梅山法主镇岗将军正身。""存变此铳一把，寄在梅山坛内以藏，神不见，鬼不知。"认为通过念咒和画符箓可将自己的血肉之躯和猎器隐去，使山神野兽看不见，利于打猎成功。

诱惑术 狩猎巫术，念咒请梅山神护佑。在山中围猎时要念等堂咒："弟子坐一坐，化为青山花树，到此山中野猪，化为蜜蜂来我花树采花受铳倒死。"开弩堂时念"弟子用大金刀砍开此处化为肥猪壮羊，左边有猪气，右边有羊气，日日来到，夜夜来吃"。诱惑野兽入猎圈，以便行猎。

变身术 狩猎巫术，念咒请梅山神护佑。变身术除了要将自己隐身以外，还要为壮大自己的力量而变身。通过画符念咒，使人或物发生变化。咒语云："弟子上山，左手化为铜钩，右手化为铁钩，脚踏柴头化为丝茅，脚踏竹头化为棉花。逢蛇不开口，逢虎不现身，放刀不钩身，逢蜂不现针。"以求狩猎时逢凶化吉。

收魂、飞肉术 狩猎巫术。打到猎物时，要行收魂术和飞肉术。因为它的魂魄还在游荡，山神还在拖扯猎物，必须立即念"五百蛮雷打死"，"收到山牛鹿麂、野猪山羊三魂七魄、七魄三魂，押在梅山坛内不能动作"，之后，再行"飞肉术"，"此肉化为七宝沉香一片，飞在白鹤背上往别方，飞去梅山会内香炉之中化无踪”。

镇压术　狩猎巫术。久未获猎，猎手发《五方票文》《北帝纠察文》，对山精石怪行镇压捉拿之术，声言“玉皇上帝圣旨、秦始皇律令、钦差主兵、梅山将军、玄坛赵元帅，统集东方九夷兵、南方八蛮兵、西方戎狄兵、北方五狄兵，……持戈挂甲，奋勇扬威，进到（某）山，锁捉山精石怪，魑魅魍魉，妖魔鬼怪，即刻到坛听吾嘱咐，不许隐藏王斑花豹一切兽类，火速自投弩箭倒死”。

（二）生活巫术

久旱求雨术　生活巫术。如久旱不雨，巫师就召集全族或全村人上山举行求雨仪式：抬一只狗，敲锣打鼓到罗仙岭上求雨。方法是师公念咒祈祷，青壮年则用通节长竹竿插入有水的草地上使劲摇，直到摇得竹子的尾部喷出水来。颇灵验。

拗茅符术　生活巫术。孩子外出走人家，家人请师公拗一道茅符用布缝成一个三角形布包，钉在衣服上，或是藏在口袋里。茅符里装米、一小截香和用鸡血画成的符箓。也有体弱病人戴茅符的，但所画的符箓和所保时间不一样。

辟邪术　生活巫术。利用物件做辟邪物以防止邪鬼来犯。辟邪物一般装饰在建筑物、交通工具和生产工具上，还有的在门楣上挂刀、剑、锯、山羊角、麂子角等辟邪，有的将麂子角挂在孩子身上辟邪壮胆。

下阴术　生活巫术。当家中有人久病不愈，或有老人去世，可请巫师来下阴，看病人是什么鬼缠身，老人前世修为如何以及去世后进桃源洞路上是否顺利。弄清楚后，师公便想法解除。

隔山封血术 生活巫术。在大山里劳动，会时有不测，如遇刀斧之伤血流不止时，可叫人传话到附近的法师家请其止血。这时施法者在家中手拿一片木叶对着伤者的方向喷法水，念经咒“一刀砍断长江水，要走洪门血不流”。流血不止的远方伤者即被止血止痛。如是听得见声音的地方，施法者念咒语后会高声问道：“血还在流没有？好了没有？”受伤者要大声回答：“没有流了，好了，多谢了！”在流的血会马上止住。如果回答：“好像还在流。”那么血就止不住，还得费一番周折。据说此术甚灵。

渡花 生活巫术。瑶族叫小孩：“fu ei pian（小孩花）”“pianj gaiy（花屎，很小的人）”，意即小孩就是花。花是在花园中长大的，小孩在没长成少年时，他就由花姑娘陪伴，有花公、花母照看着。小孩病多、体弱，这就是花姑娘没带他玩，花公、花母没在身边照看，所以花树根不深，花（小孩）长不好，就要请巫师作法渡花。巫师先在厅堂烧香化纸、敬酒，请祖先保佑，请花公、花母、花姑娘培好“花”。然后做一只小船，用纸剪一小孩插在船上，再用盆盛一盆清水将其放入盆中水面上，巫师边念叨，边把船在盆中摇来渡去，让“花”玩好。渡花完毕，巫师将已做好的花园——即用碗装一碗米，用红纸剪成篱笆围在碗上，碗里插上纸剪成的花树——放在神台上。巫师又一通念叨后将渡完“花”的小孩从船上取下来插入“花园”中，这叫渡花“培花蔸”。

打五雷、下陷拳巫术 生活巫术。一些心术不正的巫师或会巫术的人，往往在限定的时辰和限定的地方对人打五雷、下陷拳，害人生病，置人于死地。据说这类巫术如久不将法术施放，就会害到自己。除对人施放外，更多的是对植物或野生动物施放。民间一般称为下“汗手”。

（三）治病巫术

求吉去病术 治病巫术。人身上若生疮、颈项上淋巴肿大，疼痛难忍，就请师公做法事念咒。师公念咒一通后，在黄纸上画几贴符，然后将符贴于树干或动物身上，病人身上的病灶就会转移到树上或动物身上。

招魂去煞术 治病巫术。有为病人招魂和为小孩灵魂受到惊吓而赎魂等多种。行法时，巫师念咒语，用米、桃树枝或鸡蛋，作“收惊”去煞之术，让患者镇静安神，家人拿病人的衣服去村外呼喊患者的名字，让魂魄回归。还有为求丰收招魂的。如每年的起春节和盘王节的仪式中举行的招禾魂仪式。

小孩赎魂 治病巫术。过去每当小孩在外玩耍、跌跤或被狗、牛等追赶，以及被陌生人和突如其来的呼叫等给吓住了，受了惊，晚上出现夜哭，睡梦中惊叫、惊跳的现象时，人们会认为受惊后的小孩魂跑掉了，魂不在小孩身上，小孩就会多病不好带，这就必须要帮小孩把魂赎回来。在黄昏日落时，拿一件小孩穿过的衣服，放进瓢里或一个网绞里拿着，并拿一炷香到门外远一些的地方燃着说：“恶鬼放人魂，我儿魂回了。”用瓢或网绞捞几下后转回，边回边说“魂回了，魂回了”。到门口时大声问家人：“儿子的魂回了没有?”家里人答道：“回来了，回来了!”走进屋里将小孩的衣服拿出来，交给母亲或家人抱在怀里，做成抱着小孩睡觉的样子，嘴里念叨着说：“哦！哦！某某儿回来了！好好睡觉了。”然后将衣服放在小孩枕边。这是简单的赎魂，也有请巫师作法赎魂的。

收惊 治病巫术。过去每当小孩受了惊不好带时，除了赎魂还采用“收惊”的方法。“收惊”，顾名思义就是将惊收住，不让其发展下去，不让惊在小孩身上作怪，小孩才会吃饭吃得好，睡觉睡得香。收惊要请巫师。收惊有两种作法，一种是画符搓团收惊，另一种是把米装在杯中抹平用布包住，巫师作法，然后将布拿开。看杯中米有无凹处，有则表示小孩被吓住了，如此反复三次直到杯中米无凹处，则表示惊被收住了，小孩从此就会平安、健康成长。

画符水治病术 治病巫术。有的人突然肚疼头痛，请来巫师用法术治病。巫师盛一碗清水，对着水碗念咒画符，并将符纸烧化于水碗中，让病人喝下，止痛去病。

架花桥 生活巫术、治病巫术。过去架花桥和渡花均是因为小孩在成长的过程中体弱多病，为使其健康成长、脱离病灾而做的法事，目的一样，做法不一样。架花桥就是请来巫师，在村外的路旁，砍三根小木条，并排摆在路旁，在木条上用红、蓝布寸许小块，压在木条上，这就是架的花桥。然后摆上供品，燃香烧纸，念经作法，用“钱纸”捏成一小团，在纸团上画符作法，用一只红公鸡祭桥，巫师手捏纸团，慢慢地牵引着“花孩”过桥，直达花开满园的彼岸。法事作完后，巫师将纸团交与小孩父母，带回放入小孩衣袋里，花桥架成。有人家中成人患者久病不愈，也请法师行“架花桥”之术：在无桥的小溪上，用几根树木，中间用榫合在一块，两头用花布相叠钉出几朵花，然后念念有词，烧香化纸，把桥架好，供行人方便。或用一根新树置换桥上最中间的旧树，在桥上杀鸡祭祀，用糍粑、酒、肉供奉桥公、桥母去病求寿。据说经此举，病人的身体就开始好转。

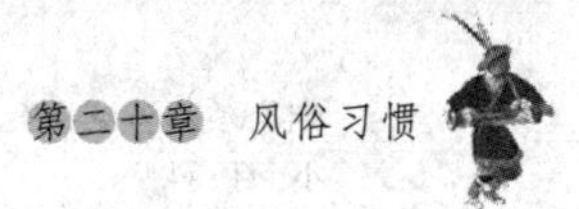

第二十章 风俗习惯

瑶族的习俗历史悠久，特色浓郁。它伴随着瑶族社会经济发展而产生、演变和发展，并在不断发展中形成本民族的浓郁特色。瑶族最具特色的习俗主要体现在服饰、信仰、饮食和建筑等方面。只要一看见吊脚楼、三间堂就知道是过山瑶和平地瑶的居室；只要上桌见到十八酿、米粉肉、豆腐丸就知道是瑶族的特色佳肴；进入瑶山看见头戴四方头巾或红色花球帽的就是过山瑶，头扎田字格头巾的则是平地瑶。随着时代的发展，尤其是在现代文明的冲击下，瑶族传统习俗正在一步一步地淡化，有的古老习俗已经消失。这虽是历史发展的趋势，但如果我们听之任之，而不去努力保护、传承瑶族文化中那些弥足珍贵的精华，那我们将会很快失去自己的文化根脉。

一、婚恋习俗

以歌为媒 湖南瑶族传统婚恋习俗。过去，湖南瑶族孩童从懂事起就跟随“歌爷”“歌奶”“歌爸”“歌妈”“歌姐”“歌兄”系统地学习唱瑶歌。学歌由浅入深，从简到繁。其内容有源流歌、时政歌、传说歌、生产生活歌、训教歌、习俗歌、情歌以及谜语歌、字歌、信歌等，包括了族源、历史、政治、经济、文化、教育、生产生活、风俗习惯等。每当夏夜纳凉，少男少女们坐在门楼前、大樟树下，抑或冬夜围坐在火塘边，跟着大人一字一句地学唱瑶歌，大人边教边讲，少年们边学边问。当村上来了青年小伙子或未嫁的姑娘，年轻人就会摆起客来歌堂，或是村上有女出嫁坐歌堂时，这些学歌的少年们便亲临现场观摩学习，甚至参与"实战"。到十五六岁就正式进入对歌、以歌为媒的恋爱阶段了，学歌的少年们早已学得满腹歌谣，他们利用各种机会，通过各种形式的对歌施展自己的才华，以歌为媒找恋人，用歌来认识意中人、考察意中人，用歌来深化与意中人的感情。父母不加干涉，社会上也无非议和歧视。

坐歌堂　湖南瑶族传统婚恋习俗。根据举行目的和场地的不同，可分为在隆重节日时举行的"节庆歌堂"，新娘出嫁举行的"婚嫁歌堂"，来客时青年男女在村寨里举行的"客来歌堂"，以及赶集路上或串村走寨路上摆起的"路遇歌堂"。不管哪种形式，"坐歌堂"都有一套比较完整的歌序，即序歌（邀歌）、请歌、劝歌、赞歌、对歌、排歌、送歌等七道程序。随着程序的不断推进，歌声一浪高过一浪，歌者的感情从舒缓到激扬，最后达到忘我的艺术境界，歌堂气氛逐步达到高潮。"坐歌堂"中所唱的情歌思想性和艺术性都很高，含蓄幽默，语言优美，抒情深厚，富有青春魅力，它犹如根根红线，把歌手们的感情紧紧拴在一起。青年人用歌来询问、了解、考察对方，通过"慕名""询问""探情"，双方中意，情投意合，就进入"恋情"阶段，继续交流思想，憧憬未来，加深感情，最后达到爱情的顶峰"定情"，互赠信物，决定恋爱，甚至决定婚姻。男女青年通过歌堂建立感情后，会在以后的歌堂中继续来往，用歌来深化感情。通过“坐歌堂”相结合的家庭都很幸福，很少有离婚的。

客来歌堂　湖南瑶族传统婚恋习俗。它是男（女）青年到别村别寨走亲访友时，该寨男（女）青年设置的歌堂。走亲访友的青年均结伴而行，一般都是叔伯姐妹或兄弟相邀到亲友家做客，单枪匹马是不敢走亲的。如女方一两对，邀歌的男青年三四对，相反亦然。如是男青年来做客，村上的姑娘们就会不约而同地聚集在一起，一阵商议后，由一个嗓子好的姑娘领头唱着歌向客人处拥来。姑娘们先在门外低声轻唱，吸引客人注意。继而主家邀请姑娘们进入屋内。姑娘们进屋后，客人并不马上接唱，而是要试一试姑娘们是否真心。此时，姑娘们的歌声似小溪流水，缓缓地从心底流出，句句真挚，声声动情。客人见此，遂激动地和姑娘们对起歌来。如果是外村姑娘来村做客，男青年亦是如此来和姑娘们对歌。此种歌堂是瑶族青年寻找伴侣的最佳形式。

媒人说项　湖南瑶族传统婚恋习俗。瑶族男女青年通过对歌确定恋爱关系后，一旦感情成熟，男方便托媒人上门提亲。这种提亲只是一个形式，只要姑娘中意，女方家是很少拒绝的。一些多次对歌失败，或因某种原因无法参与对歌的男女，则实实在在地需要媒人撮合、提亲。媒人一般非职业化，多为亲友和村上的长辈。他（她）们到女方家将男方各方面的情况作介绍，如女方同意，则将女方家庭各方面的情况带回男方家。双方同意后，定个日子相亲。相亲之日，男青年在叔伯兄弟的陪同下，随媒人来到女方家。女方家除父母在场外，女青年还要邀一些要好姊妹当参谋。双方中意则交换信物，不中意则到此结束。女方的信物多是汗巾（手帕）、头帕或亲手纳的布鞋、绣花锦带，男方的信物多为旱烟袋、头帕、手帕、手镯、钢笔等。寨山瑶媒人第一次到女方家说亲，要带一块约两斤的猪肉，女方有意则收下。平地瑶媒人则要拿四个鸡蛋，叫“开口蛋”，女方同意即将蛋收下，称为“下缘”。相亲成功后，媒人将女方的生辰八字拿去叫算命先生合八字，看是否相克，如“命合”，就可以订婚。

拿篮子 湖南瑶族传统婚恋习俗。在平地瑶地区，每逢圩集日，成群的姑娘们手提上面盖着一条家织帕巾的精致小竹篮，左顾右盼，在圩场周围徘徊。青年小伙子们也着意打扮一番，赶往圩场。当看中某个陌生姑娘或看到自己认识的心仪姑娘，就趁其不“备”，将她的篮子拿走。姑娘佯装生气追赶几步后，停在原地翘首期待。小伙子在圩场买上一些好吃的点心或较贵重的物品放入篮中，再转到姑娘身边。于是，就成双成对地走到圩场外山林里对歌去了。小伙子先请姑娘吃点心后对歌，互相用歌来通报信息，沟通情意。歌毕，姑娘要回篮子，约好日子再相会。到了约会的日子，姑娘又手提竹篮来赴约了。小伙子又一次从姑娘手中拿过篮子买上物品装入篮中。若姑娘看中了小伙子，竹篮内便有一双或几双布鞋。竹篮就这样一“拿”一“送”，一“送”一“拿”，直到爱情成熟为止。

与客“谈笑” 湖南瑶族传统婚恋习俗。湖南常宁地区的瑶族每当节庆来客或村上人家来客时的当天晚上，都要举行“谈笑”活动。如果来的是满姑（未婚姑娘）则由未婚小伙子去和她“谈笑”，来的是已婚男子则由已婚妇女去“对付”他。吃完晚饭，见主人备好烟、酒、茶，寨子里的男女老少就纷纷拥入主人家。已选好的主歌手开始和客人“谈笑”。主歌手通过问、唱来向客人提出各种问题，客人则用歌来相答。通过“谈”

"唱"，一问一答，相互了解。"谈笑"一阵后，生疏感抛开，双方开始毫无顾忌地比试肚才，诙谐风趣的歌声，常常引起满堂大笑。虽然这种"谈笑"活动不是专门的相亲，但也为男女之间的爱情婚姻提供了机会，奠定了基础。

"爷粑""娘粑"求亲 湖南瑶族传统婚恋习俗。未婚的青年男女通过歌堂对歌相互接触、了解，并互诉衷肠，建立了深厚的感情，即将进入谈婚论嫁之时，小伙子征求父母意见。父母即刻给儿子做粑粑去女方家求亲。这种粑粑每个约有五六斤重，称为"爷粑""娘粑"。第二天小伙子挑着两个特制的大糍粑到姑娘家求亲。姑娘的父母办一桌丰盛的午餐，请来亲朋好友热情招待小伙子。午餐后，小伙子挑来的两个大糍粑若被姑娘的父母收捡好了，就表示同意了这门亲事。如果小伙子挑着"爷粑""娘粑"往回走，这门亲事就黄了。女方同意收下粑粑后，第二天便把粑粑分割好送给自己的亲戚朋友，不用说话，亲朋好友一见粑粑就明白，这家姑娘已许配给人家，赶紧道贺。

"四个蛋子"订婚姻 湖南瑶族传统婚恋习俗。在湖南江永勾蓝瑶中流传着"四个蛋子"订婚姻的习俗。当男女青年通过对歌、赶集、走亲等方式建立感情，准备订婚时，男方家会给女方家送"四个蛋子"（四个鸡蛋）作为订婚礼物。四个鸡蛋外壳染红，用竹叶上下包住，两侧不封口，再在蛋包上的两蛋之间绑一道红线，共绑三道红线，寓意着如意婚姻红线牵。这"四个蛋子"有的是男方父母送往女方家，有的则由媒人送往女方家。女方父母见到这"四个蛋子"就明白了，再详细询问女儿一番，多数爽快地收下，并放到神台上告知祖先。由此，这对青年男女就确定了婚姻关系。"四个蛋子"的约束力是"雷打不动"的，是合法夫妻的象征。女方接受男方的"四个蛋子"

后，择日到男方家看屋，感到称心如意，便可在男方家留宿、生活，生育小孩后再回到自己家居住。其间男方主动到女方家帮助干农活。当男方备了彩礼送到女方后，第二年就可迎娶回家。女方正式出嫁要坐花轿，小孩也一同坐花轿，这样正正规规地迎娶后才算是男方的人。夫妻感情十分融洽。

送伞订婚　湖南瑶族传统婚恋习俗。湖南隆回虎形山等地的瑶族青年男女相互了解产生爱慕之情后，即请媒人送伞订婚。媒人一般由男人充任。订婚这天，媒人携带一把崭新的红油纸雨伞，带着挑着礼物的男方人去女方家下聘议婚。当到达离女方家500米处时，媒人将一张红纸铺在地上，并插一个纸柱，在红纸中间插15根小木棍，用红线相连，摆成一个五子飞棋盘。摆毕一行人再前往女方家。到女方家后，媒人先把油纸伞放在神龛上，而后落座。女方家则将伞取下，把许婚的信物，即早已备好的12个用各色花布扎成三角形的丝线布包系在伞架上，再放回神龛上。同时，女方家还会准备许多湿泥巴放置在门口，并着人紧紧守住。女方设酒宴招待媒人等人。尽管是山珍海味，媒人等也不敢贪杯，四巡酒后，爆竹一响，便急忙起身取下纸伞告辞。当媒人等人跨出门槛时，早已聚集在门外手拿泥巴的数十个妇女一拥而上，将泥巴劈头盖脸地往媒人等人身上乱甩，媒人等在雨点般的泥巴中设法逃走，直到来时插纸柱的地方才摆脱妇女们的追击。媒人等浑身上下到处是泥巴，但他们不仅不恼，反而高兴得不得了。因为身上的泥巴越多，说明女方对婚事越满意。到男方家后媒人才换下脏衣服，但要5天以后才洗，否则不吉利。男方家将那12个丝线布包取下，永远保留。如日后因某种原因离婚，要将布包交还给女方，否则女方不答应。

许亲 湖南瑶族传统婚恋习俗。瑶族青年男女通过对歌建立了感情，由男方父母请媒人上门许亲。媒人带上许亲礼物，如面条9把（每把约2斤重）、鸡蛋9个、猪肉1块（2~3斤重）到女方家许亲。请求女方父母出“八字”，即告知女孩出生的年、月、日、时辰和订婚礼物的意见。女方父母根据家庭的实际情况提出需置办的嫁妆、衣服、被褥、首饰（银的）、办酒需要的酒肉等，然后将女儿的“八字”交予媒人。

行亲 湖南瑶族传统婚恋习俗。行亲也叫走亲，即男女双方定亲之后在办喜酒之前，要相互往来，遇大节要送礼、遇红白喜事要参与和看望。遇大节送礼很讲究，不同的节日要送不同的礼物（送节是指男方给女方送）。春节送大粿子9块、小粿子9盘、鸡1只、腊肉1块、水果若干。二月初一赶鸟节送鸟崽粑粑59个、猪肉1块、鸡蛋9个。五月端午节送鱼（草鱼或鲤鱼）1条、油炸粑粑59个、鸡蛋9个。七月十五送粽子粑9个、鸭1只、鱼1条。八月十五送月饼59个、鸡1只、面条9把。十月十六送打粑粑59个、面条9把、鸡蛋9个、猪肉1块。

定亲 湖南瑶族传统婚恋习俗。瑶族青年男女无论是以歌为媒自由恋爱的，还是通过媒人说成的，都要举行定亲仪式。过山瑶招郎入赘的多，定亲时男方准备的礼物较少，一般是缝一两套衣服，购少量的生活用品，打制银链、银耳环、银手镯等银器。寨山瑶定亲时男方带1块猪肉、9个鸡蛋由媒人陪同到女方家（有的另外收钱，少的12元，多的24元），女方收下猪肉和鸡蛋，但要退回4个，叫“回报”“报好”。平地瑶定亲由叔伯兄弟陪同，要携带“三个六”，即60斤猪肉、60斤米酒、60个粑粑（每个重近2斤，半圆形），六六合顺，隐含婚事顺利意。女方则举行隆重的酒宴予以款待，伯伯、叔叔和舅舅家的长辈均来陪客。中饭后，女家姑娘几个人一块被接到男方家做客，住上二三天，增进了解，融洽感情。女方要将自己做的布鞋和锦带送给男方亲人。其间，村上的小伙举行客来歌堂，与陪伴的姑娘们对歌。

过礼 湖南瑶族传统婚恋习俗。相恋的青年男女定亲后，男方要将双方议定好的礼金和礼物在举行嫁娶仪式前给女方，称为过礼。礼金和礼物的多少，由女家视己家和男方家境而定，但要成双数，寓意着好事成双。一般是给恋人缝制 4 套本族系的服装，打制一套包括小花冠、耳环、肩链、腰链、扣子、手镯、别簪、针筒等的银首饰，彩礼则作为女家办理嫁妆的费用。与此同时，从年头到年尾，只要还没有嫁娶，每逢节日，男家都要送节，礼物有水煮粑粑、油炸粑粑、猪肉、水果等。

定日子 湖南瑶族传统婚恋习俗。相恋的青年男女定亲后，随着时日的增加，双方感情日趋成熟，经一年左右时间的相恋，双方都觉得嫁娶条件已经成熟，男方便请人看黄道吉日。选定日子后，由男方举行“亲家上门”（招郎婚由女方做东）仪式，邀请女方父辈前来做客。酒宴隆重热烈。女方客人坐上位。这一餐饭由中午一直吃到下午四五时方散。话是无所不谈，酒也劝了一轮又一轮。劝酒有“一双酒”“发财酒”“六顺酒”“长久酒”“八福酒”“月月红酒”“二十四月酒”“亲家酒”“儿女酒”“来往酒”“添孙酒”等。劝酒很讲究，劝不得法客人不喝，所以劝酒的想尽办法劝，喝酒的想尽办法推，来来往往，热闹非凡。双方儿女的结婚日也在这种酒宴中敲定。嫁娶日择定后，男方将这一黄道吉日用大红纸书写好，请媒人正式将红纸送到女方家，称为送日子。送日子时，男方要给女方送过茶钱 100 元，首饰钱 20 元，俗称“日子钱”。女方收下后，便开始准备嫁妆了。

耍嫁 湖南瑶族传统婚恋习俗。姑娘在出嫁前的一年或者半年就要“耍嫁”。“耍嫁”也称做“姑娘”“待嫁”，在平地瑶称“坐离娘月”。耍嫁的姑娘一般不参加劳动，在家“玩耍”，即一心一意地准备自己的嫁妆，要把自己出嫁时穿的婚服、头巾、挂裙、鞋、被子绣好、织好。同时要走亲戚，舅舅家接去耍一两个月，姑姨家接去耍一段时间。当然到亲戚家也不是闲着，要纳鞋底，织绵袋，绣头巾。村里小伙子来找耍嫁的出嫁妹和陪伴的姑娘唱歌、坐歌堂，常常通宵达旦。平地瑶待嫁女到亲戚家做客，称为“接鞋子”，即每个亲戚家要把两双布鞋鞋面的布料给待嫁女，表示就要出嫁了，即将成为别人家的人了，但亲情在，要常来常往。同时给一个几元钱的小红包。每个亲戚家住一至两晚。村上的小伙们赶紧抓住机会摆起客来歌堂，与相陪的姑娘们对歌，让歌为他们作媒。

哭嫁 湖南瑶族传统婚恋习俗。姑娘出嫁，即将离开父母、兄弟、姐妹，离开家，离开哺育自己长大的村寨，实在情难割舍，没有别的表达方法，唯有用“哭”来倾诉。出嫁前两天早上就开始“哭嫁”，以哭帕遮于脸前，哭一阵，拿下一会，又再哭一阵，如此反复直到哭毕。哭父母的养育之恩，哭远嫁他乡、无法尽孝道之情，哭难舍同胞姐妹、兄弟之情。第二天早上在娘家哭完，还要到村寨里挨家挨户“哭”别。哭嫁歌一般是四个字一句，带点唱腔，会“哭”的还带有拖音，抑扬顿挫。男女相爱结婚的，哭嫁只是哭父母养育之恩、姐妹之情；如果是包办的，因为无法得到幸福和爱情，哭得更是伤心；如果是远嫁他乡很难回来看望父母兄妹的，也会哭得声嘶眼肿。当迎亲的唢呐乐队进了家门，哭嫁达到了最高潮。亲友中有陪“哭”

的，新娘“哭”一阵，陪“哭”的“哭”一阵，互诉衷肠，依依不舍，哭得令人肝肠寸断，感动得在场人热泪盈眶跟着哭。

“戏骂”压礼郎 湖南瑶族传统婚恋习俗。新娘出嫁坐歌堂当天下午3时左右，新郎家将送给女方办酒席的大米、米酒、猪肉、茶花（冬天还要送一些木炭，以供坐歌堂用），用挑绳和耳上扎着红布、红纸的箩筐、吊箩盛着，由3~5个“压礼郎”（送礼郎）挑着，在鼓乐队的欢送下送往新娘家。新娘家5时左右开宴席宴请“压礼郎”。当酒宴气氛正浓时，新娘的女伴们在厢房的楼上开始唱歌，用歌“骂”压礼郎。此“骂”非恶意，而是带有戏谑诙谐的味道，以增加酒宴的情趣。“骂”男方礼品太轻不合礼节，新娘在家正是爹娘的好帮手，爱上了你们村的人，不得已才嫁，嫁过去后，不可薄待她，要让她常回来看看父母，看看姐妹等。“骂歌”一般要唱半个小时以上。当然，如果新娘对这门婚事不是很满意，“骂歌”也带点刺和火药味，但也只是稍微出出气罢了。不管“骂”得多么“凶”，“压礼郎”均不答话，照吃不误，即使被骂得面红耳赤，也要平静如水，颇有代人受过的大将风度。

婚嫁歌堂 湖南瑶族传统婚恋习俗。歌堂有大小之分。“接礼酒”当天晚上举行的歌堂是小歌堂，由亲友来陪新娘坐唱，主要内容是与亲人叙情话别，不讲究歌堂的摆设和唱歌的程序。出嫁头天晚上的歌堂称为大歌堂。本村、本族以及外村的年轻人都来参加，场面很热闹。吃罢晚饭，将三张四方桌子拼成长桌，摆在正堂神台下方，神台旁挂上观音菩萨、太白金星、托塔天王的神像，桌上铺布毯，中间摆一个用红纸剪成大“龙凤花”盖着的圆猪头，旁边摆上四只用红喜字盖住的猪脚，一对茶花树、一对龙凤大蜡烛、两对小蜡烛，意寓新婚夫妇将来和睦、多子、幸福、富贵。新娘由伯叔母或兄嫂扶到桌上方正中坐下，由八位至亲姐妹分坐左右席位，桌的左、右、下方由新娘儿时玩伴姐妹相陪，其他参加歌堂的人围坐在厅旁或门外。来“闹”歌堂的外村男青年黑压压的一片站在大门外。唱歌开始，由摆堂的姑娘先唱“歌堂歌”，男青年先喊诗，后唱“邀唱歌”，之后唱“陪新人歌”“路堂歌”“古人述”“字谜歌”，唱到半夜时分，需歇息片刻喝茶吃宵夜解乏，吃宵夜前唱“宵夜歌”，唱毕吃宵夜，吃完宵夜又唱“盘歌”，即将天亮时唱“分离歌”“上车歌”。唱歌时女唱男对，先由两对对唱，越唱对歌的人越多，多的可达数十对。从晚饭到第二天天亮，整晚歌声嘹亮、热闹非凡。天亮歌堂散时，男的唱起了分别歌，女的唱起了挽留歌，你来我往一阵后，相继向村外走去。有的地方，男方迎娶时也在男家举行歌堂。

背妹出门　湖南瑶族传统婚恋习俗。新娘出嫁的时辰到了，已梳妆打扮、穿戴一新的新娘在伴娘的搀扶下站在门前。此时，哥哥站到妹妹面前，弯腰将妹妹背到背上，顺着村中巷道往大路走，直到看不见自家屋子才放下，如是住在山上则由山路走，一直要背到看不见自己家的地方才能放下。这时“陪娘”就将伞撑开，由送亲客陪同送新娘上路。背妹出门体现了兄妹情深，依依难舍之意。妹妹从小就是哥哥背着长大的，妹妹今天就要远嫁他乡了，今后难得相聚，兄妹不忍分别，瑶山山高路远，道路崎岖不平，没马没轿给妹坐，就由哥哥再背一次送妹出嫁吧。有的坐轿子出嫁的地方，也要从家门前背到停放在大路上的轿子前。

亲朋送亲　湖南瑶族传统婚恋习俗。新娘背到大路上或是轿子前，由亲朋好友和鼓手送亲。过山瑶新娘出嫁不坐花轿，只由送亲娘和伴娘打伞步行而去。走在最前面的是嫁妆，然后是吹鼓手，中间是新娘和伴娘，最后是送亲队伍。平地瑶新娘坐花轿，前是嫁妆，次是吹鼓手迎亲队，中间是新娘花轿由4个轿夫相抬，新娘后面是送亲娘和伴娘及送亲的亲朋好友，走在最后面是两个担任送亲客职务的，距队伍10多米远。送亲队伍多则数百人，少则上百人。平地瑶的送亲队伍中有数个挑钱担的，钱担用吊箩充当，12元钱为一担，一边放6元，黏在红纸上，一般有6～10担不等。嫁妆多为五六床被子、1个衣柜、2个床柜、1张桌子、8张椅子、1个炭盆、1个碗柜。新中国成立后，随着经济的发展和受外界的影响，在不同的阶段，也有置办缝纫机、手表、自行车、电视机、摩托车的。

诗娘接亲 湖南瑶族传统婚恋习俗。平地瑶新娘花轿及送亲队伍到了新郎村边时，便停下来等新郎家迎亲的人到村边迎接，吹鼓手先回村。一会儿，盛装的诗娘（接亲婆，由新郎的舅妈担任）手托垫有红纸的圆盘在吹鼓手的引导下接亲。诗娘先伸手去拉守轿门的小孩，但拉不开，便拿一红包把轿门打开。接着将3把米撒向轿顶，向天地祈福。用湿毛巾给新娘洗脸，洗去旧时的尘埃，从此吃夫家的饭，过上为人媳妇的新生活。之后，轿子又继续前行。如此再三，方才行到新郎家门口。新娘由诗娘搀扶下轿，撑着雨伞引新娘入新郎家。当新娘来到男家门口时，主持的司仪进行“斩煞”。司仪一手持刀，一手拿鸡，踢一脚门槛，口念：“急时急忙，天地开张。昨日是单，今日成双。鸳鸯一对，凤凰一双。好男生五个，好女生一双。第一男儿朝中宰相，第二男儿湖广督堂，第三男儿翰林学士，第四男儿文武百官，第五男儿年轻小幼，一十三省管钱粮，第六女儿千金小姐，第七女儿王母娘娘。王母娘娘生太子，早生太子状元郎。扯匹鸡毛飞上天，养出儿子当状元，鸡毛落地，养出儿子当皇帝。天煞归天，地煞归地，鸡血落地，百无禁忌。”边念边割鸡，念完后把鸡从新娘头上丢过去。此时，诗娘把一把雨伞和一个红包送给送亲客，接过送亲客背来的背包和雨伞，挽住新娘的手臂，把红丝方巾盖在新娘头上，迎新娘进厅堂。新娘迈左脚跨过门坎，进入厅堂。

拦门洗脚 湖南瑶族传统婚恋习俗。新娘在伴娘、送亲客和唢呐乐队的陪同下翻山越岭来到新郎家，乐队、送亲客进屋后坐下喝茶，新娘和伴娘则在大门前停下，坐在男家摆好的凳子上。此时，“清水公”（司仪）手提一只大红公鸡和菜刀，从厅堂走到新娘面前站定，在鸡颈下割破一个小口子，嘴里念念有词，围着新娘走一圈，鸡血滴在地上圈住新娘。然后在新娘面前放一盆温水，伴娘给新娘脱掉鞋袜，放进水里洗脚，再给新娘换上新鞋袜。完毕后，乐队奏乐请新娘进屋入右边房内休息。这一程序意为除邪解秽，干干净净来成婚。

迎娶“喊杀” 湖南瑶族传统婚恋习俗。湖南隆回花瑶娶亲，当新娘在送亲亲友的陪同下来到距男家 120 米远地上铺着的红纸（上插有 15 根小木棍，用红线互相连接）前，新娘及送亲中的所有妇女均要撑开所携带的雨伞，缓步而行，不论时间早晚，均要傍晚才能进男家。新娘一行人走近堂屋外“喊杀”的几案前站定，司仪即高声念咒语，然后拿刀将雄鸡颈下一抹，把鸡血绕地洒一大圈，接着边念咒语边焚烧纸钱，向新娘头顶和周围抛撒几把米，洒酒于地。“喊杀”是驱邪避邪，恭请祖先神灵保佑新人婚姻顺利，婚后幸福美满。“喊杀”结束后，新娘和送亲的妇女们将伞收拢步入堂屋。新娘先向神龛行一鞠躬礼，再朝堂屋门外行一鞠躬礼，然后就坐，意为新人到来后敬过祖宗，再敬过天地神灵。但此时送亲的男宾们则被“邀酒”者拒之门外。“邀酒”者满脸笑容说着奉承话，只要来宾不答话，“邀酒”者就一遍一遍地说，直到来宾中有人答话，才恭请来宾进屋。此时，吹鼓手高奏婚礼进行曲，酒宴便在欢快的乐曲声中开始。

跨灯祛邪进夫家 湖南瑶族传统婚恋习俗。郴州莽山瑶族新娘进门前，要由师公进行驱邪仪式。师公将谷斗、米筛、油灯放在大门口。当新娘到达大门前，师公便领着在侍娘搀扶下的新娘，一一跨过谷斗、米筛、油灯，边走边喃神，将有可能危及新人新婚的煞气和邪气驱走干净。然后进入厨房拜灶公、灶母，再进厅屋。师公又边走边撒米边喃神，领着新娘来到神龛下向列祖列宗作揖拜祭，进行“添人口”仪式。师公接过新郎父亲递来的家先单放在神龛前的桌子上，虔诚地念着祖先的名字说：“我们家添新人了，媳妇是××村××家的女孩，保佑她生儿育女，为我们家延续香火。”然后领着新娘作揖。

围圆 湖南瑶族传统婚宴习俗。新娘拦门洗脚进屋后，给送亲客洗脸，待客人洗完后，二主家、提调来到厅堂站在大门里，送亲来的男女客人站在门外，乐队吹奏《迎宾曲》请客人进屋。二主家、提调、女方的舅舅……（依亲疏次序先后排列）排队从右边进入厅堂，走到厅堂上方第一个角处，提调高声道：“感谢上亲走路辛苦哎！”转到厅堂上方第二个角时，又高声道：“感谢上亲走路辛苦哎！”送亲客跟随二主家、提调围着厅堂转三圈。三圈转完后，走在前头的8位客人在厅堂上左边的第一张桌子落座，上席左一的位置是舅舅坐的主宾席位，其余的人按排列的次序入座，第一张桌子坐满后，其余的就坐厅右边的桌子，右席坐满接着坐厅左边第二张桌子，依次类推按次序就坐。这个仪式称为“围圆”，女方的父母不参加围圆。围圆表示从此之后，新人一家团团圆圆、和和美美过日子。合亲合亲，图的是喜彩，两家团圆一家亲。

锯角 湖南瑶族传统婚恋习俗。围圆完毕，落座，摆上茶、糖果、烟酒招待送亲客。随即二主家把办酒的情况向媒人和送亲客介绍一番，然后说一些客气话，如“给媒人的猪头、猪脚是不能少的，给送亲客的‘伞柄肉’也是不能少的，只是主人酒席办得大，菜用得多，按原计划每人一块猪肉的，但是现在菜不够，也是不能反悔，怎么办呢？叫厨官磨利刀，把肉切薄些，就请送亲客原谅、海涵”。事情已到了这一步，新娘已被接进屋成了男方的人，给上亲贵客的猪肉少，已是没办法。因此，上亲也客气地说：“新亲家酒办得大，酒肉准备得很丰足，给我们的猪肉不会少，客人满意，主人会顺心。”意思就是讲讲价钱，好比把牛关在牛栏里，锯牛的角，牛也就没办法跑掉，送亲客就是不愿意也无可奈何了，只好表示同意。其实这只是一个逗兴、取乐和开心的小插曲。

拦门拜 湖南瑶族传统婚恋习俗。新娘到时在门外洗脚解秽后就要由伴娘牵入厅堂，有的地方新娘跨入厅堂时要行拦门拜之礼，有的则直接入右厢房。行拦门拜之礼每位亲朋要行十二拜，十二拜称之为小拜。双方亲戚排成一行各站一边，女方的站左边，男方的站右边，新娘进门后先对着神台拜天地、拜祖先，后拜父母，接着按辈分从长到幼依次而拜，受拜之人在受拜时，要给新娘红包。男女方亲戚各执一条盘放红包，比一比哪一方给的多，这是给新娘的私房钱，也称作“躲羞钱”。

拜堂 湖南瑶族传统婚恋习俗。瑶人结婚拜堂有两种形式，一种叫全堂拜，入夜开始拜，一直拜到天亮，另一种是比较简单的结亲拜。祖宗神位前的长桌正中摆一只猪头，左右各放一只托盘（供品）、酒、菜，一对大红烛高高燃起，一片喜气盈盈的气氛。拜堂开始了，唢呐队吹奏“催官上席”曲，新郎家的祖父母、父母、舅、姑、兄弟等围席而坐（坐席按先亲后疏、先长后少次序）。半个时辰后，在“拜堂曲”唢呐声中，从左厢房内接新郎出来，站在厅堂左边，再从右厢房中接新娘出来站在厅堂右边，新郎、新娘并肩站好面向神台。这时清水公念叨几句，在厅堂四周看拜堂的人也齐声喊道：“新郎、新娘白头到老，永结同心，和和美美度光阴。”清水公念叨祝颂完毕，新郎、新娘就开始行拜。新郎、新娘手执折叠成方形的毛巾，在伴郎、伴娘的搀扶下进行全堂拜。新郎双手高高举过头，慢慢向下行拜礼，向上行拜、向左行拜、向右行拜。这就是向祖宗、长者、亲戚、贵客行拜，每向三拜，拜时新娘弯膝表示行拜，这就是拜堂开拜的全堂拜。新郎、新娘向长者（祖父母、父母、伯叔等）行拜时动作非常缓慢，伴着缓缓吹奏的唢呐声慢慢行拜，每一拜约半分钟。祖父母、父母分别行三十六拜，叔、伯行二十四拜，兄、姐行十二拜。长者接受行拜时不必还礼。如果受拜的人少可重拜一次，如果人多，则分两批或三批，第一批拜完后，离席，第二批上席，拜完后，新郎、新娘并排站着，由一位辈分高、年纪大的长者向新婚夫妇劝教，内容一般是勉励新人和睦孝顺，勤劳持家，早生贵子。这时天快亮了，拜堂也结束了，唢呐吹奏乐曲送新郎、新娘退堂入洞房。

结亲拜 湖南瑶族传统婚恋习俗。结亲拜是一种比较简单的拜堂仪式，不像全堂拜那样通宵达旦，多在迎来新娘的时候举行，也可在晚饭后进行。拜堂时在厅堂里摆上长桌，供着敬祖宗的鸡腿、猪头。父母、媒人坐在上方。清水公念叨告慰祖宗后，在厅堂长桌前方铺上草席，上面摆放一床折好的新被褥。吹鼓手吹奏迎亲曲，从厅左房内迎出新郎站在厅中左方，从厅右房迎出新娘站在厅中右方。新郎、新娘站好后，吹奏拜堂曲。清水公致辞，新郎、新娘作揖三拜感谢媒人，然后拜父母，拜毕，新郎、新娘互拜。吹鼓手吹奏“蜜蜂绣花”曲，拜堂到了高潮。新郎、新娘喝交杯酒。清水公左手提一小条红纸，右手左右上下摇动画符念叨着：“天合合，地合合……”念完，将符在烛火上点燃，将纸灰投入杯中，后提酒壶，斟糯米甜酒（又叫糊娘酒）两杯，从左杯斟到右边，又从右杯斟左杯，斟几个来回，表示新郎、新娘结合紧密，永不分离之意。然后双手各拿一杯酒，左手在上右手在下交叉送给新郎、新娘，伴郎、伴娘接过酒端给新郎、新娘喝。夫妻同饮合亲交杯酒，拜堂仪式即将结束。清水公再次致辞祝福，乐曲高奏，新郎、新娘被送入洞房。同时，将摆放在长桌上的一对鸡腿一并送入洞房。鸡腿象征新夫妇即将成为家中顶梁柱，寓意新郎、新娘结婚后要开创家业，担起生活的重任，撑起家庭这片天。

认亲　湖南瑶族传统婚恋习俗。新郎、新娘拜堂成为夫妻后，就要认识对方家族的老少、亲戚，这一活动叫“认亲”。认亲一般在第二天早饭席上进行，有的地方也单独摆酒认亲。正厅上设三席，祖父母、父母、伯叔、兄妹，有些地方还将舅、姑、姨、寄爷请上席来认亲。按席位入座后，新郎、新娘来到厅堂中，依次到各席认亲，伴郎一一介绍，每介绍一人，新郎斟酒，新娘双手捧酒叫一声，亲人接过新娘敬的酒高兴地饮下。舅舅、姑姑、姑父、姨娘、姨父、老表等饮酒后要送个“红包”给新娘。

出礼酒和接礼酒　湖南瑶族传统婚恋习俗。男方在办喜酒的前两日要办“出礼酒”，即送给女方出嫁办酒和坐歌堂所需的资金和物资。送礼当天早上，男方先要置办一桌酒席请送礼人。早饭后，送礼人挑着礼品到女方家。送的礼物一般是大米300斤、圆猪一头300斤（重量不足另加猪肉补齐）、两树茶花、2对大蜡烛、4对小蜡烛、4张大红纸、4斤面条、16个鸡蛋、4斤糖果、2个红包（给为新娘梳头、抬灯笼的女亲友）。送礼队伍由一亲友作为“压礼”之人，同时陪伴前往的还有鼓乐手。女方中午要办“接礼酒”，请上自家的亲友一同陪男方送礼者喝接礼酒。

齐戚友　湖南瑶族传统婚恋习俗。瑶家办喜酒，一般是办两天的，第一天是齐客酒，也就是齐戚友，第二天是迎亲酒。齐戚友就是婚宴前宴请亲戚、朋友及同村同寨乡亲的酒宴，与婚宴酒同等规格。正厅由男方的主要亲戚和同族的长者就坐。瑶家办喜酒为什么要办齐客酒呢？因为过去瑶人生活贫困，自身能力有限，办喜酒必须靠亲戚、朋友支持和帮助。如果明年要办结婚酒，今年就要告诉亲戚朋友，安排落实需要各亲友帮助的物资和钱，帮助的物资主要是猪肉、米、米酒、鸡、鸭、鱼等。头年告知，亲戚就有准备，这样才能备齐办酒物资。齐戚友就是为了感谢亲戚朋友所给予的帮助而置办。

六合酒礼　湖南瑶族传统婚恋习俗。在结婚酒宴的晚宴（正餐）上进行，意思是对送亲客表示谢意和敬意，劝送亲客喝杯喜酒。当晚宴进行到一定的时候，清水公率八音师（唢呐队）、斟酒师、厨师、陪客男女来到正厅后大声说：“今天喜结良缘，嘴说办了迎亲喜酒，实在席上荒素，酒肉淡薄，愧对上亲，今夜尽管无酒无肉，为诚心感谢上亲，请酒师行壶欧。”（吹奏唢呐）酒师斟酒后答：“行壶了。”清水公说：“酒师行壶了，这第一杯酒奉上上亲，请饮欧趁。”全堂陪客男女齐喊：“趁，蕨菜卷起上欧！”送亲客就说：“蕨菜卷起下欧！”（卷起上就是送亲客喝，卷起下就是陪客喝）唢呐又吹饮酒曲，送亲客就将酒喝下。清水公说：“头杯酒上亲饮了没有？”众人齐说：“饮了。”清水公又说：“酒师行壶没有？”酒师说：“行了。”清水公说：“头杯结亲酒饮了，第二杯辛苦走路酒又奉上上亲，请酒趁……”如此反复要送亲客喝下六杯酒。在喝六合酒的时候，每一杯酒要讲出理由和规矩，双方在劝酒和拒酒的过程中有说有笑，幽默风趣，气氛热烈非常热闹。

加饭加酒加肉 湖南瑶族传统婚恋习俗。结婚喜宴的第二天，送亲客吃了早饭后就回家。为了表达对送亲客的敬意要给送亲客加饭、加酒、加肉。送亲客最怕吃这餐饭，特别是年轻的小伙子和姑娘更怕。因为这餐饭“难吃”，怕吃不下几碗酒，一大碗饭和几大块肥肉，在众人面前难堪、丢丑。早宴摆上，陪客的小伙子、姑娘将送亲客请来，不来的就拖来强迫坐在席上。客人面前摆上一碗满满的酒，陪客的小伙子挤着送亲姑娘坐着，用左手挽住姑娘，右手拿上酒碗送到姑娘的嘴边请她喝酒。陪客的姑娘则挤在送亲的小伙子身边坐下，端着酒碗强迫小伙子喝。能开口喝酒的必喝醉，不开口喝的就被姑娘灌得一身浇湿，酒气熏人。喝酒的同时还要劝客吃饭，用最大的菜碗装饭，先在碗里挟几块大肥肉，再舀上压得紧实的一满碗饭端给客人，客人吃得撑不下时，就挽着客人喂。姑娘吃不下肥肉，被喂得满脸是油，狼狈不堪，但不管陪客怎样为难都不能生气。整个宴厅里，敬酒声、敬肉声、压饭声和笑声响成一片，热闹非凡。

起程酒 湖南瑶族传统婚恋习俗。吃罢“加酒、加菜、加饭”早餐后不久，送亲客说要起程回家，此时要摆上起程酒为送亲客饯行。起程酒又叫装马酒，意为将马车装备好，整装待发。在厅堂里摆起长桌，摆上几碗菜，斟上酒，把送亲客请上桌。二主家、提调代表主人陪客，表达招待不周的歉意，并诚意挽留：“各位亲友，不辞辛苦来送亲，只是主人能力有限，席上酒菜淡薄，菜又不好吃，酒又不好喝，使你们没吃好喝好。姑娘、小伙愚蠢，没有陪好和招呼好，主人派我们来表歉意，请你们多留几日。但你们说工（时间）紧，你们舍不得丢工，在此敬上酒一杯，祝你们一路平安。”新娘的舅舅代表送亲客在席上致谢词：“感谢新亲家备办丰盛酒筵，我们酒足饭饱，喝茶有人沏，吃饭有人添，麻烦你们了，今天借主人酒敬上各位老少亲戚，请酒，趁。”双方举杯共饮，客方退席。

拦门酒送客　湖南瑶族传统婚恋习俗。当主人与送亲客话别时，陪客男女就在大门前摆上桌子拦住大门，并在桌上摆上酒杯，斟上满满的酒，围坐在桌旁守住大门，不准送亲客回家。说些挽留的客气话，双手奉上告别酒一杯，如果送亲客不喝，不管他如何求情就是不放关，有些实在是不喝酒的就得事先准备好红包，将红包拿出，才被放行回家。当送亲客还未被放行的时候其行李就被陪客男女抢去，陪客男女背着送亲客的行李在鞭炮声，唢呐吹奏的《蜜蜂过岭》《高山滴水》曲中送他们回家。一边送一边说挽留的话，说来说去难舍难分，送了一程又一程，离开村子时就唱送别歌，然后送亲客拿“红包”给送行的人，将行包和雨伞拿过来，挥手告别起程。

送伞把肉　湖南瑶族传统婚恋习俗。瑶家办喜酒用肉量相当大，正餐必须有两包米粉肉、两碗红烧肉，这两道菜一餐一桌就要用 6 斤肉，两餐正餐 12 斤肉。送媒人大猪头一只，亲家猪腿肉一对（每只21～24斤），另外还要给每一位送亲客一块猪肉，大约两斤，来多少送亲客就要给多少块猪肉，给送亲客的这两斤猪肉叫“伞把肉”。因为送亲客来时的行李只有伞，回时习惯把猪肉挂在伞柄上，或拿着或放在肩上挑着，久而久之就把它叫作“伞把肉”。

打滔 湖南瑶族传统婚恋习俗。隆回小沙江、麻塘山一带的瑶族洞房花烛夜新婚夫妇不上床，要陪客人坐一夜，通宵达旦对歌打滔（即顿屁股）。是夜，在房中生一火盆，一对新人和参加婚礼的男女围火而坐，自由对歌、互相“打滔”。男女青年任何一个人都可以邀请对方“打滔”。男青年向女青年邀请，便走到女青年身边，开口唱道：美丽的姑娘啊，你有一顶漂亮的轿子，能不能借我一坐？女方若同意，则唱道：客人呀，只要你不嫌弃我这轿子的粗糙，坐一坐也无妨。于是，男青年便坐到女青年的腿上，手挽女方脖子，边顿边说情话。情投意合的，则“打滔”一次，亲吻一次。如女青年不愿和邀请者“打滔”，则站起来，让男青年坐在凳子上，在其腿上顿一下屁股，以示礼节后便走开了。“打滔”到高潮，就不局限于一对对顿了，而是大家一起顿。妇女们、姑娘们唱着歌，依次从坐着的人腿上顿过去。遇到喜欢的人，或是外来贵客，可以久顿或重重地顿。被顿的人也可以将顿你的人按坐下去再反顿，狂欢娱乐直到天亮。

戏打新郎公 湖南瑶族传统婚恋习俗。居住在辰溪、溆浦交界处罗子山一带的七姓瑶青年男女结婚典礼隆重而热闹，打新郎公更是别有趣味。当新娘、新郎在厅堂向天地长辈拜堂后送入洞房之时，早挤在洞房门口的一群男女青年并拥上来戏打新郎公，有的拍肩膀，有的扯耳朵，有的打臀部……这种戏打就是要考验新郎的应变能力、灵活程度和胸怀气量。面对众人的戏打，新郎只能躲闪，不能还手。新郎东躲西藏的欢乐场面，令人捧腹大笑，十分有趣。

孝堂行婚礼 湖南瑶族传统婚恋习俗。在七姓瑶中，已经订婚的青年男女，如果男方的长辈去世，女方必须去吊孝，吊完孝后，即在孝堂与男方举行婚礼。在七姓瑶同胞心目中，家里的人丁是不能缺的，一人故去得有一人进来，于是形成孝堂行婚礼的习俗。当然，这种婚礼是比较简单的，因事先无准备，男方又是戴孝在身，不可能也不允许行过多的礼仪。

洗厨 湖南瑶族传统婚恋习俗。瑶人办喜酒结束时要洗厨，所谓洗厨就是办一餐酒席酬谢帮忙的人。当客人都送走后，村上帮忙的人做好善后事就回家休息。当晚的洗厨酒由主人自己操办，买、煮一切事务全由主人负责。晚餐煮好后，主人请他们一一坐好，端起酒杯致谢，说一通感谢的话，然后举杯敬酒。气氛逐渐上扬，酒席上“双喜临门、鸳鸯成对、八字又好、五子登科”的猜拳声、“趁”酒声，一阵高过一阵，热闹非常。

招郎 湖南瑶族传统婚恋习俗。“招郎”即入赘，是湖南瑶族很普遍的一种婚姻形式，尤其在过山瑶中盛行。在族内婚打破以前主要是招本民族的男子，族内婚打破以后，也有招汉族或其他民族男子的。家中有儿有女的人家，儿可以“出嫁”，女可以“讨夫”，不一定只有儿子才能留在家中娶妻延后，女儿同样可在家“传宗接代”“延续香火”。男子到女方落户，被称为“上门结亲”。上门以后在女家立家创业，女家称其婿为儿。拜堂成亲时，由师公或长者当着父母、兄弟姐妹、亲朋好友的面宣布夫妻换姓，男方改为女家姓，女方改为男家姓并取名，这样女婿成了“儿子”，与家中的兄弟地位平等，享有财产继承权和赡养父母的义务。并由师公或长者喃神告诉祖宗。也有上门不换姓的，独子上门招亲的多数是这种情况，所生子女有随父姓的，也有随母姓的，一般是第一个随母姓，第二个随父姓，以此类推。

两不辟宗　湖南瑶族传统婚恋习俗。所谓“两不辟宗”，也称“两边走”，就是男女双方根据家中情况在婚前商定：婚后，男女双方的家庭夫妻二人都要负担，双方父母都要赡养。夫妻双方在男方家生活一段时间后，又到女方家生活一段时间，一年四季如此循环。居住时间的长短视生产生活情况而定。生育的孩子，可随父姓，亦可随母姓，由父母商量确定。上门招郎或者是嫁女出门，根据双方家庭的实际情况都可以商量为“两边走”。

离婚　瑶族人民多因自由恋爱而结合，离婚现象比较少见。在瑶族社会里，离婚被认为是一件极不光彩的事，得不到社会的同情和理解，所以，一般不轻易离婚。因为种种原因必须离婚时，须请族中长老到场，由长老说清离婚不再反悔以及财产分割、子女归属等事项。年轻夫妻离婚，如果是女方提出的，则女方只能携带属于自己的衣物回娘家，并偿还彩礼和送年节的费用，子女归男方。如是男方提出离婚的，女方带着自己的东西回娘家，不偿还彩礼等费用，子女随男方。中年夫妻离婚，女方同样分得共同财产，也可以住在同一楼里，直到再婚，但中年离婚的现象很少。入赘婚离婚的要退还字据，子女归女方，男方只带走自己的衣物。新中国成立后，随着婚姻法的推广实施，瑶族人民结婚要领取结婚证，离婚同样要到原结婚登记部门办手续，领取离婚证书。

再婚　离婚后再婚的只要双方愿意，社会不会干涉和歧视。

双方说好，男方选一吉日办喜酒，请房族长辈和兄弟姐妹们来吃喜酒，不举行出嫁、迎娶和拜堂仪式。寡妇再婚同样得到社会的尊重。但一般都是年轻寡妇再婚，40 岁以上的寡妇很少再结婚，多数随儿女一起生活。年轻寡妇在未再婚前一般住在亡夫家，如果是和父母未分家就死了丈夫的，则要回到娘家居住，如娘家父母已不在了可以住在亡夫家，在亡夫家招郎入赘，跟亡夫的父母一块生活。寡妇再婚时不纳彩礼，不行嫁娶，在双方选定的日子里，女到男家，或男到女家，办一两桌酒席即可。子女可以由爷爷奶奶抚养，也可以随母亲到继父家一起生活、劳动，大了以后可回到爷爷奶奶家娶妻（出嫁）生子，也可以在继父家娶妻（出嫁）生子。

二、生育习俗

护孕胎　湖南瑶族传统生育习俗。瑶族人民勤劳惯了，怀孕后的妇女仍同平常一样的劳动，只是不参与重体力劳动，分娩前仍坚持做一些家务和农活。但从妇女怀孕到生产前，家人不能做任何对家里造成震动的事情。如不能在房子周围建猪、牛舍，盖（拆）敞篷，挖沟动土，不能盖房或屋漏捡漏换木皮瓦片，不能抬动家里大件物品，不能搬动孕妇睡的床，不能舞刀弄斧，在家中或户外敲敲打打。凡是对家里有所惊动的一切事都不要做，以免惊动孕胎，导致胎儿夭折或不能顺产。所有这些事情都要等到小孩生下满月之后方可进行。孕妇不能坐在别人家的门坎上，烧石灰时不能上窑等。

催产和踩生　湖南瑶族传统生育习俗。当出嫁女儿怀孕满 9 个月即将临盆时，母亲要从家里拿 9 个蛋到女儿家煮给女儿吃，意为女儿催生，足月时生产顺利，母子平安。有的地方由亲戚送一碗冷饭、冷菜给孕妇吃，表示催生。送时不说话，不吃饭，送后不辞而别。踩生是指孕妇产后第一个早上，所遇上的第一个闯进家里的人，其行为称为踩生。瑶人忌讳踩生，认为踩生会带来晦气，某年内碰上一回踩生，就会全年时运不畅，年初踩生更是不利。主家将踩生之人视为上宾，随即煮上甜酒冲蛋，为其冲去晦气，等孩子办“三朝”酒时还要请其到家里喝酒。主家如不做到以上两点，踩生人就会觉得晦气缠身，心中不畅。

分娩接生 湖南瑶族传统生育习俗。过去，瑶族妇女多在家中分娩，由村中会接生的妇女和家中老年妇女照顾。婴儿产下后，用竹刀剪断脐带。如遇第一声哭不出的婴儿，往往在其屁股上打一下，使其尽量早点哭出声，自主呼吸，如打一下也不哭，则赶快检查其口腔和鼻腔，清除堵塞的异物。婴儿生下后，产妇和婴儿都要洗一个药水澡或热水澡。由于接生技术不高，遇有产妇难产，往往认为是鬼怪作怪，要请巫师或师公（法师）来驱鬼，造成母婴死亡。新中国成立后，随着科学技术的普及和卫生事业的发展，瑶族产妇一般会选择到医院生孩子，保证了母婴的安全和生育质量。满月前，产妇不出大门，更不能到别人家串门，头7天村上男子不得入产妇家。

取贱名 湖南瑶族传统生育习俗。当小孩出生后，父母要请师公或道师为其算八字，如果八字大，有克父母、兄弟姐妹性命之嫌，就要为其取贱名加以化解。孩子出生后体弱多病不好带，父母也会通过取贱名来护佑其健康成长，孩子则从此要更改对父母的称呼。据说取的名字越贱越能如愿，所以一般会以狗、猪、猫之类既贱又能生存的动物名取名，像“狗仔、黑狗、贱狗”等等，孩子则会称父母为“叔、婶、舅、伯”……，意为塘小鱼大难生存，放到别人的塘里养就能养成。

剃眉发　湖南瑶族传统生育习俗。新生儿满月后，要选一吉日由父母带着去剃人生的第一次头发。在剃发时要将眉毛一并剃掉，如不剃眉小孩就会成“三只眼”，将来不受欢迎。瑶寨把蒸酒、磨豆腐、炸果子等都看成是办大事，做这些事时如果被“三只眼”的人看见，酒会焦锅、挥发，豆腐会变老变少，油会从炸锅溅出锅外，就是再有经验的人也难以成功。所以如果发现这样的小孩来了就要关门，不让其进屋。小孩剃完眉发后父母要给剃头人打个红包，煮一碗甜酒冲蛋给他吃。

打三朝　湖南瑶族传统生育习俗。有的瑶族地区，小孩生下来的当天女婿要到岳父母家报生，俗称“报喜”。外婆带着衣帽、粑粑、红糖、鸡蛋、鸡（生男带公鸡，生女带母鸡）前来看外孙，向亲家一家人贺喜。第三天举办三朝酒，庆贺添丁。亲戚朋友来吃三朝酒贺喜，但男的不参加，只来女眷。每家带一只母鸡，一两包蛋（每包四个），一个小红包。中午举行酒宴，主人和来宾欢聚一堂，谈笑风生。产妇抱着婴儿与大家见面，感谢亲朋好友的关爱。

办满月酒　湖南瑶族传统生育习俗。办满月酒有在小孩满月前办酒的，也有在小孩满月那天办酒的。在满月前办酒的，当小孩生下后，就选择办满月酒的日子，大约是在生下半月左右的日子办为好。小孩生下后，亲戚、朋友、邻里闻讯后，送鸡、送蛋、送小孩生活用品前来看望和祝贺。瑶家办“满月”有个规矩叫“不贺不请”，所以办“满月”酒的规模就根据来贺人员的多少而定，日子定下后，就请来贺的人欢聚一餐。

额前画“十”字　湖南瑶族传统生育习俗。过去带10岁前的小孩走亲，出远门的时候一定要把筷子浸湿，在锅底沾上炉

灰烟，在小孩额头前正中即两眉上方中画一个“十”字。这个“十”字是一个记号，这个记号勉瑶话叫“啊故降”，即“花园婆婆的记号”。相传瑶族小孩是花，有花公、花母、花婆婆管着。父母担心出远门路上遇到恶魔野鬼，把小孩捉走，所以就在小孩头上做一个“十”字记号。野鬼恶魔看见这个“啊故降”，知道是花婆婆的“花”，就不敢捉小孩了。

拿米 湖南瑶族传统生育习俗。过去小孩生下来后如果体弱多病，父母除了求医、求神之外，还要为其求一户心善、命好的人家认作父母。征得同意后，小孩的父母来到这人家里，请他给一把米拿回家煮给小孩吃。据说多病的小孩吃了这种米饭，就会健康起来。去拿米时要选一个好日子，这个日子就叫“福生日”。母亲背上小孩去拿米。主人盛情款待，逗小孩玩，辞别回家时，小孩向主人拱手礼拜，并叫“寄爷、寄娘”。寄娘将米放进小孩衣袋中，说道：“回去听话，快快长大。”从此，小孩就常来常往寄爷、寄娘家。

认寄爷 湖南瑶族传统生育习俗。过去当小孩体弱多病不好带时，要认寄爷，除了上门认外，还可以在半路拦截相认。上门认和拦截相认都是在“福生日”这天进行，不同的是，前者是精心选择的对象，后者则是拦着谁就是谁，没有选择的余地。“福生日”这天清早，母亲带着孩子先在路旁的隐蔽处藏好，一旦有人从路上经过，就跑出来一边大喊“寄爷来了，寄爷来了”，一边叫小孩拱手作揖唤寄爷。这个被拦的人，可能是未成年人，尚未婚配；也可能是年龄很大的长者或者同宗同族的亲戚，无论是谁都不能拒绝，从此就成了小孩的寄爷。成了寄爷要送一件礼物给孩子，不管身上有什么都要拿出来，给孩子时要说“快快长大，长得大，长得好”。然后，小孩父母选择一个好日子带着小孩上门相认。从此，逢年过节或寄爷、寄娘生日都要去其家贺拜，并相互来往，亲如一家。除了认人为寄爷外，还有认物为寄爷的。先在山上或林中找一块大石头或一棵大树作为对象，“福生日”带着孩子、香、钱纸、酒肉来到石边或树旁，摆上供品，燃香化纸，认其为“寄爷”，并为小孩取名，如果是认石头为寄爷，小孩取名石生，如果是认树为寄爷，则取名木生，并请寄爷保佑孩子健康成长。从此，每遇孩子有小毛病时就来到“寄爷”面前烧香化纸，祈祷寄爷替小孩除去病痛，保佑小孩健康成长。

喊老同　湖南瑶族传统生育习俗。过去小孩被惊吓，晚上睡不好，就在睡觉前由大人带着来到水缸边，用灯照着水缸，叫小孩找水缸里自己的倒影，这个倒影就是“老同”。大人问小孩看见自己的“老同”没有，小孩说看见了，然后就一起对着缸里的影子说：“老同老同睡觉了，老同老同睡觉了。”边喊边走进房间上床睡觉。据说喊过老同后，孩子就会睡得很甜美，晚上再也不会夜哭或惊跳。

小孩进门要告祖先　湖南瑶族传统生育习俗。小孩在12岁之前和父母外出走亲戚，主家的老人就要在神台前烧香化纸告知祖先，“今日某某小孩来了，是我们家某某的小孩，现在告诉各位祖先，你们就是再喜欢也只能是‘看’，不能‘摸’，要当贤惠老人”。据说小孩来家做客，祖先们因为很高兴，往往会去“摸”一下小孩。小孩一旦被祖先们“摸”过，就会寝食难安，出现头疼、脑热、夜哭等各种不适症状。为了使小孩，特别是3岁以下的小毛孩，在走亲戚期间平安无虞，玩得愉快，主家老人在其进门时就要告知祖先，抱着或背着小孩在神台前作三个揖，以保平安。

看疳积要逢七 湖南瑶族传统生育习俗。小孩长疳积，就会出现烦燥不安，易发脾气，爱哭、手多、不吃饭（厌食）等症状。这时就要请瑶医为小孩捡治疳积的草药，破手或用艾火烧，针刺食指、中指、无名指的第二个关节处。小孩治疳积时日必逢七，也就是每月农历的初七、十七、二十七日，请医生时要先打一红包给医生，过去为3.6元，现在要根据各人的经济情况而定，多少不论。如果没有去请医生，家长则在逢七之日把平时预备治疳积的鹅不吃草、饿蚂蟥、臭牡丹……熬水喝或用熬出的药水煮瘦肉、猪肝等给小孩吃，或者用臭牡丹叶包肉或猪肝入火灰里煨熟吃，这样可治疳积。为什么要逢七呢？瑶语中“七”为“出”之意，就是疳积经治疗就没有了。

“九岁”开蒙 湖南瑶族传统生育习俗。旧时瑶族小孩入学启蒙年龄是九岁。瑶族过去有“七聋八哑”之说，认为小孩七八岁懵懂无知，此时入学不吉利，也无前途，会变成“聋哑”之人，故忌七八岁入学，必须到九岁才能入学启蒙。过去有条件读书的人少，有知识有文化的人在瑶族社会备受尊重，所以小孩入学启蒙就成了一件大事。小孩入学前父母要为其办入学酒，请亲友来吃。亲友来时放喜炮祝贺，并送小孩文房四宝、喜钱、新衣等礼物，祝愿小孩学业有成。

寿辰酒 湖南瑶族传统寿诞习俗。湖南瑶族办寿辰酒是比较讲究的。一般是六十岁开始办，男逢十，女逢一，这叫“大生日”，其余每年的生日称作“小生日”。一般大生日要隆重操办，小生日则不用大操大办。但是如果父母有一人健在，大生日也不能办，这是对父母的敬重。生日那天，亲戚朋友都是知道的，不用下请帖，自然会来祝寿。但是如果不办的话，儿女们必须在十天前向每个亲朋写出辞帖。寿辰酒办两天。出嫁女儿要做59个粑粑和新衣新裤带回家，至亲送一坛寿酒，其他亲朋好友贺礼有物有红包不等，视各人的情况。头天晚上亲朋、乐师都到齐，给寿星暖寿，叫暖寿酒，程序与第二天的正酒相同。首先乐师奏乐，把寿星请到上席的左席就坐。儿孙男女及亲戚等轮流向寿星敬酒祝寿。晚餐后，在堂屋中摆一条桌，将寿星夫妻请至上席就坐，下席由舅舅、伯、叔相陪。桌上有酒有菜。乐师吹奏“祝寿曲”，按辈分分批给寿星拜寿。拜寿毕就起歌堂唱歌，直至天亮。寿辰当天早上煮上4个鸡蛋外加面条给寿星吃，是为长寿面。中午或晚上的正席酒不再行拜寿礼。如果寿辰之年是本命年则不办生日酒，据说办了就会冲动命根，影响寿命。

三、丧葬习俗

送终 湖南瑶族传统丧葬习俗。在瑶族地区，当成人病危临终之时，须及时告知其血缘近亲前来探视。特别是出嫁女性，娘家亲属必须到场明了死因，以免事后发生死因争端。老人垂危时，子女为其梳头、沐浴、穿衣，守候“送终”。临终前，亲人喂口温水，表示最后一次孝敬。断气后，将一枚银币分成两半，一半放入死者口中，一半留下等死者伴侣死后再置于其口内，意为今后夫妻可在阴间团聚。

报丧、请工 湖南瑶族传统丧葬习俗。老人去世后，孝子须到亲戚家报丧。至亲戚家门前，孝子不进家门，只能在门外呼喊是否有人在家，亲戚出来后，报丧人给亲戚下跪行礼，被亲戚扶起后，低头报丧并说明丧事的准备与安排，请亲友提建议和给予支持帮助。报完丧后立即离去，亲戚不留宿。如须邻里帮忙，也由孝子去请工，同样不能进屋，只在门外喊主人，向主人行下跪礼后说明来意，并递烟给主人。主人接烟表示愿意帮忙，不接则表示拒绝，主人没有特殊情况是不能拒请的。

买水 湖南瑶族传统丧葬习俗。人死后要为其沐浴更衣。由两个晚辈或年龄小于死者的人，抬着铁锅到河边装水，装水前点上香，烧些钱纸，由年长者说明意图，装水时按死者的年龄舀水，多少岁就舀多少次。回家烧热后给死者沐浴（用白布沾水扭干后分别在额、脸、胸、背、四肢处各向外抹三下）。有的地方则做道场，入殓前由师公带着孝子到河边“请水”（买水）。孝子跪在河边，师公烧香化纸，念经作法，并把数枚钱丢进水里，然后让孝子用桶装水回去烧热为死者沐浴。为死者沐浴过的水只能倒在屋外，据说这样可惊动天庭，天庭也会由于其死而感到悲伤流泪（落雨）。买水为故者沐浴是儿孙晚辈最后的一次行孝，希望故者沐浴后一身洁净，清清爽爽入阴府登天庭。

入殓开光 湖南瑶族传统丧葬习俗。师公带着孝子到河边“请水”回来给死者沐浴后，即进行入殓开光仪式。入殓开光必须在上午完成，不超过 12 点。师公先念经“净棺”，在棺内垫上一层棉纸、一层白布、一层细石灰或草木灰，再放一层钱纸，上面又放一层白布或青布。师公做法事念经后由孝男孝女捧死者入棺，长子捧头，次子捧脚，三子捧身，将逝者仰面捧入棺内。逝者躺于棺内要正，不能侧身，鼻尖要对准中直线（棺内分针），身旁放一手杖和脸帕、澡帕，两手放少许食物，以便死者过“洛阳桥”和“奈何桥”时撒给桥上的狗吃而顺利通过。再在死者的头下、两肩、两腰、两脚各放一瓦片，使其在阴间有房住，并记住自己家的模样，好回家。男性死者还要放烟杆、烟和书，女性死者则放镜子、梳子、针、线以及生前爱好的东西。接着师公念经给死者开光，“开光付给物件，指明生方”，并警告无名鬼神不得争夺。开光使死者的阴灵眼看得见，耳听得见，手能动，脚能行。开光完毕，即合棺盖，钉上钉子。然后按男左女右的规矩放在堂屋里，孝男孝女点烛燃香化纸摆上酒食，并哭泣“劝食”。

做道场 湖南瑶族传统丧葬习俗。老人过世后的头天，请师公来做道场。一般为两天一晚，多则三天三夜或七天七夜。做道场的师公五至七人不等，当天下午到来，放下东西后，由一人先在神龛前念经，其余分头书写挂好幡条和中堂后，开始做道场。科仪共十步。第一步，发文起事，请圣证明，超度亡灵，领功受度，早往生方。第二步，释发文牒，带领孝眷亲朋宾客到河埠取沙（男）、取水（女）回坛安奉。第三步，三天门外，设沙堂（男）、设湖堂（女），当天开破。意为给死者减轻罪孽，托往生方。第四步，开赦书，请玉皇开赦亡灵生前罪恶，早往生方。第五步，开天门，敕书削罪。第六步，沐浴度桥，超度亡灵到西天。第七步，送亡灵过十殿，罪恶已除，不许阻滞亡灵早往西天。第八步，还库。亡灵未来阳世之初曾有借贷曹钱，今孝子为其代还，早获超升。第九步，开天门上奏玉帝，亡灵曹钱还清，即往生方。第十步，法事周隆交荦，谢圣送圣回宫。每一步都要念诵大量的经文。第二天盖棺后晚上也要做道场。这场道场，师公作法念经，一步一步为死者超度，引导亡灵过“洛阳桥”和“奈何桥”，场面更隆重。师公念经时，孝男孝女跪在地上作揖、滚爬、转圈，有时趴在地上围着师公转圈一次就是半小时。为女性死者超度还要念“破血湖经”，要喝血湖酒，即在脸盆里装上一斤多酒，放一点鸡血，师公一边念经，孝子一边喝血湖酒，直到喝完为止。这场法事一直做到天亮，中间只略事休息。如是成年人在外凶死，做的道场有所不同，首先，迎魂回家，从此时起全体人员都要吃素，称封斋，直到道场结束；其次，入坛，按吉时在天德吉方起鼓入坛；再次，拜文发牒，差兵到无人洗东西的河边取沙（男）、取水（女），净心侍奉佛神和死伤痕；第四，起经，亡男念“救苦经”，亡女念“血盆经”；第五，安奉孤魂，在屋外立扬幡，一日三朝三表，每宵给孤魂施食；第六，行香，朝恭本坊寺庙，请上天赦官敕赦其生前之罪；第七，蒙山普施孤魂等众各返其乡，不许在此地侵害人财，在河沟中漂放水绿明灯；第八，大罗翻解伤，解去亡者伤痕脱体，鬼神分离，亡者驻到香坛与先祖主管人财，不许外出与鬼勾连，要走正道。每一个环节要念大量的经文，才能完成道场法事，其他的一些环节与病故老人相同。

过“张” 湖南瑶族传统丧葬习俗。瑶人蒸饭、蒸菜的蒸笼用杉木做成，上部大于下部，形状像木桶，有大有小，底板留有空隙，以便上汽，上有木盖，勉话称“张”。家中祖父母等老人平时带孙子孙女睡的，如果去世了，那么跟他睡的孙子在其死后出葬前就要过“张”。把“张”底盖取出，横放在棺材上，孩子小就从“张”中间穿过，孩子大就从上面过，男的从左边进右边出，女的从右边进左边出，底部是进口。从“八仙”（负责抬棺下葬的人）中选一人抱住小孩从进口过，由“八仙头”从出口接，接后为其取名，男取“张仔”，女取“张妹”，然后由父母抱着送进侧房内。过“张”是老人在世时，祖孙形影不离，感情深厚，死了也不能丢下孙儿，时时会惦记，不忍与其分离，就会带着孙儿一起走，为了不让老人带走孙儿，就让小孩过“张”改名，认“八仙头”为寄父，这样孙儿就成了另外一个人，老人无法将其带走。

喂食盖棺 湖南瑶族传统丧葬习俗。新宁瑶族给亡者盖棺时，有一个特别的习俗。如是丧父，伯伯叔叔等长辈们站在棺材前，孝男孝女跪在面前，由长辈们给孝者喂食，边喂边说：“给你一杯酒，荣华富贵代代有；给你一块菜，代代儿孙有冠带；给你一碗饭，代代儿孙做知县；给你一杯茶，代代儿孙享荣华；好，好，好，穿不尽，吃不了。”封棺时又说：“黑漆棺材四四方，亡者睡中央。盖棺可定论，福寿返仙乡。恭维孝者，千年富贵，万代荣昌，子孙发达，兰桂腾芳。升，升，升，荣华富贵万万春。”如是丧母，则由舅父执行这个仪式。

瘪皈 湖南瑶族传统丧葬习俗。隆回瑶族人死后要为死者“瘪皈”问去向。人死后，家属请巫师为死者“瘪皈”一天一夜至两天两夜。巫师不停地念咒，“寻问”死者阴魂下落，处境怎样。问明情况后，死者约后人“颁巩斜”（意为赐福分），然后转达“死者的话”。家属闻听，无不悲痛哭泣。

吹开路水 湖南瑶族传统丧葬习俗。人辞世后要请“筛翁”道师为他修斋、解秽、开光引渡他到极乐仙界。有钱人请“筛翁”做道场，无钱者就只能请“筛翁”吹碗开光开路水，“筛翁”念咒作法、化水，对着停于堂中的灵棺蹬脚喷水，为辞世者开通赴阴府登天的路。

过火炼 湖南瑶族传统丧葬习俗。在湖南宜章莽山瑶区，如果有因传染病去世的老人，在做道场的第二天晚上必须举行“过火炼”仪式。即在一条深一尺、宽一尺、长十二尺的沟里将砍回的十二捆柴（如有闰月，便为十三捆）烧成炭火，师公念搬雪经文后，在水盆里洗过脚，即赤脚从通红的火炼里踩过，其他人也跟着从容地从火炼中走过（无一人烫伤）。这样做，既可防止传染病的传播，也可治脚病。同时，死者灵堂前放一小缸，孝子或其他亲属每人将一口剩饭用纸包好放入缸中，出葬时，孝子将小缸抱着随灵柩上山，将小缸与死者同葬，使死者在阴间有饭吃。葬后的三天内，孝子每天早上送一盆洗脸水，第一天泼在坟前，第二天泼在半路，第三天泼在门前。

暖井 湖南瑶族传统丧葬习俗。辞世者下葬之前，先要暖井。由逝者的长媳用背篓装上原来在厅堂棺前的灵位处烧的钱纸灰、香、烛等，走在送葬人群的前头先到墓地，在墓坑前点上一对蜡烛，九炷香，将钱纸点燃丢入坑内燃烧，边烧边告诉逝者这是他的新家，然后将背来的钱纸灰倒入坑内，再将成把的香拆散丢入一起烧。如果死者是年轻人则在其妹妹中选一个年纪小的来做这件事。有的地方则在下葬前在井里杀一只鸡后用稻草在井里烧片刻，并在井的前面燃上香纸。意为去湿保暖，死者虽埋于地下阴冷潮湿，但仍然是温暖的。

偷葬 湖南瑶族传统丧葬习俗。人死后派其儿子去请风水先生看地和看日子，没有儿子就派女婿。请时要用钱纸打一个3.6元钱的红包给风水先生。3.6元钱属于大红包，现在根据家庭的经济情况也可以包36元或360元。风水先生根据死者的生辰八字和死日来确定死者出葬、下葬的日子和时辰，如果该日子、时辰吉利则按常规程序下葬，不利则偷葬，有的地方也叫蒙葬。在偷葬的日子和时辰出殡时，从出殡到下葬，整个过程不允许亲人哭泣、不允许大声喧哗和放鞭炮，必须悄悄地抬出去。下葬时由杠头（八仙的领头人）将抬丧的一根木棍插在棺材头处，然后再由八仙往井里添土。第二年清明前的第一个社日前，其亲属再请杠头去为死者正式下葬。杠头带着工具，亲属带上酒、菜、纸钱、烛、香，清除坟上的杂草，垒上新土，点上烛、香，每人点三炷香，摆上酒、菜，然后告祭，告诉死者今天才是其下葬的日子，亲人都来为其烧香、化纸，为其送行，希望他安心离去，在阴间过上好日子，并保佑子孙代代繁荣昌盛。告祭后，杠头拔出插在坟头上的木棍，儿子将燃烧的纸灰、燃着的香倒进拔出木棍的洞里，然后杠头铲土将洞填满。回家后摆上酒菜招待杠头。杠头在席上说："某某仙逝下葬的事到此就圆满结束，今后不再与此有任何瓜葛，你们和和美美地过日子。"

丧葬返回的规矩 湖南瑶族传统丧葬习俗。死者抬到墓地即将下葬前，留下其儿子和抬棺者，其余的亲友不能目睹下葬场面，提前按来时的原路返回，不能改道而行。返回时捡一节小干柴或折一树枝拿在手上往回走，到家时将拿回的树枝放在屋外的柴堆上，意为亲友并非送死者上山安葬，乃上山伐木拾柴，这样死者的阴魂就不会随人而返。返回的路上不能高声呼喊或谈笑，亦不能回头向后看，如回头，死者认为亲人不舍与其分离，阴魂则会随其同返。八仙以及送葬者回到家门前时，必须除秽。将一把神香泡入一盆（桶）热水中，让八仙和送葬者洗手；同时将神香混在白纸银钱中，与小碎柴一起燃烧，八仙、送葬者从烟中穿过，香烟熏在身上，秽气就清除。

送火把、洗脸水 湖南瑶族传统丧葬习俗。亲人辞世出葬后，有的地方给其送火把，有的地方则送洗脸水。火把的制作方法是先把稻草理好，将香包好放中间，6~7 厘米大小，然后用稻草一圈圈地捆在草把子上，每一根稻草捆一圈，捆时根据死者的年龄（虚岁）来确定捆的圈数，多少岁就捆多少圈，每一圈的间隔距离 1 厘米左右，火把留出 50 厘米左右的尾，这样火把有1.5米到2米长。第一次送火把是在出葬时，由负责暖井的亲人点燃火把走在送葬人群前，到达墓地时，将火把放在墓穴前。第二次送火把在第二天太阳落岭前送到半路，第三天送到离家不远的地方。送火把是给死者送温暖，送光明照亮其赴天界的道路。送洗脸水与送火把的方式相同。从出葬后的第二天开始送，连续送三天早上，送的地方也是越来越近。天刚蒙蒙亮时，就用脸盆装上热水，用一块四方白布当洗脸帕搭在盆缘上。第一天送到坟前，第二天送到半路，第三天送到离家不远的地方。意思是亲人仍然活着，晚辈依然孝顺和服侍他。

露水洗秽污 湖南瑶族传统丧葬习俗。死者葬后，死者生前所有用到的遗物都必须搬到屋外见露水，如床、被褥、睡椅等，如果已不能用的就清理出去烧掉。除死者遗物外还有八仙用于挖“井”的锄头、铲子、柴刀等工具也要见露水，遗物和工具露天摆放七天七夜，时日多则不限。白天日晒风吹，夜晚则雨打露湿。瑶家人认为露水是最洁净的水，是仙水、圣水，最能除污秽，通过露水的“浸洗”死者的床、被、褥等物的污秽就被除掉，其遗物就是干净的，后人尽可享用。

不开坛盖 湖南瑶族传统丧葬习俗。家里或寨子里有老人去世，在死者出葬前不能开酸菜坛子拿酸菜吃，要等到死者下葬后才能开吃。瑶人认为此期间开了坛盖，污秽气会入坛、缸，酿的酒会酸，腌的菜会发白坏掉。瑶家俗语这么说：老人过世没有埋，酒缸、坛盖莫要开，开了酒缸酒会酸，开了坛盖菜会坏。

孝期的孝子 湖南瑶族传统丧葬习俗。父是天，母是地，没有天地就没有人。瑶族子女非常孝敬父母，晚辈非常尊重长辈。儿子出门招亲也要“两边走”，即男女双方的父母都要赡养，在家娶媳妇的不与父母分居分食，敬老养老的风尚道德很高。父母辞世后，一年之内儿子在家或出门做客都不坐上位，不去娱乐场所，不架马子脚，也就是不架二郎腿，不坐歌堂，上山做工也不唱歌。媳妇要戴孝，头巾上缀一点白色的东西，或用白带子扎头发，表示对已辞世父母的哀悼。父母辞世儿子还泡在泪海里，沉浸在万分悲痛中，保持对辞世父母的真心孝敬。

拦社 湖南瑶族传统丧葬习俗。死者葬后，从第二年开始就要拦社，要连续拦社三年。拦社就是在春社前，带上菜、酒、香、烛、纸、鞭炮扫墓，铲除坟上的草并垒上新土，然后摆上酒、菜，点上烛、香，边化纸边告祭，最后放鞭炮。拦社的意义在于“社”与“蛇”同音，拦社即拦蛇，荒郊野岭蛇很多，以免蛇、鼠等在坟边和坟内挖洞骚扰先人。另新坟与旧坟的鬼、野鬼还不熟悉，不能和睦相处，野鬼会与其抢食、抢钱，使得他没有吃也没有钱用，所以要在清明前这些野鬼还没管事之前，先行祭扫。三年以后先人与周围的野鬼熟悉，不再与其争食抢钱，就不再拦社，等到清明时再去扫墓祭拜。

四、祭祀习俗

岁时节庆祭祖先 湖南瑶族传统祭祀习俗。瑶族每当岁时节庆都要祭祖先。在瑶族人民的观念中，老人死后经常有人烧香祭祀，才能不忘祖德，香火延续才有意义，祖先也就庇护他的家，庇护后代健康平安，也庇护家庭兴旺。因此，每当岁时节庆晚餐前，都要在神龛前摆上酒菜，在香炉里插几炷香，再焚烧一些纸钱，口中念叨几句祈语，放一挂鞭炮，作几个揖，才吃晚餐。有的初一、十五也祭，但不放鞭炮。有的三五年一次选定一个吉日，请一师公在堂屋里作法事祭祀。

清明逢丁、戊、破日不扫墓 湖南瑶族传统祭祀习俗。清明节前三日和后四日都是扫墓的日子，但是如果这些日子遇上丁日、戊日、破日就不能去扫墓。瑶族人认为“丁”是人口，逢丁日扫墓会伤害后代子孙；“戊”用瑶语读“某”，与墓、雾同音，如果这天扫墓会损伤子孙的眼睛；“破日”什么事都做不成，已做成的也会被破坏，所以清明逢丁、戊、破日就不扫墓。

挂夏 湖南瑶族传统祭祀习俗。隆回一带的瑶族死者葬后的第一个清明节扫墓以前要进行“挂夏”，即为死者祭奠。亲属亲戚都来参加。“挂夏”的物品有各色纸张、爆竹、猪肉、年粑、糖果等。“挂夏”那天，先为先人做一花纸树，插在坟前，花树以竹尾为杆，挂满各色纸条。主祭一般为巫师。烧香化纸后，主祭念诵经文，孝子跪拜作揖，妇女们一律穿白色孝服伏在坟墓两侧放声大哭，一直哭到主祭把祭奠仪式举行完毕。出坟山后，要给上山“挂夏”的人每人两个年粑，设家宴招待亲友。

还愿 湖南瑶族传统祭祀习俗。湖南瑶族多神信仰、祖先崇拜之风甚浓。过去凡为了解决一些不顺的事都要求诸神灵，祈求保佑平安、保佑发财、保佑六畜兴旺。因此向神灵许愿，结果不管诸事顺利与否，都要还愿，才觉得心里平静、安宁。有家愿、村愿、族愿、栾猪愿、栾鸡愿等。一般春季许愿，秋季秋收后还愿。当然也有临时许愿，及时还的。还家愿简单，一般是家长将栾鸡、栾鱼煮好后放在神龛上和大门前，然后烧香化纸，口中念念有词，说明原因，感谢保佑等，然后全家人一起聚餐。也有请一师公到家中还愿的。摆上供品后，师公念有关还愿的经文，然后放一挂鞭炮结束。除了给师公一个红包外，还将还愿时宰杀的生鸡公送给师公。还大愿则较为复杂，师公多，程序多，参加人员多，时间一天到三五天不等。

五、岁时节庆习俗

过小年 湖南瑶族传统节日。湖南瑶族把腊月二十四称为小年，有说法是过年从这天开始，大家开始办年货、杀年猪。但二十六、二十八这两天不能杀年猪。因六代表“六畜兴旺”，六畜都杀完了谈何兴旺？八则为死日，死日杀猪今后会有养猪死猪之灾。杀年猪时必须将猪抬到堂屋放在凳上杀，猪放倒时众人要大喊“三百六十斤”，寓意主人年年喂大猪。猪杀死后，主人要用钱纸沾上猪血贴在神台距地面约 50 厘米的地方，告诉祖先今天过小年杀大猪，要保佑年年过年杀大猪；然后手拿潲瓢走到主刀人跟前，装起割下的一点猪嘴唇和猪尾尖，拿上沾有猪血的钱纸发出“噜噜”声，边喊“大猪回栏了”，边往猪栏走去，将钱纸贴于猪栏门上，将潲瓢放在猪栏里表示喂猪。杀完猪后接着打扫屋舍，并将打扫出来的垃圾破烂统统烧掉。过新年期间不得往外扫地或丢杂物垃圾，意为只能进财，不能出财。过小年这天，出门在外的都会尽量赶回来与家人团圆聚餐，大家饮酒作乐，聊天对歌。

除夕 湖南瑶族传统节日。瑶族除夕吃团年饭之前，要举行“告年”祭祖活动，一般在下午 3 点以后进行。神台上供煮熟的栾鸡一只、栾鱼一条、米粉肉一包，摆三杯酒，点三炷香和一对蜡烛，师公或家长边烧化钱纸边告慰先祖，祈求先祖保佑来年五谷丰登，六畜兴旺，人口平安。祭祖之后，全家老少

按次序入座，辈分高的坐上席之首。团年饭一般有十大碗，而且都有鱼这一菜式，表示年年有“余”。同时，多数地方都有把大年初一的早饭米也计算在团年饭内的做法，预示今年有余，来年不要借钱米。晚上戌时（10 点左右）家长将手洗干净到厅堂神台前作三个揖，为祖先添香换水碗。夜里 12 点以前，各家可以互相走动，喝茶聊天，但在 12 点以前必须回到家中守岁。合家团坐相叙，彻夜不眠。临近 12 点时，家长煮好谷雨茶，手拿斧头在堂屋四个角按顺时针方向每个角泼一碗茶，用斧头向地上锤一下，再到外面围绕房子锤一周，意为新年来临之前已将各方妖魔鬼怪镇住，全家老少四季平安。除夕之夜的火炉不能断火，各家各户会挑选一根能烧一夜的大枫木放进灶膛。枫木，瑶语叫“表母”，“表”与“饱”同音，意为炉上餐餐有煮，肚中餐餐能饱。且瑶族认为枫木是始祖蚩尤的化身，是保护神，也是财神，有了它的保护就可以香火不断，财源滚滚来。

春节 湖南瑶族传统节日。这一节日包括从除夕到元宵节之前的整个时间。大年初一，除了子女给父母长辈拜年，晚辈给村内长辈拜年外，有些地方还有挑柴习俗。吃过早饭后，派一力气大点的劳力去稍远处将年前就准备好的柴挑回来，柴与财同音，挑柴就是纳财。当柴挑到家门前时，挑柴人便喊“财来了，财到家了”，家中人立即应声而出回答“财到了，财到了，大财到了”；把柴接着挑进屋内放好。有的地方早上吃年饭要在天亮前吃毕，等到天亮时，家主人取一把锄头、一把柴刀、一把割草刀和一些苞谷穗捆成一挑，到外面散步，表示耕种；小孩则将除夕夜供在神龛上的饭菜拿到山野，边撒边唤鸡。大年初三要“送懒”（有的正月十五才“送懒”），各家都要把几天来已在室内扫成一堆的瓜壳、果皮、鞭炮纸屑等垃圾打扫干净，挑到村外溪边焚烧，一路上要燃放鞭炮，谓之“送懒”。焚烧前，要点烛烧香化纸，待垃圾快烧完时，要赤足跳入水中，一边双手拂水将垃圾残余洗尽，一边呼喊：“懒的快走，懒的快走，勤快的快回来哦!”回到家门前，在大门外问家里人：“懒人走了没有？勤快的回来没有？”家里人应声答道：“懒的走完了，勤快的回来了!”于是全家高高兴兴地吃一餐出年饭。整个春节期间的晚上，各村寨都要举行坐歌堂活动，男女对唱，通宵达旦。

元宵节　湖南瑶族传统节日。瑶族元宵这天不仅要吃元宵，要将点燃的蜡烛从卧室、堂屋插至门外，还要举行踩高跷、耍龙舞狮、跳长鼓舞、扎灯笼、演戏等各种民俗表演。在江华码市镇，闹元宵的传统习俗是“火烧龙狮”。晚饭后，家家户户备足鞭炮，沿街守候龙狮队从自家门前经过。龙呈祥，狮献瑞，元宵夜龙狮到谁家，谁家就会兴旺发达。龙狮从街头舞到巷尾，街道两旁的男女老少就点燃手中的鞭炮，不断向街中的龙狮投掷。龙狮队不仅不逃避，反而向鞭炮燃放处舞去，甚至踏着鞭炮表演，以显示其高超技艺。龙狮队员都是年轻力壮的小伙子，他们在满街电光烟火的“鞭炮阵”中，灵活地耍出花样繁多的各种动作，让人看得眼花缭乱，惊心动魄。十多人舞的滚珠龙，却有百来人的后备军，不断有替补队员上阵接替。龙狮队在长达数千米不停歇的表演中，始终保持着“生龙活狮”的状态。舞至高潮处，鼓锣齐奏，烟花礼炮一齐鸣放，龙狮宛如在云雾与火海中舞蹈，场面极为壮观。附近村寨也都派来民间艺人，拿出龙狮拜年、火烧香火龙、耍春牛、彩车游行等传统节目一比高下，有时闹到次日凌晨3时龙狮在北面烧掉才尽兴而散。龙狮过处，留下浓浓的喜庆气息和满地堆积的大红鞭炮纸屑，预示着新的一年里瑶山将一路“走红”。

老鼠嫁女节 湖南瑶族传统节日。居住在湘南山区的瑶族把正月十六定为老鼠嫁女节。正月十六这天晚餐时，先把饭菜供在神台和大门口，给祖先和土地神烧香化纸，祈求保佑家无鼠害。家家都吃拌有花生米、芝麻、腊香肠、腊肉等的糯米饭，每人一大碗，边吃边送鼠女愉快地嫁到野外的地方去。晚上睡觉前，小孩敲锅盖，打畚箕，发出各种声响，谓之送老鼠女出门，长者则在大门口烧香化纸，左手拿一只簸箕，右手拿一根短竹筒，“啪啪啪”地边敲边喊：“鼠女快去，快去，快到野地里去。”整个屋里，包括楼上都敲遍，然后在鞭炮声中收场。宁远等地的瑶族则以正月十七日为“老鼠嫁女”日。这天忌开启箱柜，怕惊动老鼠。头天晚上，将糖果、花生等放置在阴暗处，并将锅盖畚箕等物件大敲大打，为老鼠催妆，第二天早晨，将鼠穴闭塞，认为从此以后老鼠可以永远绝迹。

炮节 湖南瑶族传统节日。炮节，又叫“开春炮节”，主要流传于湖南江华瑶族自治县大圩镇和两岔河乡一带。相传开春之际放花炮，炮爷会保佑一年里风调雨顺，五谷丰登。各村寨过炮节时间不一，有的正月初二，有的正月初五，有的正月十九，也有各村寨轮流过，每村一天的，时间长达半个月。过去过炮节要抢花炮。花炮做得非常精美大气，里面放着一个飘着彩带的银圈，两个少男像抬花轿一样抬着花炮到空旷的田野里，四周都是人山人海的。炮响之后，银圈炸向高空，下落时便抢，抢到银圈的村就是最幸运的，次年便由那村主持炮节。后来，不抢花炮了，但花炮还是要做的，也一样抬到地里燃放。炮节之日，各村都要跳长鼓舞、耍龙、舞狮，家家参与，摆宴设席，广邀亲朋好友，户户放炮相迎。花炮用竹片做成，高达两米，有三层，似一宝塔，内置炮仗，外用绘有花草、树木、鸟儿的白纸糊上，四面还写有“风调雨顺”“五谷丰登”“吉祥如意”“国泰民安”的吉利语。过炮节要先请“炮爷”。在锣鼓唢呐的吹奏中将炮爷神位立于大厅上方正中桌上，由会首于神位前诉说请炮爷之诚意，请求炮爷保佑炮节事事顺畅，保佑五谷丰登、风调雨顺。请毕，带着四男四女在神位前跳长鼓舞。然后放炮三声，吹海螺一通起炮。由数个盛装少年抬着炮爷神位和花炮至庙中，一路鼓乐相伴，鞭炮齐鸣。在庙中要敬庙主，上香化纸，跳长鼓舞敬神。随即在庙外坪地上将花炮摆在正中，由会首带一个人在桌上跳长鼓舞，少男少女则在下方跳舞相伴。然后将花炮点燃，其花环冲天而起，欢呼声一浪高过一浪。放完炮即是中午筵席了。主人摆了“长席宴”，四方饭桌从神台一直摆到大门口，几十人围坐在四周。酒醉饭饱之余又聚拢到瑶寨前的坪子上跳舞娱乐。

赶鸟节 湖南瑶族传统节日。赶鸟节，有的地方叫黏鸟节、麻雀节，在每年农历二月初一或初二举行。相传很久以前，瑶山春播后鸟害为患，种在地里的种子都被鸟儿吃光了，人们想尽了办法，也不能解决问题。有一个漂亮聪明的瑶家妹子“芳美”（瑶语“三妹”），歌声清脆甜美，悠扬动听。得知乡亲们为鸟害发愁无计可施，三妹带着姐妹们过来了。她和姐妹们打开歌喉放声歌唱，歌声从田野里向山林深处一路飘荡过去，听到的人们都醉了，鸟儿也不知不觉睡着了。等到一觉醒来飞出林间，田野里早已是一片葱绿。三妹唱歌迷鸟这一天正好是农历二月初一，为纪念这件有意义的事，瑶家人便把这一天叫作忌鸟节。然而一山主为达到霸占瑶山的目的，向皇帝谎称鸟是他赶走的。聪明的三妹第二年当着钦差的面和山主唱歌迷鸟，

挫败了山主的阴谋。从此人们每年二月初一日都要过赶鸟节。每年到了这一天，瑶家男女老少身着节日盛装，开展喂鸟、比鸟、歌鸟活动，将染上红、绿、黄三种颜色的“鸟仔粑”插在小竹棒上，放在门窗上、门楼上、菜园里、山地里，让鸟儿放肆吃。鸟儿吃饱了，就不会再啄食播下的种子。男女青年们穿上五彩斑斓的瑶服，带上食品和礼物，一群群、一对对来到开满了花的绿林坡地尽情对歌，以歌会友，以歌传情，唱到半夜才回家。

大忌节 湖南瑶族传统节日。在湖南省常宁市塔山瑶族乡，农历二月初一日至初七日为大忌节。为了一年的丰收，瑶民们把初一定为忌鸟、初二为忌虫、初三为忌水、初四为忌鼠、初五为忌蝗虫、初六为忌野猪、初七为忌老虎。这七天内，禁止上山下田做任何农活，人们像过春节一样走亲，对歌谈笑，尽情欢乐。忌鸟日的头天晚上用竹枝串着糯米粑粑，插到菜园或田地中，每插一枝均念道：“鸟崽公、鸟崽婆，上年莫吃粟，下年莫吃禾，明年给你讨老公，明年给你讨老婆。”第二天一大早，寨子里的孩子们争先恐后地去收粑粑回来煮着吃，因为“吃了鸟口露水粑，身体好，力气大”。忌鼠日的晚上，家家户户在屋里屋外点上蜡烛、火把，举行“老鼠嫁女”活动，大人、孩子唱道：“耗子公、耗子婆，莫在屋里啃米桶，莫在屋里啃谷箩，嫁给财主做老婆，尽你吃尽你驼（背），明年生窝好毛毛。”

清明节 湖南瑶族传统节日。瑶族也和汉族一样过清明节，但挂扫的习俗却有所不同。头天晚上各家各户用艾叶和糯米粉拌合做成长方形、甜馅、外包竹叶的艾叶粑粑。第二天早上平地瑶地区还要用纯糯米粉做的甜馅或咸馅水煮粑粑。清明节这天早上，家长在神台前烧香化纸祭拜祖先。早饭后，长辈带着家中大男小女，挑着香烛钱纸、鞭炮、粑粑、酒水、饭菜到祖坟挂扫。先将坟上、坟前的草割净，然后给坟上三担新土，再在坟顶插上三棵用竹子或棍子从上到下割几个口子夹上七刀或九刀钱纸做成的“摇钱树”。整理好后，在坟前摆上粑粑、酒水和猪肉等，点燃蜡烛，铺开钱纸，将带来的大公鸡割个口子把血淋在钱纸上，然后在坟前烧钱纸。点燃钱纸后，要告诉祖先今天是×年×月×日清明节，哪些子孙来挂扫，并请祖先保佑人丁、家畜兴旺，小孩平安、读书聪明，做生意发财，种田丰收。待纸钱烧完后即放鞭炮，然后对着坟头三作揖。有的几年一次请师公到坟上做法事祭祖，这种情况一般都是以房族为单位，每家每户筹钱买供品、酒水、香烛钱纸、鞭炮，给师公酬劳费。

起春节　湖南瑶族传统节日。湖南资兴的瑶族农历三月十一日过起春节。相传是瑶族人民为纪念祖先在南京十宝洞会稽山开山劈岭的功绩而形成的节日。这天早上，各村的瑶民早早起来，端铳向天打响催耕炮，催促大家破土动工，进入春耕农忙时节。晚餐举行比平时好一点的晚宴，烧香祭祀先祖后一家人食用。

四月八　湖南瑶族传统节日。瑶民把四月初八视为牛王生日，要加以款待，叫作过牛王节。每年的这一天，瑶家人把牛当作神明来祭祀侍奉，让牛丢下耙犁休息一整天。这天，任何人都不准打牛，不准斗牛，更不准杀牛，连骂牛都不准。家家户户都要给牛洗一次热水澡，将全身梳刷得干干净净，还要将牛栏收拾得整整洁洁，铺换新草，贴上纸符，保佑牛平安健康。牛吃的东西更是讲究。清晨，人们就争先把牛放出去吃露水草，越早越好，叫作“抢头”。上午，则上山采集牛最喜欢吃的乌树叶，回来洗净搓碎放入水中浸成乌黑色，再滤去叶渣，把糯米放入乌水中浸泡煮成乌米饭，用芒草叶包着喂牛。然后人人都吃乌米饭，以表达对牛辛勤劳动的感激之情。下午，用苦参熬泥鳅喂牛，使牛健康长寿。晚上，则选出最好最强壮的牛来聚会，人牛同乐。在江永瑶乡，这天是“斗牛节”，又叫“姊妹节”“女儿节”。“斗牛”并非真的斗牛，而是欣赏品评各人的“三花”（花蛋、花糍粑、花糖）食品。谁的花样图案玲珑精巧，新奇美观，谁就会受到称赞、推崇。姑娘小伙还会相约唱山歌，讲故事，嬉戏娱乐。

端午节 湖南瑶族传统节日。端午节，又叫“天中节”。潇湘二水沿岸的瑶族都有赛龙舟的习惯，尤以祁阳、道县为盛。每到端午，远近几十里的观众拥向赛龙舟的地方。沿河两岸，人声鼎沸，助威呐喊；江中百舟竞渡，战鼓咚咚，口号声声，气氛热闹非凡。旧时多因赛龙舟发生纠纷械斗。清康熙、嘉庆年间，官府曾数度禁止，但赛龙舟仍然盛行不衰。新中国成立后，赛龙舟逐步成为有组织的活动，现在已是体育竞赛项目之一。除了赛龙舟、包粽子外，瑶家端午节还有采草药和洗澡的习俗。初夏时节，山上的草药生长得最茂盛，药性最好。所以选择端午节这天三五成群结伴去采药，其中最主要的药是“痧药”，它由一二十种草药组成。采回来后要洗净、切碎、晒干。这种药在瑶家可治“百病”，头疼脑热、腰酸背痛、精神不振、手脚麻木、腹胀肚痛、浑身无力等，抓一把用开水冲泡饮用，轻者立竿见影，重者多喝几次，第二天就好了。这天还会采一些草药回来熬药水洗澡，能驱病辟邪，舒通血脉，使皮肤滑嫩。

洗泥节 湖南瑶族传统节日。江永县兰溪瑶族乡的黄家村、上村、下村三个勾蓝瑶村寨，农历五月十三日过洗泥节。过去，瑶山每年只种一季稻谷，春耕生产结束就到了农历五月中旬，需休整歇息，将人、牛身上和犁耙上的泥都洗掉。因此就把农历五月十三这天定为“洗泥节”。洗泥节是勾蓝瑶胞的狂欢节。首先要到庙里砍牛祭盘王，祭祀的公牛由寨子里的住户轮流喂养，膘肥圆壮，威猛无比。由十几个强壮劳力将牛按住，手起刀落，一刀毙命，不然受伤的公牛发起怒来会伤及周围的人。接着举行跳长鼓舞、吹芦笙、耍龙舞狮等游村活动。当然少不了请戏班子唱他几天几夜。这天，无论是看热闹的还是走亲访友的，只要走进瑶家，你就是他们的座上宾，就会受到热情款待。家家户户高朋满座，美味纷呈。在香味四溢的菜肴里有一道菜必是瑶家十八酿中的酿苦瓜，因此也有人把这一天称为“苦瓜节”。

尝新节　湖南瑶族传统节日。每年农历六月初六，湖南南部的瑶族采摘新禾，做成新米饭，摆酒设宴，欢度自己的传统佳节“尝新节”。尝新节的米饭必须将新旧米一起煮，意为旧米未吃完，新米已到来，丰收在即。酒饭备齐后，要先给狗吃，再敬祖先，然后一家老少才能吃喝。相传在漂洋过海中，瑶人上岸后才发现忘记带谷种，是狗又游回去在晒谷场里打个滚，把谷种带回来救了瑶族人民。在生活中，瑶族人与狗联系紧密，狗巡山狩猎、看护家院，与人十分友善，瑶族人早已把狗看成家庭中的一员。又传说六月初六日是盘王去世的日子，因此，每当这一天瑶族人民都要拿出家中最好的食品、菜肴供奉盘王。平地瑶地区要举行隆重的庙会，用盘王的新像换掉供在庙里的旧像，从这天起到月底要抬着盘王像和仁王像出游三宿瑶峒，一村一寨地“游”过去，村村寨寨都热闹非凡，除烧香化纸供奉盘王和仁王外，还要搭戏台请戏班子唱戏。各村将盘王和仁王像接到村里各姓家庙中供奉，每座家庙中住一夜，有几座家庙就要在村里住几夜。人们要在庙中陪神像到天亮，天亮时在神像前杀牛祭神，下午再出游到另一庙。宁远瑶族把六月初六叫作“半年节”。同样要将最早成熟的粮食做熟后，先给狗吃，再祭祖先。祭礼分为“荤祭”与“素祭”，荤祭祭品是猪、鸡、鱼肉，谓之“三荤”。素祭祭品是黄花、木耳、豆腐，谓之“三素”。半年节这天中餐全家都要开怀畅饮，并且家家都有冬瓜这道菜。瑶家过年吃萝卜、过半年吃冬瓜的习俗沿袭多年，至今没变。

中元节 湖南瑶族传统节日。农历七月十四为中元节，也叫七月半，是纪念亡人的节日，俗称鬼节。中元，音同“粽圆”，所以瑶人端午节不包粽，等到中元节才包粽。粽子多为纯米粽，少数为咸粽。制碱水的原料有黄荆木叶、茶油籽壳、桐油籽壳、芝麻秆、稻草等。用黄荆木叶制作碱水的粽子，色泽金黄、味香、质软不腻，而且久放不坏。包粽子的外材为竹叶、冬芒草叶、“羊蒙诺”草，包出来的粽子，色、香、味俱全。平地瑶中元节尤其显得隆重。过完这个节要两天半。七月十三日包熬粽子，每个三四斤，用竹叶包好，用稻草捆扎，形似枕头，也叫“枕头粽”。然后磨豆腐、杀鸡鸭、进塘捞鱼，敬奉祖先。这天晚上开始祭祖，但仪式简单，各家放鞭炮迎接已故祖先回家过节。十四是正节，中午和晚上都要摆上供品、燃香、化纸、放鞭炮。十五日中午要将祖先送回天堂。先敬奉祖先，对三代祖先分别封纸钱包。包上书写“敬奉××公婆受领钱一对”，然后洒上鸡血，付之于火，嘴里要念叨是谁寄给谁，并且用石灰在纸包周围画上圈，意为警戒线，防止野鬼孤魂抢钱。十五日各家各户到村外三岔路口烧纸钱，泼水饭，其用意是施舍那些无人敬奉的孤魂野鬼。同时燃放鞭炮，送祖先回归阴曹地府。祭祀结束后全家才能共进午餐。

中秋节 湖南瑶族传统节日。月饼和豆腐丸是瑶族中秋节必做的食品。月饼为糯米粉拌糖油炸而成，一般直径为四到五寸一个，要送亲（给儿子说了媳妇但还未过门的）的则是一尺大一个。同时各家还做牛肉馅大豆腐丸（平时豆腐丸不放馅），意为一家人团团圆圆过日子。晚饭前，要将月饼和大豆腐丸供在大门前，烧香化纸祭祀月亮和祖先后，才能一家人围坐在一起开宴席。饭后全家坐在门外赏月。此时，要在大门口摆上八仙桌，摆上月饼和大豆腐丸、时鲜水果等，点烛化纸鸣炮祭月亮。有的地方盛行十四日晚，青年男女三五结伴“偷秋”的习俗。他们会选择到村里最泼辣的妇女地里偷摘西瓜、嫩苞谷和花生一类的东西，故意惹祸，让失主次日早晨发现后破口大骂“盗窃者”。他们认为八月十五日挨骂才会运气好，身上的“晦气”“不吉利”会被“骂”得一干二净，从此百事顺意。

老鼠年节 湖南瑶族传统节日。居住在湖南城步和洞口的瑶族每年都要过老鼠年节。在城步瑶族中传说，古时候鼠害十分严重，瑶民种粮食种得多收得少，瑶民便托梦去问盘王，盘王说是老鼠作害，大家按照盘王的说法，在谷子成熟时到田野捉老鼠，再将鼠肉腊起来，留作过年吃。也有的说，当瑶族先民漂洋过海平安到达彼岸后，急忙向盘王还愿，还愿的祭品中有一碗老鼠肉。从此，瑶族还愿都要上一碗老鼠肉。后来，逐渐演变成每年农历九月二十八日早上，家家户户都要吃老鼠肉，谁家吃得多，谁家来年就会六畜兴旺、五谷丰登，称为过“老鼠年节”。就餐前，要先用鼠肉敬盘王和五谷大神。洞口县雷、蓝两姓瑶族过“老鼠年节”则在农历的十一月十一日。传说他们的祖先原住在沅水上游，因被向姓财主所逼不得不外逃，一对青年男女深夜逃进荒洞里，饿得发了慌，恰好一只大老鼠从洞外窜入，两人赶忙将老鼠捉住，用火烧烤后充饥救了命。后人为纪念此事，将这一天定为节日。过节时，桌面上除酒、肉、鸡、鸭、鱼外，要特意煮一碗香喷喷的老鼠肉。

倒稿节 湖南瑶族传统节日。农历十月十六日，在平地瑶地区既是盘王节，也是倒稿节，一个庆祝丰收的节日。倒稿节到来时，田里地上的稻子、红薯、玉米、粟米等农作物均已收割完毕。在此之前，地上的粮食谁种谁收，不得乱割滥收，否则按乡规民约处置。过了这一天，如果谁的地里、田中及山上还有没有收回来的庄稼，任何人都可以上山下田收捡成果归为己有，主人及外人均不得干涉。这一天，家家户户酿酒、磨豆腐，杀鸡宰鸭，化纸鸣炮，祭祀祖先，既过盘王节，又过倒稿节。一些大的村寨还举行大规模的“斗牛赛”，晚上，青年男女聚在一起唱歌娱乐。

盘王节 湖南瑶族传统节日。盘王节又叫“调盘王”，是瑶族人民最盛大隆重的节日。过去有单家独户进行的，也有数户或全村族系进行的，更有数村数寨进行的。每隔三五年举行一次，每次少则三天三夜，多则七天七夜。相传十二姓瑶人漂洋过海，途中遇到狂风巨浪袭击，长时间不能靠岸。瑶民们祈求祖先盘王保佑，并许愿，如能顺利靠岸，必定还愿。许愿后立即风平浪静，十二姓瑶人终于平安抵岸。这一天正好是农历十月十六日盘王的生日，真是喜上加喜。瑶民上岸后立即挖碓舂米做粑粑，垒灶做饭菜敬盘王。大家点起篝火，唱歌跳舞庆贺。从此以后，瑶民每年农历十月十六日按时还“盘王愿”，虔诚祭祀。盘王节这天，人人穿戴最漂亮的服饰，聚集到集会地。祭台上高挂盘王像，像前供奉祭品，由数位师公做法事，人们燃烛烧香、焚纸放炮、列队跪拜。集会由族老主持并讲话，内容为追述瑶族根基，祝瑶家年丰人寿，四季平安，劝告瑶民防火防盗，不嫖不赌，不乱索取外人之物，宣传族礼族规。然后唱盘王歌，跳盘王舞，欢庆时间长达七天七夜。

讨念拜 湖南瑶族传统节日。在湖南省隆回县小沙江、虎形山、茅坳瑶区，瑶族人民于每年的农历五月十五至十七日三天，过“讨念拜”节，“讨”是“走”，“念”是“月”，“拜”是“半”，意思是月半所过的节。相传，“讨念拜”节源于明万历元年（1573）的瑶民反抗封建统治者的斗争。当时，神宗发兵数万镇压溆浦、隆回一带的瑶民，官兵所到之处，烧杀掳掠，无恶不作。瑶族人民坚守在各个瑶寨奋勇抗击，使官兵一筹莫展。不料到了第三年的农历五月十五日，官兵采取声东击西的战术偷营破寨，杀死无数瑶民。幸存的瑶民四处逃命，官兵到处追杀，直到万历五年（1577）才收兵回朝。为了纪念死难同胞，铭记苦难历史，瑶族人民商定每年农历五月十五日至十七日在水洞坪举行集会，由奉姓主持。后来形成“讨念拜”节。如今的“讨念拜”节早已褪去其政治色彩，而成为一个瑶族群众往来交易、聚会交流的节日。苗条多姿的姑娘们，一个个身穿绣花衬衫，腰系挑花筒裙，戴着银项链和镀金耳环，微笑着走在花绸伞下；盛装的小伙、中年人、老大爷、老大妈和小孩从四面八方熙熙攘攘地会聚到水洞坪墟场，欢度节日。

讨寮皈 湖南瑶族传统节日。农历七月初二日至初十日是隆回小沙江、虎形山、茅坳瑶区瑶族人民的“讨寮皈”节，“讨”为“走”、“寮”为“凶恶”、“皈”是“菩萨”，意为逃脱凶恶的菩萨。茅坳的讨寮皈节起源于元朝末年。瑶族先辈们

原本居住在江西吉安府田卢地带，因遭到封建统治者的残酷武力压制而四处奔逃。在元军的追杀下，许多走不动的老弱妇孺只好躲在鹅颈大丘的黄瓜、白瓜丛中。一些怀孕妇女因此而早产，血流满地，只得跪地求饶。元军将领动了恻隐之心，插上“此处赦留，不准斩杀”的令旗，使藏身此田中的瑶民躲过一劫。他们当天起誓：“永传后代，要越过古七月初二日才能吃黄瓜、白瓜。如有违者，则子孙不昌。”自此后，奉、沈两姓瑶民在农历初二前禁食黄瓜、白瓜，并定于每年农历七月初二日至初四日举行集会，以示纪念，名曰“讨寮皈”。开始是在大托由刘姓人主持，后来因其地偏僻，交通不便而改在茅坳举行。瑶民着盛装而来，大家喜气洋洋欢聚一堂。小沙江瑶民过讨寮皈节则在农历七月初八日至初十日。传说清朝雍正元年（1723），麻洞回姓瑶族七姊妹被汉族豪绅廖元翁带200余人追杀，引起回姓瑶民奋力反抗。豪绅却谎报瑶民谋反，请求清朝当局派兵镇压。瑶民先后在大沙江和小沙江奋战后退至麻塘山，凭借五都七岭八寨“一夫当关，万夫莫入”的地形，杀得敌人胆战心惊。同时，溆浦瑶民首领蒲公祥率领瑶民切断了官兵后路，清军只好议和退兵。为纪念牺牲的勇士，瑶民商议定于每年七月初八日至初十日在小沙江集会，名曰讨寮皈，以示永世不忘。当时瑶民把战地称作大杀光和小杀光，后为促进民族团结，改名为大沙江、小沙江。如今节日里，瑶民着盛装尽情欢乐，周围汉人也参与同乐。人们赶集聚会，青年男女对歌赛舞、谈情说爱，充满喜庆气氛。

打古堂　湖南瑶族传统节日。打古堂也叫“古堂会”，每年秋收后举行，主要是祭祀瑶族祖先盘王。相传新宁八峒瑶族游山打猎路过城步时，有一家人留在了城步的大山里，一家人常受官府和豪绅欺凌，四个儿子离开父母和四个年幼的妹妹来到毗邻城步的八峒深山居住。然而，思念之情难挨，尤其父母过世后，兄长们更挂念妹妹，虽只隔百数十里路，但也只有秋收后借“打古堂，祭盘王”的机会，兄妹才能见上一面。后来，在古堂会活动中就增加了迎接“四位姑娘”团聚的内容。古堂会开始的前四天，各峒德高望重的会首，开始依次接四位姑娘来探亲。这些角色是由寨子里最漂亮最会唱歌的姑娘来扮演的。当选为四姑娘的人是很荣耀的。她们从头年就要开始制作探亲的瑶服，一件这样的瑶服要五六两丝线，衣服上绣有代表风调雨顺、五谷丰登的春牛，昭示吉祥美好的金凤，象征美满爱情的鸳鸯以及各种奇花异草，色彩鲜明，栩栩如生。衣边还缀上闪光发亮的锡片腊梅花，衣背对称地镶上两只“老虎爪”。据说有了它，不论走到哪里都能平安无事。探亲路上，四位姑娘脚蹬红色镶花斑鸠鞋，手擎红布迤逦而行。先到寨外的桥头坐定，唱《起身歌》，等寨子里的人来迎接。歌词内容多为追根溯源，歌颂丰收。唱完《起身歌》后，接他们的青年男女簇拥着她们，由大姑娘领头进入当会会首的大哥家访亲做客。坐定后，主人端出一大筛炒黄豆，捧出一大坛稠禾酒摆在桌上招待客人。由事先选定的男女青年陪四位姑娘，围成圆圈坐着，以黄豆佐酒，边喝边唱，叙诉乡情，颂扬山寨，歌咏丰收。然后，在堂屋里做走马行船、开山种荒状，表示来路跋涉艰辛。各人手握豆粒猜豆令，齐声说：“诚心敬盘王，盘王显应；诚心敬主东，主东万福。”说罢相互欢笑。然后告别大哥回到桥头，歌一阵舞一阵，欢快而散。第二、三、四天均以这种形式依次到二、三、四哥家。第五天正式进入“打古堂，庆盘王”的仪式。古堂地设在寨子里最古老的大树下，用竹片茅草扎成一个茅棚，再现

“剪茅叉木”的古居，棚内设盘王牌位，供上猪肉、糍粑、豆腐、净茶之类，盛器严禁用瓷器之类，一律用竹制器皿。凡参加人员，每人交糍粑两斤。当天不吃饭，只喝猪骨头炖的米粥。场内三声牛角号响起，古堂会开始。霎时间，长鼓、凸鼓、铜鼓、梅花筒、唢呐、芦笙大作，奏着悠扬的古堂舞曲。人们敲击着锄头、镰刀、竹扦把，载歌载舞，围着古堂坛转圈。过路的客家人（汉人）只准在古堂外观看，不能发笑，发笑的就被拖进古堂，用牛角灌酒，灌醉为止，然后用锅底灰涂黑面孔，逐出古堂。跳古堂要进行一整天，吃饭不分筷子，不淘汤。因为分筷子象征不团结，淘汤会洗掉野兽足迹。跳舞跳得再热也不能打赤膊，据说打赤膊就现出了“原形”，预示着一年捕不到野兽。古堂散时，互相涂花脸，欢乐够了就到会首那里每人领一斤猪肉，半斤酒，半块豆腐，高高兴兴唱着瑶歌回家。随着历史的变迁，“打古堂”内容不断丰富，逐渐成为瑶族人民欢庆丰收的节日。新中国成立后，“打古堂”成为“庆古堂”，供奉盘王的神坛撤去了，古堂歌的内容也起了明显的变化。人们狂欢跳跃，翩翩起舞，以独特的民族方式，表达自己对新生活的热爱和向往。青年男女则通过“古堂会”，交流感情，加深友谊。

赶苗节　湖南瑶族传统节日。在隆回县虎形山瑶族乡水洞坪村一带过的“赶苗节”，与瑶族曾反抗封建统治者的压迫有关。相传，崇祯年间（1628—1644），隆回瑶族首领奉逐明联合溆浦瑶族首领刘南山、卜连山开展武装起义。义军在两县交界的虎形山和老营坡一带安营扎寨。崇祯十七年（1644）五月十五日，官军采取调虎离山之计，借夜色以送军饷为由，在120只羊头上挂起灯笼，敲着锣打起鼓向义军营地走去。义军不知有诈，纷纷出辕门迎接。官军从后门乘虚而入，发动突然袭击。双方在水洞坪激战三天三夜，终因寡不敌众，义军全军覆没。为纪念死难的义军，每年农历五月十五日至十七日，当地瑶族群众从各地会集在水洞坪祭拜英灵，后演变为花瑶的传统节日。

主要参考书目

奉恒高. 瑶族通史［M］. 北京：民族出版社，2007.

李本高. 湖南瑶族［M］. 北京：民族出版社，2011.

湖南省政协文史委员会. 湖南瑶族百年［M］. 长沙：岳麓书社，2000.

李祥红，任涛. 江华瑶族［M］. 北京：民族出版社，2005.

郑德宏，任涛，郑艳琼. 湖南瑶族风情［M］. 长沙：岳麓书社，2009.

江华瑶族自治县概况编写组. 江华瑶族自治县概况［M］：修订本. 北京：民族出版社，2008.

零陵地区地方志编纂委员会. 零陵地区志：下［M］. 长沙：湖南人民出版社，2001.

江华地区瑶族自治县县志编纂委员会. 江华瑶族自治县志［M］. 北京：中国城市出版社，1994.

道县县志编纂委员会. 道县志［M］. 北京：中国社会出版社，1994.

江永县志编纂委员会. 江永县志［M］. 北京：方志出版社，1995.

邓星煌，萧成纹，刘逢吉，罗康隆. 湖南世居少数民族医药宝典［M］. 北京：光明日报出版社，2008.

周生来，陈永祥. 江华民族民间故事集［M］. 北京：大众文艺出版社，2009.

周生来，彭世昆. 江华民族民间歌谣集［M］. 北京：大众文艺出版社，2009.

苏胜兴. 瑶族故事研究［M］. 沈阳：辽宁民族出版社，1998.

零陵地区民族事务委员会. 零陵地区志　民族志［M］. 永新出准字

(2001）第004号，2001.

蓝山县瑶族志编纂委员会．蓝山县民族志［M］．湘蓝文准（1997）220号，1997.

张有隽．张有隽集［M］．北京：线装书局，2012.

杨仁里．永明文化探奇［M］．北京：中国文联出版社，2006.

湖南省民族事务委员会．湖南省民族乡概况［M］．1997.

中共湖南省委党史委．湖南人民革命史［M］．长沙：湖南出版社，1991.

蒋良金．红军长征在零陵［M］．北京：文津出版社，1989.

过山榜编辑组．瑶族《过山榜》选编［M］．长沙：湖南人民出版社，1984.

奉大春，任涛，奉恒陞．平地瑶歌选［M］．长沙：岳麓书社，1998.

郑德宏，李本高．盘王大歌［M］．长沙：岳麓书社，1987—1988.

李庆福．女书文化研究［M］．北京：人民出版社，2009.

彭继宽．湖南少数民族文学史［M］．长沙：湖南教育出版社，2001.

广西壮族自治区编辑组．湖南瑶族社会历史调查［M］．南宁：广西民族出版社，1986.

后 记

许多年前，我就想把湖南瑶族传统文化以条目式编辑成书，为方便人们了解瑶族，尤其直观地了解瑶族某一方面提供方便。但心里总是胆怯，一来手头资料有限，怕不能较为全面地反映瑶族传统文化而弄巧成拙；二是文化水平有限，生怕编辑出来的东西四不像，有负瑶族人民的期望。因此而长期纠结于心。

去年冬，广西瑶族文化研究中心主任玉石阶教授跟我说，由广西牵头编辑《中国瑶族百科大辞典》，内容涵盖建制、地理、人口、历史、经济、科技、思想、教育、宗教、语言、文字、文学、艺术、工艺、文物、文化设施、新闻出版、医药、体育、风俗、名胜、人物22大类，每一个方面都分若干细类，如文物包含了古遗址、古墓葬、古建筑、石刻、古器物、古文书、近现代史迹等类别，并要我负责湖南方面有关条目的撰写。我感觉这个任务太重，没有立即答应，但答应考虑一下。经过几天思考，感觉有玉教授等老师把关，我还是有把握能完成湖南方面的任务的，并答应下来。可这又恰恰触动我原本的心结。读罢玉教授发过来的编写提纲和编写要求，心里有了底。何不趁此机会将《湖南瑶族传统文化小百科》一并完成？于是与省民委古籍办联系，得到古籍办的支持，尤其得到李宁主任的肯定和鼓励。

在编辑《湖南瑶族传统文化小百科》的过程中，我力求做到较全面和较准确。较全面，即是小百科要较全面地反映湖南瑶族的政治生活、经济生活、文化生活、风俗习惯、宗教信仰、思想道德、语言、建筑、教育、医药、体育、起义斗争和人物等方面的历史文化发展变化过程，但也不是所有的都要全，如教育和医药，只编写了社会教育，书院，民国时期的几所县学、小学和瑶医药，现代教育的方式方法和小学、中学、职业教育、成人教育等都没有编写，现代医药的情况也没有编写，这主要是考虑到“传统”这个词的含义，当代的东西放进去就不太相符。人物也主要选历史上的重要人物和对传统文化传承发展有所贡献者。这里所说的较全面，只是类别上较全面，编写则偏重于传统文化。同时，编写既以自治县、人口过半县为主，又要顾及散杂区瑶族的情况。对于散杂区瑶族传统文化尽力去搜集编写，哪怕是资料不够，也想办法查阅其他资料作补充，尽量编写成一个条目，与自治县瑶族传统文化相同的条目，只要散杂区的瑶族有这方面的情况，就舍自治县而采用散杂区的资料。较准确，即是尽量做到准确，不人云亦云，多加分析判断，多加比较筛选，且都有来源和出处。尽管这样，也还有漏掉、漏编的，尤其散杂区瑶族的历史情况还需要进行田野调查，方能有资料编写，这一点无法做到。如果说某一条目不是那么准确，不是那么完整，也不是那么细致，这里就敬请大家原谅了。如以后有机会或者需要修订再版时再补充吧。

在编写过程中，得到了省民委古籍办的鼎力支持和出版部门编辑的精心指导，尤其李宁主任和胥岸英老师多次给予了具体而又精心的指导，在此深表谢意。同时感谢参考书目的主编和编辑们，提供了大量的资料。对大家的无私支持，再次深深地感谢！

不足之处，在所难免，请读者谅解。谢谢！

作　者

2016年5月30日

图书在版编目(CIP)数据

湖南瑶族传统文化小百科/任涛主编.—长沙:岳麓书社,2017.1
(2024.9重印)
ISBN 978-7-5538-0703-4

Ⅰ.①湖... Ⅱ.①任... Ⅲ.①瑶族—民族文化—基本知识—湖南
Ⅳ.①K285.1

中国版本图书馆CIP数据核字(2017)第003731号

HUNAN YAOZU CHUANTONG WENHUA XIAO BAIKE
湖南瑶族传统文化小百科

主　　编:任　涛
责任编辑:龚　昊
责任校对:舒　舍
封面设计:刘　峰

岳麓书社出版发行
地址:湖南省长沙市爱民路47号
直销电话:0731—88804152　88885616
邮编:410006
岳麓书社网址:www.yueluhistory.com

2017年1月第1版　2024年9月第2次印刷
开本:880×1230　1/32
印张:13.375
字数:300千字
ISBN 978-7-5538-0703-4
定价:78.00元

承印:唐山楠萍印务有限公司

如有印装质量问题,请与本社印务部联系
电话:0731—88884129